权威·前沿·原创

皮书系列为
"十二五""十三五"国家重点图书出版规划项目

中国新三板蓝皮书
BLUE BOOK OF
NATIONAL EQUITIES EXCHANGE AND QUOTATIONS

中国新三板创新与发展报告（2017）

ANNUAL REPORT ON INNOVATION AND DEVELOPMENT OF
NATIONAL EQUITIES EXCHANGE AND QUOTATIONS (2017)

中国证券报
中国新三板研究中心
主　编／刘平安　闻召林
副主编／张朝晖

社会科学文献出版社
SOCIAL SCIENCES ACADEMIC PRESS (CHINA)

图书在版编目(CIP)数据

中国新三板创新与发展报告.2017/刘平安,闻召林主编.--北京:社会科学文献出版社,2017.8
（中国新三板蓝皮书）
ISBN 978-7-5201-1182-9

Ⅰ.①中… Ⅱ.①刘… ②闻… Ⅲ.①上市公司-经济发展-研究报告-中国-2017　Ⅳ.①F279.246

中国版本图书馆CIP数据核字（2017）第182061号

中国新三板蓝皮书
中国新三板创新与发展报告（2017）

中国证券报
中国新三板研究中心

主　　编／刘平安　闻召林
副 主 编／张朝晖

出 版 人／谢寿光
项目统筹／邓泳红　吴　敏
责任编辑／宋　静

出　　版／社会科学文献出版社・皮书出版分社（010）59367127
　　　　　地址：北京市北三环中路甲29号院华龙大厦　邮编：100029
　　　　　网址：www.ssap.com.cn
发　　行／市场营销中心（010）59367081　59367018
印　　装／北京季蜂印刷有限公司

规　　格／开　本：787mm×1092mm　1/16
　　　　　印　张：25　字　数：415千字
版　　次／2017年8月第1版　2017年8月第1次印刷
书　　号／ISBN 978-7-5201-1182-9
定　　价／128.00元

皮书序列号／PSN B-2017-639-1/1

本书如有印装质量问题，请与读者服务中心（010-59367028）联系

▲▲ 版权所有 翻印必究

《中国新三板创新与发展报告（2017）》
编委会

主　编　刘平安　闻召林

副主编　张朝晖

委　员　程覃思　万　亮　李　凯　张珂珂
　　　　　姚　云　杨慧敏

主编简介

刘平安　中国新三板研究中心首席经济学家，中国社会科学院经济学博士，北京金长川资本管理有限公司董事长，国内著名金融资本实战专家。刘平安博士为清华大学、北京大学等著名高校 MBA、EMBA、总裁班和资本运作班讲授新三板和 PE 课程，是中国社会科学院研究生院工商管理硕士专业（MBA）特聘导师。刘平安博士曾在中国平安保险集团、大鹏证券、联想控股等知名企业从事资本运作实务工作，曾经是两家创新型企业的首席执行官，具有丰富的资本运作经验和企业管理经验。其创立的金长川资本管理有限公司是专业的风险投资管理机构，主要投资领域为 TMT 和文化创意等战略性新兴产业，并专注于新三板的投资。其近年来在《人民日报》、《中国证券报》、《证券日报》、《证券时报》和《金融世界》等国内主流财经媒体发表新三板和资本市场财经评论，具有独立见解。2015 年著有《创新企业腾飞之翼——新三板掘金之道》，2016 年主编《中国新三板发展报告（2016）》。

闻召林　主任编辑，中国证券报副总编辑。闻召林长期在《中国证券报》从事记者、编辑一线工作，先后任总编室、要闻采访部、公司与产业新闻部负责人，主持策划过大量有关中国资本市场改革与发展重大专题性报道，成功指挥多场两会报道。著有《中国资本市场股权分置改革》报道专辑。先后担任过中国证券业协会、中国上市公司协会等机构的优秀论文评委。曾获中国新闻界最高奖项"中国新闻奖"版面奖。

摘　要

新三板自2016年6月实施市场分层管理制度后，进入市场化制度建设的完善阶段。2016年市场运行的总体特征如下。一是企业挂牌依然保持强劲增长；二是股票发行增长缓慢，交易几乎停止增长；三是"创新层"市场表现明显优于"基础层"；四是市场整体融资功能下降，股票交易极度不活跃，新三板流动性严重不足；五是差异化制度供给不足；六是挂牌公司经营情况喜忧参半；七是市场微观基础质量亟待提高；八是市场监管力度明显加大。

新三板流动性严重不足的深层次原因如下。其一，市场发展太快，股票供给过大，资本供给不足，市场供需结构严重失衡；其二，市场规模过大，挂牌公司质量参差不齐，差异化制度供给不足，市场系统性风险较高；其三，挂牌公司大多处于发展阶段，微观基础质量薄弱，其技术风险、市场风险、财务风险和治理结构风险等非系统风险较高；其四，主办券商因激励不兼容，没有激情与动力从事新三板业务，市场服务效率低下；其五，自律性监管框架还处在摸索阶段，投资者利益得不到有效保护。

提高新三板流动性是一个系统工程。第一，调整市场准入制度势在必行，主要包括提高企业挂牌的门槛；降低个人投资者门槛，适当提高机构投资者的门槛；打破券商的特许经营制度；调整做市商的市场准入制度。第二，优化市场交易制度刻不容缓，主要措施包括停止协议转让制度；推出集合竞价交易制度；完善做市商交易制度；推出大宗交易制度。第三，提高市场资源配置效率是关键，包括尽快推出摘牌制度；在分层基础上提供差异化制度安排；推出"转板"制度。第四，有效保护投资者利益是最终目的，主要措施包括完善自律性监管框架；加大违规主体的法律责任；提供差异化信息披露制度；试行集体诉讼制度。

本书共分总报告、创新篇、市场篇、制度与监管篇、评价篇和附录六大部分。总报告概括了新三板2016年市场运行总体特征，分析了现在存在的主要

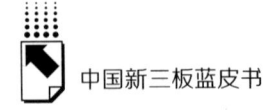

问题，提出了改善流动性的政策建议。创新篇对创新层挂牌公司的创新能力进行了分析与总结，对创新层公司如何进行创新，以及"股转系统"如何调整和完善创新层标准提出了建议。市场篇对企业挂牌、股票发行和交易、市场指数、挂牌公司治理结构、证券中介机构执业情况、挂牌公司经营情况和投资者概况等市场运行情况进行了详尽分析。制度与监管篇对2016年已推出的市场分层制度进行了分析和总结，提出了今后完善的方向，对市场预期即将推出的制度，包括摘牌制度、"转板"制度、大宗交易制度、集合竞价交易制度，以及PE机构参与做市等制度，分析了推出的必要性，提供了国际视角，提出了完善市场化制度的政策建议；对国务院、证监会，以及"股转系统"关于新三板2016年的相关政策进行了梳理，总结了2016年的市场监管情况，提出了完善监管政策的建议。评价篇列出了创新层挂牌公司创新能力总体指数排名情况。附录提供了2016年新三板市场资产重组、做市商退出情况以及新三板政策法规汇总等补充材料，供读者参阅。

关键词： 新三板　创新能力　市场流动性

Abstract

The National Equities Exchange and Quotations (NEEQ) has entered the perfection stage of market system construction, since the implementation of the market hierarchical management system in June 2016. The overall running characteristics of NEEQ market in 2016 are stated as follows: listing enterprise still maintains strong growth in terms of quantity; equity issuance grew slowly and trading almost stopped growing; the "innovation layer" market performs significantly better than "base layer"; the overall financing function of the NEEQ market declined, the stock exchange was extremely inactive, and the liquidity of the NEEQ market was severely inadequate; the differentiated regimes were undersupplied; listed enterprises were in a mixed business situation; the microcosmic foundation quality of the NEEQ market needs to be improved; and the market supervision has been significantly strengthened.

The underlying reasons for the severely inadequate liquidity of the NEEQ market are listed as follows: the fast developing NEEQ market with large stock supply but insufficient capital supply, results in a seriously unbalanced supply and demand structure; the large market scale with uneven quality of listed enterprises and insufficient differentiated system supply, leads to a high systematic risk for the market; most listed enterprises are in the initial stage, with weak microcosmic foundation and high unsystematic risks in technical, market, financial and governance structure; the sponsor brokers are not willing to engage in the NEEQ business with incompatible incentive, leading to an inefficient service; the self-regulatory framework is still at a groping stage, and investors' interests cannot be effectively protected.

It is a systematic project to improve the liquidity of the NEEQ market. First, it is imperative to adjust the market access system, which mainly includes: raising the threshold for the listing of enterprises; lowering the threshold for individual investors and appropriately raising the threshold for institutional investors; breaking the franchise system of securities companies; and adjusting market access system for market makers. Second, it is urgent to optimize the market trading system, the major measures include: stop the agreement transfer system and introduce the call auction mechanism; improve the market trading system by introducing the block trading system. Third, to improve the efficiency of the market resource allocation by introducing the delisting mechanism as soon as possible, providing differentiated system arrangement based on stratification and establishing transfer mechanism between different capital markets. The last, effective protection of the investors' interests is the ultimate goal, and the main measures are listed as follows: improve the self-regulatory framework; emphasize the legal responsibility of the offending subject; provide differentiated information disclosure system; and employ a system of class-action litigation.

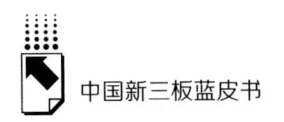

This book is composed of six sections, including General Reports, Innovation Report, Market Reports, Institution and Supervision Reports, Evaluation Reports and appendices. The General Reports summarized the overall running characteristics of the NEEQ market in 2016, analyzed the main existing problems, finally put forward the policy suggestions for improving the market liquidity. Innovation Report analyzed the innovation ability of the listed enterprises in innovation layer, provided suggestions on how to innovate, and put forward suggestions on how to adjust and improve the innovation layer standard for NEEQ. Market Reports analyzed in detail the running situation of enterprise listing, stock issuance and trading, the market index, the governance structure and operations of listed enterprises, the practice situation of securities intermediaries, and the related data of investors. Institution and Supervision Reports analyzed and summarized the market hierarchical system, put forward the direction for futural improvement, analyzed the necessity of the delisting system, market transfer system, block trading system, call auction trading system, and the participation of PE institutions in the market system, finally put forward the policy suggestions to perfect the market system. Supervision report listed the related policies formulated by the state council, China Securities Regulatory Commission, and the NEEQ in 2016, summarized the market supervision situation and put forward the suggestions to perfect the regulation policy. Evaluation report listed the comprehensive index ranking of innovation ability of listed enterprises in innovation layer. Appendix provided other supplementary materials for reference, such as the specific details of assets reorganization, the market makers' quit, and the policies and regulations of the NEEQ market in 2016.

Keywords: NEEQ; Innovation Ability; Market Liquidity

序　言

短短几年内,新三板实现了跨越式发展,但不可回避的是,新三板现在到了一个瓶颈期。砥砺前行,唯有改革。

截至 2017 年 6 月 30 日,新三板挂牌企业已达到 11314 家,是 2013 年底扩容至全国前 336 家的 33.7 倍。2017 年上半年,新三板市场定增融资规模为 598.5 亿元,好于市场预期。从发行次数来看也未有明显的下滑趋势,2017 年上半年全市场完成 1449 次发行,而 2016 年上半年这一数字为 1558 次。

但是,无论是三板做市指数,还是三板成指从推出开始一直"跌跌不休",已快跌至基点。新三板整体市场日均成交金额长期徘徊在 10 亿元左右,绝大部分是"僵尸股",没有任何交易,即使是交易最活跃的公司成交量也不过千万元。

市场持续低迷,已严重影响了投资人的信心。新三板市场自身的问题也逐渐显现,尤其是流动性困局和定价功能缺失招人诟病。新三板市场似乎走入一个死胡同:流动性缺乏导致定价失真,无法有效定价又制约企业的融资能力,进而拖累实体经济的发展。

吸引增量资金入市是破局的关键。随着房地产投资黄金十年的终结,资金亟须转向其他市场寻求新的增长点,新三板的新机遇也许正在危机中孕育。事实上,一大波制度利好正引而待发,其中,私募基金作为新三板做市商的相关制度已推出,公募基金、保险资金、社保资金、企业年金、QFII 和 RQFII 各路资金也有望参与新三板市场投资。

完善制度设计也是一剂良药。海外成熟资本市场的经验值得借鉴,通过完备的转板机制,上市企业可以从低层次资本市场转到高层次资本市场,也可能被降级到更低层次的资本市场,还可以在平层之间转板。被称为"中国版纳斯达克市场"的新三板市场,正在不断完善制度设计。国务院已明确提出新三板企业可以转板创业板,这被市场解读为一大利好。转板制度将有助于抹平

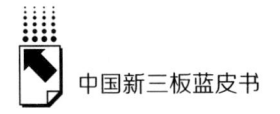

A股和新三板之间的估值差距,并有助于缓解新三板流动性不足的问题。

未来的新三板市场,或者以新三板为基础的场外证券市场,将是中国多层次资本市场体系中挂牌企业最多、最具成长性和创新活力的板块。

从小处着眼,新三板市场致力于为企业提供完善的资本市场服务,并推动企业实现自身的"基因改造"。为切实服务好创新型、创业型、成长型中小微企业,国务院有关部门加强统筹协调,丰富中小企业债务融资工具并扩大其规模,吸引了大批企业申请在新三板挂牌。

大而言之,经济转型寄希望于新兴行业,以"互联网+"为标志的创新创业被决策层一次次提及,而新三板则被赋予了为新兴行业解决直接融资需求的使命。中国经济的活力更多来自中小微企业,后者也将为中国未来经济的发展提供动力。新三板正是承载这一历史使命的资本平台。

此次恰逢中国新三板蓝皮书《中国新三板创新与发展报告(2017)》正式出版,蓝皮书旨在记录新三板市场走过的不平凡历程,同时为新三板市场改革提供有益的借鉴。

是为序。

目 录

Ⅰ 总报告

B.1 2016年新三板市场运行总体特征 …………………… 刘平安 / 001
  一 公司挂牌依然强劲增长 ………………………………………… / 002
  二 股票发行和交易增长乏力 ……………………………………… / 003
  三 创新层市场表现优于基础层 …………………………………… / 008
  四 市场流动性严重不足 …………………………………………… / 010
  五 微观基础质量亟待提高 ………………………………………… / 011
  六 差异化制度供给不足 …………………………………………… / 013
  七 挂牌公司经营情况喜忧参半 …………………………………… / 014
  八 市场监管力度明显加大 ………………………………………… / 016

B.2 协同完善市场制度 提高市场流动性 ………………… 刘平安 / 019
  一 正确认识新三板目前所处发展阶段 …………………………… / 019
  二 重新审视新三板的定位 ………………………………………… / 022
  三 协同完善市场制度 提高市场流动性 ………………………… / 027

Ⅱ 创新篇

B.3 新三板创新层公司创新能力报告 ……………… 程覃思 万 亮 / 038

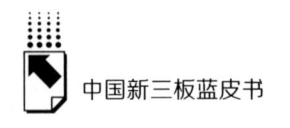

Ⅲ 市场篇

B.4 2016年新三板市场运行报告 …………………… 李 凯 张珂珂 / 099
B.5 2016年新三板市场流动性报告 ……………………………… 姚 云 / 200

Ⅳ 制度与监管篇

B.6 坚持市场化方向 完善市场制度 …………………………… 姚 云 / 211
B.7 新三板市场政策与监管 …………………………………… 杨慧敏 / 244

Ⅴ 评价篇

B.8 创新层公司创新能力综合指数排名 …………………………… / 272
B.9 标准一公司创新能力综合排名 ………………………………… / 300
B.10 标准二公司创新能力综合排名 ………………………………… / 313
B.11 标准三公司创新能力综合排名 ………………………………… / 328
B.12 制造业挂牌公司创新能力排名 ………………………………… / 334
B.13 信息技术业挂牌公司创新能力排名 …………………………… / 347

Ⅵ 附录

B.14 附录一 2016年新三板资产重组情况明细 …………………… / 354
B.15 附录二 新三板做市商退出明细 ……………………………… / 364
B.16 附录三 2016年新三板市场政策法规汇总 …………………… / 373

皮书数据库阅读使用指南

CONTENTS

I General Reports

B.1 The Overall Running Characteristics of NEEQ Market in 2016

Pingan Liu / 001

    1. Listing Enterprise Maintains Strong Growth in Terms of Quantity / 002

    2. Equity Issuance Grow Slowly and Trading Almost Stop Growing / 003

    3. "Innovation Layer" Performs Better than "Base Layer" / 008

    4. The Severely Inadequate Liquidity of the NEEQ Market / 010

    5. Microcosmic Foundation Quality of the NEEQ Market Needs to be Improved / 011

    6. Insufficient Differentiated System Supply / 013

    7. Uneven Quality of Listed Enterprises / 014

    8. The Strengthened Market Supervision / 016

B.2 Perfect the Market System and Improve the Liquidity *Pingan Liu* / 019

    1. Make Clear What Stage the NEEQ is in / 019

    2. Review the Function of the NEEQ / 022

    3. Perfect the Market System and Improve the Liquidity / 027

II Innovation Report

B.3 Innovation Ability of Listed Enterprises in Innovation Layer

Qinsi Cheng, Liang Wan / 038

Ⅲ Market Reports

B.4 The Running Report of NEEQ Market in 2016
Kai Li, Keke Zhang / 099
B.5 The Liquidity Report of NEEQ Market in 2016 *Yun Yao* / 200

Ⅳ Institution and Supervision Reports

B.6 Support Marketization and Perfect the Market System *Yun Yao* / 211
B.7 Policy and Supervison of NEEQ Market *Huimin Yang* / 244

Ⅴ Evaluation Reports

B.8 The Comprehensive Index Ranking of Innovation Ability of Listed Enterprises in Innovation Layer / 272
B.9 The Comprehensive Index Ranking of Innovation Ability of Listed Enterprises with Standard I in Innovation Layer / 300
B.10 The Comprehensive Index Ranking of Innovation Ability of Listed Enterprises with Standard II in Innovation Layer / 313
B.11 The Comprehensive Index Ranking of Innovation Ability of Listed Enterprises with Standard III in Innovation Layer / 328
B.12 The Comprehensive Index Ranking of Innovation Ability of Listed Manufacturing Enterprises in Innovation Layer / 334
B.13 The Comprehensive Index Ranking of Innovation Ability of Listed Enterprises in IT Field in Innovation Layer / 347

Ⅵ Appendices

B.14 Appendix 1: The Specific Details of Assets Reorganization of the NEEQ Market in 2016 / 354

CONTENTS

B.15　Appendix 2: The Specific Details of Market Makers Quit the NEEQ Market　/ 364

B.16　Appendix 3: The Summarized Policies and Regulations of the NEEQ Market in 2016　/ 373

总报告
General Reports

B.1 2016年新三板市场运行总体特征

刘平安*

摘 要： 2016年，新三板市场运行总体呈现"冰火两重天"的状态：一方面，企业挂牌突破万家，新三板成为全球挂牌数量最多的证券市场；另一方面，股票发行增长缓慢，市场总体融资功能下降，股票交易增长乏力，流动性严重不足。虽然创新层市场表现明显强于基础层，但因分层后差异化制度供给不及时，增加了系统性风险，阻碍了市场流动性的提高；挂牌公司经营情况喜忧参半，市场微观基础质量亟待提高，非系统性风险较高，影响了市场流动性的改善。但强化市场监管、保护投资者利益，成为2016年新三板市场运行最为靓丽的风景线。

关键词： 市场特征　市场流动性　投资人　新三板

---

* 刘平安，博士，中国新三板研究中心首席经济学家，北京金长川资本管理有限公司董事长。

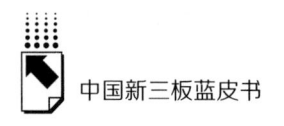

一 公司挂牌依然强劲增长

2016年，新三板企业挂牌延续了前三年的超高速增长态势，一路高歌猛进，年底突破万家，达到10163家，如图1所示。较2015年的5129家增长了98.14%，较2014年的1572家增长了5.46倍，较2013年的356家增长了27.54倍。短短四年多的时间，新三板成为全球挂牌数量最多的证券市场。

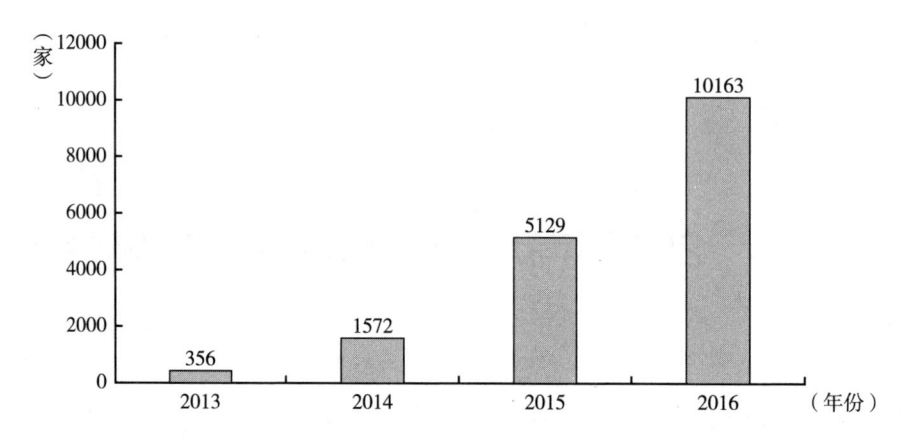

图1　2013~2016年新三板挂牌公司增长态势

资料来源：股转系统。

新三板企业挂牌在2016年之所以依然呈现强劲增长态势，主要有以下几方面的原因。一是市场需求强劲。作为中国多层次资本市场体系中专门为中小型企业服务的资本市场，市场需求巨大，这是新三板企业挂牌为什么持续增长的根本原因。二是新三板的品牌知名度较以往有了较大提升。新三板经过前三年的发展，中小型企业基本上都知道了新三板是专门为创新创业型企业服务的资本市场，其品牌效应和融资效应吸引了众多优质创新中小型企业到新三板挂牌、融资和并购。三是证券中介服务机构的服务能力保证了新三板市场前几年的超高速增长。虽然新三板从直接的短期利益上对券商等证券中介服务机构的吸引力不大，但如果从其自身业务的战略性角度考虑，也会吸引证券中介服务机构参与新三板业务。另外，交易所市场IPO前两三年排队堵塞，证券中介服务机构有时间和精力从事新三板业务，因此，其服务能力保证了新三板市场挂牌公司的数量供给，实现了前几年的超高速增长。

相对于前几年的超高速发展，2017年企业挂牌的增速会明显放缓，主要有以下三方面的原因。一是交易所市场的IPO提速，致使券商把业务和资源集中在交易所市场上，证券中介机构服务能力和积极性下降会大大影响新三板企业挂牌的增速。因为与交易所市场的IPO业务相比，新三板投入产出的性价比很低，券商没有激励和动力从事新三板业务。大部分券商开始缩减新三板业务团队，这样会直接影响到企业挂牌的速度。二是摘牌制度即将实施，将会有不少挂牌公司被强制摘牌，会使增量有所下降。三是目前新三板的利好政策迟迟不能落地，雷声大雨点小，市场信心严重不足，流动性面临枯竭。一方面，不少优质企业主动摘牌后启动IPO，会在一定程度上导致新三板公司存量规模的下降；另一方面，很多优质拟挂牌公司直接IPO，不到新三板挂牌。这样既会影响存量，也会影响增量。2017年第一季度，新三板挂牌公司增量首次出现负增长，在很大程度上是由市场流动性严重不足、市场信心大减造成的。综合以上原因，我们认为，2017年将是新三板企业挂牌增速下降的转折点，2017年新三板公司挂牌可能为13000家左右，即在上年的基础上增加3000左右，全年增速同比可能在30%左右。

从企业挂牌的行业分布来看，近两三年没有较大变化。挂牌公司的行业分布表现为：制造业占据半壁江山，达到50.64%，虽较2015年的53.50%略有下降，但行业分布没有发生较大的结构性变化；信息技术服务业占比为19.73%，与2015年的19.79%基本持平；其他所有行业的挂牌公司占比为30%左右。新三板挂牌公司的行业分布与中国经济的产业结构分布基本一致，即目前仍然是以制造业为主的产业结构。以信息技术服务业为主的第三产业，虽然发展势头迅猛，但目前还没有到完全替代传统产业的程度，只占很小的一部分。这也恰好反映了中国产业结构处在转型时期。假以时日，当以信息技术服务业为主的产业结构占据了新三板挂牌公司半壁江山的时候，中国的经济结构也许就成功地实现了转型。

二 股票发行和交易增长乏力

（一）股票发行增长缓慢

2016年，新三板股票发行规模为1391亿元，较2015年的1217亿元增长了14.30%，是2014年132亿元的9.54倍，如图2所示。2016年的增长幅度较前两年几倍的增速呈大幅度下降态势，究其原因，有三。其一，受2015年中国证券市场的总体影响，2015年新三板的股票发行呈非理性增长态势，达到1217亿元。2015年增长过快，致使2016年增长缓慢。其二，如果剔除2015年金融和类金融企业400多亿元的定增，实体企业的融资在800亿元左右。这样看，2016年的新三板股票发行也实现了差不多70%的增长，与挂牌公司的增长幅度差距不是太大，增长也实属正常状态。其三，除以上因素外，最重要的原因可能还在于市场差异化制度供给预期没有达到，流动性没有得到根本性改善，持有长期资金的投资者依然持观望态度，结果股票发行的增长幅度与挂牌公司的增长幅度没有实现同步。

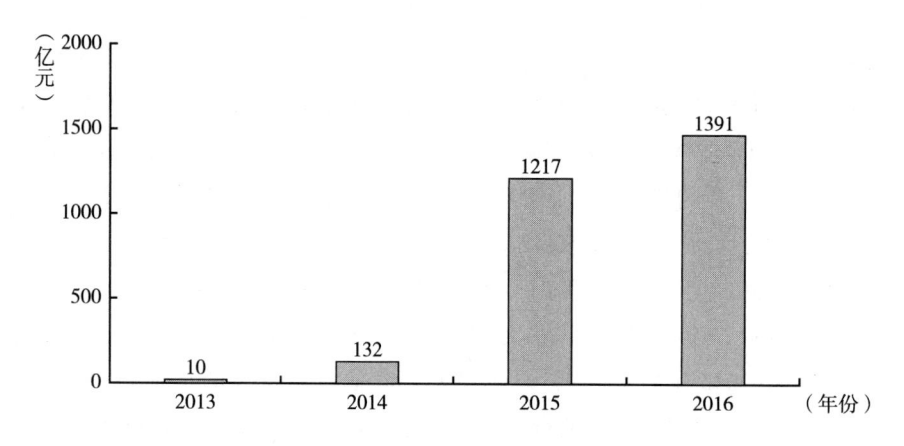

图2　2013~2016年新三板股票发行情况

资料来源：股转系统。

从新三板定向股票发行所属行业来看，2016年涉及19个行业分类，比2015年多了1个综合类。其中，募集资金额最多的制造业，占34.62%，其次是信息传输、软件和信息技术服务业，金融业，分别占23.08%、11.45%。以上三个行业的挂牌公司融资金额占总融资金额的比例高达69%以上。2016年新三板股票发行行业分布如图3所示。

（二）股票交易停止增长

2016年新三板股票交易额为1912亿元，与2015年的1910亿元基本持平。

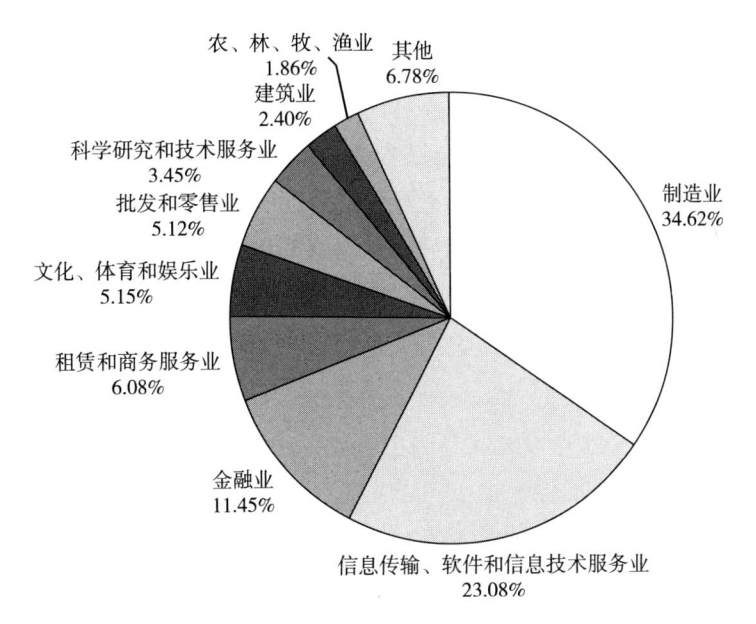

图3 新三板2016年股票发行行业分布

资料来源：股转系统。

但与2014年的130亿元相比，增长了13.7倍，与2013的8亿元相比，增长了238.0倍。2013~2016年新三板股票交易情况如4图如示。

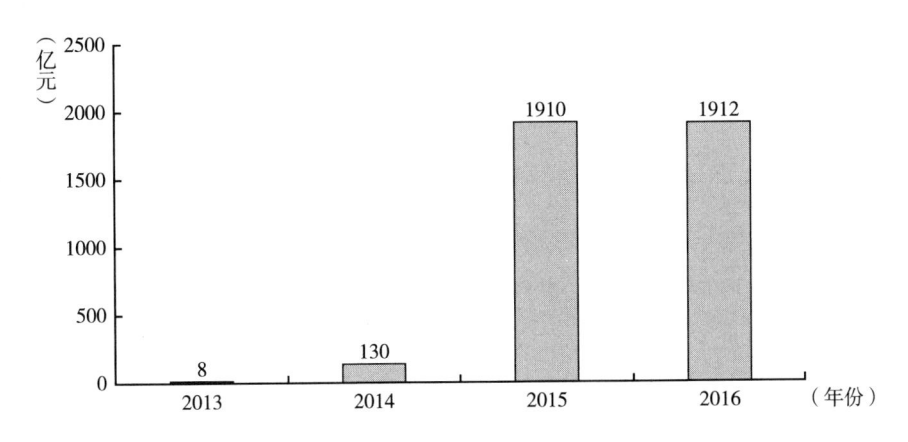

图4 2013~2016年新三板股票交易情况

资料来源：股转系统。

反映股票交易活跃程度的换手率指标从2015年5月开始出现急剧下降态势，直到2016年底才扭转下跌趋势，有所回升。进入2016年，市场换手率呈现先下降后震荡的趋势，每月维持在2%左右，全年换手率为25.17%，交易低迷，流动性面临枯竭。这与2015年上半年证券市场牛市的狂热形成了鲜明对比，其主要原因如下。其一，市场对新三板差异化制度的推出没有达到预期，市场信心受到严重影响；其二，受2016年证券市场总体大环境的影响，市场信心没有恢复，投资者情绪大幅下降。2015~2016年，新三板各月换手率变化如图5所示。

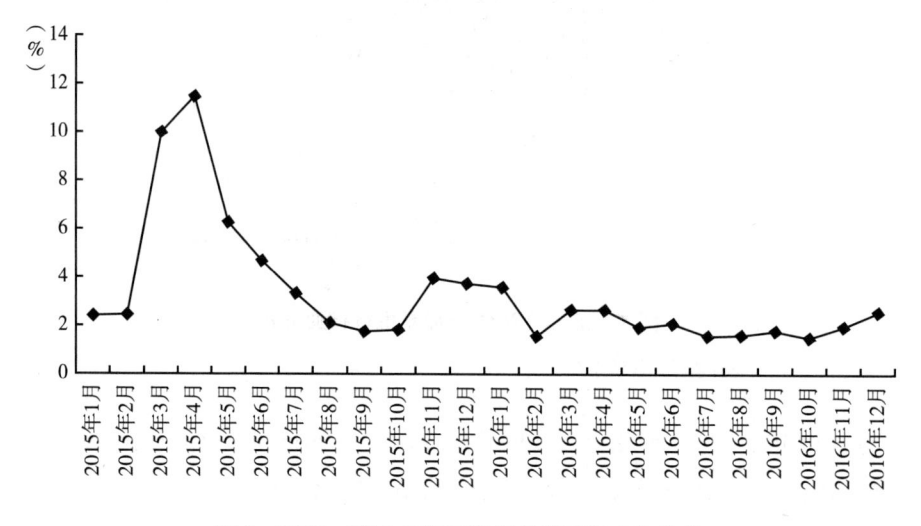

图5 2015~2016年新三板各月换手率变化趋势

资料来源：股转系统。

（三）三板指数持续下跌

2016年上半年，新三板市场低迷，三板成指和做市指数持续下跌，如图6与图7所示。下半年，三板成指和做市指数低位震荡，市场企稳迹象明显。三板成指自2016年1月4日最高点1448点，经历2月、3月、4月较大幅度震荡后，下跌至8月4日最低点1140点，之后在1140~1190点小区间内震荡，年末又有小幅增长。截至12月31日，三板成指收于1243.61点，全年跌幅为14.12%。三板做市指数走势与三板成指总体基本一致，自2016年1月4日的最高点1438点，经历2月、3月、4月较大幅度震荡后，下跌至9月1日最低点1076。之后基本维持在1080~1100点小区间窄幅震荡。截至12月31日，三板做市指数收于1112.11点，全年跌幅为22.66%。

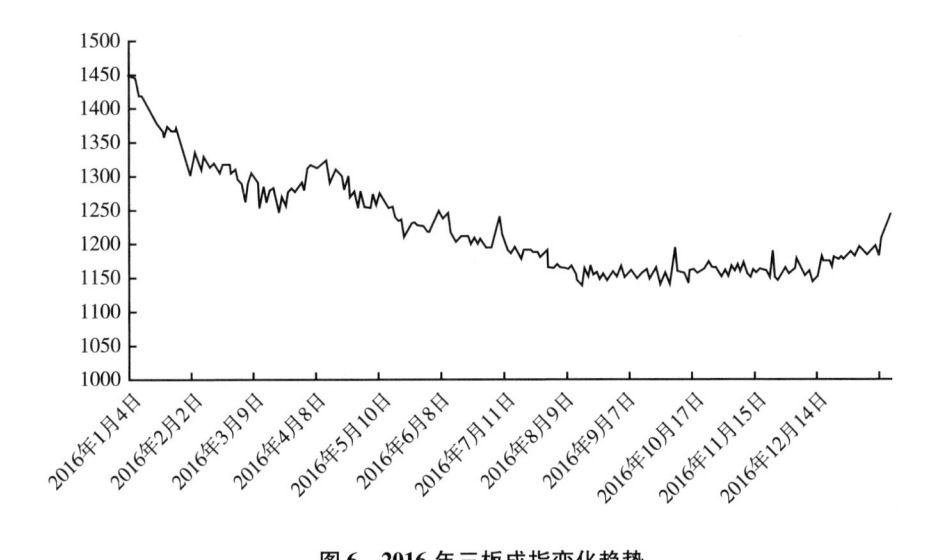

图6　2016年三板成指变化趋势

资料来源：股转系统。

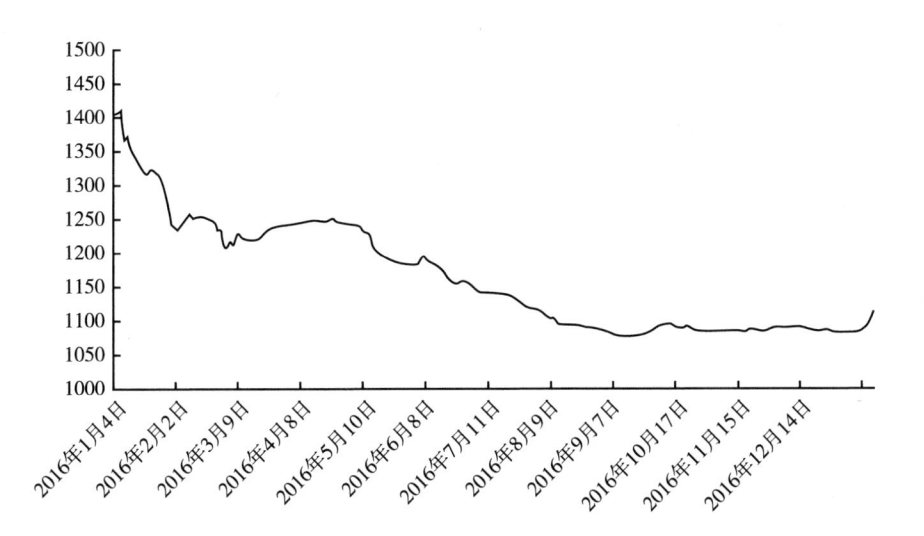

图7　2016年三板做市指数变化趋势

资料来源：股转系统。

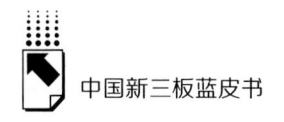

（四）市盈率持续下降

2015年至2017年3月新三板股票发行市盈率变化情况如图8所示。市盈率指标，2016年与2015年相比，呈大幅度下降态势，2016年全年的平均值为30.85倍，而2015年全年平均值为46.35倍，2016年较2015年下降幅度高达33.4%。2016前4个月还维持在30倍以上的区间，但2016年5~10月，一直维持在26倍左右，最后两个月才略有上升，在28倍左右。

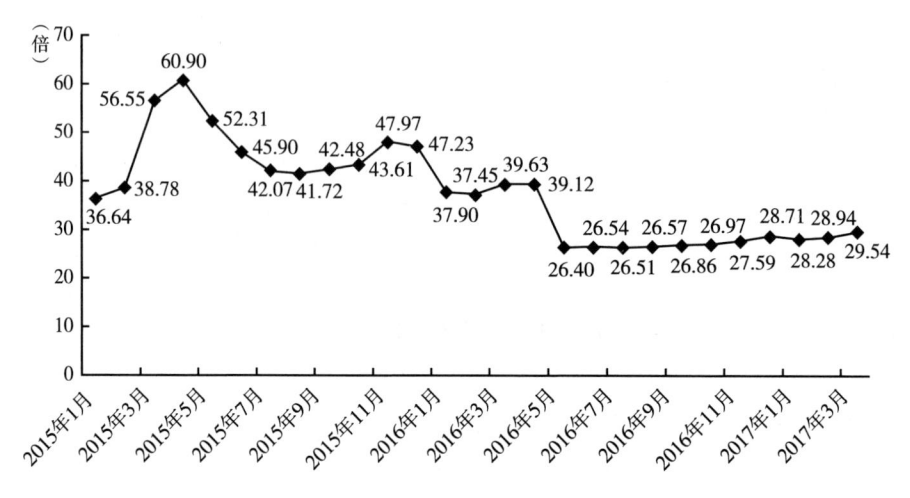

图8 2015年至2017年3月新三板股票发行各月市盈率变化情况

资料来源：股转系统。

三 创新层市场表现优于基础层[①]

（一）基础层挂牌公司股票发行与交易

1. 基础层公司股票发行

截至2016年12月31日，新三板挂牌公司共有10163家，其中基础层公

[①] 此部分统计数据来源于choice金融终端。股票发行总额为1481亿元，与"股转系统"统计数据1391亿元有差距。

司9211家，占90.63%。基础层公司2016年股票发行次数总计为2312次，占总发行次数的76%；发行股数总计274.33亿股，占总发行股数的79.72%；融资金额总计932.19亿元，占总融资金额的62.94%。基础层公司平均每次融资金额为4031.96万元，相对于总体平均融资金额4868.97万元，低17.19%。

2. 基础层公司股票交易

2016年基础层公司股票成交数量为240.98亿股，占所有公司成交数量的66.27%；成交金额为916.93亿元，仅占所有公司成交金额的47.95%；成交均价为3.81元，低于整体均价5.26元。虽然基础层公司数量占比很大，但是交易明显不活跃，这主要是因为基础层公司质量相对较差，对投资者的吸引力较弱。

（二）创新层挂牌公司股票发行与交易

1. 创新层公司股票发行

截至2016年12月31日，新三板创新层公司共952家，占9.37%。创新层公司2016年股票发行次数总计730次，占总发行次数的24%；发行股数总计69.76亿股，占总发行股数的20.28%；融资金额总计548.96亿元，占总融资金额的37.06%；创新层公司平均每次融资金额为7520万元，比总体平均每次融资金额4868.97万元高出54.45%。创新层公司平均融资规模较大，这主要是因为创新层公司质量较好，融资能力较强。

2. 创新层公司股票交易

2016年，创新层公司成交数量为124.75亿股，占所有公司成交数量的33.73%；成交金额为957.01亿元，占所有公司成交金额的52.05%；成交均价为7.67元，显著高于整体均价5.26元。

（三）创新层经营质量优于基础层[①]

1. 公司盈利

2016年度创新层挂牌公司盈利占比明显高于基础层挂牌公司盈利占比。在882家创新层公司中，盈利公司823家，占比高达93.3%，亏损公司59家，

---

① 按照"股转系统"的要求在2017年4月30日披露年报的9570家公司进行分析。

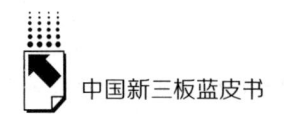

占6.7%；而在8688家基础层公司中，盈利公司6801家，占比仅为78.3%，亏损公司1887家，占21.7%。

2. 资本结构

在9570家公布2016年年报的新三板公司中，创新层公司的资产负债结构明显优于新三板市场整体和基础层公司。在882家创新层公司中，177家公司资产负债率处于0%~20%，占20.1%，高于基础层公司的19.8%；504家公司资产负债率处于20%~50%，占57.1%，远高于基础层的46.7%；资产负债率处于50%~80%和80%以上的公司数量分别为185家和15家，占比分别为21.1%和1.7%，远低于基础层的30.3%和3.1%。

3. 短期偿债能力

创新层公司的短期偿债能力要明显强于基础层公司的短期偿债能力。基础层公司流动比率高于2的数量占比为48.48%，流动比率高于1的数量占比为69.62%；创新层公司流动比率高于2的数量占比为57.92%，速动比率高于1的数量占比为79.25%。

四 市场流动性严重不足

（一）市场整体融资功能大幅度下降

从平均融资规模来看，2016年较2015年不升反降。2015年所有挂牌公司平均每家企业融资规模为2373万元，2016年下降到1457万元，下降幅度达38.6%。2015年挂牌公司发行家数为1890家，占挂牌公司的比例为36.85%。2016年发行家数为2660家，占比为26.17%。发行家数占比2016年较2015年下降了10.68个百分点。从参与发行的挂牌公司平均融资规模来看，2016年也出现下降的趋势。2015年参与发行的挂牌公司平均每家融资规模为6440万元，2016年为5568万元，下降幅度为13.54%。

（二）股票交易极度不活跃

2016年新三板全年成交额为1912亿元，与2015年的1910亿元基本持平。其中做市转让交易的成交金额达950.07亿元，协议转让成交金额962.22亿元,各占据半壁江山。全年仅有4240家挂牌公司参与了交易,全年股价长期低于1元的"僵尸股"有5500余家,占总数的59%。2016年的区间换手率均值则由2015年的39.65%下降到24.82%,其中做市转让平均换手率从46.30%降至22.67%,协议转让平均换手率从30.30%降至26.28%。2016年新三板24.82%的低区间换手率,反映出2016年市场交投清淡、成交萎缩、指数下行的情况,不利于市场合理定价、融资功能的发挥。

(三)流动性提供者做市商频频退出市场

做市商作为新三板流动性的主要提供者开始退出市场交易。截至2016年底,新三板采取做市转让的企业已达1654家,平均每只股票的做市商数量由2015年的7.41家上升至2016年的8.23家,做市金额也由838.61万元上升至934.88万元。但是,做市商盈利能力的下降加剧了做市商的退出。2016年做市溢价率已下降至33.34%,甚至有506家做市商在"亏本做市"(溢价率为负值),致使做市商退出也成为2016年的一个重要现象。根据Choice数据库,2015年至2016年底新三板共有630例做市商退出,其中620例退出时间在2016年,涉及181家挂牌企业、77家做市商。

(四)市场对小规模交易过于敏感

从量价结合的角度来看,在分别剔除成交额和价格振幅的极值后,计算得出2016年的Amivest流动性比率均值为49.99。此比率值反映出:从平均水平来看,市场成交49.99万元交易即可导致股价发生1%的波动。低于50万元的交易额度对股票的平均流通市值和平均成交额而言均属于极小规模,说明市场对于不足50万元的交易额的反应程度过于"敏感"。这印证了2016年新三板交易清淡的现实。

五 微观基础质量亟待提高

市场主体的质量是市场健康运行的前提和基础。新三板市场流动性不足,一方面是由差异化制度安排不及时或不到位造成的,另一方面是由挂牌公司的微观市场质量不高决定的。

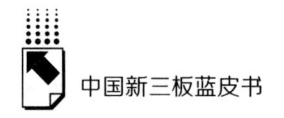

首先，从新三板挂牌公司的产业分布结构来看，新三板的制造业占据了半壁江山，信息技术和软件服务业占比在20%左右，其他行业共占30%左右。这表明新三板的市场微观主体是以传统的制造业为主的，第二产业的挂牌公司成为绝对的市场主体，新兴产业所占的比重不大，至少目前还不能成为新三板市场的主流。新三板挂牌公司的产业结构分布与我国经济总体产业结构分布大体一致。新三板的市场定位是为创新创业型企业提供服务的资本市场。从股票的需求角度看，新三板是以机构投资者为主的资本市场，10%左右的市场主体完成了70%左右的"定增"投资与股票交易。在机构投资者中，PE投资机构又是机构投资者当中的主流市场主体。机构投资者，特别是PE类机构投资者，在确定新三板投资的产业方向时，一般遵行两大基本原则，其一是产业要能代表经济未来的发展趋势与方向；其二是产业要得到国家产业政策的鼓励和支持。新三板目前的主流市场主体不符合机构投资者的产业定位与投资偏好。换言之，新三板的市场主体挂牌公司亟待产业结构的调整，产业结构要由目前以传统制造业为主转向以新兴产业为主。假以时日，当新三板以信息技术为主的现代服务业占据大半壁江山的时候，中国经济结构也就真正实现了结构调整，新三板的市场定位也就名副其实了。

其次，新三板挂牌公司规模小，处于发展阶段，面临较高的非系统性风险。新三板挂牌公司2016年平均营收为16919.12万元，平均净利润为1128.56万元，股本在1000万~5000万元的挂牌公司占50%以上。大多数挂牌公司处于初创期和发展期，属于真正的创业型公司和小规模公司。创业公司和小规模企业在技术、市场、财务和治理结构等方面，都面临较高的非系统性风险，主要表现在以下几方面，一是技术风险，主要表现为技术的产业化风险和技术团队的风险；二是市场风险，中小型企业在如今的买方市场环境下，消费者对产品和服务的创新能力有较高要求，企业面临产品迭代和消费升级的风险；三是财务风险，主要表现在企业没有一个健康的财务管理体系，财务团队成员的基本素质不够，资金链随时断裂等；四是公司治理结构风险，主要表现为公司没有建立起科学的决策机制，没有构建起对管理团队有效的监督约束机制和高效的激励机制，面临较高的重大战略决策失误的风险以及较高的代理成本。

最后，新三板挂牌公司的治理结构亟待完善。初创公司、小规模公司走进资本市场的最大瓶颈在于公司治理结构的完善程度。新三板挂牌公司公司治理问题主要表现在以下几个方面。其一，股权结构高度集中。前十大股东持股比例在90%以上的挂牌公司占比高达80%以上，持股比例为70%~90%的占比为15%左右，持股比例在70%以下的占比不到3%。股权结构高度集中，说明新三板挂牌公司没有建立起科学的决策机制，董事会只是形式上满足了资本市场的监管要求，但本质上还是私人公司，重大战略决策基本上由老板一个人说了算。由于新三板对挂牌公司的独立董事没有强制性要求，绝大多数挂牌公司的董事会没有引进独立董事，缺乏对重大战略决策提供有效的建议与监督，更缺乏对中小投资者的保护。其二，新三板大多数企业没有建立起对管理团队有效的监督与约束机制，依然是"人"在管人，而不是"制度"在管人，缺乏构建制度的意识与能力。其三，大多数挂牌公司没有建立起有效的激励机制，股权与期权这种现代企业激励制度对大多数公司而言还比较陌生。其中可能的原因如下。一方面，商业认知不到位，认识不到股权与期权激励方式会最大限度地降低代理成本；另一方面，知识储备不够，不知如何操作来实现激励机制的制度化。总而言之，建立制度的意识与构建制度的能力是新三板挂牌公司完善其治理结构的最大瓶颈。当企业走进资本市场的时候，需要向投资人证明两件事情：一是要让投资人能够把公司看明白；二是要让投资人相信，公司不是短命公司，而是具备持续发展能力的公司。只有具备了这两点，投资人才会把资本投给企业。而这两点都是以公司规范管理和经营为前提的，而公司的规范管理正是建立在公司完善的治理结构的基础上的。新三板挂牌公司面临较高的公司治理结构风险。

六 差异化制度供给不足

2016年新三板市场化制度建设的重头戏是在6月推出市场分层管理制度，新三板由此进入市场化制度建设的完善阶段。市场原本期望市场分层管理制度能够在一定程度上改善市场流动性。但令整个市场失望的是，从2016年6月推出市场分层管理制度到目前为止，接近一年的时间，除了进行市场分层本身以外，任何差异化的制度都没有推出来。市场预期没有如期而至，市场信心丧失殆尽。整个市场，不管是反映价格指标的市盈率，还是反映流动性的换手率，以及股票发行和交易的规模的增长幅度，与2015年同期相比，都大幅度

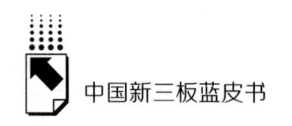

下降。从2016年到2017年,新三板流动性在原来不足的基础上已面临枯竭,在很大程度上都是差异化制度供给不及时造成的。

差异化制度供给是新三板制度供给的本质要求,符合新三板市场的基本特征。新三板市场的基本特征是:挂牌公司多,公司规模大小不一,质量参差不齐,风险高低相差很大。这样的市场无疑会给投资者带来"噪声",扰乱投资者视线。投资者在这样的市场面前,不知道如何识别风险,也就不知道如何选择投资标的,流动性不足就会成为阻碍市场健康发展的最大问题。市场分层管理制度是差异化制度安排的基础性制度。在市场分层管理制度基础上的差异化信息披露制度、差异化交易制度以及不同风险识别能力和承受能力的投资者适当性管理制度才是差异化制度供给的核心。不同的市场层级,其信息披露的内容、形式和时间不同,投资者面对的风险就不一样,交易机制的安排也应随之存在显著差别。在挂牌公司规模相对较大、成长阶段比较成熟、财务表现相对良好的层级,应该实施严格的信息披露制度,在此基础上实行竞价交易制度,投资者的门槛可以适度降低。在企业规模较小、发展阶段处于发展期甚至是初创期、目前财务表现还不太良好、风险较高的层级,可以实施较为宽松的信息披露制度,以做市交易为主,并辅之以大宗交易,此层级需要高风险承受能力的投资者。如果仅有形式上的分层,没有实质性的差异化制度供给,市场分层也就失去了它应有的价值和意义。新三板目前制度建设的重点是在市场分层的基础上,提供差异化的信息披露制度、差异化的市场交易制度以及差异化的投资者适当性管理制度。

七 挂牌公司经营情况喜忧参半

新三板市场2016年挂牌公司经营情况喜忧参半。市场整体盈利增速趋缓,但经营的"含金量"在逐步提高。

第一,从盈亏角度看。2013~2015年,新三板市场挂牌公司盈亏结构基本保持稳定,实现盈利的公司占比变化不大,维持在80%~85%,但2016年相比前三年有小幅度下降,降至79.67%。2013~2016年,实现盈利的公司占比分别为83.33%、84.95%、82.75%和79.67%。[①]

---

① 2013~2016年按时披露年报的挂牌公司数量分别为342家、1568家、5102家和9570家。

第二，从营收与净利润增长方面看。2013~2015年，新三板挂牌公司的盈利状况大幅度提升，但在2016年却出现了极为明显的下滑。2016年统计的9570家挂牌公司实现营业总收入16191.59亿元，净利润总额1080.04亿元。挂牌公司平均营业收入为16919.12万元，同比减少2.22%，平均净利润为1128.56万元，同比减少20.90%。而2014年平均营业收入和平均净利润的同比增长率分别为63.88%和74.72%，2015年分别为24.65%和40.89%。

第三，从挂牌公司资本结构和偿债能力角度看。新三板挂牌企业的资本结构有所优化，偿债能力保持稳定，整体偿债能力较好。2016年资产负债率处于0%~20%的公司占比与2015年相比有所减少，处于20%~50%的公司占比有所提高。2013~2016年，资产负债率处于80%以上的公司占比逐年降低。2014~2016年新三板挂牌公司整体的资产负债率依次为59.41%、51.05%、47.93%，呈现逐年下降的趋势，根本的原因是，优质企业因挂牌前的私募股权融资和挂牌后的定增融资，优化了企业的资本结构，增强了企业抵抗风险的能力。

第四，从挂牌公司盈利能力指标看。2016年度，净资产收益率ROE和总资产净利率ROA均有明显下降，两项指标2016年大于2015年的公司数量占比较低。2016年，有36.44%的公司净资产收益率大于上一年，其中，基础层公司为38.36%，创新层公司为17.61%；有42.84%的公司总资产净利率大于上一年，其中，基础层公司为33.69%，创新层公司为24.60%。净资产收益率和总资产净利率下滑，与经济下行情况下公司盈利能力下降有关，也与新三板公司的增发募资有关。但值得关注的是，在整体业绩增速放缓甚至下降的背景下，新三板企业净利润的"含金量"正在显著提升。首先表现在，2016年新三板挂牌公司净资产收益率和总资产报酬率虽有下降，但整体销售毛利率却未降反增，2014~2016年，公司整体销售毛利率分别为23.01%、24.69%、24.78%。

第五，从挂牌公司的纳税角度看。新三板整体和基础层企业的所得税呈逐年上升的趋势。2015年全年，新三板公司平均缴纳所得税258.8万元，2016年这一数据上升到277.4万元，增长7.19%。其中，基础层公司2016年平均上缴所得税同比增长12.3%，创新层公司略有减少。新三板公司上缴所得税社会效益巨大。同时，2016年政府的补助在大幅度下降，平均每家获补助185

万元，低于 2015 年 196 万元的水平。① 这体现出，新三板公司的净利润"含金量"在提升。

第六，从挂牌公司的营运能力看。2016 年，受宏观经济下行因素的影响，新三板挂牌公司的营运能力和效率有略微下降。2016 年全年存货周转率、应收账款周转率和总资产周转率大于 2015 年同期的公司占比均小于 50%，尤其是应收账款周转率，2016 年大于 2015 年的公司占比仅为 33.56%。

八 市场监管力度明显加大

与"股转系统"成立后的前几年市场扩容相比较，"股转系统"2016 年把市场的稳定运行和风险防范放在首位。不管是自律监管措施的出台数量，还是对违规行为的处置数量，都大大高于往年，使 2016 年成为新三板名副其实的"监管元年"，市场监管力度明显加大。

（一）2016年出台的监管措施

2016 年加强监管的主要措施包括以下几个。①2016 年 1 月 19 日，"股转系统"通知各主办券商，无论项目处于何种状态，所有类金融机构全部暂停办理挂牌手续。与此同时，北京、上海等多地工商局亦停止办理投资类和金融类公司的工商注册。②2016 年 1 月 29 日，"股转系统"发布了《全国中小企业股份转让系统主办券商执业质量评价办法（试行）》，对主办券商推荐、经纪或者做市等业务的评价结果进行分档，加大对券商的自律性监管。③2016 年 4 月 28 日发布的《全国中小企业股份转让系统自律监管措施和纪律处分实施办法（试行）》，使"股转系统"自律监管措施落地，并于发布之日起开始实施。实施办法共包括五章四十九条，主要涉及"股转系统"自律监管的基本原则、一般流程以及市场主体的权利义务等。实施办法的发布实施是"股转系统"加强自律监管体系建设、加大违法违规处理力度的一项重要举措，将有力地提升违规处理的规范性和透明性，明确市场主体预期，促进市场规范

---

① http://stock.eastmoney.com/news/1827，20170428733574850.html.

发展。④2016年5月27日，新三板再次对私募机构放开，出台私募挂牌准入"新八条"，开始对类金融机构进行强监管，由此迈开了行业差别化监管的步伐。⑤2016年8月8日，"股转系统"发出最严募资新规，规定挂牌公司应当建立募集资金存储、使用、监管和责任追究的内部控制制度，明确募集资金使用的分级审批权限、决策程序、风险控制措施及信息披露要求。⑥2016年8月8日，"股转系统"发布《挂牌公司股票发行常见问题解答（三）——募集资金管理、认购协议中特殊条款、特殊类型挂牌公司融资》和过渡安排通知，大范围禁止对赌条款。⑦2016年8月17日，"股转系统"向各家主办券商下发《关于落实"两个加强、两个遏制"回头看自查工作的通知》，启动券商自查工作。⑧2016年9月8日，"股转系统"发布《全国中小企业股份转让系统挂牌公司董事会秘书任职及资格管理办法》。办法规定：未取得"股转系统"颁发的董事会秘书资格证书，或者董事会秘书资格证书被吊销后未重新取得的不得担任创新层挂牌公司董事会秘书。⑨2016年9月9日，"股转系统"正式推出挂牌负面清单管理。根据《全国中小企业股份转让系统挂牌业务问答——关于挂牌条件适用若干问题的解答（二）》，四类公司不得挂牌新三板。"股转系统"推出公司挂牌负面清单表明，新三板公司挂牌的市场准入标准开始进行微调。

（二）2016年市场违规处罚情况

2016年"股转系统"共发布了193例监管措施决定，对各市场参与人约278人次采取自律监管措施，对13人次采取纪律处分；发出问询函62份，其中针对年报的问询函35份，针对半年报的问询函11份，其他问询函16份。193例自律监管案例，自律监管对象主要包括五大类——挂牌企业、挂牌企业高管、主办券商、中介机构、做市商。其中，挂牌公司高管主要包括董事长、董事会秘书、股东、实际控制人、信息披露负责人、财务总监、法定代表人等；中介机构主要包括券商、会计师事务所、律师事务所及独立财务顾问等。"股转系统"采取的自律监管措施类型涉及了责令整改、约见谈话、提交书面承诺、出具警示函、暂停解除股票限售等，其中，提交书面承诺和约见谈话是采取最多的两大监管措施，分别占38%和33%；暂停解除股票限售仅实施1次。近三年每一类监管对象的违规次数都是呈现上升趋势，挂牌企业、主办券

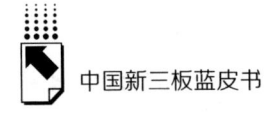

商、公司高管是"股转系统"监管实施次数频率较高的对象,"股转系统"近三年自律监管对象违规情况如表1所示。

表1 "股转系统"近三年自律监管对象违规情况

单位:人次

监管对象	主办券商	做市商	中介机构	挂牌企业	公司高管
2014年	5	0	1	6	5
2015年	35	1	1	43	30
2016年	60	5	14	86	58

资料来源:股转系统。

B.2
协同完善市场制度 提高市场流动性

刘平安*

摘　要： 要想从根本上解决新三板的流动性困境，首先须以历史的视角、辩证的思维和发展的眼光看待新三板目前所处发展阶段及所面临的主要问题。在此前提下，我们须从国家战略层面重新审视新三板的定位，考虑把新三板作为证券交易所进行重新定位，把新三板作为混合交易市场进行重新定位，把新三板作为中国的"创新板"进行重新定位，以及完善"股转系统"的公司治理结构。在重新定位的基础上，推出改善市场流动性的系统性解决方案，包括如下几点，其一，调整市场准入制度；其二，完善市场交易制度；其三，优化资源配置制度；其四，强化市场监管制度，切实保护投资者利益。

关键词： 新三板　定位　市场流动性

一　正确认识新三板目前所处发展阶段

解决新三板的流动性问题，首先需要正确认识新三板目前所处发展阶段及所面临的主要问题。不同发展阶段，其市场需求、面临的主要问题以及解决问题的制度安排应有本质区别。正确地认识问题是解决问题的前提。到目前为止，我们依据市场制度演进的路径和特征，把新三板的发展历程分为三个阶段：第一阶段，非市场化制度发展阶段；第二阶段，市场化制度初步形成阶

---

* 刘平安，博士，中国新三板研究中心首席经济学家，北京金长川资本管理有限公司董事长。

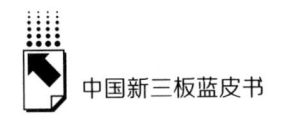

段；第三阶段，市场化制度完善阶段。

第一阶段，2006年到2012年9月"股转系统"成立，是非市场化制度发展阶段，此阶段是试点和扩容阶段。在此阶段，市场从2006年成立到2012年7月扩容之前，是中关村高新科技园区的非上市股份公司的股权交易市场。2012年7月开始扩容至上海张江、武汉东湖以及天津的滨海新区等四个国家级高新科技园区。此阶段的总体市场特征是：①市场范围较窄，是区域性市场；②市场规模较小，7年挂牌公司总计522家；③融资功能弱，7年股票发行仅23亿元；④非市场化制度安排。

第二阶段，2013~2015年为市场化制度框架初步形成阶段。2013年1月，"股转系统"正式揭牌营运，标志着新三板进入新的市场发展阶段。此阶段的总体市场特征包括如下几点，①市场化制度安排。2013年是新三板构建市场化制度框架的最重要的一年。2013年推出的市场化制度涵盖了证券场外市场制度建设的方方面面，主要包括企业挂牌制度、股票发行制度、股票交易制度、投资者适当性管理制度、主办券商制度、信息披露制度。证券场外市场的基本监管制度——《非上市公众公司监督管理办法》也从2013年1月1日起执行。②市场范围面向全国。2013年12月13日，国务院发布《关于全国中小企业股份转让系统有关问题的决定》，提出将新三板挂牌企业扩容至全国，并且明确全国股份转让系统具有的性质、发挥的功能以及其市场定位。2013年12月30日，全国股转公司修改自律规则，标志着全国股份转让系统正式扩容至全国。③市场规模迅速扩大。2013~2015年挂牌公司数量分别为356家、1572家、5129家。市场超高速发展，市场规模迅速扩大。④融资功能迅速增强。股票发行，2013年为10亿元，2014年为132亿元，2015年为1217亿元，市场融资功能迅速增强。"股转系统"在此阶段的发展战略是，初步构建市场化的制度框架，以追求市场速度、规模和品牌为首要战略目标，市场质量在此阶段被放在次要地位。

第三阶段，2016年6月27日以推出市场分层管理制度为标志，新三板进入市场化制度完善阶段。"股转系统"在此阶段的战略应该是，大力夯实和完善市场化制度，把原来以追求速度和规模为首要战略目标调整为以追求市场质量、提高市场流动性为首要战略目标。从目前的市场运行情况来看，此阶段的最大问题是市场流动性严重不足，甚至面临枯竭。造成市场流动性严重不足的主要原因有如下几点，其一，市场发展速度太快，企业挂牌超高速增长，股票供给过大，但因投资者门槛过高，投资者规模太小，资本供给满足不了挂牌公司的融资需求，市场供需严重失衡，这是市场流动性严重不足的根本原因；其二，市场规模过大，挂牌公司质量参差不齐，差异化制度供给不及时或不到位，市场的系统性风险大增，投资者信心丧失，导致市场流动性严重不足；其三，挂牌公司处于早期发展阶段，其技术风险、市场风险、财务风险和治理结构风险等非系统风险较高，微观市场基础质量薄弱，导致投资风险过大；其四，券商作为主要的证券中介服务机构，因激励不兼容，没有激励与动力从事新三板的各种业务，导致市场服务效率低下，信息的非对称性难题没有得到有效解决，严重地影响了市场流动性；其五，新三板市场化发展的时间太短，自律性监管框架还没有完成形成。法律监督、行政监管和自律性监管三者之间如何形成有效的监管体系，目前还处在摸索阶段。目前的主要问题是，违规主体的法律责任不够，只对违规主体采取自律性监管措施，违规成本太低，各类违法违规事件频出，惩罚力度不够，投资者的利益不能得到有效保护，这不仅影响了目前的市场流动性，更重要的是，还影响了新三板市场持续、健康和长期发展。

正确地看待新三板目前所处的发展阶段及所面临的主要问题，是有效解决目前市场流动性严重不足的基本前提。我们须以历史的视角审视新三板的过去和现在，以辩证的思维看待新三板的优势与不足，以发展的眼光把握新三板的趋势与未来。新三板市场的诞生是以支持创新经济为出发点的，是为实现国家创新战略而打造的为之服务的金融体系，不同于传统金融体系的制度安排，新三板是以市场化制度安排为显著特色的。正确看待新三板，须以市场所肩负的历史使命为逻辑起点，然后围绕使命所进行的制度安排，进行历史的分析。目前，新三板市场面临的困难和问题，是市场发展过程中必然面临和存在的问题，也是必须要解决的问题。中小型企业融资需求强劲，市场发展速度太快，必然伴随制度供给跟不上和市场质量参差不齐等根本性问题。任何市场制度的建设和完善均不可能一蹴而就，都是一个循序渐进的过程。严格意义上的新三板，作为创新型资本市场的发展只有四年多的时间，我们不可能要求在如此短的时间内打造一个完全市场化的资本市场，这既违背了市场本身的发展规律，也不符合中国经济改革以往走过的路。中国 A 股市场经过二十五六年的发展，到目前为止都还是一个非完全市场化的资本市场。对待新三板市场的发展，我

们同样要有足够的理性与耐心，我们要坚定新三板未来的发展趋势和方向。新三板肩负的历史使命不仅仅只是解决中小型企业的融资问题，更为重要的是，中国经济结构的转型升级、中国国家创新战略的实施以及中国资本市场的市场化改革，都离不开创新经济，离不开支持创新的金融体系，离不开新三板这个创新型资本市场。我们要相信市场的力量，相信制度的力量，相信创新的力量！

二 重新审视新三板的定位

目前，新三板流动性严重不足已经成为影响新三板市场健康发展的最大障碍。流动性不足的根本原因在于制度供给不足，而制度安排不及时或不到位的根源与新三板目前在中国多层次资本市场体系中没有明确清晰的定位有直接关系。要想从根本上改善新三板的流动性，建设一个真正市场化的资本市场，我们需要从国家战略层面重新审视新三板的定位。

（一）重新审视"证券交易场所"的定位

从证券交易市场的法律地位看，目前官方对新三板的表述是："新三板是继上海证券交易所和深圳证券交易所之后的第三个全国性证券交易场所，具有与上海证券交易所和深圳证券交易所同等的法律地位。"从以上表述可以看出，上海证券交易所和深圳证券交易所是"证券交易所"，而新三板是"证券交易场所"。虽然只有一字之差，但给市场参与主体对市场的信心、心理定位和心理感受是完全不一样的。很多市场参与主体在新三板市场发展初期曾一度认为，只有上海证券交易所和深圳证券交易所才是中国资本市场的正规军和中央军，而新三板是地方部队，是游击队，是和天津的"天交所"和上海的"股交所"一样的北京地方股权交易市场，因此，大都采取观望的态度，参与的积极性不高。特别是在目前流动性严重不足的市场环境下，市场更是对新三板未来发展失去了信心。

资本市场的发展首要解决的是市场信心问题。在目前新三板流动性严重不足的市场环境下，政府要让市场坚信，国家将大力发展新三板作为创新型资本市场以真正解决创新创业型企业的金融资本需求。既然新三板与上海证券交易所和深圳证券交易所具有同等法律地位，同时基于新三板在国家创新战略中具有的重要作用,以及在中国经济结构转型中的金融市场基础地位,国家完全有必要让内容和形式统一起来,坚定市场主体参与新三板的信心和决心,让新三板真正成为中国的第三个"证券交易所",而不仅仅是"证券交易场所",即从操作策略上把"新三板"更名为"北京证券交易所"。"北京证券交易所"在组织形式上依然为"公司制",有别于上海证券交易所和深圳证券交易所的"会员制",这也是中国证券市场在组织形式上的创新。

(二)重新审视"证券场外市场"的定位

从多层次资本市场体系的角度看,目前,新三板在中国多层次资本市场体系中的定位是全国统一的证券场外交易市场。在中国多层次资本市场体系中,上海证券交易所和深圳证券交易所是场内交易市场,新三板与各个地方性股权交易中心构成中国的证券场外交易市场。新三板与各个地方性股权交易中心不同的是,新三板是"全国统一"的场外交易市场,而地方性股权交易中心是"区域性"场外市场。

对新三板在中国多层次资本市场体系中作为证券场外市场的定位,我们有必要重新审视。首先,从全球证券市场的发展趋势看,传统的基于物理特征(有无固定交易场所)的证券场内市场和场外市场划分的界限正在逐渐模糊,未来证券市场交易都会采用电子交易方式,因此,传统的以物理特性来划分证券场内市场与场外市场没有多大实质性意义。其次,基于制度安排的不同来划分证券场内市场与场外市场,将会对新三板未来发展产生重大不利影响。根据传统的对证券场内市场和场外市场的划分,场内市场的交易制度安排主要以竞价交易为主,而场外市场的交易制度主要以协议转让和做市商交易为主,且做市商交易是证券场外市场的核心交易制度。从目前新三板交易制度安排产生的市场结果来看,由于做市交易制度存在严重缺陷,新三板的流动性很难从根本上得到改善。长此以往,新三板将会成为真正的"僵尸市场"。

为了让新三板的流动性从根本上得以改善,可以设想在新三板分层基础上把它定位为一个"混合交易市场",即证券场外市场与场内市场的混合交易市场,而不是目前单一的证券场外市场。从美国纳斯达克资本市场的发展历程看,证券场外市场有了一定的市场基础后,基于市场流动性的需求把场外市场发展成为混合交易市场,即场内市场和场外市场共存的市场,也是市场本身发展的必然要求。其实,"竞价交易"原本就在新三板的既定的交易制度安排中,迟迟不能推出的可能原因有两个方面:一是与目前新三板作为场外市场的定位有直接关系,即场外市场不以竞价交易方式为主;二是我们是否需要构建一个与交易所市场相竞争的证券场外市场。如果重新审视把新三板作为证券场外市场的定位,取而代之,把新三板定位为一个"混合交易市场",在新三板进行证券场内市场的制度安排,包括竞价交易,甚至是公开发行等,也就顺理成章了。

为此,我们建议,在目前创新层的基础上再分出一个精选层,让处于精选层的企业实行公开发行、竞价交易,匹配不同门槛的投资者,以及进行"转板"安排,以此带动新三板市场整体流动性的提高。

(三)重新审视新三板的市场定位

新三板目前的市场定位是专门为创新创业型企业服务。这一定位从两个层面来理解:一是企业要具有创新能力,包括企业的科技创新能力和商业模式等方面的创新能力;二是企业所处的发展阶段,即企业处于"创业"阶段,处在生命周期的初创期和发展期,还没有到成熟阶段,也就是我们通常所理解的是真正的"中小微"企业。

把新三板的市场定位和交易所市场的各大板块,特别是和中小板与创业板的市场定位进行比较,这三个市场无疑存在较大交叉和重叠的地方。在目前中国多层次资本市场体系里,交易所市场各大板块的市场定位是:主板为大型成熟企业提供服务;中小板为中型、稳定发展的企业提供服务;创业板为科技成长型企业提供服务。不管是从字面上理解,还是根据《创业板上市管理办法》对企业到创业板上市的标准和要求,新三板的市场范围都涵盖了创业板。因为创业板定位的科技成长型企业一定都是创新创业型企业,而到新三板挂牌的企业不一定仅仅是科技型企业,非科技型的中小型企业也照样可以到新三板挂牌融资。另外,交易所市场的各大板块,现实的市场定位也是不清晰的。中小板和创业板成立的初衷是想专门开辟一个资本市场为中小型企业提供金融服务,真正解决中小型企业融资难的问题。但由于这两个市场都是在原有的制度和市场框架内的制度安排和设计,再加上交易所市场的非市场化制度安排,不管是从企业上市的规模,还是从发展阶段来看,目前中小板和创业板事实上都成了主板的一部分，而没有真正发展成为专门为中小型企业服务的资本市场。各大市场板块定位的不清晰，一方面造成了市场的重复建设，另一方面导致了政策资源和市场资源的极大浪费。更重要的是，不利于金融市场资源的优化配置。

重新审视新三板的市场定位，应从两个层面考虑。首先，从国家创新战略层面来考虑。中国要实施国家创新战略，必须要有一个强大的支持创新的金融市场体系。目前，交易所市场不具备这样的市场基础和制度基础，间接融资体系基于其机构属性和风险偏好，也不可能为创新经济提供足够的金融支持。而"股转系统"经过四年多的发展，初步具备为创新企业提供资本市场服务的制度基础和市场基础。其次，中国经济要实现结构转型，经济运行效率和资源配置效率要得到有效提高，金融市场的市场化改革是前提和基础。目前，中国资本市场的市场化改革，新三板是一个有效的突破口。一方面，新三板为创新企业提供金融支持，使新兴产业高速发展，迅速做大并代替传统产业，资本市场为产业资源的整合提供平台；另一方面，新三板改革的成功可以对交易所市场形成一种市场化改革的倒逼机制，使交易所市场快速进行市场化改革，从而为产业结构调整奠定金融市场基础。

我们建议，在新三板面临大发展之际，结合交易所市场的注册制改革，应该为各大市场板块进行清晰定位，即主板独立定位，为大型成熟企业提供资本市场服务；中小板和创业板合并成为新的中小板，专门为中型、稳定发展的企业提供资本市场服务；新三板定位为中国的"创新板"，专门为具有创新能力的"中小微"企业提供资本市场服务。新三板作为中国多层次资本市场体系中的"创新型"资本市场，需要理顺与沪深交易所的关系：一方面，新三板要发挥"苗圃"功能，通过"转板"机制为沪深交易所孵化部分优质创新企业，以提高资本市场的整体资源配置效率；另一方面，又要发挥"土壤"功能，通过完善自身的市场机制，让部分优质创新企业在新三板自己的土地上绽放。"苗圃"功能与"土壤"功能并不矛盾，"苗圃"功能的发挥要建立在发挥"土壤"功能的基础之上。新三板要为沪深交易所输送优质企业，一定是在新三板本身能足够吸引优质创新企业的前提下才能实现的，这就要求新三板作为独立资本市场需要有持续健康发展的制度基础和市场基础。因此，正确理解新三板作为创新型资本市场的定位，一方面，不能脱离开中国多层次资本市

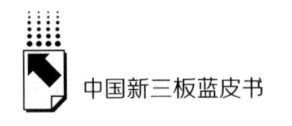

场体系，三个市场有连接联通的必要性和重要性；另一方面，三个市场又需要各自独立，健康发展，服务于不同发展阶段的企业。

（四）重新审视"股转系统"的公司治理结构

不同于上交所和深交所的"会员制"制度安排，"股转系统"是我国目前唯一的"公司制"证券交易场所，由上交所和深交所等七家股东单位出资组成，其中上交所、深交所以及中国证券登记结算有限公司是持有股权最大的三个股东单位。"股转系统"的重大战略决策，除了要听从国务院和证监会的统一布置和安排外，还有另外一重权利结构在制约着"股转系统"的战略决策，那就是"股转系统"作为公司制企业，重大战略决策要服从股东会（或股东）的决策安排。

首先，两种权力机构要达成重大战略决策的一致性，是件十分困难的事情，因为决策的出发点有着显著不同。证监会代表了国家利益，所做决策是从国家总体经济战略和金融战略层面出发，注重的是社会效益，并不考虑"股转系统"组织本身的经济效益。而"股转系统"作为公司制企业，如果符合现代企业制度，完全按"公司制"运转，应该首要考虑的是股东作为出资人的经济效益，社会效益会被放到次要的位置。因此，要想协调这两种权力结构在重大战略决策上达成一致，决策的效率就会降低。

其次，"股转系统"作为"公司制"企业，股权结构是公司权力结构的基础，其重大战略决策需要股东会按"股东会议事规则"做出。剖析"股转系统"的股东结构和股权结构，我们发现，沪深交易所由于其证券交易所性质，可以被视为"一致行动人"，共占有40%的股权，属于一大阵营；另外五家股东单位都属于证券期货等金融企业，共占有60%的股权，属于另一大阵营，两大阵营的利益出发点也并不完全一致，因此，其在重大战略决策上要迅速达成一致也不是容易的事情，这样也会影响到"股转系统"的决策效率。

当然，以上的分析只是基于理论和逻辑的基础，可能与"股转系统"在现实的决策中并不吻合，因为毕竟七家股东单位也都属于国企，都要服从于"国家"这个大股东，实现国家的社会效益是首位的，其作为企业的经济效益是其次的，甚至根本就不会考虑其经济效益。另外，沪深交易所目前也要实现市场化改革的重大战略目标，即使从沪深交易所自身的利益最大化角度出发，首先做好自己的事情才是发展的关键。当沪深交易所自身的核心改革目标都还没有实现的时候，精力如果集中在分支机构身上，给自己带来的就不会是收益，而是更大的机会成本。如果沪深交易所不再作为"股转系统"的股东，"放手"让其独立、健康、持续发展，给"股转系统"最大的自主权和激励，"股转系统"的"苗圃"功能真正得以发挥，为沪深交易所源源不断地输送优质企业，这才是沪深交易所最大的收益。

以上分析表明，基于形式和内容的统一、理论和实践的一致，从国家战略层面出发，可以考虑把沪深交易所持有的"股转系统"的股权转让给中国的国家投资公司，即"中国投资有限公司"，或其全资子公司"中央汇金投资有限公司"，以完善"股转系统"的公司治理结构，从形式和内容上都服从于国家的总体经济战略和金融战略，为创新经济奠定金融市场基础。

三 协同完善市场制度 提高市场流动性

新三板的市场流动性严重不足，是各种市场因素和制度因素共同作用的结果。要想从根本上提高市场流动性，任何单兵突进的政策措施或制度安排都不可能达到其目的，需要制度的有序推进和协同安排，其具体举措包括如下几点。其一，调整市场准入制度势在必行；其二，优化市场交易制度刻不容缓；其三，提高市场资源配置效率是关键；其四，强化监管，切实有效保护投资者利益。

（一）调整市场准入制度势在必行

新三板目前已经达到完善市场化制度以提升市场质量的发展阶段，调整市场准入制度势在必行。提高市场质量的首要措施就是调整市场准入制度，主要从四个层面着手：一是提高企业挂牌的市场准入门槛；二是调整投资者适当性管理制度；三是要打破主办券商的特许经营制度；四是调整做市商准入制度。

1. 提高企业挂牌的市场准入门槛

在新三板发展初期，低门槛的市场准入制度，使市场超高速发展，市场规模迅速扩大。但在目前以提高市场质量为主的发展阶段，"一刀切"式的低市场准入门槛使市场规模过于庞大，挂牌公司质量参差不齐，给投资者带来了

"噪声"，降低了投资者的风险识别能力，阻碍了市场流动性的提高。因此，提高企业挂牌的市场准入门槛势在必行。另外，新三板缺乏对申请挂牌企业所属行业进行导向性鼓励和限制，这也导致市场挂牌企业中传统产业企业占比过高的问题。未来应增强准入制度的方向引导作用，使资源向新兴产业、创业创新型企业倾斜，给予传统企业以创新和升级的市场压力，提高市场整体质量与活力。为进一步完善市场准入制度，2016年9月9日，"股转系统"正式推出企业挂牌负面清单管理，提出四类企业不得挂牌新三板。为进一步明确标准，便于主办券商操作执行，"股转系统"又于2016年10月1日发布了《关于挂牌准入负面清单相关事项的审查标准》。负面清单准入管理机制虽然进一步明确了新三板的市场定位和行业导向，但并没有进行系统性的企业挂牌准入制度调整。"股转系统"应在以上制度安排的基础上，根据此阶段的市场特征、发展目标，系统性地思考企业挂牌的市场准入门槛，重新调整企业挂牌的准入制度，明确提高准入门槛，并采取相应准入制度安排鼓励新兴产业的发展。

2. 调整投资人适当性管理制度

投资人适当性管理制度的调整，包括两个方面的内容，一是降低个人投资者的门槛，二是对机构投资者做出适当要求。

首先，降低个人投资者门槛。新三板是一个高风险资本市场，投资者应以机构投资人为主，对个人投资者设置高门槛乃题中应有之义。但对个人投资者设置高门槛带来了另外一个严重后果，那就是使新三板供需严重失衡，股票供给大大超过需求，与A股市场供不应求的情况相比，走向了另外一个极端。截至2016年底，新三板挂牌公司达到10163家，投资者只有30多万户，平均每家企业拥有30多个投资者。沪深交易所目前3250多家上市公司，投资者1亿户左右，平均每家上市公司拥有30000多个投资者。简言之，沪深交易所股票供不应求，而新三板股票供过于求。新三板市场的投资者规模太小，远远满足不了股票供给的需求。新三板的流动性严重不足，从根本上说，是市场供需结构失衡造成的。市场供需均衡是市场健康发展的基本前提。新三板不解决市场供需严重失衡的问题，任何市场交易机制的实施和完善都不能从根本上解决流动性问题，因此，调整投资人适当性管理制度是当务之急。一个可供选择的思路是"两步走"策略：第一步，对个人投资者的门槛从目前的500万元金融资产先降到300万元，让市场有一个适应期或缓冲期；第二步，试行一段时间后,再从 300 万元降到 100 万元。或者,一步到位,即从 500 万元直接降到 100 万元。不管哪种方案,100 万元均应该是最低门槛,不设门槛不符合新三板市场的本质特征。新三板本质上是一个高风险资本市场,要求投资者具有较强的风险识别能力和风险承受能力,所以应以机构投资者为主。新三板是一个具备公开转让功能的私募资本市场,降到 100 万元的门槛,从法律层面符合 2014 年 8 月实施的《私募投资基金监督管理暂行办法》对私募投资人的基本要求。

其次,对机构投资者提出适当要求。不管从理论逻辑上,还是从市场结果上来看,新三板都是以机构投资者为主的资本市场。新三板的机构投资者主要由私募基金、公募基金的资产专户(相当于私募基金)、做市商(目前以券商为主,PE 机构只是试点)以及其他机构投资者(包括产业投资者)构成,但以私募基金为主。总体来看,基金产品规模较小,分散风险能力有限。基金产品的存续期较短,大多数产品的存续期为二年或三年。这表明这些机构投资者难以坚持长期投资和价值投资的基本策略,而是偏向于证券二级市场的投资策略,且具有严重的投机倾向。目前的机构投资者现状带来两大不良后果:一是投机行为严重,加剧了市场波动,增加了新三板的系统性风险;二是大量短期资金充斥市场,挂牌公司很难募集到长期稳定资金,不利于实体经济资本的形成,资本市场的基本功能不能得到有效发挥。要改变目前机构投资者现状,在制度安排方面可从四方面考虑:一是加强对机构投资者的市场准入管理,不能仅仅是 500 万元注册资本或实缴资本"一刀切"式的准入管理,应对基金产品的规模和退出时间提出明确要求;二是在适当时候鼓励和开放长期资金持有者,如公募基金、保险基金、养老基金等机构投资者入市;三是对持有不同期限的基金产品股权转让所得实行不同比例的税收优惠政策,引导机构投资者进行长期投资;四是通过调整个人投资者的市场准入门槛及税收优惠等政策,引导个人投资者投资私募基金和公募基金,间接进行新三板投资,形成真正以机构投资者为主的资本市场。

3. 打破主办券商的特许经营制度

目前的主办券商的特许经营制度是造成市场服务效率低下、流动性不足的重要原因之一。新三板的主办券商由场内交易市场券商垄断,但两个市场激励不兼容,券商没有动力从事新三板业务,再加上目前的 IPO 提速、IPO 扶贫等

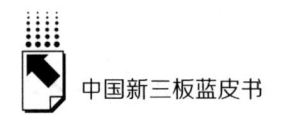

绿色通道业务等政策性因素的影响，不管是挂牌、做市，还是融资并购等业务，主办券商都没有积极性来从事新三板业务，而愿意提供服务的财务顾问机构又没有券商牌照。目前的市场现状是，想做的做不了，不想做的却又占着位置，因此，流动性受到严重影响。提高市场服务效率是改善流动性的措施之一。在证券中介服务机构市场准入方面，应该打破券商垄断市场的格局，让具备一定资质的非券商机构为挂牌公司提供证券中介服务。根据破坏式创新理论的分析框架，在一个全新的市场，需要全要素匹配，创新的效率才能真正得以体现。目前，新三板市场创新和制度创新的最大问题是全要素不匹配，即一个创新的市场里面存在诸多交易所市场的制度和非制度的因素，使创新的效率不能得到有效发挥。

4. 调整做市商市场准入制度

做市商交易制度是证券场外市场的核心交易机制，做市商制度的完善与否直接关系到证券场外市场的定价、融资功能是否能够有效发挥以及流动性是否能真正得以改善。目前新三板做市商交易机制存在的两大主要问题如下，一是做市商数量不足；二是做市主体单一，由券商垄断，但因激励不兼容，券商做市的激励和动力不足，没有很好地发挥其作用。这两大问题都要求对做市商准入制度进行适当调整。调整的方向是，让非券商机构，比如PE机构，参与做市。非券商机构参与做市，一方面可以迅速扩大做市商的数量和规模，满足挂牌公司对做市交易的需求；另一方面解决了券商做市激励与动力不足的问题，提高了做市交易的质量。目前让PE机构做市的试点方案已经推出。如果正式实施时也按试点方案的标准，则设置的准入门槛过高，会把大部分真正市场化的机构投资者挡在市场门外，不能真正起到完善做市商制度的作用。今后完善的方向应该是，在PE机构试点的基础上，适当调整非券商机构做市商准入门槛，引进多元化的做市主体，构建多元化、竞争性的做市商交易制度。

（二）优化市场交易制度刻不容缓

目前"股转系统"准备从优化和完善市场交易制度着手，完善市场化制度建设，以此从根本上改善市场流动性不足的现状。新三板目前的交易制度安排从市场运行效果来看，存在诸多不足，阻碍了市场健康发展，需要多维度优化市场交易制度。优化的措施包括以下四点：其一，停止协议转让制度；其二，推出集合竞价交易制度；其三，完善做市商交易制度；第四，推出大宗交易制度。

首先，停止协议转让制度。停止协议转让制度是完善市场交易制度的明智之举。截至目前，新三板挂牌公司86%的采取协议转让交易方式，做市商交易只占14%。协议转让作为新三板基础性的交易机制安排，发挥其作用的市场基础包括如下两点，一是要有足够多的主办券商为交易双方提供高效服务，以解决其信息非对称性难题；二是市场供需矛盾不突出，市场供需双方要均衡。新三板挂牌公司众多，券商数量太小，服务效率低下，市场信息的非对称性问题不能得到有效解决，协议转让失去了存在的市场基础。新三板目前94家主办券商要服务11160多家挂牌公司，平均每家券商服务近120家。沪深交易所125家券商服务近3250家，平均每家券商服务25家上市公司。如果考虑到时间维度，即交易所市场到现在已经有25的发展历程，而"股转系统"只有四年多的时间，券商服务企业的数量差距就会进一步拉大。更为重要的是，新三板目前的主办券商就是交易所市场的大部分券商，两个市场激励不兼容，券商从成本最小化和收益最大化角度出发，主办券商服务新三板挂牌公司的激励与动力严重不足。另外，目前主办券商受IPO提速和贫困地区IPO绿色通道等政策性因素影响，大都调整了新三板的业务方向，大幅度缩减新三板的服务团队。2017年新三板新增挂牌公司与往年同期相比，下降幅度很大，在很大程度是由此造成的。主办券商规模总体数量较小，激励与动力严重不足，导致对挂牌公司的服务缺位，信息的非对称性程度较高，协议转让作为基础性交易机制就不可能有效发挥作用。

其次，推出集合竞价交易制度。新三板市场供需严重失衡依然是集合竞价交易机制有效发挥作用要面对的难题。协议转让要有效发挥市场作用，除了要解决交易双方的信息非对称难题，其实还要具备一个重要的市场基础，即市场供需大致均衡，供需结构矛盾不突出。目前"股转系统"准备停止协议转让交易机制，取而代之的是实施集合竞价交易制度。集合竞价交易与协议转让交易机制相比较，由于是交易双方在交易系统直接交易，有效地解决了交易双方的信息非对称问题，但同样也要面对协议转让交易面临的市场供需严重失衡、供需结构矛盾突出的问题。新三板市场股票的供给和需求严重失衡，股票供给远远超过需求，与沪深交易所供不应求的市场相比，完全走向了另外一个极端。到2016年底，新三板挂牌公司达到10163家，投资者只有30多万户，平均每家企业拥有30多个投资者。沪深交易所目前3250多家上市公司，投资者超过1亿户，平均每家上市公司拥有30000多个投资者。简言之，沪深交易所股票供不应求，而新三板股票供过于求。新三板市场的投资者规模太小，远远满足不了股票供给的需求。对于一个健康运行的证券市场，股票交易双方应该有一个大致相当的规模，才能达到市场均衡状态，价格才能真正反映公司价值。供过于求和供不应求都是极端的市场状态，都是市场不健康的表现。新三板的流动性严重不足，从根本上说，是因为市场供需结构失衡。即将推出的集合竞价交易制度，如果投资者适当性管理制度不进行调整，投资者规模得不到迅速扩大，也同样要面对协议转让机制面临的市场窘境，流动性不可能从根本上得以改善。

再次，完善做市商交易制度。扩大做市商的数量和规模，引进多元化的做市主体是使做市商交易制度发挥其核心交易机制作用的根本举措。做市商交易作为证券场外市场的核心交易机制，能起到价值发现、平抑价格波动以及提高市场流动性的作用。新三板从2014年8月开始实施做市商交易制度，到目前为止将近三年，参与做市商交易的企业近1600家，做市商91家。2016年，做市转让的公司共1654家，占市场总量的16%，成交数量为180.86亿股，占所有公司成交数量的49.16%，成交金额为947.53亿元，占所有公司成交金额的51.66%。16%的挂牌公司完成了一半的市场交易，做市交易功能得到一定程度的发挥，但总体市场运行结果差强人意，没有达到市场预期，参与做市交易的挂牌公司和做市商意愿不强，挂牌公司和做市商退出的现象频频发生。统计表明，2015年至2016年底新三板共有630例做市商退出，涉及181家挂牌企业、77家做市商。究其原因，目前，做市商交易存在的根本性制度缺陷，主要表现在如下方面。其一，做市商规模不够。新三板目前的做市商91家，做市商数量不足。随着新三板市场规模的扩大，做市商数量越来越显得捉襟见肘，满足不了挂牌公司对做市交易的需求。其二，做市商目前为券商垄断，在流动性不足、退出机制大为不畅的市场情况下，券商做市的激励与动力严重不足。其三，做市商主体单一，缺乏多元化和市场化的做市主体。为改变做市主体单一情况，让市场化的做市主体参与做市，2016年下半年开始让PE机构参与做市的试点。但试点方案门槛太高，会把真正市场化的做市主体挡在市场门外。针对做市商交易机制存在的根本性制度缺陷，扩大做市商的数量与规模，让市场化和多元化的做市商参与做市交易，是完善做市商交易制度的必由之路。

最后，推出大宗交易制度。大宗交易制度将会成为改善新三板市场流动性的重要交易机制。新三板的市场定位是为创新创业型企业提供资本市场服务。挂牌公司大多处于发展期，其技术风险、市场风险、财务风险和治理结构等非系统性风险很高，新三板市场是一个真正高风险的资本市场。这样的市场特征要求投资者具备较高的风险识别能力和风险承受能力，因此，新三板是一个以机构投资者为主的市场。第一，不管是理论上还是在实践中，新三板挂牌公司的定增和交易都是以机构投资者为主的。大宗交易制度本质上是满足机构投资者的特定交易需求，本应该成为新三板交易制度的重要有机组成部分，但到目前为止，迟迟不能落地，市场流动性受到严重影响。第二，目前新三板作为场外市场，其核心交易制度做市商交易制度不完善。很多企业开始选择做市交易转让方式，但发现，在做市商做市资金相对不足以及做市商做市意愿并不强烈的情况下，大宗股票通过做市商转让投资者的交易通道尚未有效建立，二级市场又无法承受退出期限到达时股东减持大宗股权的冲击，做市交易反而制约了融资，影响了流动性，后又改为协议转让。因此，在目前做市商制度存在重大不足的市场环境中，推出大宗交易制度是改善市场流动性的重要举措。第三，挂牌公司的一些特定交易需求，比如，履行"对赌"协议，员工激励方案的实施，以及引进有特殊资源的战略投资者（公司是做市交易）等，都需要通过大宗交易平台进行。第四，大宗交易制度为投资挂牌公司的机构投资者，特别是PE机构投资者，提供高效的退出渠道。新三板的优质创新企业不管是在挂牌前的融资，抑或挂牌后的定向增发融资，其投资者大都是作为财务投资人的机构投资者，这类投资者通常要求有通畅的退出渠道。只有大宗交易制度的优势才能基本保证此类投资者的交易需求。

（三）提高市场资源的配置效率是关键

新三板挂牌公司数量众多、质量参差不齐；主办券商等证券中介服务机构数量不够，且激励与动力不足、服务效率低下；投资者规模太小，满足不了股票的大量供给，很多优质挂牌公司不能有效地解决资本需求问题。以上因素导

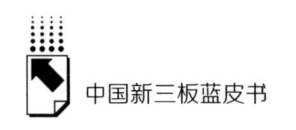

致新三板资源配置效率低下，流动性严重不足。我们须从以下几方面构建和完善市场制度，提高资源配置效率。

1. 尽快推出摘牌制度，降低投资者价值投资的"噪声"

自"股转系统"扩大试点至全国以来，市场化的准入机制使挂牌公司的数量继续保持高增长态势，但市场化的退出机制一直缺位。新三板准入门槛低，挂牌公司质量参差不齐，低劣质企业的大量存在影响了新三板的整体市场质量，占有市场资源，增加了监管成本，加大了投资者风险识别的难度，不利于资源的优化配置。同时，部分挂牌企业基于自身发展、稳定控制权和成本收益等方面的考虑有主动退市的需求。2016年10月22日，"股转系统"发布《全国中小企业股份转让系统挂牌公司股票终止挂牌实施细则（征求意见稿）》，具有积极意义，但其实施需要做到以下几点，尊重企业意愿自治而进行的主动摘牌选择；指标设计需要定量与定性指标相结合，可考虑引入"一元退市法则"；从市值、股东权益和公众持股等投资者角度出发设计退市量化标准，强调真正市场化的退市制度安排；退市程序设计须赋予当事企业整改及申诉的权利；退市制度的安排需要在产业维度上加以引导，鼓励新兴产业、创新创业和成长型企业，避免"一刀切"的退市标准，提高市场的资源配置效率。

2. 完善市场分层管理制度，差异化制度供给刻不容缓

新三板实施市场分层管理制度已近一年的时间。虽然创新层在股票发行和交易等诸多方面的市场表现要好于基础层，但挂牌公司整体市场流动性不佳的现状并未得到根本性改善，主要原因是差异化制度供给不足。市场分层管理制度是差异化制度安排的基础性制度，因为分层的目的并不在于市场分层本身，分层本身只解决了"噪声"问题，并不能从根本上解决市场资源配置的效率问题。在市场分层管理制度基础上的差异化信息披露制度、差异化交易制度，以及不同风险识别能力和承受能力的投资者适当性管理制度才是差异化制度供给的核心。

在目前创新层的基础上进行再次分层，即推出一个"精选层"，把"精选层"定位为证券场内市场，以区别于目前把新三板定位为证券场外市场，为差异化制度供给提供基础性制度安排。精选层推出后，"股转系统"需要在发行、交易、转板、摘牌和信息披露等方面实施差异化制度安排。第一，在证券发行制度上进行差异化制度安排，在精选层实施真正市场化的"备案制"，以及尝试性地改变目前的定向发行制度为公开发行制度；第二，在精选层优先探索交易制度多元化，引入竞价交易制度与盘后大宗交易制度，使其首先过渡到竞价交易和做市商制度共存的混合交易制度，挂牌公司在进行大额交易的同时，避免对二级市场价格冲击；第三，在精选层实施向创业板的"升板"制度，由精选层到创新层或基础层开启"降板"制度，在基础层实施摘牌退市制度；第四，在基础层、创新层和精选层分别实施"有限信息"、"标准信息"和"充分信息"（即由低到高）的披露要求；第五，投资者适当性管理制度须进行相应调整，依据不同的层级设置不同的市场准入门槛。在创新层和精选层实施公开发行，以竞价交易为主，实施严格的信息披露，投资者可以适度降低门槛。在基础层，可以实施较为宽松的信息披露制度，以做市交易为主，并辅之以大宗交易，此层级对应高风险承受能力的投资者，应设置较高的投资者准入门槛。

3. "转板"成流动性困境突破口

在新三板市场流动性不足的环境下，通畅的退出机制有利于吸引大量机构投资者进入新三板市场，推行"转板"制度有可能成为改善市场流动性的突破口。第一，"转板"机制的建立，满足了企业在不同发展阶段对资本的内生性需求，这是多层次资本市场存在的基本逻辑。第二，"转板"制度的建立，有利于提高多层次资本市场体系的整体资源配置效率。证券场内市场的融资功能显著强于场外市场，这是A股市场吸引新三板挂牌公司"转板"的市场基础。新三板的优质挂牌公司多处于战略性新兴产业，大多处于初创期或发展期，规模小，成长性高，融资需求强烈。这是新三板挂牌公司"转板"的内在推动力。新三板挂牌公司作为公众公司，其规范性和透明度大大优于私人企业，这可以大大降低证券场内市场的培育成本。第三，目前，新三板供需严重失衡，是造成新三板流动性不足的根本性原因。如果优质挂牌公司实现"转板"，通畅的退出机制将吸引大量机构投资者进入新三板市场。因此，推行"转板"制度将有可能成为改善新三板市场流动性的突破口。第四，须正确看待新三板实施"转板"制度与独立市场地位的辩证关系。实施"转板"制度，不但不会损害新三板独立的市场地位，反而会巩固其独立市场地位。目前的市场状态是：水（资本）进去了，但没有出口。长此以往，新三板将成为"死水一潭"，即流动性枯竭。采取"堵"的办法，不利于市场优化资源的配置，

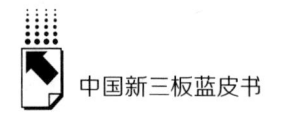

只有"疏"才会让市场形成良性循环。当企业看到这个市场能融到必要的资金，对投资者而言有顺畅的退出通道，新三板才会成为市场主体的主动选择。在新三板面临流动性困境、市场主体信心不足之际，"转板"制度完全有可能成为市场的"强心剂"。

新三板推行"转板"制度，在法律层面的最大障碍在于：《证券法》和深沪交易所的《上市规则》都将股票已"公开发行"作为上市条件，但新三板的股票发行不是公开发行，而是定向发行。要突破此法律障碍，一个可供选择的路径是：在现有交易所《上市规则》的基础上，对新三板"公开转让"在性质上等同于交易所市场的"公开发行"进行合理的解释。非上市公众公司在"新三板"的公开转让，实质上属于老股的存量发行，转让的公开性、转让对象的不特定性、转让可超过200人这三个之中的任一特征都能够符合公开发行的情形。因此，从这个角度讲，可以解释为"公开转让"符合《证券法》中关于"公开发行"的认定的情形。突破此法律障碍的另一个可供选择的路径是：可以借鉴境外的成熟资本市场的做法，上市条件不再由《证券法》做出具体统一规定，而是由交易所自行做出规定。这样既能赋予交易所上市审核权，真正体现交易所的独立性，也符合未来"注册制"的要求，即上市审核权由证监会下放给交易所。与此相适应，目前，交易所的《上市规则》需要做出适当修改，即"已公开发行"不再是上市的前提条件，而是通过规定申请上市公司的社会公众持股比例标准来实现，这样同样能够保证股票上市关于股份数量和分布上的要求。最后可供考虑的路径是：对新三板作为证券场外市场进行重新定位，由原来的证券场外市场重新定位为混合市场，即场内市场和场外市场共存的市场。把基础层定位为场外市场，把创新层或者创新层再分出的精选层定位为场内市场。在场内市场进行公开发行，并在此基础上推行"转板"制度，也就是顺理成章的事情了。

（四）加强市场监管保护投资者利益是目的

新三板的监管框架是以自律性监管为主的证券市场。2016年4月，随着"股转系统"实施《全国中小企业股份转让系统自律监管措施和纪律处分实施办法（试行）》，"股转系统"围绕自律性监管框架的制度建设，全面加大了对证券中介服务机构、发行人和投资者等的违规监管力度，切实保护投资人的利益，使新三板2016年成为名副其实的"监管元年"。

目前市场监管存在的主要问题及完善的方向包括以下几点。

首先，没有发挥行业自律性组织在自律性监管框架中的有效作用。目前，"股转系统"作为市场运行主体与监管主体合二为一，这样既不能很好地发挥"股转系统"作为市场运行主体的市场效率作用，也不能有效地强化政府对市场的监管作用。"股转系统"的主要职责是负责市场高效运行，而不是代替政府实施监管。今后完善的方向是，构建以行业自律性组织中国证券业协会监管为主的自律性监管框架，强化中国证券业协会对以券商为主的证券中介服务机构（特别是券商）的监管。

其次，市场违法违规主体的法律责任不够，须尽快完成《证券法》的修改以加强市场违法违规主体的法律责任。市场化和法制化是市场化制度安排中一个问题的两个方面。我们在强调制度安排市场化的同时，应加强法制化建设。市场化的资本市场，其本质是法制化的资本市场。市场主体要有契约精神，违背契约要付出合理的成本与代价。违法违规主体的法律责任不够，违规的成本很低，投资者的利益得不到有效保护，市场就不可能具备持续健康发展的基础。

再次，差异化信息披露势在必行。目前"一刀切"式的信息披露制度已不适应市场发展的需要，差异化信息披露势在必行。有效的信息披露是证券市场健康发展的基础，差异化信息披露是证券场外市场信息披露的核心内容，是投资人做出投资决策的依据。目前，新三板挂牌公司11000多家，规模大小不一，质量参差不齐，风险高低不同。如果不进行差异化的信息披露，市场的"噪声"太大，投资人不能很好地识别风险，投资人不仅要面临挂牌公司的非系统性风险，还需要面临因差异化信息披露制度不到位而带来的系统性风险。新三板应在分层制度的基础上，针对不同层级的挂牌公司，制定不同的披露标准，实施差异化信息披露，有效地提高投资人的风险识别能力，以此改善市场流动性。

最后，可以在新三板试行集体诉讼制度，有效保护投资者的利益。在中国资本市场一直提倡多年，但始终没有推行的集体诉讼制度，可以考虑在新三板试行，以切实保护投资者的利益。

创新篇

Innovation Report

B.3 新三板创新层公司创新能力报告

程覃思 万亮[*]

摘　要： 从创新资源、创新制度、创新驱动、创新表现4个一级指标，9个二级指标，以及15个三级指标构建创新层公司创新能力的分析框架，运用因子分析法和层次分析法，对新三板创新层公司的创新能力进行系统研究。根据研究结果，我们对新三板创新层公司的创新能力进行总体指数排名和分行业排名。研究发现，部分创新层企业研发投入不足，导致其创新能力不够；企业需要改变研发模式，必须在自主研发的基础上，充分利用科研院所等社会资源进行共同研发以节省研发的财务成本和机会成本；新三板分层标准存在一定的问题，即创新层反映成熟，不反映"创新"。创新层标准应该考虑"创新"这一本质要素。

---

[*] 程覃思、万亮，中国社会科学院研究生院，经济学博士。

关键词： 新三板 创新层 创新能力

一 创新层公司创新能力评价体系

（一）创新层挂牌公司概况

2016年5月，股转系统发布《全国中小企业股份转让系统挂牌公司分层管理办法（试行）》，设置了挂牌公司入选创新层的标准。2016年6月27日，新三板正式实施市场分层管理制度，同时公布了入选创新层的953家挂牌公司。随后，世纪空间、诚烨股份、新媒诚品和怡钛积四家企业，先后在新三板终止挂牌。① 截至2017年2月28日，新三板共有949家创新层企业。出于数据统一性考虑，本文对创新层挂牌公司的分析、计算和排名，均以949家为准。

创新层有三个入选标准，挂牌公司满足其中之一即可入选创新层。具体标准如表1所示。

表1 创新层入选标准

标准一	最近两年连续盈利,且年平均净利润不少于2000万元(以扣除非经常性损益前后孰低者为计算依据);最近两年加权平均净资产收益率平均不低于10%(以扣除非经常性损益前后孰低者为计算依据)
标准二	最近两年营业收入连续增长,且年均复合增长率不低于50%;最近两年营业收入平均不低于4000万元;股本不少于2000万股
标准三	最近有成交的60个做市转让日平均市值不少于6亿元;最近一年年末股东权益不少于5000万元;做市商不少于6家;合格投资者不少于50人

---

① 四家企业摘牌的原因各异。作为新三板上首家退市的创新层公司，世纪空间在2016年11月4日发布公告，称"配合公司经营发展需要"；2017年2月24日摘牌的怡钛积也未透露具体的原因，只称"配合战略发展规划调整的需要"。另外两家摘牌企业新媒诚品、诚烨股份离开新三板均与被收购有关，前者被万达影视收购，后者被双林股份收购。

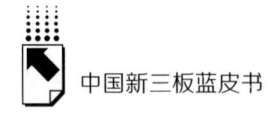

标准一侧重于公司的财务表现，关注企业的盈利能力，传统行业且规模较大的企业达标的可能性更大。标准二针对高成长性的初创企业，关注企业成长性，包括营收规模、增长及股本，此指标是三个指标中门槛最低的。标准三一方面注重市值表现；另一方面还注重公司治理结构的要求，即股东人数要求不低于50人。

不同标准下入选企业情况如图1所示。目前，入选公司以满足标准一或标准二为主，满足标准三的公司较少。在949家创新层企业中，满足标准一的企业共有447家，满足标准二的企业共有512家，满足标准三的企业共有185家。其中，71家同时满足标准一和标准二，86家同时满足标准一和标准三，15家企业同时满足标准二和标准三，22家同时满足三个标准。需注意的是，共有21家企业三个标准均不满足，主要是因为这些企业当前的合格投资者人数不足50人，不满足标准三。

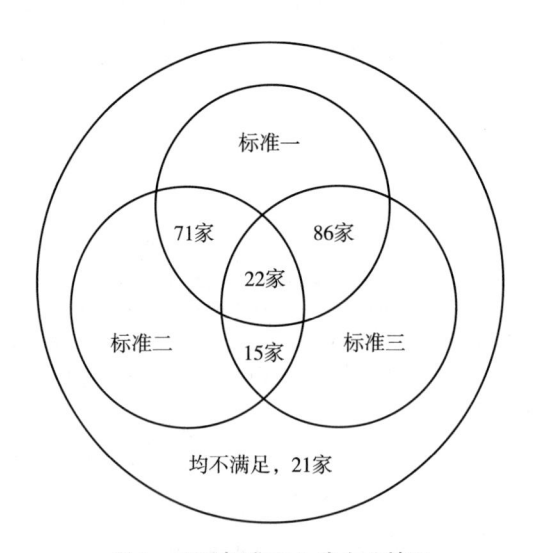

图1　不同标准下入选企业情况

资料来源：Choice金融终端，中国新三板研究中心。

从新三板创新层公司行业分布情况来看（见表2），截至2017年2月，创新层公司覆盖了18个行业。创新层公司主要集中在制造业，信息传输、软件和信息技术服务业，占比为70%多，这与这两个行业在新三板中的占比基本一致。

表2 创新层公司行业分布情况

单位：家，%

行业分类 （管理型分类）	公司数量	占比	不同标准的公司数量		
			标准一	标准二	标准三
制造业	429	45.21	225	193	77
信息传输、软件和信息技术服务业	237	24.97	85	160	51
建筑业	48	5.06	26	23	11
批发和零售业	42	4.43	15	29	5
科学研究和技术服务业	37	3.90	16	21	12
租赁和商务服务业	34	3.58	10	23	5
农、林、牧、渔业	30	3.16	17	13	8
文化、体育和娱乐业	23	2.42	13	14	5
水利、环境和公共设施管理业	18	1.90	13	10	2
交通运输、仓储和邮政业	15	1.58	9	6	3
电力、热力、燃气及水生产和供应业	10	1.05	6	5	2
金融业	7	0.74	5	5	0
卫生和社会工作	6	0.63	1	3	2
采矿业	4	0.42	1	2	0
房地产业	3	0.32	2	2	0
教育	3	0.32	3	0	2
居民服务、修理和其他服务业	2	0.21	0	2	0
住宿和餐饮业	1	0.11	0	1	0

注：三个入选标准公司数量之和与该行业的公司总数不同，这是因为部分公司以多个标准入选，或者按当前数据计算，部分公司已经不符合入选标准。

资料来源：全国中小企业股份转让系统，中国新三板研究中心。

创新层各行业不同入选标准挂牌公司如图2所示。从全行业来看，三个标准的入选公司数量占比分别为40%、45%、15%，但是各行业的构成有所不同，其中，水利、环境和公共设施管理业，交通运输、仓储和邮政业，入选标准一的公司数量明显高于行业平均水平；租赁和商务服务业，批发和零售业，信息传输、软件和信息技术服务业，入选标准二的公司数量明显高于行业平均水平；科学研究和技术服务业，农、林、牧、渔业，入选标准三的公司数量明显高于行业平均水平。

创新层公司地域分布情况如图3所示。从新三板创新层企业地域分布情况来看，在949家创新层公司中，北京共有178家企业进入创新层，广东144

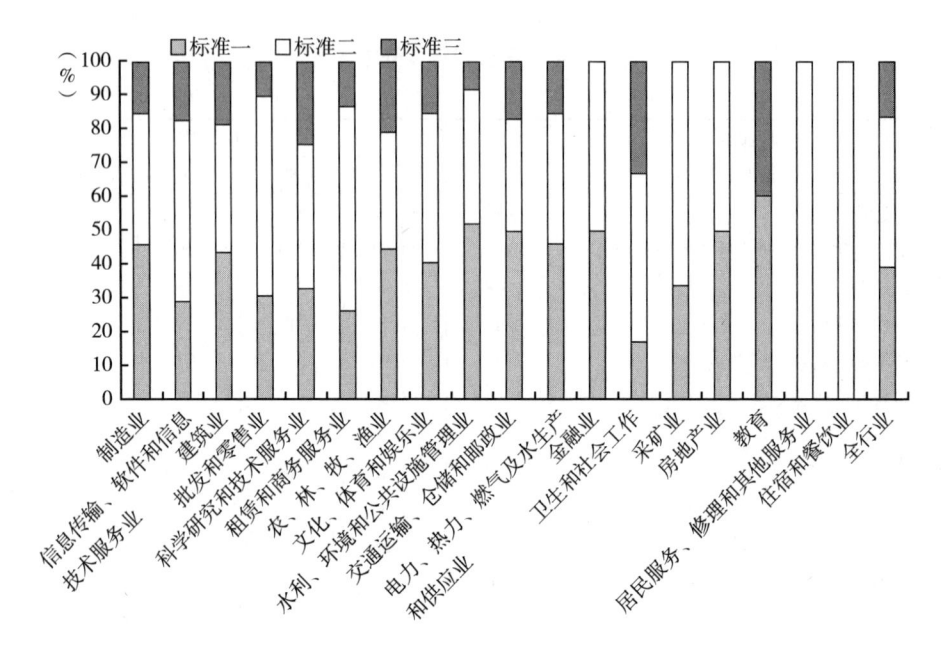

图 2　创新层各行业不同入选标准挂牌公司

资料来源：全国中小企业股份转让系统。

家，上海 97 家，北上广公司数量占比为 44%。而海南、新疆、甘肃进入创新层企业数量靠后。

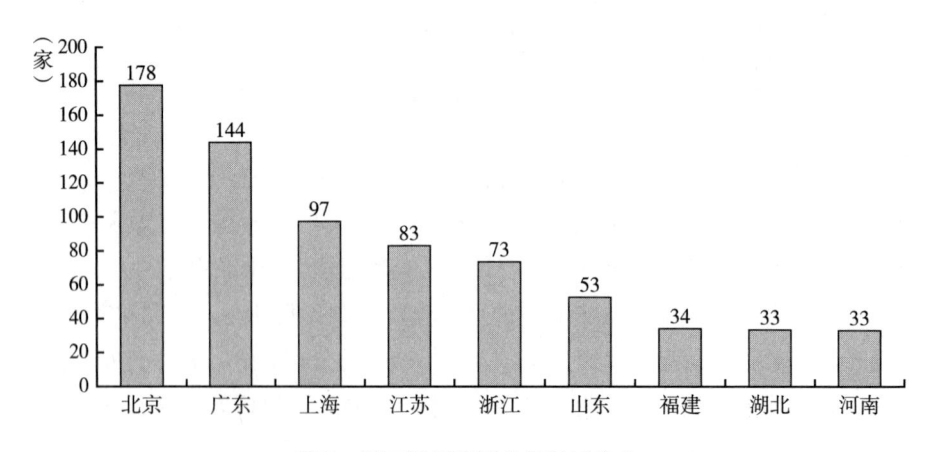

图 3　新三板创新层公司地域分布

资料来源：Choice 金融终端。

（二）创新能力评价指标体系的构建

1. 创新能力的概念

根据熊彼特在《经济发展理论》中的观点，创新就是"建立一种新的生产函数"，也就是说，把一种从来没有过的关于生产要素和生产条件的"新组合"引入生产体系。熊彼特指出了创新包括五种类型：第一种是引入一种新产品或者为产品增加一种新特性，即产品创新；第二种是在生产过程中引入或实践一种新技术，即技术创新；第三种是开辟一个之前未曾进入过的新市场，即市场创新；第四种是在企业原材料的采购环节，从源头上控制一种新的供应来源，即资源配置创新；第五种是实现一种新的工业组织形式，即组织创新。

创新能力是指调动包括其员工在内的知识并将其组合起来，以创造新知识促使其产品或工艺创新的能力。通常创新能力可细分为开发新产品满足市场需求的能力；将恰当的工艺技术应用于生产新产品的能力；开发或采用新产品与处理技术以满足未来需求的能力；响应竞争者产生的随机性技术活动与非预期机会的能力。

2. 指标体系构建的原则

一个创新能力评价指标体系必须要能够对企业创新能力准确测度，构建指标体系应当符合科学性、导向性、可比性和可操作性四个原则。

（1）科学性

指标体系的设置是否科学合理直接关系到评价的质量。一是设置的指标要有代表性、完整性和系统性，使体系能反映出创新的内涵与规律；二是应以现代统计理论为基础，可以量化评价指标，采取合理的指标计算方法。

（2）导向性

建立指标体系的目的就是对创新工作进行规范化，从而对企业创新起到导向和监控作用，创新指标体系应当与创新驱动发展等国家宏观战略相一致。

（3）可比性

评价指标体系各项指标要量化，指标值采用相对值，以利于不同规模或不同行业的企业间进行比较。

（4）可操作性

评价指标体系建立的目的主要是要得到实际应用。这就要求所建立的指标

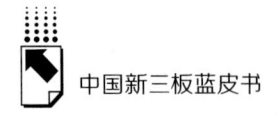

体系及其评价方法具有可行性和可操作性。因此,指标体系的设置尽量避免形成庞大的指标群或层次复杂的指标树,指标的数据易采集,计算公式科学合理,评价过程利于掌握和操作。

3. 创新能力指标评价体系介绍

1998年,中国著名技术经济学专家傅家骥将技术创新能力归为6个要素:创新资源投入能力、创新决策和管理能力、创新倾向、研究开发能力、产品制造能力、市场营销能力。此后,国内很多学者和实际工作者做了大量研究工作,建立了多个评价指标体系,有较大影响力的指标体系设计思路如表3所示。上述指标体系设计出现了以下三类问题:一是某些三级指标数据采集存在一定的难度,如技术引进与消化吸收经费比例;二是某些指标本身有较强的主观色彩,如领导创新欲望;三是部分指标难以准确量化,如创新战略完善度等。

表3 创新指标评价体系设计思路参考

作者(机构)及文章	指标设计思路
科技部《企业创新能力评价指标体系》	由4个一级指标(创新投入能力、协同创新能力、知识产权能力和创新驱动能力)、12个二级指标和24个三级指标组成
胡恩华(2001)《企业技术创新能力指标体系的构建及综合评价》	6个一级指标,24个二级指标。一级指标有管理能力、投入能力、研发能力、制造能力、销售能力、实现能力
察志敏、杜希双(2004)《我国工业企业技术创新能力评价方法及实证研究》	三级评价指标体系:一级指标4个(潜在技术创新资源、技术创新投入、技术创新组织和技术创新产出),二级指标9个,三级指标23个
段云龙(2007)《企业绿色持续创新能力综合评价》	二级评价指标体系:一级指标由创新投入能力、创新管理能力、研究开发能力、制造能力、营销能力、企业家创新意识组成
刘耀、黄新建(2008)《创新型企业创新能力评价指标体系研究》	三级评价指标体系:一级指标4个(创新投入能力、创新实施能力、创新实现能力和管理制度创新能力),二级指标8个,三级指标28个
吕一博、苏敬勤(2009)《基于创新过程的中小企业创新能力评价研究》	从学习能力、战略管理能力、资源支持能力、制造能力、研究与开发能力、营销能力和组织能力7个维度评价中小企业的创新能力,采取里克特量表

资料来源:相关文献,笔者整理。

参考代表性文章的指标体系设计思路，结合新三板的实际情况，按照科学性、导向性、可比性和可操作性的构建原则，本报告从四个方面，即创新资源、创新表现、创新驱动、创新制度，构建新三板创新层企业创新能力评价指标体系。

（1）创新资源

企业的创新资源主要反映企业潜在的创新能力，包括企业内部资源和企业外部资源。内部资源主要是指企业管理层和员工的创新素质，主要体现在文化素质上。一般来说，高文化素质人员可认为具有较高的创新潜力。外部资源主要是指企业所处的创新环境，由于外部规模经济和知识外溢，处于创新活跃科技园区的企业，易于受到知识溢出过程中的模仿效应、交流效应和竞争效应的影响，相比孤立的企业有更大创新潜力。一旦条件成熟，企业的内部和外部创新资源就会转化为现实的创新能力。

（2）创新制度

企业的创新制度可认为是企业创新的管理能力，它是企业从整体上、战略上安排创新和组织实施创新的能力，包括企业的创新激励能力和创新决策能力。企业创新激励能力指的是企业管理层制定一系列的具有激励作用的措施并付诸实施，以调动员工的创新意识和创新积极性，最终实现创新目的的能力。通过核心员工持股、核心员工期权或者较高的平均薪酬，让受激励对象在物质上得到高于行业平均水平的报酬，以调动其在创新过程中主动发挥创造性的能力。创新决策能力指的是创新的策略制定、创新的项目管理和创新机构管理的能力，通常具有完善公司治理结构的企业，拥有更强的企业决策以及创新决策的能力。

（3）创新驱动

企业的创新驱动衡量企业实际投入的创新资源，反映企业创新研发能力。企业的创新驱动既体现在绝对量上的创新资源投入上，也体现在相对量上的创新投入强度上。企业的创新研发能力与创新投入高度相关，在同样的条件下，企业创新投入越大，通常其创新产出就会越大。创新投入强度反映了创新在企业发展中的重要程度和战略地位。人力资本和物质资本的投入数量和质量成为衡量企业创新资源投入能力的重要尺度。

（4）创新表现

企业创新表现突出显示了企业创新能力要素组合的效果。从某种意义上讲，

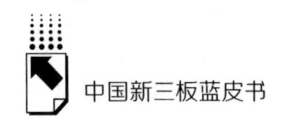

评价企业创新能力最现实、最直观的指标是创新表现。它包括国家对企业的高新技术认证、企业获取的专利数量以及企业利用创新获取的资产增值和利润。

综上所述，本报告在构建新三板创新层公司创新能力评价指标体系的框架中，共选取一级指标4个，二级指标9个，三级指标15个，具体如表4所示。

表4 创新层企业创新能力评价指标体系

一级指标	二级指标	三级指标
创新资源	内部资源	管理层平均学历
		硕士员工占比
		博士员工占比
	外部资源	企业所在园区
创新制度	创新激励	核心员工持股与期权
		员工平均薪酬
	创新决策	独董人数占董事会比例
创新驱动	创新投入	研发支出合计
	投入强度	研发支出占营业收入比
		研发人员占比
创新表现	国家认证	高新技术企业认证
	知识产权	专利数量
		发明专利数量
	商业表现	净资产收益率
		无形资产占比

4. 创新能力指标介绍

创新能力指标体系包括4个一级指标、9个二级指标和15个三级指标。指标计算方法如下。

（1）内部资源

管理层平均学历指的是董事、监事和高管的平均学历。将学历分为四类，大专及以下、本科、硕士研究生（含MBA）和博士（含博士后），根据学历层次分别赋予0、1、2、3，出现兼职的员工，算数平均值为管理层的平均学历。该指标反映了企业管理层的文化素质和创新潜力。

硕士、博士员工占比指的是硕士、博士学历的员工占总员工的比例。该指标反映了企业高学历人员结构、员工文化素质和员工的创新潜力。

(2) 外部资源

企业所在园区，其中在北京中关村、上海张江、广州高新区或深圳高新区挂牌的企业赋值为 3；在重庆、成都、天津、武汉、厦门和西安 6 个城市高新区的挂牌企业赋值为 2，其他挂牌企业赋值为 1。该指标反映企业可以利用的外部资源，创新活跃的园区以及高校云集的城市，企业可以利用的外部创新资源更多。

(3) 创新激励

员工持股与期权指的是核心员工是否持有普通股或期权。采取 0～1 变量的形式，如果核心员工持有普通股或持有期权则赋予 1，否则赋予 0。该指标反映了企业对于核心员工（通常为关键的技术和市场人员）的激励能力，1 表明企业有明确的激励制度。

员工平均薪酬指的是全体员工的平均年度薪酬收入（包含公司为员工支付的现金），计算公式为：（已支付给员工薪酬 + 期末应付职工薪酬 − 期初应付职工薪酬）/员工人数，单位为元/人。该指标反映了企业对全体员工的激励能力，薪酬越高，激励能力越强。

(4) 创新决策

独立董事人数占董事会成员人数比例是由公司独立董事人数除以董事会成员人数计算而得。独立董事职责在于监督中小股东的合法权益不受损害，独立董事的设置反映了企业的公司治理结构水平，从而间接反映了企业的创新决策和管理能力。

(5) 创新投入

创新投入指的是全年的企业研发投入，在会计报表附注中包括资本化的研发支出和费用化的研发支出，该指标反映了企业在研发中的物质资本投入。

(6) 投入强度

研发支出指的是全年企业的研发投入占企业的营业收入的比例，反映企业研发经费投入强度。研发人员占比指的是研发人员占企业全体员工的比例，反映研发人员投入强度。研发投入的物质资源和智力资源的投入强度，表明了企业在创新研发中的努力和投入程度。

(7) 国家认证

高新技术认证衡量的是企业是否获得了政府的高新技术企业认证，指标

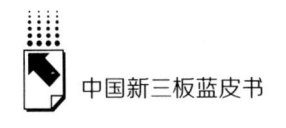

采取 0~1 变量的形式，如果企业是获得认证的高新技术企业则赋予 1，否则赋予 0。高新技术企业是指在国家重点支持的高新技术领域内，持续进行研究开发与技术成果转化，形成企业核心自主知识产权，并以此为基础开展经营活动。

（8）知识产权

专利数量指的是截至报告期企业拥有的处于专利期的专利数量。发明专利数量指的是截至报告期企业拥有的处于专利期的发明专利数量。专利包括发明专利、实用新型专利和外观设计专利。该指标反映了企业创新活跃程度。

（9）商业表现

净资产收益率（平均）是净利润与平均净资产的百分比，其中，平均净资产的计算公式为：（期初归属母公司股东的权益+期末归属母公司股东的权益）/2。该指标反映了公司所有者权益的投资回报率，公司获得利润情况间接反映了公司的创新能力。

无形资产占比指的是无形资产占企业总资产的比例。其中，无形资产是指企业为生产商品、提供劳务、出租给他人，或为管理目的而持有的、没有实物形态的非货币性长期资产。无形资产可分为可辨认无形资产和不可辨认无形资产，可辨认无形资产包括专利权、非专利技术、商标权、著作权、土地使用权、特许权等，不可辨认无形资产是指商誉。基于数据的可获取性，报告选择宽口径的无形资产。

（三）创新能力评价指标体系的计算方法

企业创新能力评价主要是对企业的创新能力及其作为创新主体所发挥的作用进行分析。创新能力评价体系的建立具有重要的意义，主要体现在以下几方面。

第一，对于创新层挂牌公司而言，创新能力评价有利于企业科学地认识自身的创新能力现状，进而采取有效的创新战略，增强企业竞争力。它对于正确制定企业创新政策、提高创新水平以及减少创新风险都具有重要的意义。

第二，对于投资者而言，对创新层公司创新能力的分析，有利于投资者更好地了解新三板挂牌公司的创新潜力、创新投入和创新表现，以及所处行业的相对水平，进而快速有效地做出投资决策。

第三，对于市场运行主体（新三板）而言，"股转系统"可以根据研究结果了解新三板创新层公司成长性、创新能力、企业绩效的状况，不断加强和完善对创新层的制度安排和设计，把新三板建设成为真正支持创新创业的资本市场。

第四，对于政府而言，政府各部门可以对研究结果进行宏观层面的分析，制定促进企业创新的政策，通过新三板这个创新型资本市场来引导"双创"的健康发展。

1. 创新能力评价的分析方法

企业创新能力评价研究是目前学术界研究的热点，国内很多学者和实际工作者做了大量研究工作，建立了多个评价指标体系，现将主要的评价体系和分析方法进行比较，如表5所示。

表5 创新能力评价方法参考

方法	优势	不足	文献
回归分析	通过对各种创新影响因素和创新产出绩效之间进行相关显著性分析，同时通过各种检验，论证回归分析的有效性	对企业创新的定量数据要求很高，尤其是时间序列上的数据	Souitaris（2002），"Tehnological Trajectories as Moderators of Firm Level Determinants of Innovation"；Caloghirou（2004），" Internal Capabilities and External Knowledge Sources：Complements or Substitutes for Innovative Performance"
层次分析法	由于影响技术创新能力的因素很多，使用AHP法容易根据过程能力模型将诸多因素分出层次，逐层评价分析，处理上直观简便	需要以专家打分的方式逐层确定相关要素的影响权重，主观因素对目标评价影响很大	孙健等（2007）《电子行业的企业创新能力评价指标体系研究》；刘耀等（2008）《创新型企业创新能力评价指标体系研究》
因子分析法	每个主因子将原来可能相关的各原始变量进行数学变换，使之成为相互独立的分量，然后再对主因子计算综合评价，从而消除指标间的相关影响	在用因子得分进行排序时要特别小心，特别是对于敏感问题。由于原始变量不同，因子的选取不同，排序可以很不一样	何玉梅等（2008）《四川省工业企业自主创新能力评测体系研究》；白俊红等（2008）《企业技术创新能力测度与评价的因子分析模型及其应用》

续表

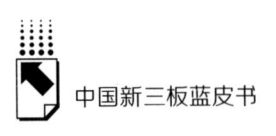

方法	优势	不足	文献
灰色关联法	对样本含量要求不高（4~5对数据也可计算），数据分布类型不限，因素之间变化关系是否呈直线关系均可	分辨系数的选取主观性较大，比较序列曲线空间位置不同及因素权重归一化而影响关联度，取平均值求关联度又影响评价准确性	苏越良等（2002）《企业技术创新能力的灰色关联分析》；王青云等（2004）《企业技术创新绩效的层次灰色综合评判模型》
模糊综合	可以依据各类评价因素的特征，确定评价值与评价因素值之间的函数关系	需要以专家打分的方式构成评判组，主观因素对评判有较大影响	胡恩华（2001）《企业技术创新能力指标体系的构建及综合评价》；董岗等（2004）《关于企业创新能力的评价模型研究》
主成分分析	所确定的权重是基于数据分析而得出的，指标之间内在结构关系，不受主观因素的影响，有较好的客观性	依赖于原始变量，当原始变量都本质上独立时，难以用少数综合的变量进行概括	栾大龙等（2007）《基于粗糙集—主成分分析的企业创新能力评价实证研究》；邹林全（2008）《企业创新能力评价的比较》
BP神经网络	实现了一个从输入到输出的映射功能，且数学理论已证明它具有实现任何复杂非线性映射的功能，使得它特别适于求解内部机制复杂的问题	由于受选取学习样本的数量和质量的影响，神经网络的学习能力和学习效率难以保证	夏维力等（2005）《基于BP神经网络企业技术的创新能力评价及应用研究》；王立新等（2006）《企业创新能力的评价体系和评价方法研究》
数据包络分析	数据包络分析解决多输出类问题的能力强，且直观、客观、可比性强	要求被评价单元的数目应尽量地多，投入和产出指标尽可能地少，以避免有效单元数目过多的局面	杜栋（2001）《企业技术创新评价的DEA方法》；马贤娣等（2007）《基于偏好型DEA的企业技术创新能力评价》

以上8种分析方法是现有指标体系评价方法中最常用的数学分析方法，90%以上的中外文献都采用这些方法来建立评价指标体系，评价企业的创新能力。但这8种分析方法都或多或少地存在一些不足之处，尤其是在消除人为因

素干扰方面存在较大问题。

对比各种分析方法的优势和缺陷，考虑到所得数据的样本大小、数据质量和指标体系的复杂度，我们决定使用因子分析法和层次分析法，计算新三板创新层企业创新能力指标，并进行比较，以确定研究方法和结论的有效性。

2. 创新能力指数计算——基于因子分析法

（1）因子分析法模型

为了获得更准确的新三板挂牌公司创新能力评价结果，我们利用因子分析法对新三板挂牌公司创新能力进行研究。因子分析法是把一些具有错综复杂关系的变量归结为几个综合因子的一种多变量统计分析方法。其基本思想是考虑多个指标之间的相关性，根据相关性大小对变量进行分组，组内变量之间相关性较高，不同组的变量相关性较低。最终依靠实际数据确定指标的权重。

因子分析始于1904年Chars Spearman对学生成绩的分析，在经济领域有着极为广泛的用途。有多个变量的变化过程，除了一些特定因素外，还受到一些共同因素的影响。因此，每个变量可以拆分成两部分，一是共同因素，二是特殊因素。这些共同因素称为公因子，特殊因素称为特殊因子。因子分析是提出多个变量的公共影响因子的一种多元统计方法，它是主成分分析法的推广。

因子分析主要解决两类问题：一是寻求基本结构，简化观察系统。给定一组变量或观察数据，是否存在一个子集，特别是一个加权子集，来解释整个问题，即将为数众多的变量减少为几个新的因子，以再现它们之间的内在联系。二是用于分类，将变量或样本进行分类，根据因子得分值，在因子轴所构成的空间中进行分类处理。

简单来说，因子分析是用少数因子来描述多个指标或因素之间的关系，以少数几个因子反映原指标大部分信息的统计方法。若对p个变量的数据进行因子分析，可以得到m个共同因子，这m个因子的变化可以解释p个变量的大部分变化，也就是说，这m个共同因子可以在很大程度上预测每一个变量的变化。

因子分析方法的模型如下：

$$X_1 = a_{11}f_1 + a_{12}f_2 + \cdots + a_{1m}f_m + a_1\varepsilon_1$$
$$X_2 = a_{21}f_1 + a_{22}f_2 + \cdots + a_{2m}f_m + a_2\varepsilon_2$$
$$\vdots$$
$$X_p = a_{p1}f_1 + a_{p2}f_2 + \cdots + a_{pm}f_m + a_p\varepsilon_p$$

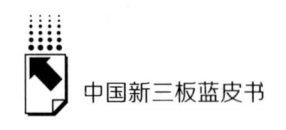

其中，$f_1, f_2, \cdots, f_m$ 就是公共因子，ε_i 则是每个变量的独特因子，即无法被公共因子解释的部分，a_{ij} 称为因子载荷，反映了变量在因子上的重要性。

（2）基于因子分析法的创新能力指数计算

为了进行因子分析，我们先将表5中的指标体系进行排序，并在表6中给出了描述性统计。

表6 创新变量描述性统计

变量名	变量序号	Obs	Mean	Std. Dev.	Min	Max
管理层平均学历	x_1	949	1.0017	0.4387	0.0000	2.5000
硕士生员工占比	x_2	949	0.0406	0.0534	0.0000	0.4462
博士生员工占比	x_3	949	0.0038	0.0113	0.0000	0.1538
企业所在园区	x_4	949	1.3119	0.6963	1.0000	3.0000
高新技术企业认证（0~1变量）	x_5	949	0.7450	0.4361	0.0000	1.0000
专利数量	x_6	949	25.2034	42.0012	0.0000	397.0000
发明专利数量	x_7	949	5.4858	16.4047	0.0000	318.0000
研发支出合计	x_8	949	1131.7960	1742.5780	0.0000	23635.0000
研发支出与营业收入占比	x_9	949	0.2227	5.1155	0.0000	157.6184
研发人员占比	x_{10}	949	0.2652	0.2246	0.0000	0.9390
员工持股与期权计划（0~1变量）	x_{11}	949	0.3288	0.4700	0.0000	1.0000
员工平均薪酬	x_{12}	949	94165.36	92950.87	2808.0	1786369
独董人数占董事会比例	x_{13}	949	0.0810	0.1539	0.0000	0.6250
净资产收益率	x_{14}	949	6.4680	10.1677	133.1200	75.4700
无形资产占比	x_{15}	949	0.0336	0.0520	0.0000	0.5523

①相关系数矩阵及KMO检验

在进行因子分析之前，首先要进行相关性分析和KMO检验。一般情况下，变量相关系数越大，越适合进行因子分析。同样的，KMO检验的结果大于0.6，则适合进行因子分析，小于0.6则不适合进行因子分析。相关系数矩阵如表7所示。

表 7 变量的相关系数矩阵

变量	x_1	x_2	x_3	x_4	x_5	x_6	x_7	x_8	x_9	x_{10}	x_{11}	x_{12}	x_{13}	x_{14}	x_{15}
x_1	1														
x_2	0.4674	1													
x_3	0.2443	0.4951	1												
x_4	0.2196	0.2038	0.0938	1											
x_5	0.1951	0.1109	0.0313	0.1684	1										
x_6	0.0770	0.0613	0.0312	0.0656	0.1831	1									
x_7	0.1632	0.0875	0.0706	0.0135	0.1455	0.5657	1								
x_8	0.3094	0.1024	0.0304	0.1315	0.2587	0.3454	0.4417	1							
x_9	0.0842	0.0606	0.1975	0.0109	0.0507	0.0089	0.0620	0.0842	1						
x_{10}	0.2862	0.2813	0.0888	0.1989	0.3116	0.0773	0.0091	0.1883	0.0400	1					
x_{11}	0.0241	0.0204	0.0192	0.0506	0.0646	0.0582	0.0021	0.0612	0.0462	0.0413	1				
x_{12}	0.1223	0.2101	0.0523	0.0396	0.0739	0.0607	0.0003	0.0353	0.0267	0.0751	0.0092	1			
x_{13}	0.2339	0.0212	0.0302	0.0077	0.0602	0.1521	0.0873	0.2117	0.0172	0.0319	0.0755	0.0467	1		
x_{14}	0.0812	0.0599	0.0219	0.0268	0.0038	0.0019	0.0272	0.0287	0.0363	0.0659	0.0172	0.0945	0.0530	1	
x_{15}	0.0071	0.0436	0.0049	0.0491	0.0134	0.0683	0.1072	0.0489	0.0001	0.1142	0.0271	0.0737	0.0740	0.1755	1

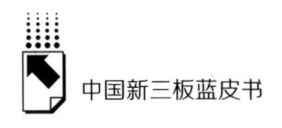

总体来看，各个变量之间具有较强的相关性，进行因子分析具有较强的相关性支持。为了评估新三板企业的创新能力指标的合理性，我们进一步进行 KMO 分析和 Bartlett 球形检验，获得 KMO 检验的结果和开方统计量。检验结果如表 8 所示。

表 8　KMO 和 Bartlett 检验结果

统计指标	数值
KMO 检验统计量	0.649
Bartlett 球形检验统计量	1971.106
自由度	109.000
P 值	0.000

KMO 统计量为 0.649，大于 0.6，表明适合进行因子分析。而 Bartlett 球形检验的伴随概率为 0.000，远远小于 0.05 的显著性水平，表明指标体系具有结构效度，亦适合进行因子分析。

②提取主成分

通过 KMO 检验和 Bartlett 球形检验之后，我们直接对指标进行因子分析。首先，计算因子方差贡献率，以提取主因子，得到表 9 的方差解释结果。

通过因子分析，我们考察特征根及相应的贡献率结果，特征根大于 1 的公共因子一共有 6 个，这表明测量企业创新能力的变量可以载荷于 6 个因子，因此，我们利用 6 个因子来测度新三板挂牌公司的自主创新能力。

从前 6 个因子的方差累计贡献率可知，前 6 个因子已经可以解释原始变量 60.42% 的方差，方差解释能力为 60.42% > 50%，说明这 6 个公因子已经包含了原始数据大部分信息。

表 9　因子方差贡献率

初始特征值				旋转平方和载入			
因子	特征根	方差比例	累积贡献率	因子	特征根	方差比例	累积贡献率
Factor1	2.55883	0.1706	0.1706	Factor1	2.02113	0.1347	0.1347
Factor2	1.89248	0.1262	0.2968	Factor2	1.86959	0.1246	0.2594
Factor3	1.34893	0.0899	0.3867	Factor3	1.70136	0.1134	0.3728
Factor4	1.14110	0.0761	0.4628	Factor4	1.22884	0.0819	0.4547

续表

初始特征值				旋转平方和载入			
因子	特征根	方差比例	累积贡献率	因子	特征根	方差比例	累积贡献率
Factor5	1.08600	0.0724	0.5352	Factor5	1.18081	0.0787	0.5334
Factor6	1.03498	0.0690	0.6042	Factor6	1.06059	0.0707	0.6042
Factor7	0.99329	0.0662	0.6704				
Factor8	0.89176	0.0595	0.7298				
Factor9	0.83293	0.0555	0.7854				
Factor10	0.72891	0.0486	0.8339				
Factor11	0.64524	0.0430	0.8770				
Factor12	0.55422	0.0369	0.9139				
Factor13	0.53126	0.0354	0.9493				
Factor14	0.39534	0.0264	0.9757				
Factor15	0.36474	0.0243	1				

图 4 为因子碎石图，横坐标为因子序号，纵坐标为相应的特征根值。从图 4 我们可以看到第 2 个因子以前的特征值比较大，在图中连接成了陡峭的折线，而第 6 个因子之后的特征根低于 1，这说明提取前 6 个因子较为合适。

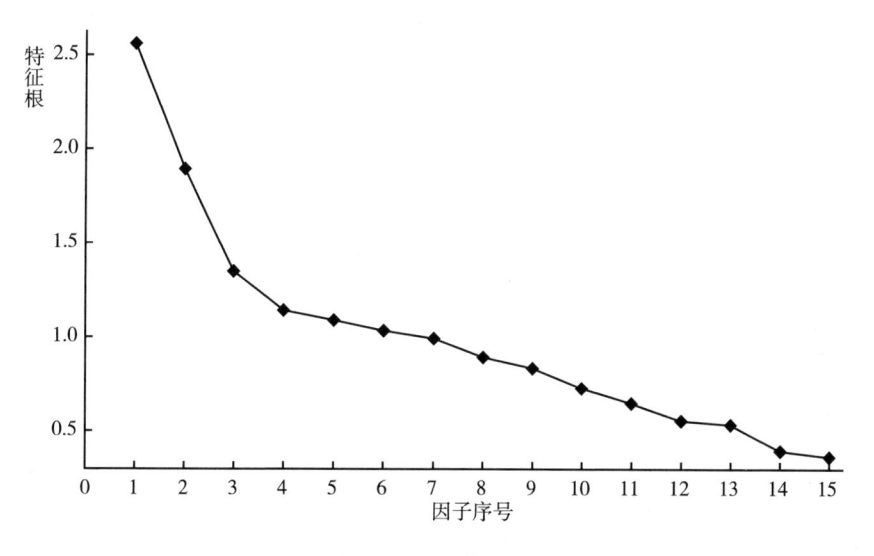

图 4 因子碎石图

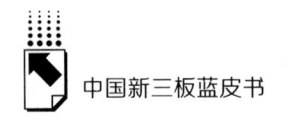

随后，我们利用方差最大因子旋转法提取主成分。为了最大化因子系数差异，采用最大化方差旋转法计算的因子载荷矩阵如表 10 所示。

表 10 旋转后的因子载荷矩阵

变量	Factor1	Factor2	Factor3	Factor4	Factor5	Factor6
x_1	0.1843	0.4891	0.3827	0.4125	0.0480	0.0591
x_2	0.0226	0.7566	0.2501	0.1887	0.0765	0.1284
x_3	0.0374	0.8026	0.0324	0.1236	0.0317	0.0211
x_4	0.1099	0.1674	0.5614	0.0120	0.0130	0.0426
x_5	0.2718	0.0488	0.7071	0.1245	0.0068	0.0262
x_6	0.8173	0.0956	0.0247	0.0121	0.0058	0.0224
x_7	0.8298	0.1226	0.0054	0.0066	0.0590	0.0511
x_8	0.6363	0.0832	0.3143	0.2342	0.0387	0.1066
x_9	0.1014	0.4577	0.2316	0.1684	0.0025	0.5484
x_{10}	0.0959	0.2094	0.6886	0.0890	0.0236	0.0756
x_{11}	0.0210	0.1334	0.1219	0.1010	0.0010	0.8296
x_{12}	0.1695	0.2451	0.1071	0.6121	0.0320	0.0706
x_{13}	0.2238	0.1241	0.0146	0.7181	0.0225	0.1449
x_{14}	0.0850	0.0654	0.0829	0.0132	0.7978	0.0291
x_{15}	0.1787	0.0382	0.1246	0.0118	0.7266	0.0403

根据旋转后的因子载荷矩阵可以看出，公共因子呈现两极分化的特征，其中，公共因子 f_1 在专利与发明专利数量上具有最高的载荷，因此可以被称为专利因子。公共因子 f_2 在管理层学历、硕士员工比例与博士员工比例上具有最高的因子载荷，因此可以被称为员工素质因子。公共因子 f_3 在高新技术企业认证、研发占营业收入比例上具有最高的载荷，因此可以被称为研发投入因子。公共因子 f_4 在独立董事比例上具有最大载荷，因此可以被称为公司治理因子。公共因子 f_5 在 ROE 和无形资产占比上具有最大载荷，因此，可以被称为商业表现因子。公共因子 f_6 在员工持股和期权计划上具有较高载荷，因此，可以被称为创新激励因子。主成分命名如表 11 所示。

表 11 主成分命名

因子排序	最高载荷	主因子命名
f_1	专利数量、发明专利数量	专利因子
f_2	管理层学历、硕士员工比例与博士员工比例	员工素质因子
f_3	高新技术企业认证、研发占营业收入比例	研发投入因子
f_4	独立董事比例	公司治理因子
f_5	ROE 和无形资产占比	商业表现因子
f_6	员工持股和期权计划	创新激励因子

③计算因子得分系数矩阵

通过因子分析可以看出，企业的科技创新主要体现在专利数量、员工素质和研发投入上。这与我们构建的指标体系高度一致。为了深入考察各个因素的关系，我们给出因子得分矩阵，如表 12 所示。其中，因子得分是通过将每个变量标准化为平均数等于 0、方差等于 1，然后把因子得分系数加权合计为每个因子构成的线性组合。最后，根据因子得分矩阵推出新三板企业创新能力表达式，计算每个新三板上市企业在因子 $f_1 \sim f_6$ 上的得分，进行综合评价研究。

表 12 因子得分矩阵

变量	Factor1	Factor2	Factor3	Factor4	Factor5	Factor6
x_1	0.03928	0.19187	0.13188	0.26106	0.01497	0.07855
x_2	0.03811	0.38543	0.04731	0.07036	0.03217	0.12901
x_3	0.03404	0.48548	0.12366	0.18305	0.06376	0.01746
x_4	0.09856	0.01805	0.34790	0.05161	0.02400	0.03096
x_5	0.09974	0.11288	0.45896	0.19284	0.00776	0.00452
x_6	0.42123	0.05103	0.06130	0.04143	0.02177	0.01522
x_7	0.42884	0.07180	0.07574	0.06969	0.01163	0.08504
x_8	0.28548	0.01336	0.12248	0.11567	0.05236	0.06032
x_9	0.05781	0.31345	0.21852	0.18092	0.01028	0.52303
x_{10}	0.10611	0.01939	0.41462	0.00190	0.00633	0.05638
x_{11}	0.06550	0.10623	0.06806	0.08169	0.03277	0.78541
x_{12}	0.12453	0.09779	0.14791	0.53250	0.00957	0.06255
x_{13}	0.05290	0.14096	0.06246	0.61593	0.02674	0.11931
x_{14}	0.08201	0.01135	0.07051	0.00686	0.68513	0.05291
x_{15}	0.07602	0.03644	0.06633	0.01753	0.61163	0.02133

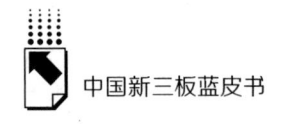

由因子得分系数矩阵,我们可以得到主成分的表达式,例如,第一个主成分可以表达为

$$f_1 = 0.03928x_1 + 0.03811x_2 + 0.03404x_3 + 0.09856x_4 + 0.09974x_5 + 0.42123x_6 + 0.42884x_7 + 0.28548x_8 + 0.05781x_9 + 0.10611x_{10} + 0.0655x_{11} + 0.12453x_{12} + 0.0529x_{13} + 0.08201x_{14} + 0.07602x_{15}$$

其中,$x_1 \sim x_{15}$ 分别表示上文指标体系中的 15 个变量。这 6 个主成分的描述性统计量如表 13 所示。

表 13 主因子的描述性统计

变量	Obs	Mean	Std.	min	Max
f_1	949	0	1	2.864062	14.434550
f_2	949	0	1	1.490394	13.919590
f_3	949	0	1	7.313088	4.217774
f_4	949	0	1	5.165411	9.238654
f_5	949	0	1	4.951681	15.132300
f_6	949	0	1	1.992461	16.87909

利用方差贡献度占累计贡献率的比例作为权重,对主成分进行加权平均,可以得到表征新三板企业创新能力的综合因子得分。设新三板企业创新能力为 Totalscore,则有

$$Totalscore = (0.1347 \times f_1 + 0.1246 \times f_2 + 0.1134 \times f_3 + 0.0819 \times f_4 + 0.0787 \times f_5 + 0.0707 \times f_6) \div 0.6042$$

(3) 因子得分及相关排名

根据因子得分计算公式,可以计算出新三板挂牌公司 2016 年创新能力综合得分和排名。值得注意的是,企业创新能力得分存在负值,这并不代表挂牌公司创新能力为负,正负值只表示新三板挂牌公司创新能力水平的相对位置。创新能力排在前 20 名与后 20 名的新三板挂牌企业,如表 14 与表 15 所示。

表14 创新能力排名前20的新三板挂牌企业

排名	股票代码	股票名称	综合得分	排名	股票代码	股票名称	综合得分
1	830931.OC	仁会生物	3.461929	11	833819.OC	颖泰生物	1.363353
2	830881.OC	圣泉集团	2.829979	12	832159.OC	合全药业	1.315637
3	834793.OC	华强方特	2.005776	13	430617.OC	欧迅体育	1.311182
4	430002.OC	中科软	1.956829	14	834261.OC	一诺威	1.297691
5	831628.OC	西部超导	1.781521	15	831560.OC	盈建科	1.230435
6	430618.OC	凯立德	1.773075	16	835185.OC	贝特瑞	1.193925
7	834802.OC	宝贝格子	1.616996	17	832800.OC	赛特斯	1.187526
8	430620.OC	益善生物	1.598933	18	833175.OC	浩瀚深度	1.172911
9	830933.OC	纳晶科技	1.411356	19	830815.OC	蓝山科技	1.161570
10	430021.OC	海鑫科金	1.370471	20	833913.OC	坤鼎集团	1.103939

表15 创新能力得分排名后20的新三板挂牌企业

排名	股票代码	股票名称	综合得分	排名	股票代码	股票名称	综合得分
930	834720.OC	闽瑞环保	-0.621707	940	832902.OC	画龙点睛	-0.6526635
931	832236.OC	丰源股份	-0.623511	941	833515.OC	禾美农业	-0.6742647
932	833390.OC	国德医疗	-0.6256995	942	832329.OC	吉成园林	-0.6756911
933	831651.OC	保通食品	-0.6284823	943	834511.OC	凯歌电子	-0.6975935
934	831792.OC	海思堡	-0.6288686	944	834226.OC	彩虹光	-0.7000471
935	834192.OC	中钜铖	-0.6292583	945	833553.OC	天立坤鑫	-0.7169025
936	834438.OC	良晋电商	-0.6400232	946	835205.OC	梵雅文化	-0.7900121
937	833476.OC	点动股份	-0.6419433	947	832786.OC	骑士乳业	-0.7930624
938	834669.OC	美易家	-0.6436692	948	833503.OC	花嫁丽舍	-0.8230502
939	833362.OC	海通发展	-0.6440945	949	835212.OC	多想互动	-0.8424271

专利数量、资本结构和员工学历在不同的行业相差很大。例如，生物医药等行业相比拥有更多的专利与发明专利，而信息技术等行业挂牌企业的主要资源在于员工的人力资本，因此相对拥有更高的硕士和博士员工占比。无视行业间的巨大差异而计算出的排名，可能对某些行业企业不公平。

3. 创新能力指数计算——基于层次分析法的计算

（1）层次分析法介绍

层次分析法（Analytic Hierarchy Process，简称AHP），是美国运筹学家、匹兹堡大学T. L. Saaty教授在20世纪70年代初期提出的，是对定性问题进行定量分析的一种简便、灵活而又实用的多准则决策方法。它的特点是把复杂问

题中的各种因素通过划分为相互联系的有序层次，使之条理化；根据主观判断结构（主要是两两比较），把专家意见和分析者的客观判断结果直接而有效地结合起来，对一层次元素两两比较的重要性进行定量描述。而后，利用数学方法计算反映每一层次元素的相对重要性次序的权值，根据所有层次之间的总排序计算元素的相对权重并进行排序。该方法自1982年被介绍到我国以来，以其定性分析与定量分析相结合的决策特点，以及其系统灵活简洁的优点，迅速在我国社会经济各个领域内，如能源系统分析、城市规划、经济管理、科研评价等，得到了广泛的重视和应用。

与其他决策分析方法相比，层次分析法拥有如下优点：a. 建立所有要素（包括非量化与量化）的层级，清楚呈现各层、各准则与各要素的关系；b. 简化评估程序，计算过程简单易懂；c. 若研究资料存在遗漏或不足的部分，仍能求得各要素的重要性。其缺点在于：要素之间两两比较有时比较困难；当要素比较多时，一致性检验可能无法通过（所以，要素一般控制在7个以内）；分析时没有考虑要素的相关性问题。

经过40多年的研究与发展，AHP已经成为决策者广泛使用的一种多准则方法。其应用涉及经济与计划、能源政策与资源分配、政治问题及冲突、人力资源管理、预测、项目评价、教育发展、环境工程、企业管理与生产经营决策、会计、卫生保健、军事指挥、武器评价、法律等众多领域。目前，AHP主要是作为一种辅助决策工具，它只有和其他方法有机结合，才能取得比较好的使用效果。从现有的研究成果看，与AHP结合使用的其他方法有模糊集理论、模糊逻辑、数字规划、成本收益分析、人工神经网络、证据推理、数据包络分析、仿真、数据挖掘等。

使用AHP方法分析问题，一般可分为以下五个步骤。

①建立递归层次

通过对系统的深刻认识，确定该系统的总目标，弄清规划决策所涉及的范围，所要采取的措施方案和政策，实现目标的准则、策略和各种约束条件等，广泛地收集信息。建立层次结构模型时将决策的目标、考虑的因素（决策准则）和决策对象按它们之间的相互关系分为最高层、中间层和最低层，绘出层次结构图。

②构造判断矩阵

在确定各层次各因素之间的权重时，如果只是定性的结果，则常常不容易被别人接受，因而，Saaty 等人提出"一致矩阵法"，即不把所有因素放在一起比较，而是两两相互比较。对比时采用相对尺度，以尽可能减少性质不同因素相互比较的困难，从而提高准确度。

③层次单排序

所谓层次单排序，是指对于上一层某因素而言，本层次各因素的重要性的排序，确定各因素的相对权重。

④判断矩阵的一致性检验

所谓一致性，是指判断思维的逻辑一致性。如当甲比丙是强烈重要，而乙比丙是稍微重要时，显然甲一定比乙重要。这就是判断思维的逻辑一致性，否则判断就会有矛盾。

⑤层次总排序

计算各层元素对系统目标的合成权重，进行总排序，以确定递阶结构图中最底层各个元素在总目标中的重要程度。确定某层所有因素对于总目标相对重要性的排序权值过程，称为层次总排序。这一过程是从最高层到最底层依次进行的。对于最高层而言，其层次单排序的结果也就是总排序的结果。

（2）基于 AHP 方法的创新能力指数计算

为了分析新三板创新层企业创新能力，我们按照层次分析法的一般步骤。

①建立递归层次结构

首先把系统问题条理化、层次化，构造出一个层次分析的结构模型。在模型中，复杂问题被分解，分解后的各组成部分被称为元素，这些元素又按属性分成若干组，形成不同层次。同一层次的元素对下一层的某些元素起支配作用，同时它又受上面层次元素的支配。层次可分为三类。

（a）最高层：这一层次中只有一个元素，它是问题的预定目标或理想结果，因此也叫目标层，在图形中用 A 表示，即新三板企业的创新能力。

（b）中间层：这一层次包括要实现目标所涉及的中间环节中需要考虑的准则。该层可由若干层次组成，因而有准则和子准则之分，这一层也叫准则层。本文的评价体系共分为 3 层 15 个指标，分别用 B 层、C 层和 D 层表示。

（c）最底层：这一层次包括为实现目标可供选择的各种措施、决策方案等，因此也被称为措施层或方案层。

上层元素对下层元素的支配关系所形成的层次结构被称为递阶层次结构。

当然，上一层元素可以支配下一层的所有元素，但也可只支配其中部分元素。递阶层次结构中的层次数与问题的复杂程度、需要分析的详尽程度有关，可不受限制。每一层次中各元素所支配的元素一般不要超过9个，因为支配的元素过多会给两两比较判断带来困难。层次结构的好坏对于解决问题极为重要，当然，层次结构建立得好坏与决策者对问题的认识是否全面、深刻有很大关系。

根据创新能力评价指标体系，我们建立的层次结构如图5所示。

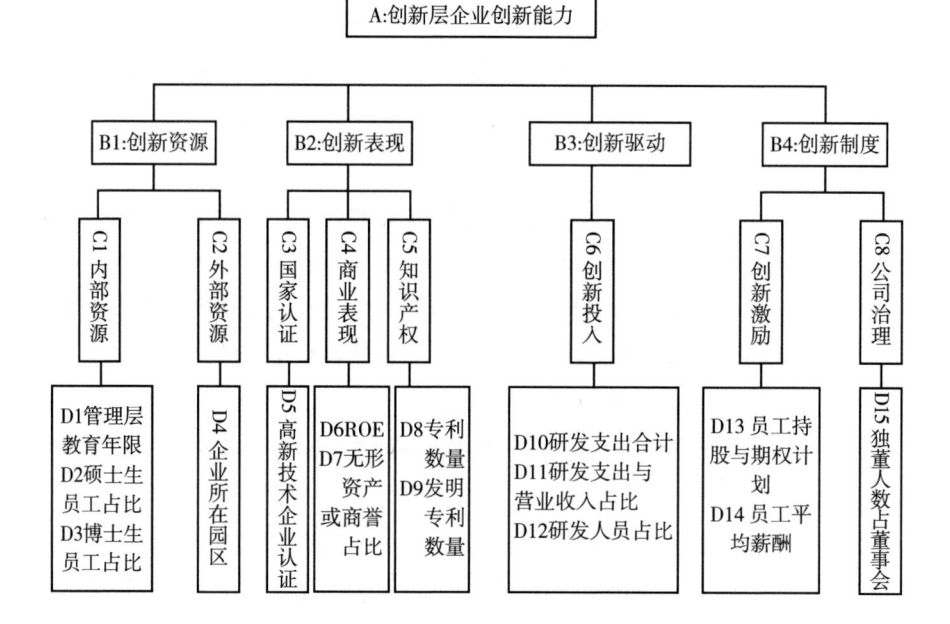

图5 创新层企业创新能力指标体系层次

②构造两两比较判断矩阵

在递阶层次结构中，设上一层元素 C 为准则，所支配的下一层元素 u_1，u_2，…，u_n 对于准则 C 相对重要性即权重。这通常可分两种情况。

（a）如果 u_1，u_2，…，u_n 对 C 的重要性可定量（如可以使用货币、重量等），其权重可直接确定。

（b）如果问题复杂，u_1，u_2，…，u_n 对于 C 的重要性无法直接定量，而只能定性，那么确定权重用两两比较方法，应用Saaty的1~9标度法，来反映指标间的相对重要性，如表16所示。其方法是：对于准则 C，元素 u_i 和 u_j 哪一个更重要,重要的程度如何,通常按 1~9 比例标度对重要性程度赋值,表 16 列出了 1~9 标度的含义。

表16　Saaty 的 1~9 标度的含义

标度	含义
1	表示两个元素相比,具有同样重要性
3	表示两个元素相比,前者比后者稍重要
5	表示两个元素相比,前者比后者明显重要
7	表示两个元素相比,前者比后者强烈重要
9	表示两个元素相比,前者比后者极端重要
2,4,6,8	表示上述相邻判断的中间值
倒数	若元素 i 与 j 的重要性之比为 a_{ij},那么元素 j 与元素 i 重要性之比为 $a_{ji} = 1/a_{ij}$

对于准则 C,n 个元素之间相对重要性的比较得到一个两两比较判断矩阵

$$A = (a_{ij})_{n \times n}$$

其中 a_{ij} 就是元素 u_i 和 u_j 相对于 C 的重要性的比例标度。判断矩阵 A 具有下列性质:$a_{ij} > 0$,$a_{ji} = 1/a_{ij}$,$a_{ii} = 1$。

由判断矩阵所具有的性质可知,一个 n 个元素的判断矩阵只需要给出其上(或下)三角的 $n(n-1)/2$ 个元素就可以了,即只需要做 $n(n-1)/2$ 个比较判断即可。

若判断矩阵 A 的所有元素满足 $a_{ij} \cdot a_{jk} = a_{ik}$,则称 A 为一致性矩阵。不是所有的判断矩阵都满足一致性条件,也没有必要这样要求,只是在特殊情况下才有可能满足一致性条件。

采用专家评分法,得到某层因素相对于上一层因素的相对重要程度,从而得到判断矩阵。B 层、C 层和 D 层的判断矩阵,如表 17~表 19 所示。

表17　B 层判断矩阵

	B1	B2	B3	B4
B1	1	1/3	1/2	2
B2	3	1	2	4
B3	2	2	1	3
B4	1/2	4	3	1

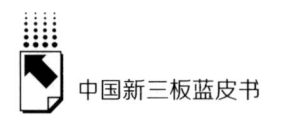

表 18　C 层判断矩阵

B1	C1	C2
C1	1	3
C2	1/3	1

B2	C3	C4	C5
C3	1	1/2	1/3
C4	2	1	1/2
C5	3	2	1

B4	C7	C8
C7	1	2
C8	1/2	1

表 19　D 层判断矩阵

C1	D1	D2	D3
D1	1	1/3	1/3
D2	3	1	1
D3	3	1	1

C4	D6	D7
D6	1	1
D7	1	1

C5	D8	D9
D8	1	1/3
D9	3	1

C6	D10	D11	D12
D10	1	3	3
D11	1/3	1	1
D12	1/3	1	1

C7	D13	D14
D13	1	1/5
D14	5	1

③单一准则下元素相对权重的计算

已知 n 个元素 $u_1, u_2, \cdots, u_n$，对于准则 C 的判断矩阵为 A，求 $u_1, u_2, \cdots, u_n$ 对于准则 C 的相对权重 $\omega_1, \omega_2, \cdots, \omega_n$，写成向量形式即 $W = (\omega_1, \omega_2, \cdots, \omega_n)^T$。

计算权重的方法有和法、几何平均法和特征根法等，现简要介绍如下。

• 和法。将判断矩阵 A 的 n 个行向量归一化后的算术平均值，近似作为权重向量，即

$$\omega_i = \frac{1}{n} \sum_{j=1}^{n} \frac{a_{ij}}{\sum_{k=1}^{n} a_{kj}}, \quad i = 1, 2, \cdots, n$$

计算步骤如下。

第一步：A 的元素按行归一化；

第二步：将归一化后的各行相加；

第三步：将相加后的向量除以 n，即得权重向量。

类似的还有列和归一化方法计算，即

$$\omega_i = \frac{\sum_{j=1}^{n} a_{ij}}{n \sum_{k=1}^{n} \sum_{j=1}^{n} a_{kj}}, i = 1,2,\cdots,n$$

- 根法（即几何平均法）。将 A 的各个行向量进行几何平均，然后归一化，得到的行向量就是权重向量。其公式为

$$\omega_i = \frac{(\prod_{j=1}^{n} a_{ij})^{\frac{1}{n}}}{\sum_{k=1}^{n} (\prod_{j=1}^{n} a_{kj})^{\frac{1}{n}}}, i = 1,2,\cdots,n$$

计算步骤如下。

第一步：A 的元素按列相乘得一新向量；

第二步：将新向量的每个分量开 n 次方；

第三步：将所得向量归一化后就是权重向量。

- 特征根法（简记为 EM）。解判断矩阵 A 的特征根问题

$$AW = \lambda_{\max} W$$

式中，$\lambda_{\max}$ 是 A 的最大特征根，W 是相应的特征向量，所得到的 W 经归一化后就可作为权重向量。

- 对数最小二乘法。用拟合方法确定权重向量 $W = (\omega_1, \omega_2, \cdots, \omega_n)^T$，使残差平方和 $\sum_{1 \leq i \leq j \leq n} [\lg a_{ij} - \lg(\omega_i/\omega_j)]^2$ 为最小。

- 最小二乘法。确定权重向量 $W = (\omega_1, \omega_2, \cdots, \omega_n)^T$，使残差平方和 $\sum_{1 \leq i \leq j \leq n} [\lg a_{ij} - \lg(\omega_i/\omega_j)]^2$ 为最小。

对专家测评表所构造的判断矩阵，利用 AHP 进行分析所形成的超矩阵的运算求解是一个非常烦琐复杂的过程，所以，对于 AHP 的赋值计算分析通常借助于 Super Decisions（以下简称"SD 软件"）来进行。SD 软件也是 ANP 的提出者 T. L. Saaty 教授合作开发的专门用于 ANP 方法的决策软件，是目前国际上公认的求解 ANP 模型的最有力工具。在专家所填写完成的测评表的基础上，

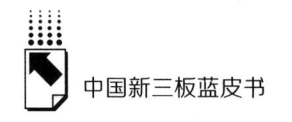

用 SD 软件，使用特征值法来计算企业可持续创新能力的总体权重。

④判断矩阵的一致性检验

在计算单准则下权重向量时，还必须进行一致性检验。在判断矩阵的构造中，并不要求判断具有传递性和一致性，即不要求 $a_{ij} \cdot a_{jk} = a_{ik}$ 严格成立，这是由客观事物的复杂性与主观认识的多样性决定的。但要求矩阵满足大体上的一致性。如果出现"甲比乙极端重要，乙比丙极端重要，而丙又比甲极端重要"的判断，则显然是违反常识的，一个混乱的经不起推敲的判断矩阵有可能导致决策上的失误。而且上述各种计算排序权重向量（即相对权重向量）的方法，在判断矩阵过于偏离一致性时，其可靠程度也就值得怀疑了，因此，要对判断矩阵的一致性进行检验，具体步骤如下。

a. 计算一致性指标 C.I.（consistency index）

$$C.I. = \frac{\lambda_{\max} - n}{n - 1}$$

b. 查找相应的平均随机一致性指标 R.I.（random index）

表 20 给出了 1~15 阶正互反矩阵计算 1000 次得到的平均随机一致性指标。

表 20 平均随机一致性指标 R.I.

矩阵阶数	1	2	3	4	5	6	7	8
R.I.	0	0	0.52	0.89	1.12	1.26	1.36	1.41
矩阵阶数	9	10	11	12	13	14	15	
R.I.	1.46	1.49	1.52	1.54	1.56	1.58	1.59	

c. 计算性一致性比例 C.R.（consistency ratio）

$$C.R. = \frac{C.I.}{R.I.}$$

当 C.R. <0.1 时，认为判断矩阵的一致性是可以接受的；当 C.R. ≥0.1 时，应该对判断矩阵做适当修正。

为了讨论一致性，需要计算矩阵最大特征根 $\lambda_{\max}$，除常用的特征根方法外，还可使用公式

$$\lambda_{\max} = \sum_{i=1}^{n} \frac{(AW)_i}{n\omega_i} = \frac{1}{n} \sum_{i=1}^{n} \frac{\sum_{j=1}^{n} a_{ij}\omega_j}{\omega_i}$$

经过计算，B 层、C 层和 D 层的 C.R. 及最大特征根均满足一致性指标，可以进行层次总排序。

④计算各层元素对目标层的总排序权重

上面得到的是一组元素对其上一层中某元素的权重向量。最终要得到各元素，特别是最低层中各元素对于目标的排序权重，即所谓总排序权重，从而进行方案的选择。总排序权重要自上而下地将单准则下的权重进行合成，并逐层进行总的判断一致性检验。

设 $W^{(k-1)} = [\omega_1^{(k-1)}, \omega_2^{(k-1)}, \cdots, \omega_{n_{k-1}}^{(k-1)}]^T$ 表示第 $k-1$ 层上 n_{k-1} 个元素相对于总目标的排序权重向量，用 $P_j^{(k)} = [p_{1j}^{(k)}, p_{2j}^{(k)}, \cdots, p_{n_k j}^{(k)}]^T$ 表示第 k 层上 n_k 个元素对第 $k-1$ 层上第 j 个元素为准则的排序权重向量，其中不受 j 元素支配的元素权重取为零。矩阵 $P^{(k)} = [P_1^{(k)}, P_2^{(k)}, \cdots, P_{n_{k-1}}^{(k)}]^T$ 是 $n_k \times n_{k-1}$ 阶矩阵，它表示第 k 层上元素对 $k-1$ 层上各元素的排序，那么第 k 层上元素对目标的总排序 $W^{(k)}$ 为

$$W^{(k)} = [\omega_1^{(k)}, \omega_2^{(k)}, \cdots, \omega_{n_k}^{(k)}]^T = P^{(k)} \cdot W^{(k-1)}$$

或 $\omega_i^{(k)} = \sum_{j=1}^{n_{k-1}} p_{ij}^{(k)} \omega_j^{(k-1)} \quad i = 1, 2, \cdots, n$

并且一般公式为 $W^{(k)} = P^{(k)} P^{(k-1)} \cdots W^{(2)}$

其中，$W^{(2)}$ 是第二层上元素的总排序向量，也是单准则下的排序向量。

要从上到下逐层进行一致性检难，若已求得 $k-1$ 层上元素 j 为准则的一致性指标 C.I.$j(k)$，平均随机一致性指标 R.I.$j(k)$，一致性比例 C.R.$j(k)$（其中 $j = 1, 2, \cdots, n_{k-1}$），则 k 层的综合指标

$$C.I.^{(k)} = [C.I._1^{(k)}, \cdots, C.I._{n_{k-1}}^{(k)}] \cdot W^{(k-1)}$$

$$R.I.^{(k)} = [R.I._1^{(k)}, \cdots, R.I._{n_{k-1}}^{(k)}] \cdot W^{(k-1)}$$

当 C.R.$(k) < 0.1$ 时，认为递阶层次结构在 k 层水平的所有判断具有整体满意的一致性。

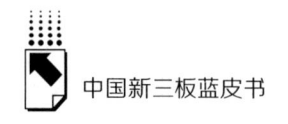

经过计算，发现，层次结构通过整体一致性检验，最终得出的各个指标的综合重要程度和相对权重如表 21 所示。

表 21 新三板企业创新能力指标体系中各评价指标的权重

一级指标	权重	二级指标	权重	三级指标	权重
创新资源	0.213	内部资源	0.142	管理层平均学历	0.049
				硕士生员工占比	0.047
				博士生员工占比	0.046
		外部资源	0.071	企业所在园区	0.071
创新表现	0.294	国家认证	0.086	高新技术企业认证(0~1 变量)	0.086
		商业表现	0.090	ROE	0.045
				无形资产占比	0.045
		知识产权	0.118	专利数量	0.056
				发明专利数量	0.062
创新驱动	0.289	创新投入	0.209	研发支出合计	0.124
				研发支出与营业收入占比	0.085
			0.080	研发人员占比	0.080
创新制度	0.206	创新激励	0.103	员工持股与期权计划(0~1 变量)	0.046
				员工平均薪酬	0.057
		公司治理	0.103	独董人数占董事会比例	0.103

⑤定量指标无量纲化

得到各个评价指标的权重后，还不能直接进行加权求和。由于各项评价指标测度值分别表达不同的含义，需要进行无量纲化处理。此处的指标都为正向测度值，因此，我们只需要将同一类型数据与该类型的极值做比值处理，设 $x_{max} = \max\{x_1, x_2, \cdots, x_n\}$，则数据 x_i 经过无量纲化处理后，转化为 $\frac{x_i}{x_{max}}$，使变量的范围变为 0~1。经过无量纲化处理后的数据，排除了单位和含义的不同，更利于数据的比较。

（3）企业可持续创新能力评价值的计算

首先，按照上述方法将定性指标量化，定量指标无量纲化，将实证数据转换为可计量比较的数据；其次，分别与所对应权重相乘；最后，将所得结果相加即可得到企业可持续创新能力的评价值。

本节列出基于层次分析法计算的创新能力排名前 20 与后 20 的新三板创新层企业,并与因子分析法的计算结果相比较,如表 22 和表 23 所示。

表 22 基于 AHP 计算的排名前 20 的创新层企业

股票代码	股票名称	AHP 排名	AHP 得分	因子分析法排名
430002.OC	中科软	1	0.5118	4
834793.OC	华强方特	2	0.4402	3
831560.OC	盈建科	3	0.4018	15
830858.OC	华图教育	4	0.4000	31
430051.OC	九恒星	5	0.3946	23
430021.OC	海鑫科金	6	0.3889	10
831688.OC	山大地纬	7	0.3838	24
430618.OC	凯立德	8	0.3719	6
430074.OC	德鑫物联	9	0.3701	51
831888.OC	垦丰种业	10	0.3690	59
830881.OC	圣泉集团	11	0.3634	2
830815.OC	蓝山科技	12	0.3593	19
834695.OC	郑设股份	13	0.3579	30
830866.OC	凌志软件	14	0.3570	73
430011.OC	指南针	15	0.3562	342
832800.OC	赛特斯	16	0.3554	17
830845.OC	芯邦科技	17	0.3502	27
430591.OC	明德生物	18	0.3469	106
430152.OC	思银股份	19	0.3466	36
831402.OC	帝联科技	20	0.3458	26

表 23 基于 AHP 计算的排名后 20 的创新层企业

股票代码	股票名称	AHP 排名	AHP 得分	因子分析法排名
832236.OC	丰源股份	927	0.0490	931
834070.OC	盛全物业	928	0.0488	921
833278.OC	北旺农牧	929	0.0487	916
831397.OC	康泽药业	930	0.0486	913
833585.OC	千叶珠宝	931	0.0475	894
834478.OC	东星医疗	932	0.0473	912
834192.OC	中钜铖	933	0.0465	935
831666.OC	亿丰洁净	934	0.0458	908

续表

股票代码	股票名称	AHP 排名	AHP 得分	因子分析法排名
831493.OC	赛特传媒	935	0.0457	868
835452.OC	元一传媒	936	0.0455	873
831651.OC	保通食品	937	0.0451	933
834511.OC	凯歌电子	938	0.0445	943
831792.OC	海思堡	939	0.0434	934
833515.OC	禾美农业	941	0.0381	941
832057.OC	雅安茶厂	942	0.0380	924
832902.OC	画龙点睛	943	0.0369	940
833553.OC	天立坤鑫	944	0.0366	945
833476.OC	点动股份	945	0.0358	937
835296.OC	澳菲利	946	0.0338	925
833362.OC	海通发展	947	0.0333	939
834226.OC	彩虹光	948	0.0313	944
835491.OC	手乐电商	949	0.0207	659

由于分析方法和数据处理思路的不同，两种分析方法得出的结果不完全相同。但是我们可以看到，因子分析法和层次分析法所计算出的结果高度一致：除了极个别的例外（层次分析法排名第15的指南针企业），层次分析法得出的创新能力排名前20的企业，在因子分析法的排名中也非常靠前，大多处于排名前100甚至前50的位置。而用层次分析法得出的创新能力排名后20的创新层企业，在因子分析法中的排名也非常靠后，大多处于900以后的位置。而且，采用两种方法得到的排名序列，相关性达到0.857。因子分析法与AHP法排名序列折线图如图6所示，两种排名大体呈现一条斜率为1的射线。

两种分析方法呈现较大分歧的原因，在于极端值的影响。因为因子分析法的标准化方法是，将公共因子表示为均值为0、方差为1的变量；而层次分析法标准化方法为，除以每个变量的最大值以得到范围为［0，1］的变量，对存在异常值的连续型变量的处理（如专利数量和研发支出），可能会使数据失真，从而得出差异较大的结论。

因此，这充分证明了采用两种方法的计算结果，具有充分的稳健性，可以作为分析新三板创新层企业创新能力的可靠依据和有力工具。

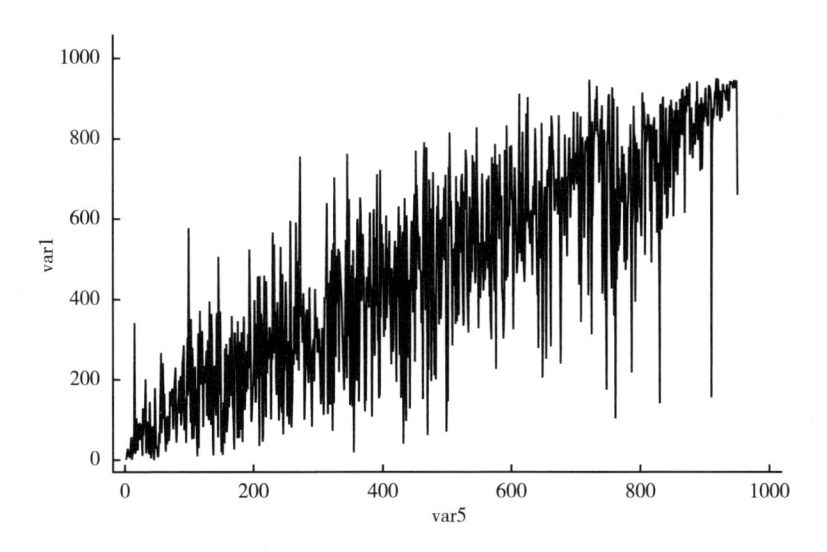

图6　因子分析法与AHP法排名序列折线

4. 创新能力综合指数（排名）

为了充分利用两种分析方法的结果，将因子分析法和层次分析法的优点综合起来，得到创新层企业创新能力的最终排名，本节设置了企业创新能力综合指数（排名）。计算综合指数有两个步骤：第一步，将企业在因子分析法中的排名和层次分析法中的排名等权平均，如果两个企业最终的综合指数完全相同，则将在因子分析法中排名靠前的企业排在前面；第二步，对949家企业的等权平均排名，按照由低到高再次排名，赋予创新能力综合指数（排名），综合指数取值为1~949的整数，数字越低反映创新能力越强，综合指数可以直观地理解为考虑了两种计算方法后的企业创新能力排名。其中，创新层综合指数（排名）前30的企业及其分别在因子分析法和层次分析法中的得分排名，如表24所示。

表24　综合指数排名前30的新三板创新层企业

综合指数	股票代码	股票名称	因子排名	综合得分	AHP排名	AHP得分
1	834793.OC	华强方特	3	2.005776	2	0.4402254
2	430002.OC	中科软	4	1.956829	1	0.5117779
3	830881.OC	圣泉集团	2	2.829979	11	0.3633845
4	430618.OC	凯立德	6	1.773075	8	0.3719143

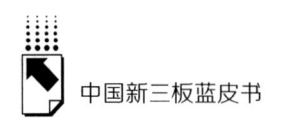

续表

综合指数	股票代码	股票名称	因子排名	综合得分	AHP 排名	AHP 得分
5	430021.OC	海鑫科金	10	1.370471	6	0.3889236
6	831560.OC	盈建科	15	1.230435	3	0.4017756
7	430051.OC	九恒星	23	0.948052	5	0.3945908
8	830815.OC	蓝山科技	19	1.161570	12	0.3592632
9	831688.OC	山大地纬	24	0.9171392	7	0.3838086
10	832800.OC	赛特斯	17	1.1875260	16	0.3554431
11	830858.OC	华图教育	31	0.7857595	4	0.4000068
12	832159.OC	合全药业	12	1.3156370	27	0.3404739
13	834695.OC	郑设股份	30	0.7883673	13	0.3578621
14	830845.OC	芯邦科技	27	0.8212499	17	0.3502212
15	830931.OC	仁会生物	1	3.4619290	45	0.3191661
16	831628.OC	西部超导	5	1.7815210	41	0.3223025
17	831402.OC	帝联科技	26	0.8682818	20	0.3457709
18	834802.OC	宝贝格子	7	1.6169960	40	0.0430933
19	833175.OC	浩瀚深度	18	1.1729110	33	0.3335169
20	835185.OC	贝特瑞	16	1.1939250	37	0.3248625
21	430152.OC	思银股份	36	0.7516338	19	0.3465976
22	430620.OC	益善生物	8	1.5989330	51	0.3122126
23	830933.OC	纳晶科技	9	1.4113560	52	0.3116623
24	430074.OC	德鑫物联	51	0.6308957	9	0.3700936
25	833768.OC	上海寰创	25	0.8794426	38	0.324645
26	430082.OC	博雅科技	33	0.7635335	34	0.3296739
27	831888.OC	垦丰种业	59	0.5983303	10	0.3690377
28	430080.OC	尚水股份	34	0.7543479	40	0.3228086
29	832246.OC	润天智	52	0.6297730	24	0.3411749
30	430707.OC	欧神诺	28	0.8124487	50	0.3140957

二 创新层公司创新能力总体分析

（一）创新能力指标分析

1. 管理层平均学历

管理层平均学历的分布情况如图7所示。在949家创新层公司中，管理层平均学历最高的是山大地纬（831688.OC），管理层14人中，8人具有博士学历。管理层平均学历最低的是法福来（831267.OC）、金润和（831603.OC）、亿丰洁净（831666.OC）、文灿股份（832154.OC）、倍通检测（832172.OC）、骑士乳业（832786.OC）、利树股份（833300.OC）、禾美农业（833515.OC）八家公司，管理层学历均在大专及大专以下。439家企业的管理层平均学历在大专至本科之间，占46.26%；489家企业管理层平均学历在本科至硕士之间，占51.53%；仅有13家企业管理层平均学历在硕士以上，占1.37%。

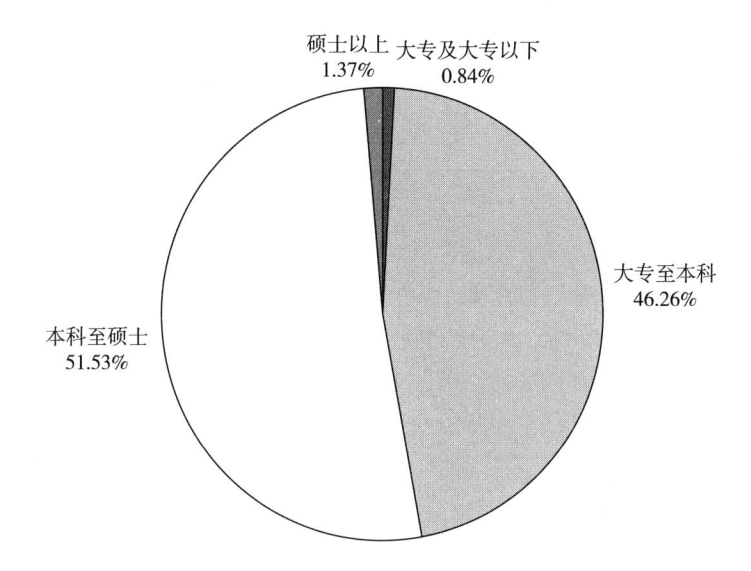

图7 创新层企业管理层平均学历的分布情况

资料来源：中国新三板研究中心。

2. 硕士/博士员工占比

硕士员工占比的分布情况如图8所示。在949家创新层公司中，硕士员工占比最高的是坤鼎集团（833913.OC），占比为44.6%；紧随其后的是蓝海骆驼（832444.OC），占比为40%；85家企业没有硕士学历的员工。760家企业硕士员工占比小于10%（85家没有硕士学历员工的企业不计算在内），80家企业硕士员工占比为10%~20%，24家企业硕士员工占比超过20%。

博士员工占比的分布情况如图9所示。在949家创新层公司中，博士员工占比最高的是坤鼎集团（833913.OC），占比为15.38%；紧随其后的是纳晶科技（832444.OC），占比为15.32%；654家企业没有博士学历的员工。182家

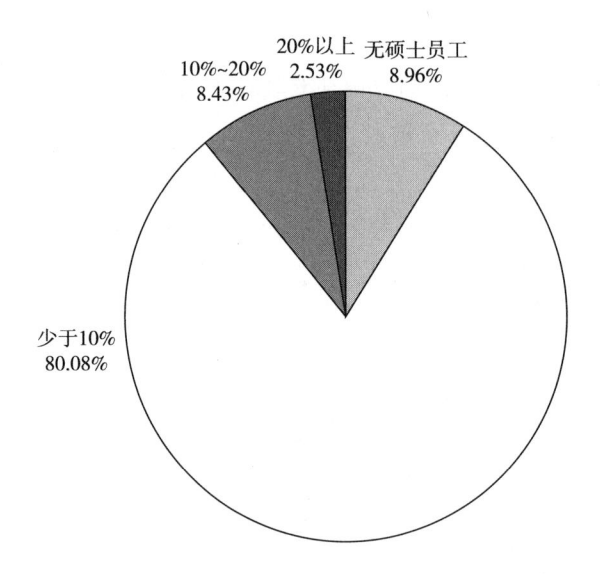

图8　创新层企业硕士员工占比的分布情况

资料来源：中国新三板研究中心。

企业博士员工占比小于1%（654家没有博士学历员工的企业不计算在内），86家企业博士员工占比为1%～3%，27家企业硕士员工占比超过3%。

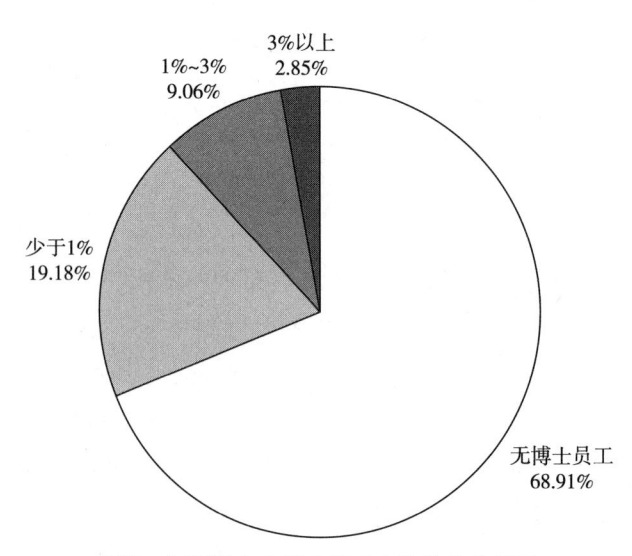

图9　创新层企业博士员工占比的分布情况

资料来源：中国新三板研究中心。

3. 企业所在园区

高新区创新层企业数量分布情况如图 10 所示。在 949 家创新层公司中，704 家公司办公地址未处于高新技术开发区。在其余 245 家公司中，84 家分布在中关村，25 家分布在上海张江，17 家分布在武汉东湖高新区。

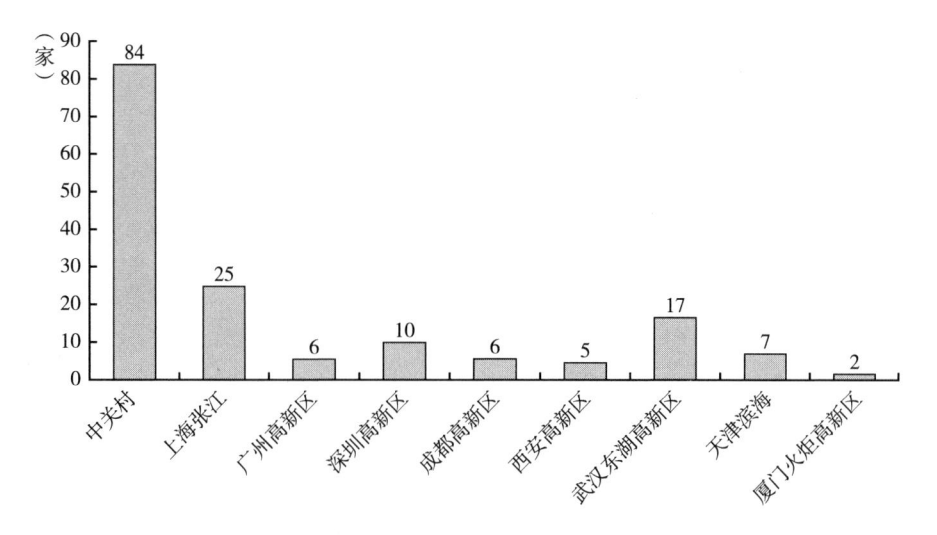

图 10　主要高新区创新层企业数量分布

资料来源：Choice 金融终端。

4. 员工持股与期权

在 949 家创新层公司中，312 家核心员工持有公司普通股或期权，占比为 33%；637 家核心员工不持有公司的普通股和期权，占比为 67%。

5. 员工平均薪酬

员工平均薪酬的分布情况如图 11 所示。949 家创新层公司员工 2015 年平均薪酬为 94165 元，员工平均薪酬 6 万元以下（含 6 万元）的公司共有 275 家，占比为 28.98%；6 万~15 万元（含 15 万元）的公司共有 585 家，占比为 61.64%；15 万~30 万元（含 30 万元）的公司 73 家，30 万元以上的公司 16 家。

6. 独董人数占董事会人数比例

创新层企业普遍未设置独立董事，其中 729 家公司未设置独立董事，占比为 76.81%。在 220 家设置独立董事的企业中，23 家企业独立董事占董事会比例小于或等于 20%；106 家企业独立董事占比为 20%~33.33%（含 33.33%）；86

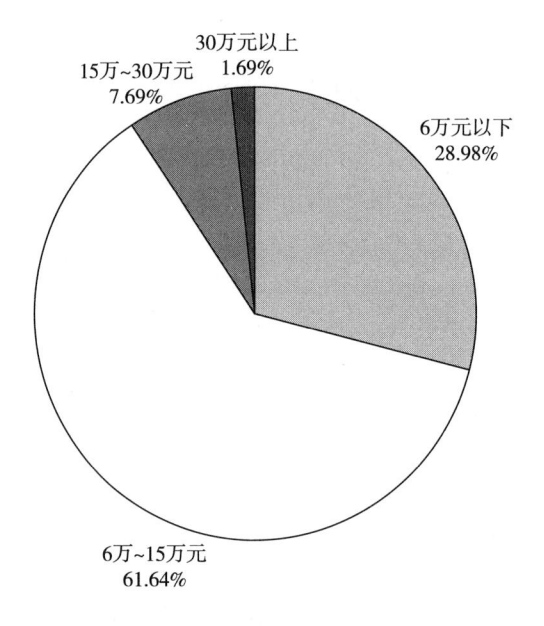

```
          30万元以上
15万~30万元   1.69%
  7.69%
                      6万元以下
                       28.98%




         6万~15万元
           61.64%
```

图11 创新层企业员工平均薪酬的分布情况

资料来源：Choice 金融终端。

家企业独立董事占比为 33.33%~50%（含 50%）；5 家企业独立董事占比在 50% 以上，其中，华电电气（830968.OC）和齐鲁银行（832666.OC）独立董事占比最高，达到 62.5%。

7. 研发支出合计

创新层企业研发支出的分布情况如图 12 所示。创新层企业平均研发支出为 1131.80 万元。中科软（430002.OC）研发支出最高，达到 23635 万元；华强方特（834793.OC）研发支出为 16116 万元，颖泰生物（833819.OC）研发支出为 15671 万元，分别排第二和第三名。145 家企业研发支出为 0；225 家公司研发支出在 500 万元以下（含 500 万元）；446 家公司研发支出在 500 万~2000 万元之间（含 2000 万元），占比为 47%；133 家公司研发支出在 2000 万元以上。

8. 研发投入强度

企业研发支出占比的分布情况如图 13 所示。创新层企业平均研发支出占比为 5.67%（剔除异常值后）。145 家企业研发支出占比为 0；158 家公司研发支出占比在 3% 以下（含 3%）；375 家公司研发人员支出占比为 3%~6%（含

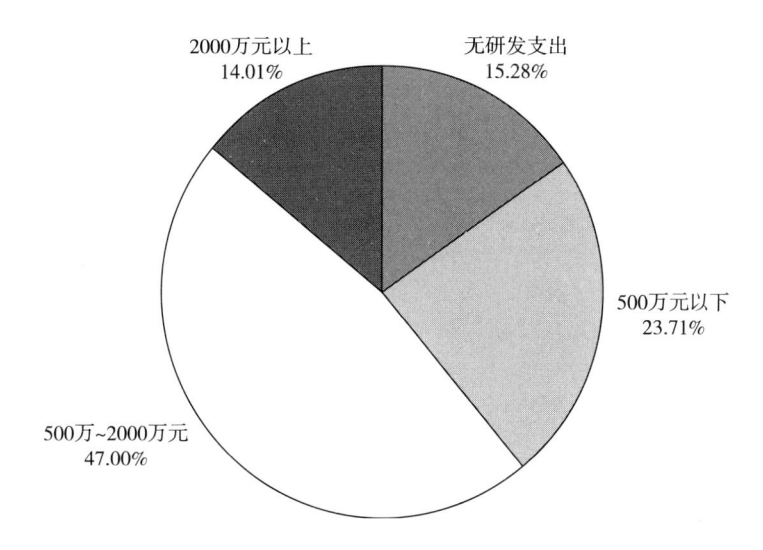

图12 创新层企业研发支出的分布情况

资料来源：Choice 金融终端。

6%），占比为 39.52%；139 家公司研发支出占比为 6%～10%（含 10%）；132 家公司研发支出占比在 10% 以上。

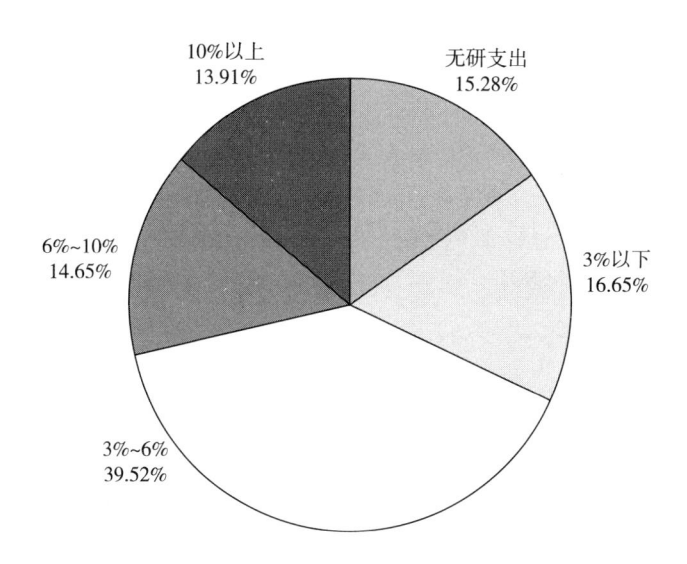

图13 创新层企业研发支出占比的分布情况

资料来源：中国新三板研究中心，Choice 金融终端。

创新层企业研发人员占比的分布情况如图 14 所示。创新层企业平均研发人员占比为 26.52%。维恩贝特（831117.OC）、艾融软件（830799.OC）、景尚旅业（830944.OC）、智通建设（831395.OC）、天阳科技（835713.OC）、中科软（430002.OC）6 家企业研发人员占比达到 90% 以上；66 家企业研发人员占比为 0。172 家公司研发人员占比在 10% 以下（含 10%）；388 家公司研发人员占比在 10%~30%（含 2000 万），占比为 40.89%；323 家公司研发人员在 30% 以上。

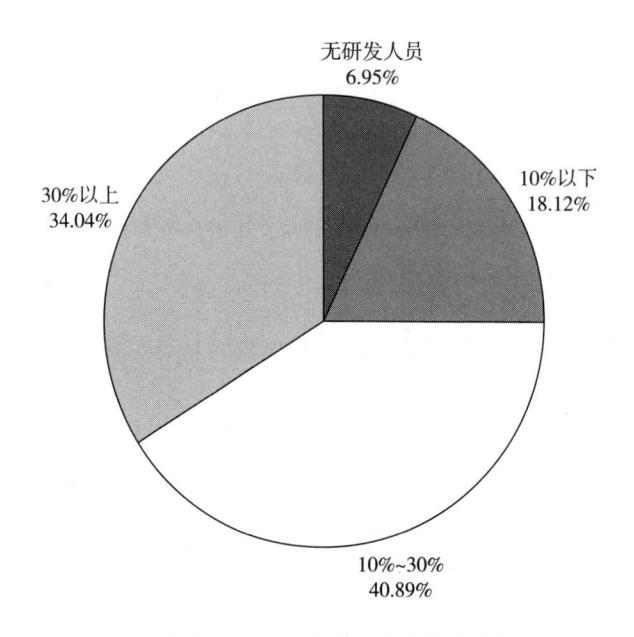

图 14　创新层企业研发人员占比的分布情况

资料来源：中国新三板研究中心，Choice 金融终端。

9. 高新技术认证

创新层企业普遍获得高新技术认证，在 949 家创新层公司中，707 家获得高新技术认证，占比为 74.50%；242 家未获得高新技术认证，占比为 25.50%。

10. 专利与发明专利数量

创新层企业专利数量的分布情况如图 15 所示。在 949 家创新层公司中，企业平均拥有专利数量 25.2 项。其中，圣泉集团（830881.OC）拥有专利数量最多，共 397 项；勃达微波（834656.OC）拥有 346 项专利，康铭盛

（834736.OC）拥有338项专利，分布位列第二和第三；239家企业没有专利。195家公司拥有的专利数量少于10项；393家公司拥有的专利数量为10~50项，占41.41%；122家公司拥有的专利数量大于50项。

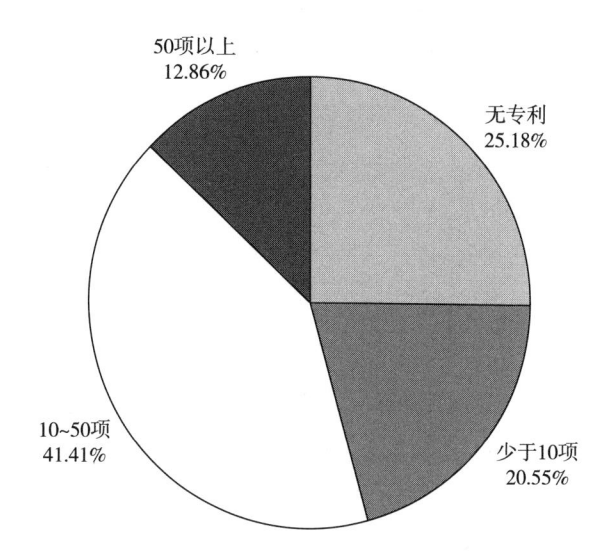

图15　创新层企业专利数量的分布情况

资料来源：中国新三板研究中心。

创新层企业发明专利数量的分布情况如图16所示。在949家创新层公司中，企业平均拥有发明专利数量5.5项。圣泉集团（830881.OC）拥有发明专利数量最多，共318项；益善生物（430620.OC）拥有162项发明专利，一诺威（834261.OC）拥有145项发明专利，分别位列第二和第三；431家企业没有发明专利，占45.42%。377家公司拥有的发明专利数量少于10项；129家公司拥有的发明专利数量为10~50项；12家公司拥有的专利数量大于50项。

11. 净资产收益率

创新层企业净资产收益率的分布情况如图17所示。创新层企业平均净资产收益率为6.47%。其中90家企业净资产收益率为负值；309家企业净资产收益率为0~5%（含0%和5%）；316家企业净资产收益率为5%~10%（含10%）；234家企业净资产收益率为10%以上。

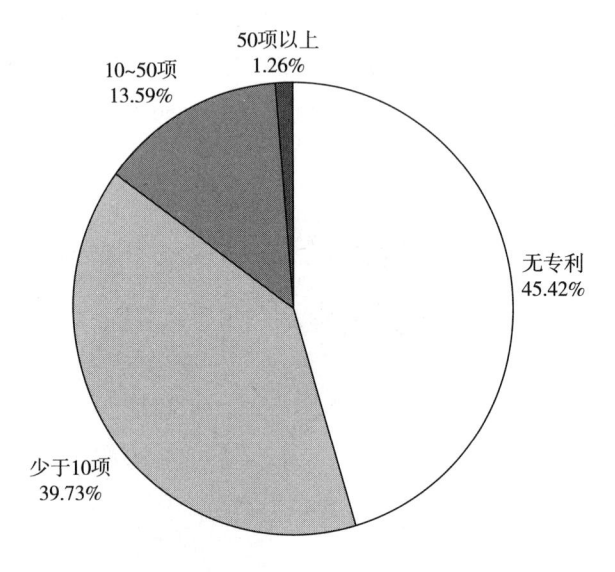

图 16　创新层企业发明专利数量的分布情况

资料来源：中国新三板研究中心。

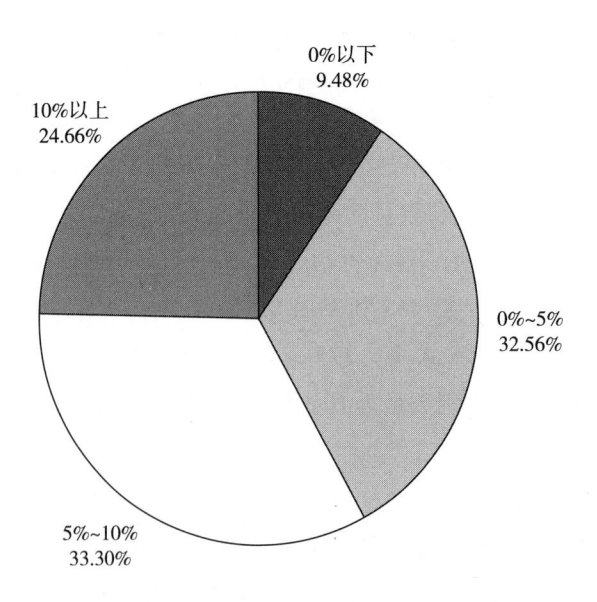

图 17　创新层企业净资产收益率的分布情况

资料来源：中国新三板研究中心，Choice 金融终端。

12. 无形资产

创新层企业无形资产占比的分布情况如图18所示。创新层企业平均无形资产占比为3.36%。欧迅体育（430617.OC）无形资产占比最高，达到55.23%；宝贝格子（834802.OC）无形资产占比为51.73%；德长环保（832218.OC）无形资产占比为43.36%。122家企业无形资产占比为0；316家公司无形资产占比在1%以下（含1%）；158家公司无形资产占比为1%~3%（含3%）；130家公司无形资产占比为3%~5%（含5%）；223家公司无形资产占比在5%以上。

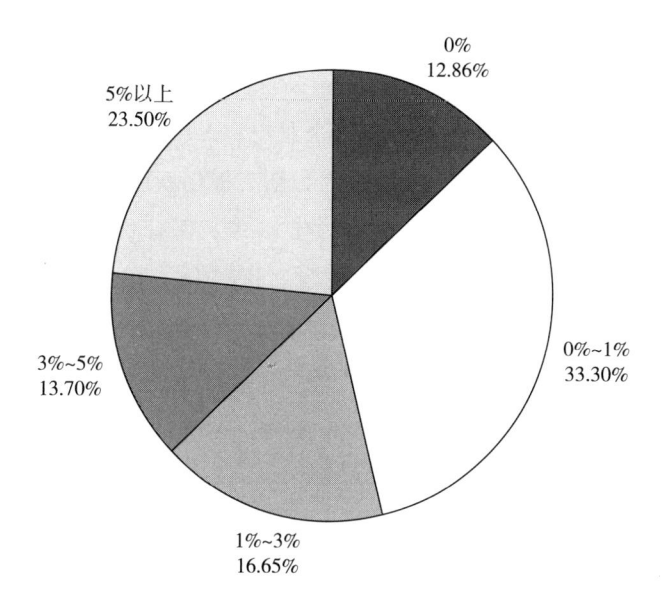

图18 创新层企业无形资产占比的分布情况

资料来源：中国新三板研究中心，Choice金融终端。

（二）创新能力综合指数分析[①]

1. 入选标准

在创新能力综合指数排名前100的企业中，占比最大的是标准一的公司，

[①] 创新能力综合指数可以直观地理解为考虑了两种计算方法后的企业创新能力排名，如指数1对应的是创新能力第1名，为便于读者的直观理解，下文中更多地采用创新能力排名。

达到67家；标准二的公司26家，标准三的公司38家。这主要是因为，标准一的公司发展成熟、盈利能力强、研发投入高。

在创新能力综合指数排名后100的企业中，占比最大的是标准二的公司，达到76家，标准一的公司30家，标准三的公司13家。主要是因为标准二的公司处于快速增长阶段，增长更多地依靠商业模式的创新或市场的开拓，创新投入较少，公司治理结构较为不完善。

从整体来看，标准三的公司创新能力最强，平均排名为375.8名，中位数为324名；其次是标准一公司，平均排名为420.8名，中位数为403名；标准二公司创新能力最差，平均排名为543.6名，中位数为561.5名。

2. 行业

在创新能力综合指数排名前100的企业中，占比最大的是信息技术行业，达到44家，几乎占了半壁江山，这是因为新三板创新层企业中，处于信息技术产业的企业数量最多。其次是工业，有18家；医疗保健和原材料都有11家；电信服务业有4家。最少的日常消费品，有3家。行业分布如表25所示。

表25　综合排名前100的企业（投资型）行业分布

单位：家

行业名称	企业数量	行业名称	企业数量
电信服务业	4	日常消费品	3
非日常消费品	9	医疗保健	11
信息技术	44	原材料	11
工业	18		

资料来源：中国新三板研究中心。

行业平均排名如表26所示。从表26我们可以看到，各个行业的平均排名差异很大，能源行业的平均排名最为靠前，为44.7名；其次是金融业，为102.1名；排在最后的是房地产企业，平均排名在900以外。这既是因为不同行业的平均质量存在差异，也是因为不同行业的特点差异巨大，现有的算法（例如，重视研发和专利数量）对某些行业并不公平。

表26　新三板创新层各行业平均排名

行业	平均排名	行业	平均排名
信息技术	363.6	医疗保健	411.2
非日常消费品	613.5	日常消费品	676.8
原材料	471.0	能源	44.7
电信服务业	380.3	金融业	102.1
工业	501.4	公共服务	542.8
房地产	901.3		

资料来源：中国新三板研究中心。

3. 地域

在创新排名前100的企业中，北京独占鳌头，达32家，广东省位居其次，达21家，其次是上海市的12家和浙江省的7家（见表27）。表28展示了不同区域创新层企业的平均排名与数量。

表27　创新排名前100企业地域分布

单位：家

省份	数量	省份	数量
北京	32	浙江	7
上海	12	广东	21
江苏	5	其他	23

资料来源：中国新三板研究中心。

表28　不同区域创新层企业的平均排名和数量

单位：家

序号	地区	范围	平均排名	企业数量
1	华东地区	山东、江苏、安徽、浙江、福建、上海	488.7	348
2	华南地区	广东、广西、海南	465.5	152
3	华北地区	北京、天津、河北、山西、内蒙古	409.3	234
4	西南地区	四川、云南、贵州、西藏、重庆	575.2	52
5	东北地区	辽宁、吉林、黑龙江	568.0	25
6	西北地区	宁夏、新疆、青海、陕西、甘肃	482.5	34
7	华中地区	湖北、湖南、河南、江西	499.6	83

资料来源：中国新三板研究中心。

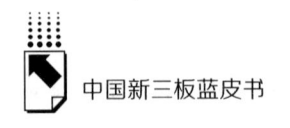

从表28我们可以看出，华北地区的平均排名最高，华南地区紧随其后，而西南地区和东北地区平均排名靠后，这反映了地区发展水平的差异。

4. 创新层公司创新能力综合指数排名

综合指数排名见B.8。

三 创新层公司创新能力排名

（一）创新能力排名（按分层）

前面给出949家创新层公司的创新能力综合指数，本节依次展示不同分层标准下挂牌企业的创新能力排名。

创新层以标准一入选挂牌公司的共447家，标准一公司创新能力排名见B.9，表格第一列"排名"是指某公司的创新能力在447家标准一公司中的排名。其中，华强方特、中科软、圣泉集团、海鑫科金和九恒星位列前五。

创新层以标准二入选挂牌公司的共512家，标准二公司创新能力排名见B.10，表格第一列"排名"是指某公司的创新能力在512家标准二公司中的排名。其中，盈建科、赛特斯、宝贝格子、浩瀚深度和思银股份位列前五。

创新层以标准三入选挂牌公司的共185家，标准三公司创新能力排名见B.11，表格第一列"排名"是指某公司的创新能力在185家标准三公司中的排名。其中，华强方特、圣泉集团、凯立德、海鑫科金和九恒星位列前五。

（二）创新能力排名（按行业）

按照行业管理型分类，依次展示出18个行业的创新能力排名。在制造业429家公司中，圣泉集团、蓝山科技、合全药业位列前三，制造业挂牌公司创新能力排名见B.12。

在信息传输、软件和信息技术服务业237家公司中，中科软、凯立德、海鑫科金位列前三。在现有评价体系下，信息技术业的公司创新能力较强，综合排名前10的企业中，7家为信息技术业。信息技术业挂牌公司创新能力排名见B.13。

在48家建筑业挂牌公司中，秦森园林、达海智能、蓝天园林位列前三，建筑业挂牌公司创新能力排名如表29所示。

表 29　建筑业创新层公司创新能力排名

排名	股票代码	股票名称	综合指数
1	832196.OC	秦森园林	44
2	831120.OC	达海智能	89
3	832136.OC	蓝天园林	95
4	430678.OC	蓝波绿建	129
5	430376.OC	东亚装饰	142
6	834154.OC	建为历保	182
7	832090.OC	时代装饰	272
8	832709.OC	达特照明	277
9	430355.OC	沃特能源	282
10	831343.OC	益通建设	306
11	430459.OC	华艺园林	372
12	831099.OC	维泰股份	412
13	430746.OC	七星科技	458
14	832184.OC	陆特能源	478
15	430659.OC	江苏铁发	479
16	831222.OC	金龙腾	534
17	831873.OC	环宇建工	553
18	834029.OC	中筑天佑	565
19	833222.OC	基业园林	578
20	831355.OC	地源科技	593
21	830966.OC	苏北花卉	601
22	835860.OC	斯特龙	608
23	430159.OC	创世生态	614
24	833743.OC	东邦御厨	665
25	430412.OC	晓沃环保	677
26	831562.OC	山水环境	709
27	833209.OC	苏州园林	717
28	833382.OC	长江绿海	719
29	835654.OC	万源生态	721
30	830947.OC	金柏股份	737
31	834092.OC	惠和股份	742
32	833238.OC	森维园林	752
33	835580.OC	诚烨股份	768
34	831925.OC	政通股份	785

续表

排名	股票代码	股票名称	综合指数
35	831943.OC	西格码	791
36	832320.OC	大富装饰	792
37	832641.OC	天蓝地绿	804
38	832308.OC	旺盛园林	807
39	831972.OC	北泰实业	816
40	831453.OC	远泉股份	817
41	833014.OC	中标集团	833
42	831417.OC	峻岭能源	838
43	832707.OC	国豪股份	860
44	836149.OC	旭杰科技	880
45	832219.OC	建装业	891
46	833038.OC	欧开股份	909
47	832329.OC	吉成园林	920
48	833390.OC	国德医疗	924

资料来源：中国新三板研究中心。

在批发和零售业42家公司中，蓝怡科技、蓝海骆驼、绩优股份位列前三。在现有评价体系下，批发和零售业的公司创新能力较弱，综合排名普遍位于500名之后。批发和零售业创新层公司创新能力排名如表30所示。

表30 批发和零售业创新层公司创新能力排名

排名	股票代码	股票名称	综合指数
1	834099.OC	蓝怡科技	158
2	832444.OC	蓝海骆驼	423
3	831533.OC	绩优股份	428
4	832737.OC	恒信玺利	464
5	836435.OC	知我科技	476
6	836053.OC	友宝在线	500
7	833784.OC	美福润	506
8	833660.OC	腾瑞明	542
9	831728.OC	阿尼股份	554
10	834082.OC	中建信息	566
11	834206.OC	傲基电商	573

续表

排名	股票代码	股票名称	综合指数
12	831173.OC	泰恩康	575
13	834564.OC	光慧科技	600
14	834753.OC	兰卫检验	622
15	835419.OC	哟哈股份	652
16	834717.OC	天天美尚	711
17	833466.OC	盛盈汇	759
18	833532.OC	福慧达	773
19	831568.OC	张铁军	801
20	834101.OC	择尚科技	809
21	430730.OC	先大药业	818
22	830850.OC	万企达	819
23	831354.OC	话机世界	826
24	833788.OC	品尚汇	832
25	830993.OC	壹玖壹玖	839
26	832650.OC	奔腾集团	841
27	834653.OC	汉宇钟表	866
28	836686.OC	超能国际	868
29	833409.OC	泉源堂	879
30	835038.OC	广生行	887
31	835259.OC	瀚翔生物	888
32	834761.OC	锦聚成	892
33	835219.OC	新世洋	893
34	833039.OC	昶昱黄金	904
35	834898.OC	株百股份	916
36	833585.OC	千叶珠宝	917
37	835125.OC	商络电子	918
38	833374.OC	东方股份	919
39	831397.OC	康泽药业	929
40	834478.OC	东星医疗	930
41	834438.OC	良晋电商	934
42	833553.OC	天立坤鑫	948

资料来源：中国新三板研究中心。

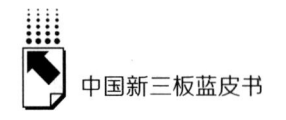

在科学研究和技术服务业 37 家公司中,郑设股份、益善生物、建科股份位列前三。科学研究和技术服务业创新层公司创新能力排名如表 31 所示。

表 31　科学研究和技术服务业创新层公司创新能力排名

排名	股票代码	股票名称	综合指数
1	834695.OC	郑设股份	13
2	430620.OC	益善生物	22
3	834049.OC	建科股份	36
4	832462.OC	广电计量	57
5	430475.OC	陆道文创	109
6	833545.OC	千年设计	125
7	834197.OC	浦公检测	137
8	831988.OC	乐普四方	146
9	831395.OC	智通建设	178
10	832954.OC	龙创设计	186
11	430437.OC	食安科技	196
12	832859.OC	晨越建管	205
13	430272.OC	光伏宝	208
14	831242.OC	特辰科技	229
15	834909.OC	汉氏联合	245
16	834368.OC	华新能源	248
17	430742.OC	光维通信	269
18	833436.OC	奥杰股份	276
19	430211.OC	丰电科技	325
20	430183.OC	天友设计	328
21	831049.OC	赛莱拉	345
22	832471.OC	美邦科技	362
23	836391.OC	工大科雅	365
24	831257.OC	赛德盛	401
25	832979.OC	弘天生物	449
26	430764.OC	美诺福	475
27	833041.OC	网信安全	526
28	831039.OC	国义招标	540
29	831607.OC	邦鑫勘测	551
30	832317.OC	观典防务	580
31	831248.OC	瑞德设计	621

续表

排名	股票代码	股票名称	综合指数
32	831999.OC	仟亿达	692
33	832172.OC	倍通检测	704
34	832567.OC	伟志股份	766
35	830835.OC	南源电力	767
36	832220.OC	海德尔	822
37	833105.OC	华通科技	843

资料来源：中国新三板研究中心。

在租赁和商务服务业34家公司中，盛景网联、坤鼎集团、华奥科技位列前三。租赁和商务服务业创新层公司创新能力排名如表32所示。

表32 租赁和商务服务业创新层公司创新能力排名

排名	股票代码	股票名称	综合指数
1	833010.OC	盛景网联	126
2	833913.OC	坤鼎集团	171
3	831331.OC	华奥科技	201
4	831226.OC	聚宝网络	211
5	833366.OC	利隆媒体	242
6	833451.OC	璧合科技	251
7	831822.OC	米奥会展	395
8	430322.OC	智合新天	396
9	831975.OC	温迪数字	430
10	832971.OC	卡司通	446
11	833770.OC	宏伟供应	454
12	833132.OC	企源科技	483
13	834177.OC	华贸广通	511
14	430174.OC	沃捷传媒	533
15	831662.OC	快乐沃克	535
16	833223.OC	杰尔斯	538
17	833027.OC	阳光金服	604
18	831576.OC	汉博商业	605
19	430578.OC	差旅天下	610
20	834023.OC	金投金融	616

续表

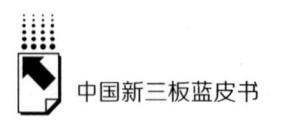

排名	股票代码	股票名称	综合指数
21	830944.OC	景尚旅业	632
22	430346.OC	哇棒传媒	670
23	835675.OC	蓝色方略	695
24	430743.OC	尚思传媒	712
25	832439.OC	马可正嘉	720
26	430217.OC	掌纵文化	765
27	830894.OC	紫竹桩基	802
28	834680.OC	海天众意	827
29	835205.OC	梵雅文化	850
30	833216.OC	海涛股份	854
31	834316.OC	振威展览	861
32	832127.OC	谊熙加	876
33	831764.OC	拓美传媒	923
34	835212.OC	多想互动	937

资料来源：中国新三板研究中心。

在农、林、牧、渔业30家公司中，垦丰种业、圣迪乐村、伊禾农品位列前三。农、林、牧、渔业公司创新能力普遍较弱，后50%公司位于700名之后。农、林、牧、渔创新层公司创新能力排名如表33所示。

表33　农、林、牧、渔业创新层公司创新能力排名

排名	股票代码	股票名称	综合指数
1	831888.OC	垦丰种业	27
2	832130.OC	圣迪乐村	99
3	430225.OC	伊禾农品	222
4	835920.OC	湘村股份	290
5	430682.OC	中天羊业	361
6	830828.OC	万绿生物	408
7	834179.OC	赛科星	485
8	832974.OC	鲜美种苗	549
9	832563.OC	帮豪种业	557
10	831836.OC	澳坤生物	579
11	831243.OC	晓鸣农牧	596

续表

排名	股票代码	股票名称	综合指数
12	834586.OC	中鼎联合	648
13	430383.OC	红豆杉	658
14	831597.OC	苍源种植	686
15	833302.OC	羌山农牧	716
16	835024.OC	七彩云南	740
17	833901.OC	壮元海	743
18	833260.OC	万辰生物	763
19	830851.OC	骏华农牧	786
20	832458.OC	红枫种苗	795
21	832893.OC	宏源农牧	823
22	832555.OC	金宇农牧	834
23	831609.OC	壹加壹	837
24	833627.OC	多尔克司	886
25	832482.OC	菁茂农业	911
26	831439.OC	中喜生态	912
27	430505.OC	上陵牧业	925
28	832786.OC	骑士乳业	935
29	833515.OC	禾美农业	945
30	832902.OC	画龙点睛	946

资料来源：中国新三板研究中心。

在文化、体育和娱乐业23家公司中，华强方特、欧迅体育和四维传媒位列前三。文化、体育和娱乐业创新层公司创新能力排名如表34所示。

表34 文化、体育和娱乐业创新层公司创新能力排名

排名	股票代码	股票名称	综合指数
1	834793.OC	华强方特	1
2	430617.OC	欧迅体育	60
3	430318.OC	四维传媒	63
4	831299.OC	北教传媒	192
5	430230.OC	银都传媒	297
6	835241.OC	经纬传媒	302
7	830951.OC	嘉行传媒	375

续表

排名	股票代码	股票名称	综合指数
8	834425.OC	新赛点	453
9	834641.OC	中广影视	492
10	832051.OC	证券传媒	522
11	430358.OC	基美影业	560
12	832927.OC	顶峰影业	643
13	834358.OC	体育之窗	660
14	833482.OC	能量传播	718
15	835099.OC	开心麻花	733
16	430366.OC	金天地	747
17	835003.OC	龙腾影视	755
18	832698.OC	青雨传媒	825
19	834729.OC	朗朗教育	851
20	833892.OC	艺能传媒	894
21	835959.OC	好看传媒	897
22	835452.OC	元一传媒	914
23	834192.OC	中钜铖	939

资料来源：中国新三板研究中心。

在水利、环境和公共设施管理业18家公司中，正和生态、中兰环保和百灵天地位列前三。水利、环境和公共设施管理业创新层公司创新能力排名如表35所示。

表35　水利、环境和公共设施管理业创新层公司创新能力排名

排名	股票代码	股票名称	综合指数
1	832639.OC	正和生态	62
2	833418.OC	中兰环保	76
3	835465.OC	百灵天地	85
4	832665.OC	德安环保	119
5	834141.OC	蓝德环保	221
6	833147.OC	华江环保	258
7	834952.OC	中联环保	303
8	835425.OC	中科水生	340
9	835217.OC	汉唐环保	495
10	832218.OC	德长环保	530

续表

排名	股票代码	股票名称	综合指数
11	430724.OC	芳笛环保	536
12	836263.OC	中航泰达	567
13	831713.OC	天源环保	617
14	834444.OC	中驰股份	664
15	833968.OC	资源环保	668
16	831370.OC	新安洁	751
17	835710.OC	仕净环保	757
18	430405.OC	星火环境	782

资料来源：中国新三板研究中心。

在交通运输、仓储和邮政业15家公司中，宏图物流、凯东源和胜禹股份位列前三。交通运输、仓储和邮政业创新层公司创新能力排名如表36所示。

表36 交通运输、仓储和邮政业创新层公司创新能力排名

排名	股票代码	股票名称	综合指数
1	831733.OC	宏图物流	240
2	833653.OC	凯东源	327
3	831626.OC	胜禹股份	456
4	430754.OC	波智高远	559
5	833370.OC	运鹏股份	659
6	833371.OC	蓝天燃气	745
7	831159.OC	安达物流	799
8	834176.OC	厚谊俊捷	831
9	832354.OC	益运股份	859
10	832659.OC	盛航海运	873
11	834616.OC	京博物流	882
12	832470.OC	万里运业	896
13	831900.OC	海航冷链	898
14	832412.OC	同益物流	921
15	833362.OC	海通发展	947

资料来源：中国新三板研究中心。

在电力、热力、燃气及水生产和供应业 10 家公司中，蓝天环保、中清能和追日电气位列前三。电力、热力、燃气及水生产和供应业创新层公司创新能力排名如表 37 所示。

表 37　电力、热力、燃气及水生产和供应业创新层公司创新能力排名

排名	股票代码	股票名称	综合指数
1	430263.OC	蓝天环保	203
2	834603.OC	中清能	213
3	833832.OC	追日电气	317
4	835206.OC	达人环保	336
5	833755.OC	扬德环境	424
6	832854.OC	紫光新能	433
7	831010.OC	天佳科技	532
8	831702.OC	源怡股份	835
9	835359.OC	百通能源	890
10	832236.OC	丰源股份	933

资料来源：中国新三板研究中心。

在金融业 7 家公司中，东海证券、齐鲁银行、永安期货位列前三。金融业创新层公司创新能力排名如表 38 所示。

表 38　金融业创新层公司创新能力排名

排名	股票代码	股票名称	综合指数
1	832970.OC	东海证券	259
2	832666.OC	齐鲁银行	426
3	833840.OC	永安期货	451
4	833868.OC	南京证券	452
5	832138.OC	中衡股份	612
6	832792.OC	鹿城银行	730
7	831566.OC	盛世大联	796

资料来源：中国新三板研究中心。

在卫生和社会工作 6 家公司中，宝藤生物位列第一。卫生和社会工作公司创新能力排名如表 39 所示。

表39 卫生和社会工作创新层公司创新能力排名

排名	股票代码	股票名称	综合指数
1	835720.OC	宝藤生物	59
2	830938.OC	可恩口腔	238
3	430335.OC	华韩整形	329
4	833263.OC	大承医疗	591
5	832387.OC	大众口腔	753
6	831672.OC	莲池医院	863

资料来源：中国新三板研究中心。

在采矿业4家公司中，超毅网络位列第一。采矿业创新层公司创新能力排名如表40所示。

表40 采矿业创新层公司创新能力排名

排名	股票代码	股票名称	综合指数
1	430054.OC	超毅网络	592
2	832883.OC	德润能源	640
3	831188.OC	正兴玉	741
4	831090.OC	锡成新材	902

资料来源：中国新三板研究中心。

在房地产业3家公司中，策源股份位列第一。房地产业创新层公司创新能力排名如表41所示。

表41 房地产业创新层公司创新能力排名

排名	股票代码	股票名称	综合指数
1	833517.OC	策源股份	857
2	834669.OC	美易家	915
3	834070.OC	盛全物业	932

资料来源：中国新三板研究中心。

在教育行业3家公司中，华图教育位列第一。教育行业创新层公司创新能力排名如表42所示。

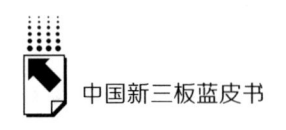

表42 教育行业创新层公司创新能力排名

排名	股票代码	股票名称	综合指数
1	830858.OC	华图教育	11
2	430223.OC	亿童文教	157
3	430518.OC	嘉达早教	416

资料来源：中国新三板研究中心。

居民服务、修理和其他服务业创新层公司创新能力排名如表43所示。

表43 居民服务、修理和其他服务业创新层公司创新能力排名

排名	股票代码	股票名称	综合指数
1	832747.OC	吉诺股份	840
2	833503.OC	花嫁丽舍	938

资料来源：中国新三板研究中心。

住宿和餐饮业只有1家公司，胜高股份（833623.OC），创新能力综合排名为928。

（三）关于创新层的建议

1. 关于企业提高创新能力的建议

通过对新三板创新层挂牌企业创新能力的分析我们发现，新三板创新层企业在创新能力上存在巨大的差异。对于整体排名偏后的企业而言，创新能力的薄弱可能制约企业的发展，影响企业核心竞争力的形成，甚至成为威胁企业生存的最大因素。因此，对于创新能力较为薄弱的新三板创新层公司，我们的建议如下。

首先，要高度重视研发的投入。目前创新层约15%的挂牌公司没有研发投入，研发投入强度在3%以下的企业约占16%。研发投入是企业创新的前提，没有研发投入和研发投入不够都不能进行很好的创新，创新层企业应高度重视研发投入。

其次，要重视人力资本的投入。企业要采取多种形式，制订各类人员的创

新培训计划，做好员工素质培训工作，激发员工的进取精神和技术进步意识。再者，要做好创新人才激励机制的安排与设计，要把短期激励和长期激励相结合。短期激励提供具有行业竞争力的薪酬，长期激励中要加入股权或期权激励性机制安排。

再次，企业要有多种研发和创新的方式。企业首先要以自主研发为主，在自主研发的基础上，要与科研机构和高校联合、合作，共建研发机构，同时，企业与企业之间也要进行合作研究。目前，我国企业的研发能力总体上来说比较落后，完全依靠自主研发，会面临较大的机会成本。与科研机构和高校的合作研发是提高企业科研能力的有效途径。另外，企业的研发要有国际视野。我国企业的研发水平与国际水平还有很大差距，企业要想获得世界级的先进技术，最直接的方法就是与国际企业或国外研究机构合作开发新项目，或在国外设立研发机构，提高企业在技术研发上的国际竞争力。

最后，建立完善的企业创新的管理机制。加快建立现代企业制度的步伐，形成以产权清晰为核心，且能够促进创新的体制。加强创新成果的营销、扩散和服务，并不断反馈，以便进行创新的改进和完善。选择双重推动创新模式，即技术推动和市场拉动相结合的创新模式。将自主开发、引进、合作开发三种方式有机地结合起来，最经济地为企业创新提供相应的技术资源。

2. 关于改革新三板分层制度的建议

研究发现，新三板分层标准存在一定的问题，出现了"名不副实"的局面，即创新层反映成熟，不反映创新。目前的分层标准过于注重财务指标，倾向于传统行业，导致制造业的比重过大，而新兴产业的比重较小，其中，科学研究和技术服务业仅有37家。目前的分层标准达不到鼓励创新、支持新兴产业发展的目的。因此，我们建议，未来新三板的市场分层制度可以考虑从以下几个方面建设。

第一，将部分创新指标作为入选创新层的门槛。在现有的创新层公司中，有239家无发明专利，242家不是国家认定的高新技术企业。建议在创新层分层的共用标准中，增加"创新层公司必须拥有一定数量的专利，研发投入与营业收入之比大于3%，获得国家认定的高新技术企业资质"等门槛限制。

第二，加大创新层企业的信息披露和数据报告工作。在定期报告中，新三

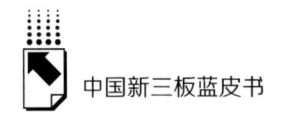

板创新层公司增加研发投入明细、国家科技专项计划参与情况、产学研合作情况、新产品或新技术的投入占比等内容的披露。

第三，根据创新投入、创新表现在创新层之上设置"精选层"。精选层入选标准分为共用标准和行业标准。共用标准包括研发投入及占比、研发人员数量及占比、净资产收益率、营业收入增长率等指标。考虑到行业差异性，入选精选层的公司还应处于所属行业领先地位，在研发投入占比、研发人员占比、净资产收益率和营业收入增长率等指标上，处于所属的行业领先水平。

第四，以动态和市场化的视角逐渐完善新三板的市场分层制度。根据国际经验，市场分层是随着市场的变化逐渐形成的过程，而且层次定位与指标选择也是适时调整的。但分层的出发点却是不变的：分层并非制定行政标准来区分企业是否具有投资价值，而是根据企业生命周期、市场功能的差异化要求进行权利和义务的匹配，以投资者的视角将不同风险程度的公司分开，给予差异化的市场制度安排，并最终使资源得到优化配置。

第五，交易方式的多元化、信息披露的差异化、退出政策的差异化等制度安排应与市场分层进一步对应。如协议转让、做市商和竞价转让方式与挂牌企业的信息披露程度与层级相对应。比如，在创新层之上推出的"精选层"，可引入竞价交易等制度。我们建议，"精选层"不应设置具体的数量和比例限制，而应在考虑财务指标的同时，综合考察企业的创新能力和信息披露要求，兼顾企业公司治理结构的要求，达到增加新三板市场的流动性、激活新三板融资功能的目的。

市场篇
Market Reports

B.4
2016年新三板市场运行报告

李凯 张珂珂*

摘 要： 2016年的新三板市场一方面企业挂牌依然保持强劲增长势头，突破万家；另一方面，股票发行增长缓慢，市场整体融资功能下降。股票交易几乎停止增长，交易极为清淡。三板成分指数与做市指数持续下降。市场流动性严重不足，甚至面临枯竭。挂牌公司股权结构高度集中，利用股权或期权激励工具的挂牌公司不普遍，市场微观主体基础薄弱，治理结构亟待改善。挂牌公司经营情况喜忧参半，营收和净利润增长趋缓，但挂牌公司资产负债率总体呈下降趋势，资本结构得到优化，企业偿债能力增强。创新层挂牌公司在股票发行、股票交易、经营情况等方面的市场表现上均强于基础层挂牌公司。新三板机构投资者完成了70%左右的股票发行和交易，但机构投资者的质量有待提高。

---

* 李凯、张珂珂，中国社会科学院研究生院，经济学硕士。

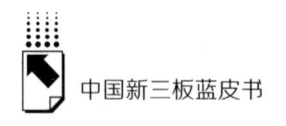

关键词： 挂牌公司　市场运行　流动性　新三板

一　2016年新三板公司挂牌

自2013年新三板市场扩容以来，挂牌公司规模呈现爆发式增长。截至2016年底，挂牌公司数量已经突破万家，覆盖全国各省份，涉及大部分行业。新三板市场已经成为我国挂牌公司家数最多的证券市场，也是全球发展最快的证券市场之一，在我国多层次资本市场体系中扮演着越来越重要的角色。

（一）公司挂牌概况

1. 挂牌公司数量

从2013年开始，新三板挂牌公司数量快速增长。如表1所示，截至2016年末，全国中小企业股份转让系统总计挂牌公司数量10163家，较2015年末挂牌公司数量增长98.15%，较2014年末挂牌公司数量增长546.50%。2016年挂牌公司规模扩张速度明显慢于2015年和2014年的扩张速度。

表1　新三板挂牌公司数量

单位：家，%

时间	挂牌公司数量	新增挂牌公司数量	增速
2013年末	356	—	—
2014年末	1572	1216	341.57
2015年末	5129	3557	226.27
2016年第一季度末	6349	—	—
2016年第二季度末	7685	—	—
2016年第三季度末	9122	—	—
2016年末	10163	5034	98.15

资料来源：全国中小企业股份转让系统。

2016年5月27日，全国股转公司公布《全国中小企业股份转让系统挂牌公司分层管理办法（试行）》，并自6月27日起对新三板挂牌公司施行分层管理，区分为创新层和基础层。截至2016年末，10163家挂牌企业中，952家企业处于创新层，占9.37%；9211家企业处于基础层，占90.63%。新三板挂牌公司数量变化情况如图1所示。

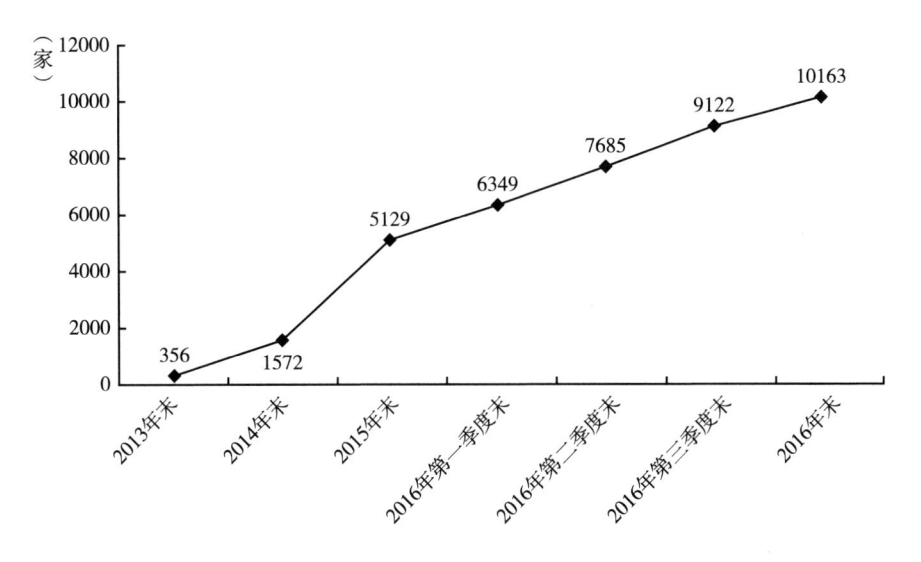

图1　新三板挂牌公司数量变化情况

资料来源：全国中小企业股份转让系统。

2. 挂牌公司股本状况

根据全国中小企业股份转让系统数据，新三板挂牌公司总股本状况如表2与图2所示。2013~2016年新三板市场总股本规模逐年扩大，无限售条件股本规模也随之扩大。截至2016年末，新三板市场总股本为5851.55亿股，其中，无限售条件股本为2386.81亿股。①

2016年末，新三板挂牌公司股本状况如图3所示。新三板市场挂牌公司的股本规模总体较小，公司股本主要集中在1000万~5000万股。2016年末，新三板挂牌公司股本在1000万~5000万股的公司为5942家，占比为58.54%；股本在500万股以下的公司占比最小，为0.70%。2013年末至2016年末，股本在500万~1000万股的公司占比逐年下降，而股本在10000万股以上（含10000万股）的公司占比逐年上升，体现出新三板市场吸引较大规模企业的能力在逐步增强。

---

① 全国中小企业股份转让系统。

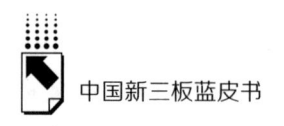

表2　新三板挂牌公司股本状况

单位：家，%

股本	2016年末		2015年末		2014年末		2013年末	
	公司数量	占比	公司数量	占比	公司数量	占比	公司数量	占比
500万股以下	71	0.70	25	0.49	1	0.06	0	0.00
500万~1000万股	808	7.96	447	8.72	214	13.61	68	19.65
1000万~5000万股	5942	58.54	2916	56.85	944	60.05	233	67.34
5000万~10000万股	2273	22.39	1209	23.57	324	20.61	36	10.40
10000万股以上（含10000万股）	1056	10.40	532	10.37	89	5.66	9	2.60
合计	10150	100.00	5129	100.00	1572	100.00	346	100.00

注：采用上限不在内原则，如500万~1000万股区间中不包含1000万股。东方财富Choice数据库统计股本结构的挂牌公司总数与实际挂牌总数略有不同。

资料来源：2016年末数据来自东方财富Choice数据库新三板专题，2014年末至2015年末数据来自全国中小企业股份转让系统，2013年末数据来自张跃文、刘平安主编《中国新三板发展报告（2016）》，社会科学文献出版社，2016。

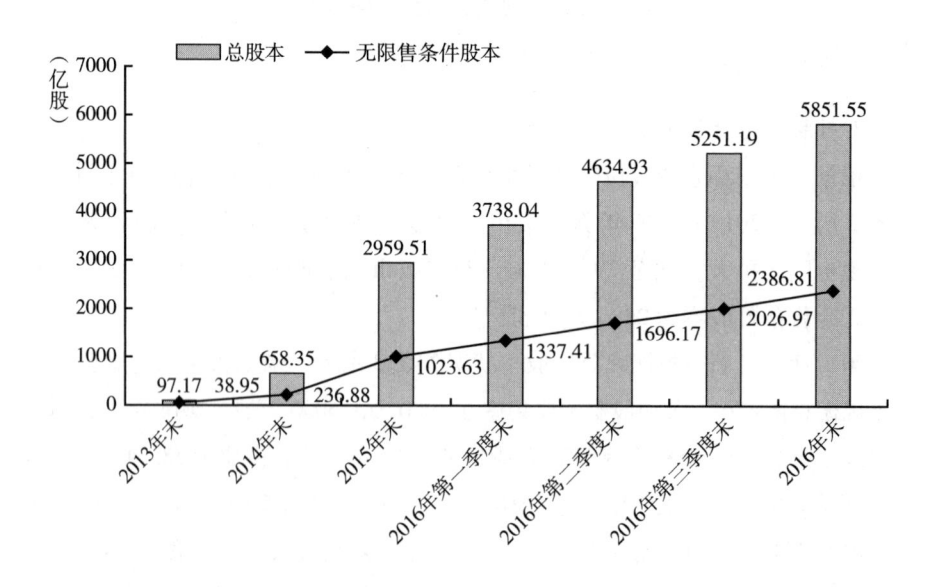

图2　新三板挂牌公司总股本状况

资料来源：全国中小企业股份转让系统。

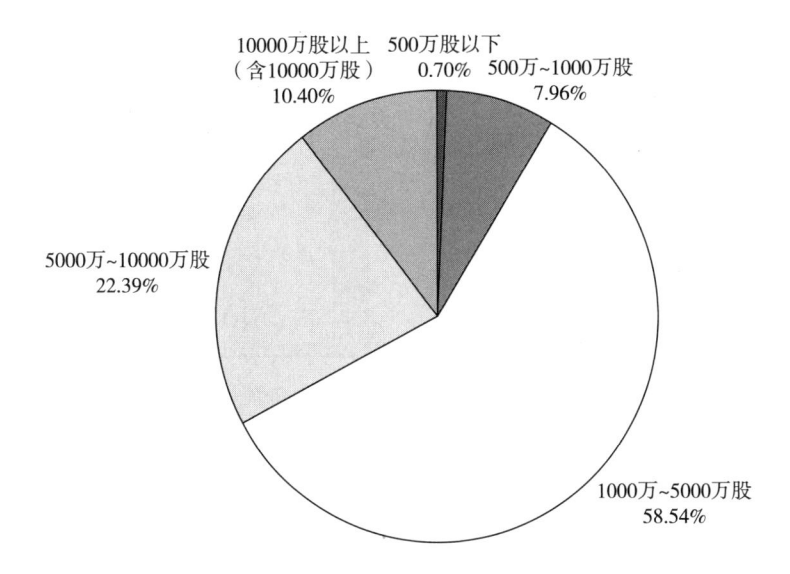

图 3　2016 年末新三板挂牌公司股本状况

资料来源：东方财富 Choice 数据库新三板专题统计。

3. 挂牌公司总市值

新三板挂牌公司总市值状况如图 4 所示，随着新三板扩容带来的市场规模逐步扩大，新三板市场总市值也呈高速增长态势。截至 2016 年末，新三板市场总市值为 40558.11 亿元①，较 2015 年总市值增长 64.97%，较 2014 年总市值增长 783.35%。由于 2016 年新三板挂牌公司规模扩张速度有所放缓，市场总市值增长速度也明显小于 2015 年和 2014 年的增长速度。

（二）各行业挂牌情况

从新三板挂牌公司行业分布情况来看（见表 3、图 5），截至 2016 年末，新三板挂牌公司覆盖 18 个行业。2015 年和 2016 年，新三板挂牌公司都主要集中在"制造业"与"信息传输、软件和信息技术服务业"，公司数量合计占比连续两年都超过 70%。其中，"制造业"挂牌公司数量占比最高，2016 年末达到 50.64%，较 2015 年占比略微降低，但仍超过一半；"信息传输、软件和信

---

① 全国中小企业股份转让系统。

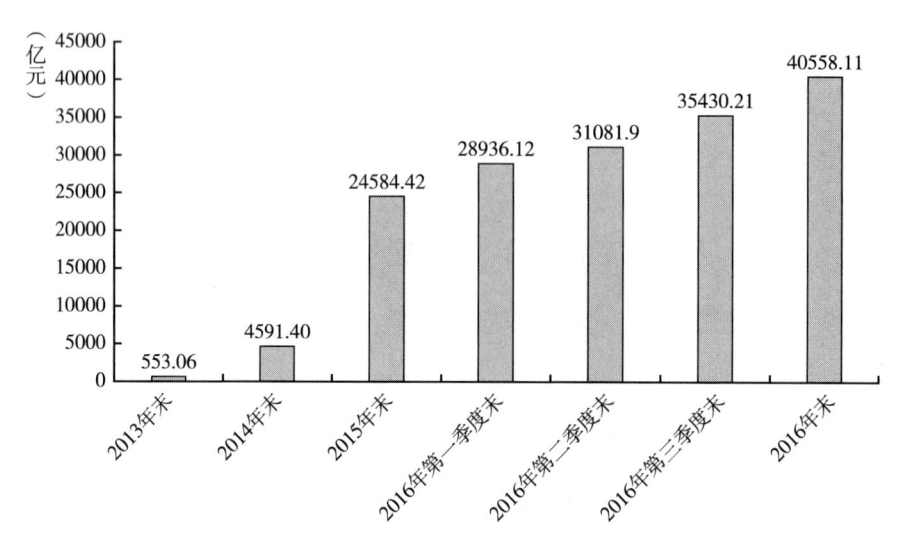

图 4　新三板挂牌公司总市值状况

资料来源：全国中小企业股份转让系统。

息技术服务业""农、林、牧、渔业""金融业""卫生和社会工作""采矿业"挂牌公司数量占比与2015年相比也有所降低，其他行业挂牌公司数量占比均有不同程度的增长。未来新三板挂牌公司中，预计"制造业"占比会逐渐降低，"金融业"受证监会"暂停私募等金融机构在新三板挂牌融资"规定的影响，占比也会逐渐降低。

表3　挂牌公司行业分布情况

单位：家，%

证监会行业分类	2016年末		2015年末	
	公司数量	占比	公司数量	占比
制造业	5147	50.64	2744	53.50
信息传输、软件和信息技术服务业	2005	19.73	1015	19.79
租赁和商务服务业	508	5.00	210	4.09
批发和零售业	458	4.51	169	3.29
科学研究和技术服务业	437	4.30	219	4.27
建筑业	329	3.24	157	3.06
文化、体育和娱乐业	226	2.22	104	2.03
农、林、牧、渔业	198	1.95	119	2.32

续表

证监会行业分类	2016年末		2015年末	
	公司数量	占比	公司数量	占比
水利、环境和公共设施管理业	173	1.70	78	1.52
交通运输、仓储和邮政业	164	1.61	59	1.15
金融业	126	1.24	105	2.05
电力、热力、燃气及水生产和供应业	102	1.00	33	0.64
教育	74	0.73	19	0.37
房地产业	67	0.66	26	0.51
卫生和社会工作	47	0.46	24	0.47
采矿业	40	0.39	24	0.47
居民服务、修理和其他服务业	33	0.32	13	0.25
住宿和餐饮业	29	0.29	11	0.21
综合	0	0.00	0	0.00
合计	10163	100.00	5129	100.00

资料来源：2016年末数据来自Wind资讯金融终端新三板专题统计，2015年末数据来自张跃文、刘平安主编《中国新三板发展报告（2016）》，社会科学文献出版社，2016。

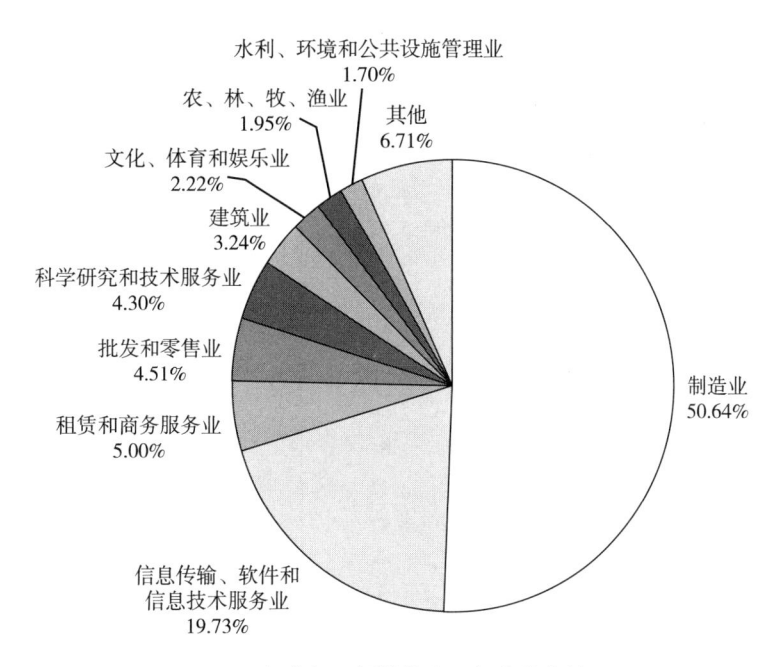

图5　2016年末新三板挂牌公司行业分布情况

资料来源：Wind资讯金融终端新三板专题统计。

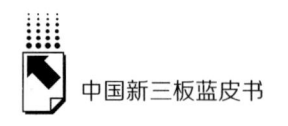

(三)各区域挂牌情况

根据 Wind 资讯金融数据库新三板数据统计,新三板挂牌公司区域分布情况如表4和图6所示,新三板挂牌公司的区域分布差异程度要明显大于A股市场。2016年末,挂牌数量最多的广东省与挂牌数量最小的青海省接近400倍的差距,而A股市场中数量最多的广东则是数量最少的青海、宁夏的39倍[①],因此,新三板挂牌公司区域分布相比A股市场区域分布更加不均匀。新三板挂牌企业在珠三角地区、长三角地区和北京三大经济区的数量明显较多。2016年挂牌企业数量排名前五的省份依次是广东、北京、江苏、浙江和上海,挂牌企业数量总和超过全国挂牌企业总数的50%。在新一轮互联网、大数据创业

表4 新三板挂牌公司区域分布情况

单位:家,%

省份	2016年末		2015年末	
	公司数量	占比	公司数量	占比
广 东	1585	15.60	684	13.34
北 京	1479	14.55	763	14.88
江 苏	1245	12.25	651	12.69
浙 江	902	8.88	410	7.99
上 海	890	8.76	440	8.58
山 东	570	5.61	336	6.55
湖 北	347	3.41	204	3.98
河 南	342	3.37	195	3.8
福 建	332	3.27	139	2.71
安 徽	302	2.97	162	3.16
四 川	294	2.89	137	2.67
辽 宁	205	2.02	114	2.22
湖 南	205	2.02	110	2.14
河 北	195	1.92	98	1.91
天 津	171	1.68	92	1.79
陕 西	141	1.39	64	1.25
江 西	135	1.33	62	1.21

① Wind 资讯金融终端新三板专题统计。

续表

省份	2016年末		2015年末	
	公司数量	占比	公司数量	占比
重庆	115	1.13	59	1.15
新疆	97	0.95	63	1.23
黑龙江	90	0.89	51	0.99
吉林	78	0.77	41	0.8
云南	76	0.75	55	1.07
山西	65	0.64	32	0.62
广西	60	0.59	31	0.6
内蒙古	60	0.59	26	0.51
宁夏	54	0.53	36	0.7
贵州	51	0.50	36	0.7
甘肃	31	0.31	17	0.33
海南	30	0.30	16	0.31
西藏	12	0.12	2	0.04
青海	4	0.04	3	0.06
合计	10163	100.00	5129	100.00

资料来源：2016年末数据来自 Wind 资讯金融终端新三板专题统计，2015年末数据来自张跃文、刘平安主编《中国新三板发展报告（2016）》，社会科学文献出版社，2016。

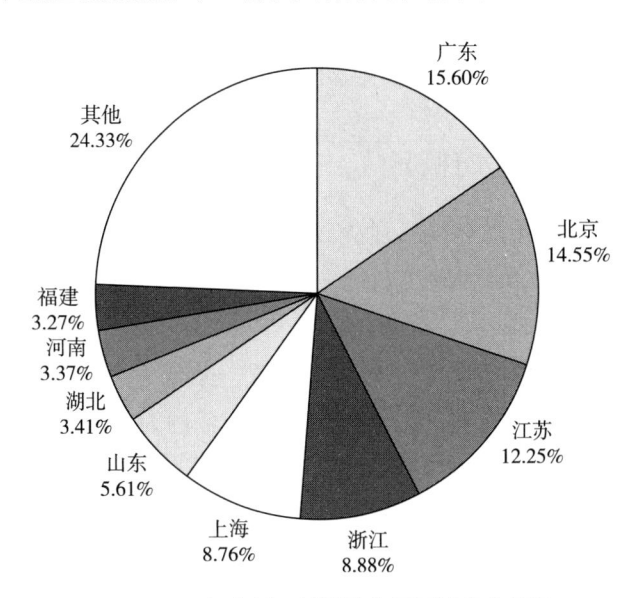

图6 2016年末新三板挂牌公司区域分布情况

- 广东 15.60%
- 北京 14.55%
- 江苏 12.25%
- 浙江 8.88%
- 上海 8.76%
- 山东 5.61%
- 湖北 3.41%
- 河南 3.37%
- 福建 3.27%
- 其他 24.33%

资料来源：Wind 资讯金融终端新三板专题统计。

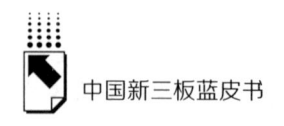

浪潮中，这些地区的城市作为全国人才和资本较为集中的地方，经济发展结构明显优化，不管是创业企业的数量、质量，还是企业在资本市场的活跃度，均具有十分明显的优势；而东北地区、中西部地区各项资源仅在省会城市集中，中小城市民营经济发展乏力，创新创业氛围较差。随着新三板市场扩容推进和发展趋于平稳化，未来挂牌企业在经济较发达地区的分布将逐渐均衡，而东部、中部、西部的差距也将进一步被拉大。

与2015年相比，2016年新三板挂牌公司的区域分布有一个明显的变化，即新三板市场的第一把交椅从北京转到广东，广东从2015年末的区域排名第二上升至2016年末的第一，成为新三板挂牌企业数量最多的省份，2016年末已经达到1585家，占全国的15.60%。北京一直以来在新三板挂牌企业数量上具有领先优势，主要在于中关村科技园区作为新三板的第一个试点和最主要园区，为新三板市场提供了许多优质企业。而广东省经济总量优势极为明显，中小企业资源储备丰富，近年来挂牌企业数量高速增长，因此也促成了其新三板的排位在2016年8月26日反超北京（2016年8月26日，北京新三板挂牌企业为1320家，广东为1322家，广东挂牌企业数量首次超过北京①）。

二 2016年新三板股票发行

（一）股票定向发行概况

"股转系统"自2012年9月成立以来，新三板发行规模逐年扩大，2015年呈现爆发式增长，2016年增速放缓，股票定向发行情况如表5与图7所示。2016年，共计发行3042次，分别为2013年的50.70倍、2014年的9.25倍、2015年的1.19倍；发行股数为344.10亿股，分别为2013年的117.84倍、2014年的12.98倍、2015年的1.49倍；融资金额约为1481.14亿元，分别为2013年、2014年、2015年的147.82倍、11.21倍、1.22倍。可见新三板市场逐渐成为中小微企业的重要融资平台。

2015年剔除金融企业和类金融企业的融资金额，实体企业共融资826.49

---

① Wind资讯金融终端新三板专题统计。

亿元，占整体总融资金额的67.90%，然而金融企业数量仅占全部挂牌企业数量的2%，这说明了金融和类金融企业融资能力较强。在政府出台政策加强监管之后，2016年剔除金融企业和类金融企业的融资金额，实体企业共融资1311.52亿元，占整体总融资金额的88.55%，较上年提高20.65个百分点，更好地发挥了新三板市场服务实体经济的功能。

表5 2013~2016年新三板发行情况统计

时间	发行次数（次）	发行家数（家）	发行股数（亿股）	融资金额（亿元）
2013年	60	56	2.92	10.02
2014年	329	287	26.52	132.09
2015年	2565	1890	230.80	1217.17
2016年	3042	2660	344.10	1481.14

资料来源：Choice金融终端、全国中小企业股份转让系统。

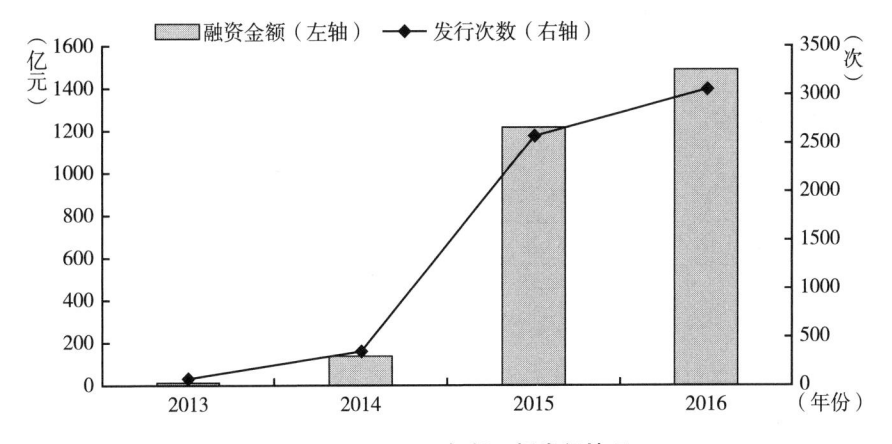

图7 2013~2016年新三板发行情况

注：Choice统计口径与"股转系统"略有不同。
资料来源：Choice金融终端、全国中小企业股份转让系统。

2016年共有2660家公司进行了定向增发，占挂牌公司总数的26.17%，比2015年增加了40.74%，是2014年发行家数的9.27倍，这主要是因为新三板市场逐渐规范和挂牌公司迅速增加。2016年进行定向增发的公司平均发行次数为1.14次，而2015年为1.36次。这也说明了监管制度的完善使新三板市场能够为更多的企业提供融资服务。

2016年参与定向增发的公司平均融资金额为5568.20万元，2015年为6440.05万元，2014年为4602.44万元。2015年的资本市场牛市是平均融资金额迅速增加的主要原因，另外还有部分金融业企业融资规模巨大，拉高了平均值。2016年，随着经济结构的持续调整，平均融资金额虽有所降低，但仍可满足部分中小企业的融资需求，意味着新三板市场走向健康持续发展的道路，更好地服务创新型、创业型、成长型中小微企业。

2016年新三板发行规模的月度数据如表6与图8所示。整体上呈现先下降后上升的趋势，在第三季度开始回暖。2015年11月，股转公司召开发布会公布了新三板分层意见的征求意见稿，引起了市场对创新层公司后续政策红利的期待。但是，随着利好逐步消化，新三板政策预期不明朗，A股2016年年初的剧烈下行，在这一系列因素的综合影响下，新三板发行规模明显下降。2016年5月《全国中小企业股份转让系统挂牌公司分层管理办法（试行）》出台、私募做市试点业务正式启动、负面清单管理和退市制度完善，这一系列政策利好在第四季度得到释放，新三板发行次数在12月达到最高385次，融资金额也达到2016年最高值317.21亿元。

表6　2016年各月份新三板发行情况统计

时间	发行次数（次）	发行股数（亿股）	融资金额（亿元）
2016年1月	318	30.94	144.10
2016年2月	206	39.66	122.72
2016年3月	380	35.28	162.35
2016年4月	301	22.75	133.31
2016年5月	246	20.01	88.60
2016年6月	212	16.03	94.41
2016年7月	194	15.03	58.73
2016年8月	209	15.11	95.51
2016年9月	99	18.04	66.50
2016年10月	181	10.98	50.87
2016年11月	311	25.18	143.62
2016年12月	385	95.08	317.21

资料来源：Choice金融终端。

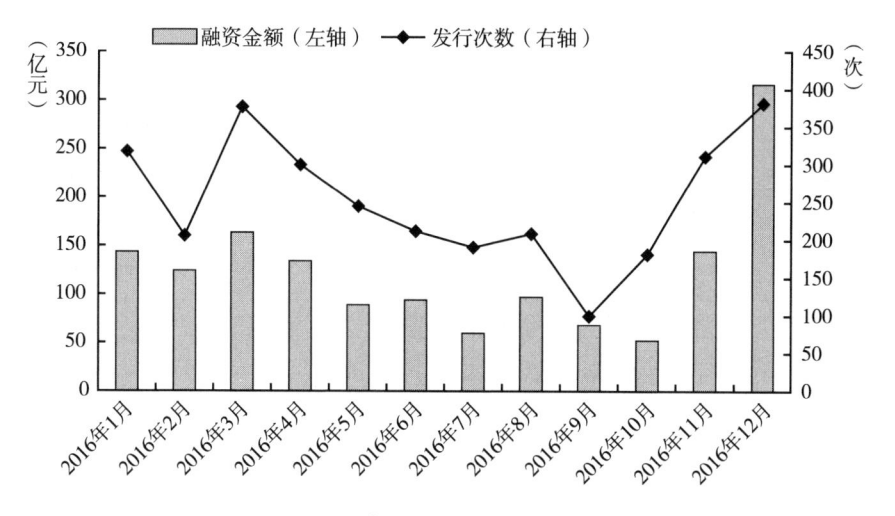

图8 2016年新三板月度发行情况统计

资料来源：Choice金融终端。

（二）各行业挂牌公司定向发行

新三板股票发行行业统计情况如表7与图9所示。从新三板市场定向增发企业所属行业来看，2016年涉及19个行业分类，比2015年多了一个综合类。其中，募资金额最多的制造业，占34.62%；其次是信息传输、软件和信息技术服务业，金融业，分别占23.08%、11.45%，这三个行业募资金额占总金额的69%以上。2015年募资金额占比前三的行业依次是金融业，制造业，信息传输、软件和信息技术服务业，占总金额的比重依次为32.12%、29.56%、15.12%。2014年募资金额占比前三的行业依然是金融业，制造业，信息传输、软件和信息技术服务业，占总金额的比重依次为51.38%、23.67%、14.25%。从近三年融资金额的行业占比变化情况可以看出，制造业与信息传输、软件和信息技术服务业的占比逐年提高，2016年上升至第一和第二位。

金融企业和类金融企业募资金额从2014年的51.38%，下降到2016年的11.45%，表明了监管机构的态度：鼓励发展实体经济，引导资金流向实体企业。2015年12月26日，中国证监会新闻发言人张晓军表示，"今年以来，在全国股转系统挂牌的私募基金管理机构频繁融资，融资金额和投向引起了社会的关注和质疑。因此，迫切需要加强对此类私募基金管理机构的监管，暂停私

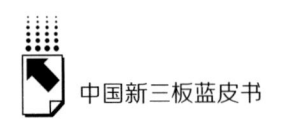

表7 2014～2016年新三板股票发行行业统计

行业门类	2016年			2015年			2014年		
	金额（亿元）	发行金额占比（%）	次数（次）	金额（亿元）	发行金额占比（%）	次数（次）	金额（亿元）	发行金额占比（%）	次数（次）
制造业	512.81	34.62	1412	359.46	29.56	1306	31.26	23.67	157
信息传输、软件和信息技术服务业	341.85	23.08	725	183.85	15.12	584	18.82	14.25	99
金融业	169.62	11.45	20	390.68	32.12	42	67.87	51.38	3
租赁和商务服务业	90.05	6.08	142	70.15	5.77	100	2.02	1.53	4
文化、体育和娱乐业	76.32	5.15	89	24.13	1.98	48	1.76	1.33	7
批发和零售业	75.80	5.12	132	22.40	1.84	87	0.50	0.38	5
科学研究和技术服务业	51.13	3.45	132	24.42	2.01	102	1.06	0.80	8
建筑业	35.52	2.40	109	34.77	2.86	99	1.45	1.10	14
农、林、牧、渔业	27.56	1.86	68	28.74	2.36	65	1.88	1.43	9
水利、环境和公共设施管理业	26.19	1.77	67	11.48	0.94	37	2.11	1.59	6
电力、热力、燃气及水生产和供应业	17.16	1.16	27	8.63	0.71	19	0.08	0.06	1
教育	13.27	0.90	20	2.59	0.21	6	0.23	0.17	1
居民服务、修理和其他服务业	11.19	0.76	14	1.02	0.08	4	—	0.00	0
卫生和社会工作	10.04	0.68	22	3.70	0.30	18	0.64	0.48	5
交通运输、仓储和邮政业	7.65	0.52	32	43.09	3.54	30	0.32	0.25	5
房地产业	7.11	0.48	18	3.81	0.31	8	—	0.00	0
综合	5.77	0.39	1	—	0.00	0	1.60	1.21	1
采矿业	1.23	0.08	7	2.45	0.20	9	0.48	0.36	4
住宿和餐饮业	0.87	0.06	5	0.80	0.07	1	—	0.00	0
合计	1481.14	100.00	3042	1216.17	100.00	2565	132.09	100.00	329

注：Choice统计口径略有不同。

资料来源：Choice金融终端、全国中小企业股份转让系统。

募基金管理机构在全国股转系统挂牌和融资，并对前期融资的使用情况开展调研"。此后私募基金管理机构在新三板挂牌和融资处于暂停状态。2016年5月

27日,"股转系统"发布了《关于金融类企业挂牌融资有关事项的通知》,对新三板私募机构新增8个挂牌条件和4个监管要求,其中规定每次发行股票募集资金的金额不得超过其发行前净资产的50%,前次发行股票所募集资金未使用完毕的,不得再次发行股票募集资金;不得以其所管理的基金份额认购其所发行的股票;募集资金不得用于投资沪深交易所二级市场上市公司股票及相关私募证券类基金,但因投资对象上市被动持有的股票除外。这些监管政策的出台都表明了新三板市场正在朝着服务于中小企业的目标发展。

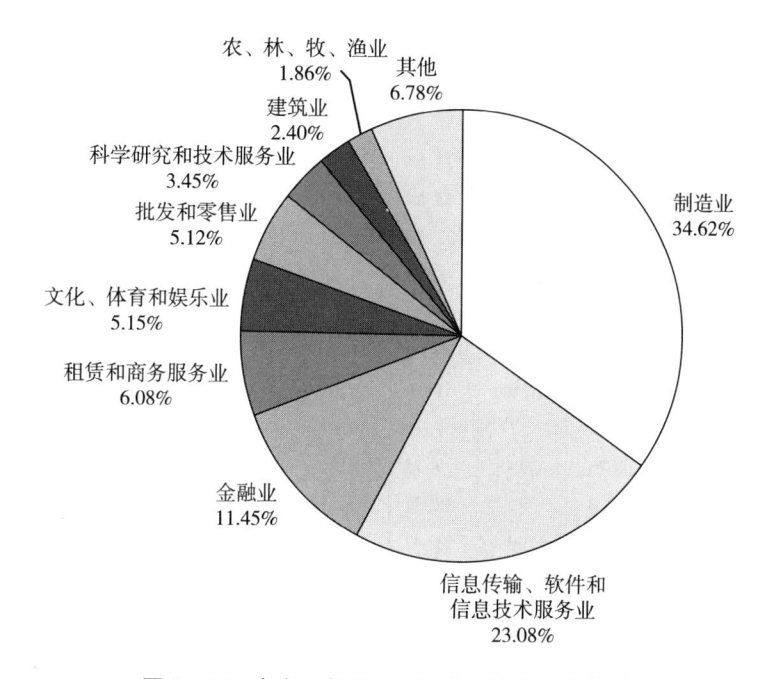

图9 2016年新三板股票发行金额行业分布情况

资料来源：Choice金融终端。

（三）各区域挂牌公司定向发行

新三板股票发行地域分布情况如表8与图10所示。2016年,股票发行地域分布广泛,共有30个地区的挂牌公司进行了股票发行,其中,北京、广东、浙江发行金额位列前三,占比分别为24.18%、13.14%、11.31%。2015年发行金额排名前三的地区依次为北京、广东和江苏,分别占

27.24%、24.14%、8.66%。2014年北京地区的新三板企业融资规模最大，占比高达61.92%，广东占12.73%，上海占6.34%。北京地区的高融资规模受益于中关村高新科技园区。近三年融资规模占比前两名都为北京和广东，是因为这两个地区的新三板挂牌企业最多，且质量较好，公司治理能力和融资能力相对较强。

表8　2014~2016年新三板股票发行地域分布情况

省份	2016年			2015年			2014年		
	金额（亿元）	发行金额占比（%）	次数（次）	金额（亿元）	发行金额占比（%）	次数（次）	金额（亿元）	发行金额占比（%）	次数（次）
北 京	358.11	24.18	536	331.23	27.24	436	81.79	61.92	92
广 东	194.55	13.14	513	293.63	24.14	382	16.82	12.73	30
浙 江	167.55	11.31	261	48.44	3.98	160	2.03	1.54	10
上 海	129.14	8.72	291	103.56	8.52	259	8.37	6.34	47
甘 肃	101.25	6.84	8	3.43	0.28	11	—	—	—
江 苏	92.86	6.27	306	105.34	8.66	259	3.88	2.94	32
安 徽	54.04	3.65	105	20.69	1.70	86	1.38	1.05	12
山 东	46.06	3.11	159	61.19	5.03	170	3.22	2.44	17
海 南	44.49	3.00	11	5.76	0.47	12	—	—	—
陕 西	39.97	2.70	39	9.75	0.80	33	0.03	0.02	1
河 南	29.58	2.00	89	38.32	3.15	112	0.52	0.39	6
湖 北	28.76	1.94	90	26.42	2.17	101	3.36	2.54	19
福 建	28.59	1.93	110	21.23	1.75	88	0.45	0.34	5
湖 南	26.32	1.78	53	13.4	1.10	59	0.36	0.27	4
四 川	20.72	1.40	90	12.34	1.01	63	0.98	0.74	13
河 北	16.65	1.12	51	12.98	1.07	43	1.53	1.16	7
天 津	12.17	0.82	37	9.54	0.78	36	1.71	1.29	12
辽 宁	11.56	0.78	46	11.64	0.96	46	0.68	0.51	6
江 西	9.86	0.67	34	8.55	0.70	30	1.30	0.98	1
广 西	8.94	0.60	15	22.52	1.85	20	—	—	—
宁 夏	8.81	0.59	21	9.69	0.80	23	0.34	0.26	3
云 南	8.41	0.57	24	3.96	0.33	24	0.31	0.23	2
内蒙古	7.41	0.50	21	0.91	0.08	4	—	—	—
重 庆	7.22	0.49	30	7.81	0.64	22	0.05	0.04	1
贵 州	6.39	0.43	15	7.24	0.60	14	0.65	0.49	4

续表

省份	2016年			2015年			2014年		
	金额（亿元）	发行金额占比(%)	次数（次）	金额（亿元）	发行金额占比(%)	次数（次）	金额（亿元）	发行金额占比(%)	次数（次）
黑龙江	6.14	0.41	21	8.57	0.70	25	1.85	1.40	2
新 疆	5.03	0.34	21	9.59	0.79	19	0.38	0.29	2
吉 林	4.53	0.31	23	3.38	0.28	12	0.13	0.09	1
山 西	3.65	0.25	15	4.73	0.39	15	—	0.00	—
西 藏	2.38	0.16	7	0.3	0.02	1	—	—	—
合 计	1481.14	100.00	3042	1216.17	100.00	2565	132.09	100.00	329

注：Choice 统计口径略有不同。

资料来源：Choice 金融终端、全国中小企业股份转让系统。

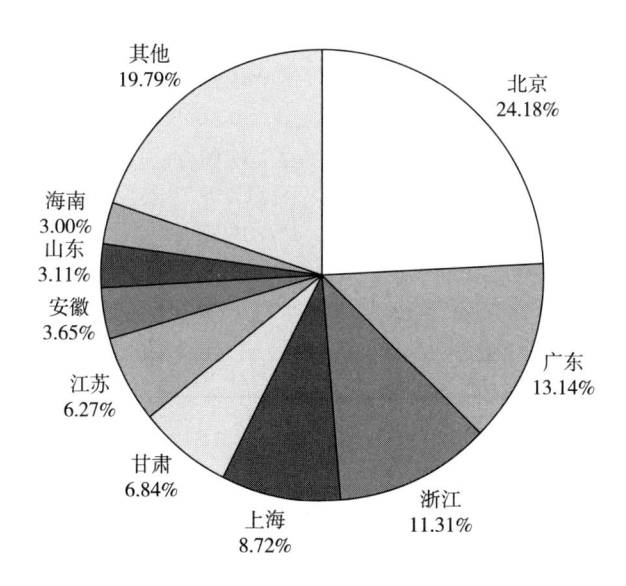

图10　2016年新三板股票发行金额地区分布情况

资料来源：Choice 金融终端。

（四）"基础层"股票发行

2016年基础层各月份新三板发行情况如表9与图11所示。截至2016年12月31日，新三板挂牌公司共有10163家，其中，基础层公司9211家，占

90.63%。基础层公司2016年发行次数总计2312次，占总发行次数的76%；发行股数总计274.33亿股，占总发行股数的79.72%；融资金额总计932.19亿元，占总融资金额的62.94%。基础层公司平均每次融资金额为4031.96万元，相对于总体平均融资金额4868.97万元，减少17.19%。说明虽然基础层公司数量占比很大，但是融资规模却相对较小，这主要是因为基础层公司质量相对较差，融资能力较弱。

表9 2016年基础层各月份新三板发行情况

时间	发行次数（次）	发行股数（亿股）	融资金额（亿元）
2016年1月	228	17.14	62.98
2016年2月	131	34.47	78.22
2016年3月	245	17.48	66.58
2016年4月	177	15.48	64.57
2016年5月	173	15.24	48.48
2016年6月	172	10.81	54.33
2016年7月	167	14.00	46.08
2016年8月	178	12.09	51.06
2016年9月	82	16.72	58.31
2016年10月	157	9.27	38.07
2016年11月	260	19.89	89.86
2016年12月	342	91.75	273.65
合计	2312	274.33	932.19

注：Choice统计口径略有不同。
资料来源：Choice金融终端。

2016年，基础层公司发行情况变化趋势与总体变化趋势较为一致，前三季度一直较为低迷，第四季度开始回暖，在12月达到全年最高值，发行342次，融资金额达到273.65亿元。

（五）"创新层"股票发行

2016年创新层各月份新三板发行情况如表10与图12所示。截至2016年12月31日，新三板创新层公司共952家，占9.37%。创新层公司在2016年发行次数总计730次，占总发行次数的24%；发行股数总计69.76亿股，占总

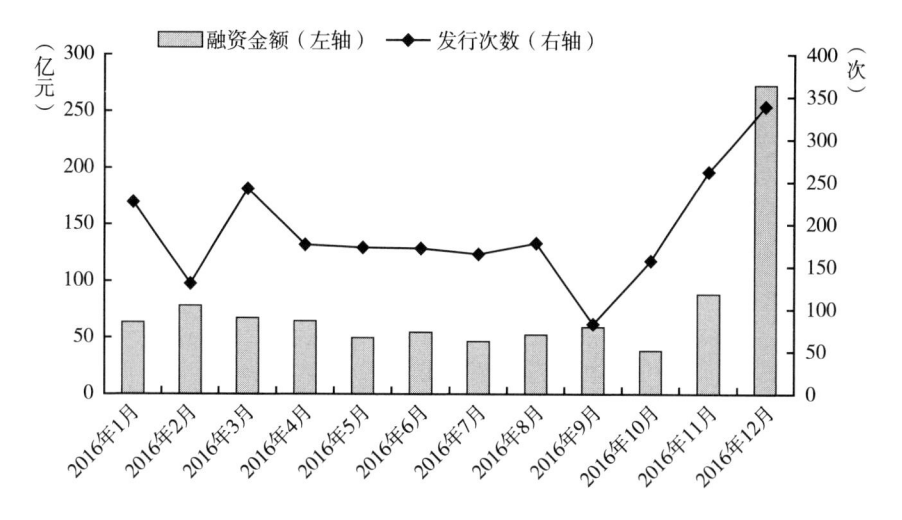

图11　2016年基础层各月份新三板发行情况

资料来源：Choice金融终端。

发行股数的20.28%；融资金额总计548.96亿元，占总融资金额的37.06%；创新层公司平均每次融资金额7520万元，比总体平均每次融资金额4868.97万元高出54.45%。创新层公司平均融资规模较大，这主要是因为创新层公司质量较好、融资能力较强。

2016年创新层公司发行情况变化趋势与总体变化趋势相差较大，创新层公司融资规模在3月达到最高峰，融资金额为96.06亿元，之后规模开始下降，并且不是十分稳定，这主要受市场行情震荡和监管政策趋严的影响。

表10　2016年创新层各月份新三板发行情况

时间	发行次数(次)	发行股数(亿股)	融资金额(亿元)
2016年1月	90	13.80	81.51
2016年2月	75	5.19	44.74
2016年3月	135	17.80	96.06
2016年4月	124	7.28	69.15
2016年5月	73	4.78	40.32
2016年6月	40	5.22	40.42
2016年7月	27	1.03	12.86
2016年8月	31	3.02	44.61

续表

时间	发行次数(次)	发行股数(亿股)	融资金额(亿元)
2016年9月	17	1.32	8.31
2016年10月	24	1.71	12.94
2016年11月	51	5.29	54.08
2016年12月	43	3.33	43.96
合计	730	69.76	548.96

注：Choice 统计口径略有不同。
资料来源：Choice 金融终端。

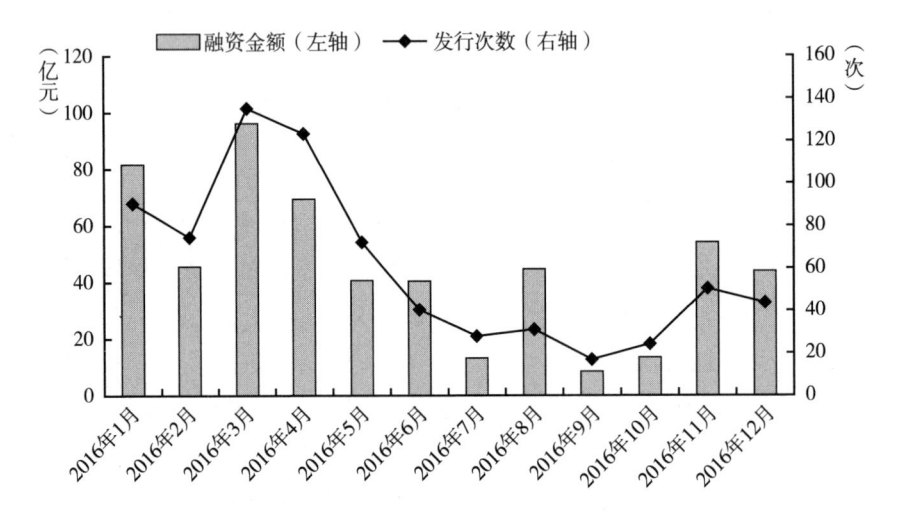

图 12　2016 年创新层各月份新三板发行情况

资料来源：Choice 金融终端。

三　2016年新三板股票交易

（一）新三板股票交易总体概况

1. 股票交易

2013～2016 年新三板市场交易情况如表 11 与图 13 所示。随着新三板市场规模的逐渐扩大，交易规模也逐渐增加。新三板市场受到越来越多的投资者的关注。从2013年全年成交金额8.14亿元，到2016年成交金额1912.27亿元，规模扩大了200多倍。其中，2015年，在流动性宽松和A股大牛市的影响下，新三板市场的交易额和交易量迅速上升，市场参与热情空前。2016年每股成交价比2015年下降了23.21%，市场热情有所降温，投资者逐渐回归理性。2016年各月份新三板市场交易情况如表12与图14所示。对比2016年各月份成交量变化可以发现，成交量在2月下降明显，主要原因是2月为春节假期。11月，成交量开始增加，投资情绪回升。

表11 2013~2016年新三板市场交易情况

年份	成交数量（亿股）	成交金额（亿元）	成交笔数（万笔）	换手率（%）	每股成交价（元）
2013	2.02	8.14	0.10	4.47	4.03
2014	22.82	130.36	9.27	19.67	5.71
2015	278.91	1910.62	282.13	53.88	6.85
2016	363.63	1912.27	308.83	25.17	5.26

资料来源：全国中小企业股份转让系统。

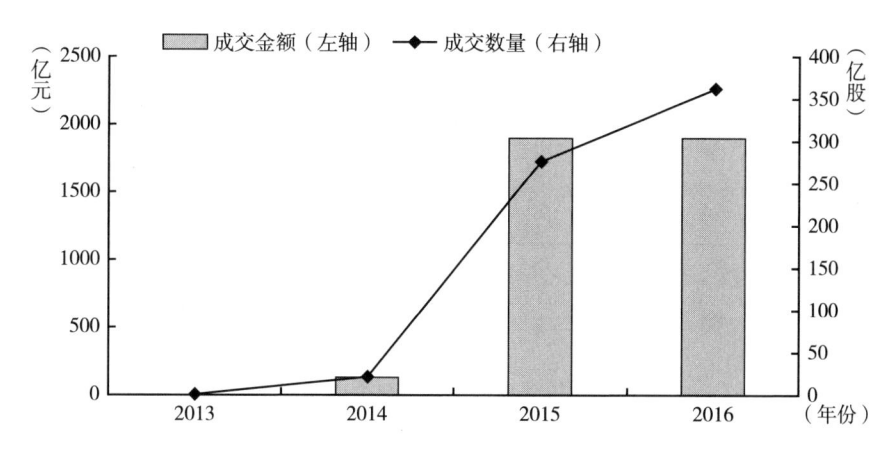

图13 2013~2016年新三板市场交易情况

资料来源：全国中小企业股份转让系统。

表12　2016年各月份新三板市场交易情况

时间	成交数量（亿股）	成交金额（亿元）	成交笔数（万笔）	换手率（％）	每股成交均价（元）
2016年1月	36.35	197.48	29.41	3.53	5.43
2016年2月	16.96	87.34	19.41	1.58	5.15
2016年3月	29.74	168.79	31.14	2.63	5.68
2016年4月	31.28	162.23	29.84	2.59	5.19
2016年5月	25.88	135.84	25.73	1.92	5.25
2016年6月	29.51	122.29	23.99	2.06	4.14
2016年7月	23.25	114.38	22.24	1.54	4.92
2016年8月	25.69	139.37	24.51	1.59	5.42
2016年9月	29.96	155.9	24.91	1.73	5.2
2016年10月	27.28	143.2	18.79	1.51	5.25
2016年11月	37.25	206.93	26.66	1.93	5.56
2016年12月	50.48	278.52	32.2	2.55	5.52

资料来源：全国中小企业股份转让系统。

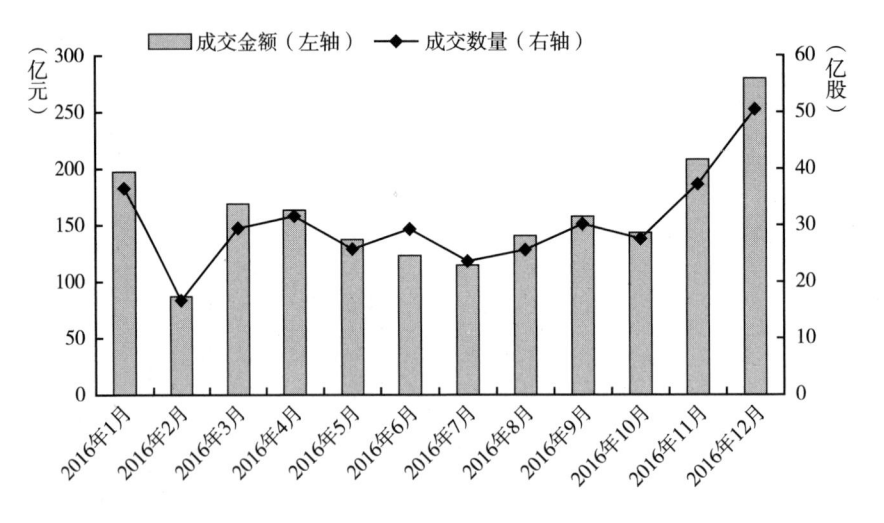

图14　2016年各月份新三板市场交易情况

资料来源：全国中小企业股份转让系统。

2. 换手率

2015～2016年各月份新三板市场换手率情况如表13与图15所示。从

2015年5月开始，换手率急剧下降，直到年底才扭转下跌趋势，有所回升。进入2016年，市场换手率呈现先下降后震荡的趋势，一直维持在2%左右，交易较为低迷，流动性严重不足。这与2015年上半年牛市的狂热形成了鲜明对比，其主要原因是：①市场对新三板制度推出（主要配套分层制度的差异化制度安排）的预期没有达到；②受2016年证券市场总体大环境的影响，市场信心没有恢复，投资者情绪大幅下降。

表13 2015~2016年各月份新三板市场换手率情况

单位：%

时间	换手率	时间	换手率
2015年1月	2.41	2016年1月	3.53
2015年2月	2.49	2016年2月	1.58
2015年3月	10.02	2016年3月	2.63
2015年4月	11.47	2016年4月	2.59
2015年5月	6.27	2016年5月	1.92
2015年6月	4.64	2016年6月	2.06
2015年7月	3.29	2016年7月	1.54
2015年8月	2.08	2016年8月	1.59
2015年9月	1.75	2016年9月	1.73
2015年10月	1.8	2016年10月	1.51
2015年11月	3.97	2016年11月	1.93
2015年12月	3.73	2016年12月	2.55
2015年总计	53.88	2016年总计	25.17

资料来源：Choice金融终端。

（二）"基础层"股票交易

2016年各月份基础层交易情况如表14与图16所示。截至2016年12月31日，新三板挂牌公司共有10163家，其中，基础层公司9211家，占90.63%。2016年基础层公司成交数量为240.98亿股，占所有公司成交数量的66.27%；成交金额为916.93亿元，仅占所有公司成交金额的47.95%；成交均价为3.81元，低于整体均价。虽然基础层公司数量占比很大，但是交易明显不活

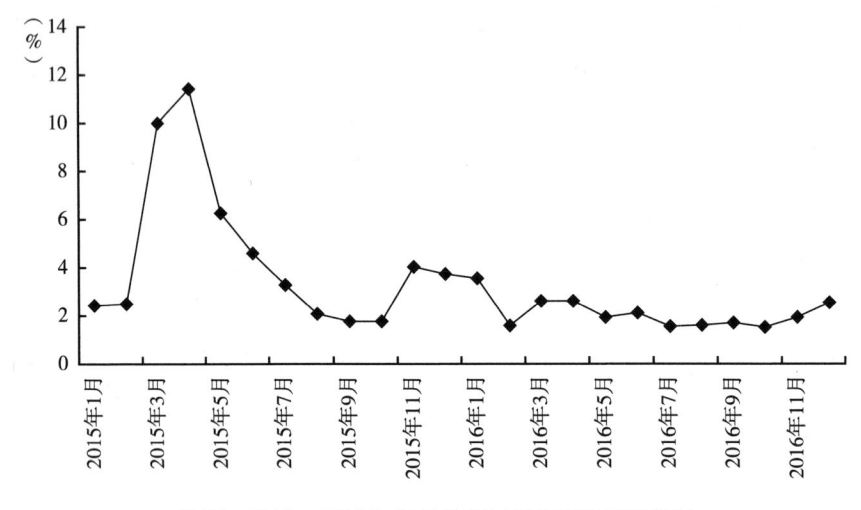

图15　2015～2016年各月份新三板市场换手率统计

资料来源：Choice金融终端。

跃，这主要是因为基础层公司质量相对较差，对投资者的吸引力较弱。从各月份数据来看，基础层公司整年交易量较为平稳，在年底时才有所增长，成交均价一直在3~4元徘徊。

表14　2016年各月份基础层交易情况统计

时间	成交数量(亿股)	成交金额(亿元)	成交均价(元)	换手率(%)
2016年1月	23.48	82.61	3.52	—
2016年2月	10.91	41.92	3.84	—
2016年3月	19.15	84.07	4.39	—
2016年4月	22.63	87.99	3.89	—
2016年5月	18.00	68.93	3.83	—
2016年6月	22.09	65.00	2.94	2.16
2016年7月	14.57	54.76	3.76	1.36
2016年8月	13.91	57.69	4.15	1.22
2016年9月	19.21	72.66	3.78	1.53
2016年10月	18.64	66.97	3.59	1.41
2016年11月	23.70	89.72	3.79	1.67
2016年12月	34.69	144.61	4.17	2.31
合计	240.98	916.93	3.81	11.66

资料来源：Choice金融终端。

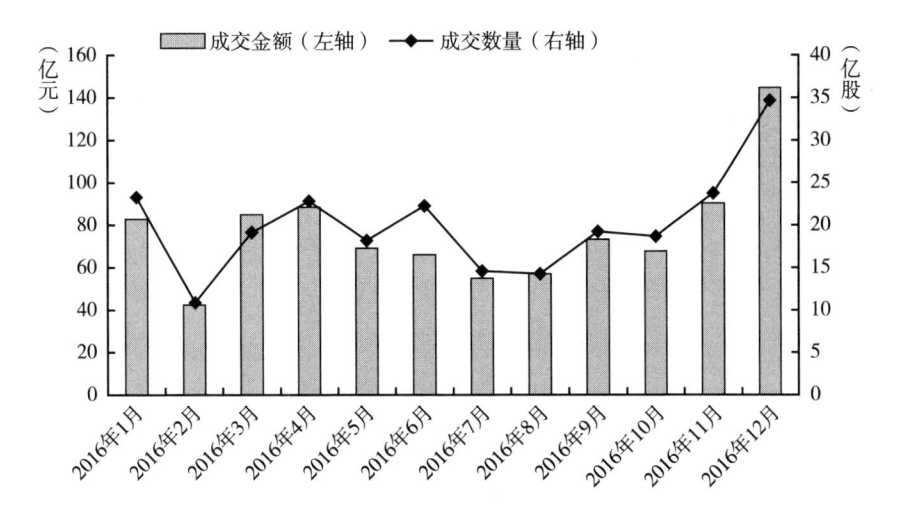

图 16　2016 年各月份基础层交易情况

资料来源：Choice 金融终端。

2016 年 6 月 18 日，新三板分层名单出炉，基础层公司换手率出现下跌，之后有所企稳回升，这主要受投资者在刚分层时对基础层公司较为回避的影响。2016 年新三板"基础层"换手率情况如图 17 所示。

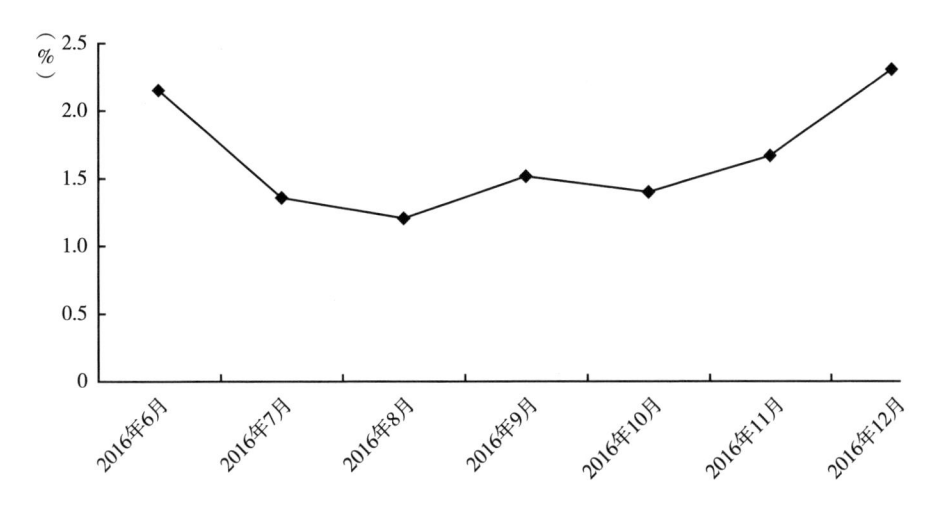

图 17　新三板"基础层"换手率情况

资料来源：Choice 金融终端。

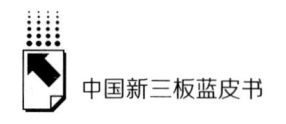

（三）"创新层"股票交易

2016年各月份创新层交易情况如表15与图18所示。2016年，创新层公司成交数量为124.75亿股，占所有公司成交数量的33.73%；成交金额为957.01亿元，占所有公司成交金额的52.05%；成交均价为7.67元，显著高于整体均价。从各月份数据可以看出，剔除2月，整年交易量呈现先降后升再降再升趋势。

表15　2016年各月份创新层交易情况

时间	成交数量（亿股）	成交金额（亿元）	成交均价（元）	换手率（%）
2016年1月	15.09	116.54	7.72	—
2016年2月	6.89	48.10	6.98	—
2016年3月	11.76	86.71	7.37	—
2016年4月	9.46	72.67	7.68	—
2016年5月	7.91	64.72	8.18	—
2016年6月	8.00	57.89	7.24	1.82
2016年7月	8.60	57.23	6.66	1.99
2016年8月	11.16	74.35	6.66	2.52
2016年9月	9.60	72.59	7.56	2.27
2016年10月	8.34	71.80	8.61	1.81
2016年11月	12.52	106.65	8.52	2.69
2016年12月	15.42	127.76	8.29	3.27
合计	124.75	957.01	7.67	16.37

资料来源：Choice金融终端。

在分层制度实施之后，创新层公司的流动性有所提高，换手率整体呈上升趋势，显著高于基础层公司的换手率，说明了整体质量较好的创新层公司对投资者的吸引力更强。2016年新三板"创新层"换手率情况如图19所示。

（四）协议转让

2016年各月份协议转让交易情况如表16与图20所示。截至2016年12月31日，新三板市场挂牌公司合计10163家，较年初增长了约98%。其中协议转让的公司有8509家，占市场总量的83.73%，较年初增长了约112%；做市

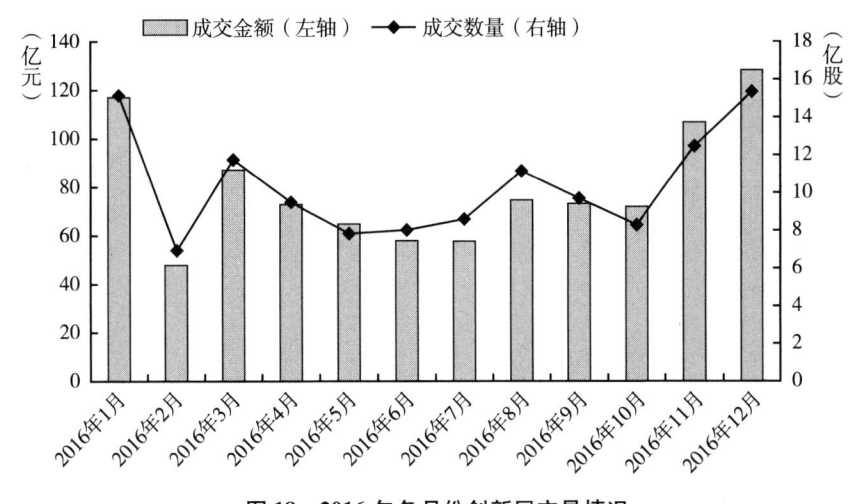

图 18　2016 年各月份创新层交易情况

资料来源：Choice 金融终端。

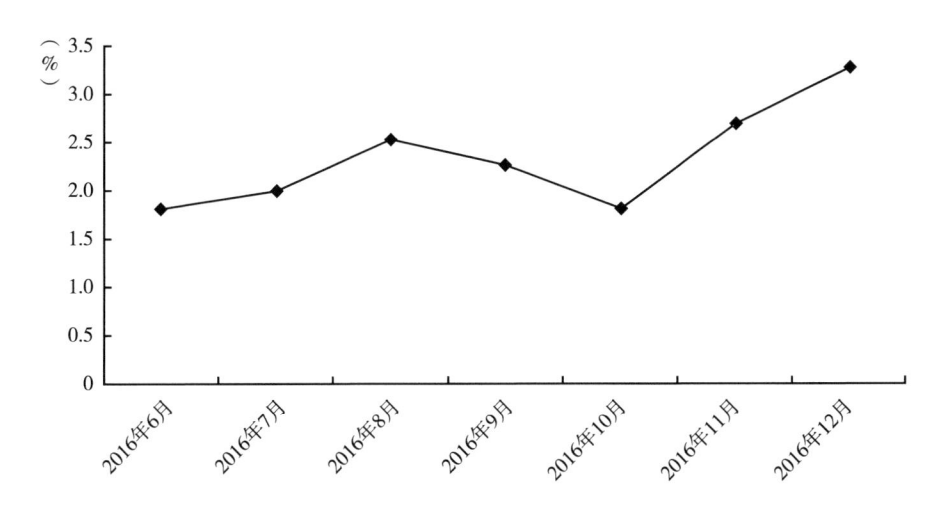

图 19　新三板"创新层"换手率情况

资料来源：Choice 金融终端。

转让的公司有 1654 家，占市场总量的 16.27%，较年初增长了约 48%。总体来看，协议转让公司数量增长较快，占据了新增公司的主力地位。

2016 年，协议转让公司成交数量为 184.87 亿股，占所有公司成交数量的 50.84%；成交金额为 924.40 亿元，占所有公司成交金额的 48.34%；成交均价为5.00元。从各月份数据可以看出，全年交易量最高点在12月，整体交易量呈现增长趋势。

表16　2016年各月份协议转让交易情况

时间	成交数量(亿股)	成交金额(亿元)	成交均价(元)
2016年1月	13.09	73.20	5.59
2016年2月	6.96	32.34	4.65
2016年3月	12.19	72.25	5.93
2016年4月	11.90	59.52	5.00
2016年5月	10.94	56.34	5.15
2016年6月	16.67	56.51	3.39
2016年7月	10.87	47.98	4.41
2016年8月	12.99	71.29	5.49
2016年9月	17.47	79.32	4.54
2016年10月	17.30	86.21	4.98
2016年11月	22.43	112.03	5.00
2016年12月	32.05	177.40	5.53
合计	184.87	924.40	5.00

资料来源：Choice金融终端。

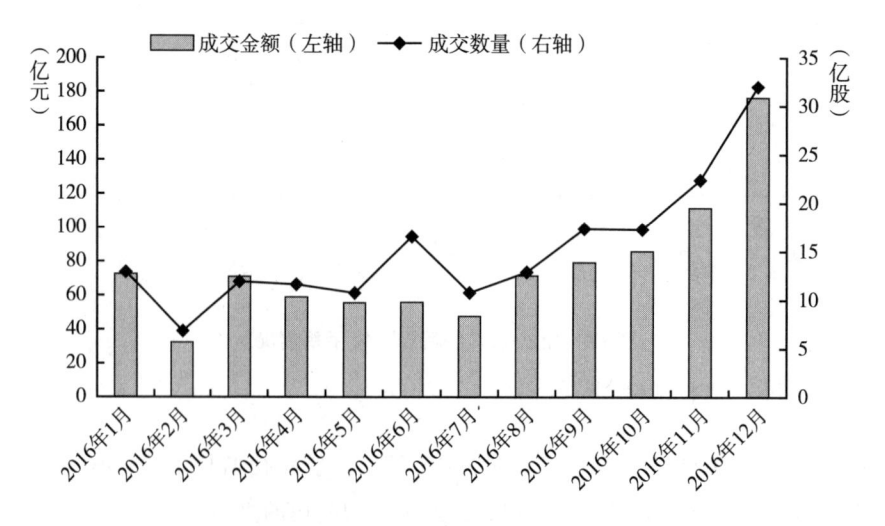

图20　2016年各月份协议转让交易情况

资料来源：Choice金融终端。

（五）做市转让

2016年各月份做市转让交易情况如表17与图21所示。2016年，做市转让公司成交数量为180.86亿股，占所有公司成交数量的49.16%；成交金额为949.53亿元，占所有公司成交金额的51.66%；成交均价为5.25元。从各月份数据可以看出，全年交易量最高点在1月，整体也是呈现先下降后增长的趋势。

表17　2016年各月份做市转让交易情况统计

时间	成交数量（亿股）	成交金额（亿元）	成交均价（元）
2016年1月	25.48	125.95	4.94
2016年2月	10.84	57.67	5.32
2016年3月	18.72	98.53	5.26
2016年4月	20.19	101.14	5.01
2016年5月	14.97	77.31	5.16
2016年6月	13.41	66.38	4.95
2016年7月	12.29	64.01	5.21
2016年8月	12.08	60.75	5.03
2016年9月	11.35	65.93	5.81
2016年10月	9.68	52.57	5.43
2016年11月	13.79	84.33	6.12
2016年12月	18.06	94.97	5.26
合计	180.86	949.53	5.25

资料来源：Choice金融终端。

（六）并购重组

2016年6月16日，根据《非上市公众公司重大资产重组管理办法》的有关规定，全国股转公司制定了《挂牌公司并购重组业务问答（二）》（简称《问答》），自公布之日起，挂牌公司并购重组业务涉及《问答》内容的，应当按照《问答》执行；挂牌公司在《问答》发布前存在与重大资产重组相关证

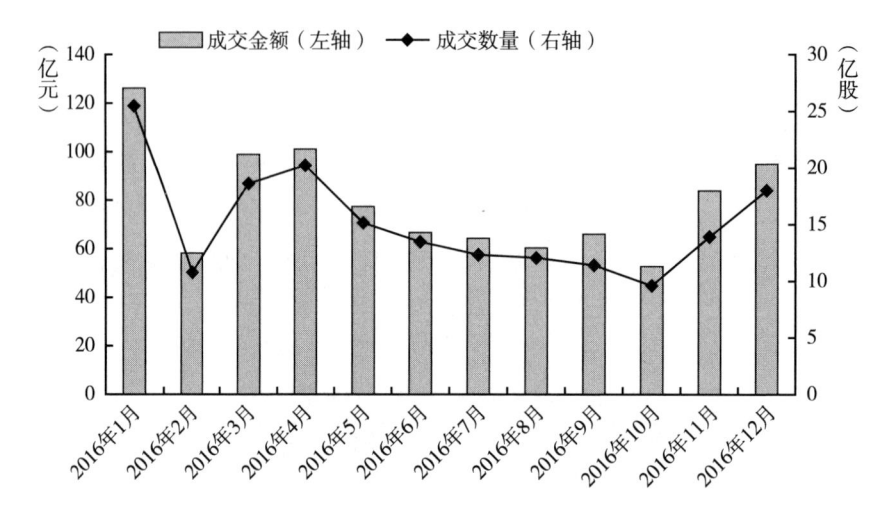

图 21　2016 年各月份做市转让交易情况

资料来源：Choice 金融终端。

券异常转让的，也应当按照《问答》的规定进行处理。

《问答》对并购重组三大问题进行了明确。首先，针对经"股转系统"核查，发现挂牌公司重大资产重组暂停转让申请日前六个月内公司证券存在异常转让情况的，挂牌公司及独立财务顾问应当如何处理的问题，《问答》明确，发现异常转让情况的，全国股份转让系统将告知挂牌公司，由挂牌公司书面答复是否继续推进重组进程，并根据不同情形进行处理。其中，挂牌公司要求继续推进重组进程的，需要单独披露《关于公司与重大资产重组相关证券异常转让情况的说明》，对公司证券异常转让是否属于内幕交易及判断的理由进行说明，并同时对公司重组事项可能因内幕交易被中国证监会或司法机关立案查处而暂停或终止的风险进行单独揭示。

挂牌公司因与挂牌公司重大资产重组相关证券异常转让被中国证监会或司法机关立案的，应暂停重组进程，并披露被相关机构立案的临时公告，挂牌公司聘请的独立财务顾问应当同时发布风险提示公告。挂牌公司因被中国证监会或司法机关立案暂停重大资产重组进程的，在影响重组审查的情形消除后可以申请恢复重组进程。

公司因自愿选择终止重组、独立财务顾问或律师对异常转让无法发表意见或认为存在内幕交易且不符合恢复重大资产重组进程要求等原因终止本次重大资产重组的,公司应当再次召开董事会审议终止重组的相关事项,并及时发布终止重大资产重组公告,披露本次重大资产重组的基本情况及终止原因,公司证券同时申请恢复转让。

《问答》明确,挂牌公司如存在尚未完成的重大资产重组事项,在前次重大资产重组实施完毕并披露实施情况报告书之前,不得筹划新的重大资产重组事项,也不得因重大资产重组而申请暂停转让。

此外,《问答》指出,挂牌公司披露重大资产重组预案或重大资产重组报告书后,因自愿选择终止重组、独立财务顾问或律师对异常转让无法发表意见,或认为存在内幕交易且不符合恢复重大资产重组进程要求等原因终止本次重大资产重组的,应当及时披露关于终止重大资产重组的临时公告,并同时在公告中承诺自公告之日起至少3个月内不再筹划重大资产重组。

目前,世界正处于第六轮并购热潮中,中国在这次热潮中不仅是参与者,更是主体和中心。在当前经济转型、结构调整、创新创业、供给侧改革的大背景下,并购重组是企业转型升级、跨界发展、快速扩张的重要方式。从现在产能过剩的情况来看,并购重组也是传统产业淘汰落后产能、嫁接先进生产力、优化配置资源、提升企业竞争力的内在需要。

我国新三板市场自身的条件和状况,更使其天然成为并购市场上极其重要的参与者。2015是新三板并购元年,并购交易无论是数量还是金额都呈井喷态势。进入2016年,新三板并购热度不减,且持续升温。

1. 上市公司并购挂牌公司

新三板市场一直是上市公司重要的并购池。上市公司或参与挂牌企业定增,或以收购股权、挂牌前增资等方式入股挂牌企业。同时,被并购也是新三板企业股东获得确定收益并实现退出的最佳途径。相对于非公众公司而言,新三板企业的主要优势在于企业财务透明,治理结构相对健全,估值有参照,并购标的企业质量普遍优于行业平均水平。对于上市公司来讲,新三板如同过滤器,挂牌企业具有较高的信息披露水平和财务透明度,帮助上市公司筛选出财务指标良好、具有投资价值和增值潜力的公司。新三板市场的门槛虽然不是特别高,但在挂牌过程中,经过证券中介服务机构的规范,公司开始进行规范化的管理和经营,挂牌前不规范的问题得到了解决,大大降低了并购风险和并购

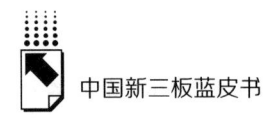

成本。另外，新三板市场中高新技术企业和战略性新兴产业占绝大多数，具有核心技术和优势资产，上市公司通过并购可以快速切入具有较高技术壁垒的行业，进行产业结构的调整和转型。

2013～2016年上市公司并购挂牌公司情况如表18与图22所示。根据Choice数据统计，截至2016年12月31日，2016年全年新三板共发生132起上市公司并购新三板企业的案例，并购金额达508.41亿元。其中，已完成33起，进行中82起，已终止17起。在支付方式的选择上，101家选择现金支付，24家选择现金和股权结合的方式。2016年上市公司并购挂牌公司具体信息如表19所示。

表18 2013～2016年上市公司并购挂牌公司情况

年份	并购事件（起）	并购金额（亿元）	实施进度（起）			支付方式选择（起）			
			已完成	进行中	已终止	现金	股权	现金+股权	现金+资产
2013	23	3.16	13	9	1	22	—	1	—
2014	58	97.34	22	30	6	48	2	7	1
2015	116	391.27	24	72	20	85	8	22	1
2016	132	508.41	33	82	17	101	6	24	1

资料来源：Choice金融终端。

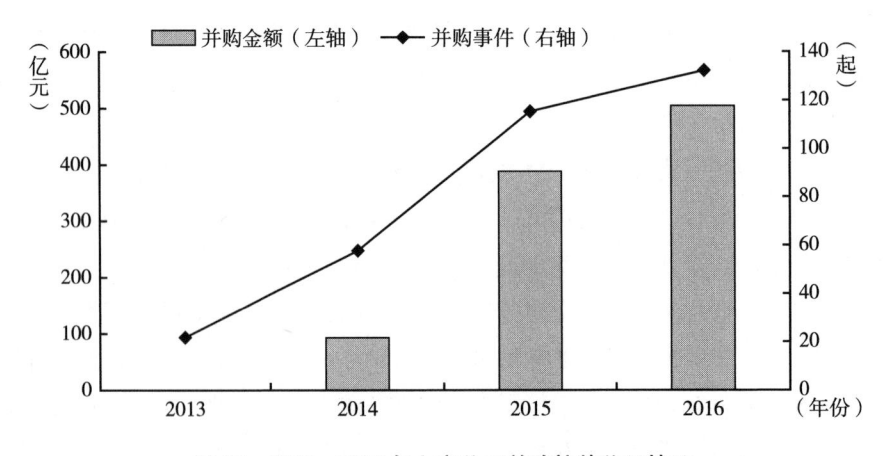

图22 2013～2016年上市公司并购挂牌公司情况

资料来源：Choice金融终端。

表19　2016年上市公司并购挂牌公司具体信息

公司名称	进行阶段	公司名称	进行阶段
汇通金融	实施完成	乐科节能	董事会预案
合信达	实施完成	先融期货	董事会预案
思坦仪器	实施完成	川山甲	董事会预案
远洋股份	实施完成	欧美克	董事会预案
万特电气	实施完成	朝歌科技	董事会预案
今印联	实施完成	沃田集团	董事会预案
九五智驾	实施完成	易简集团	董事会预案
比利美	实施完成	司姆泰克	董事会预案
九五智驾	实施完成	侨虹新材	董事会预案
九五智驾	实施完成	天工股份	董事会预案
泓源光电	实施完成	一卡易	董事会预案
科雷斯普	实施完成	睿健医疗	董事会预案
火神文化	实施完成	翼码科技	董事会预案
创源环境	实施完成	互动派	董事会预案
凯淳股份	实施完成	开创环保	董事会预案
东芯通信	实施完成	日兴生物	董事会预案
东海证券	实施完成	思比科	董事会预案
众智同辉	实施完成	金桥水科	董事会预案
工控网	实施完成	驰达飞机	股东大会通过
华奥传媒	实施完成	华谊创星	股东大会通过
英雄互娱	实施完成	金桥水科	股东大会通过
先歌游艇	实施完成	和成显示	股东大会通过
容汇锂业	实施完成	乐华文化	股东大会通过
世纪空间	实施完成	精雷股份	股东大会通过
天融信	实施完成	活力天汇	股东大会通过
新泰材料	实施完成	东进农牧	股东大会通过
华苏科技	实施完成	江通传媒	股东大会通过
游爱网络	实施完成	华龙证券	签署协议
奇维科技	实施完成	华龙证券	签署协议
国图信息	实施完成	宏景电子	签署协议
阿诺技术	实施完成	华苏科技	签署协议
激光装备	实施完成	新安金融	签署协议
日新传导	实施完成	喜天股份	签署协议
梵雅文化	达成意向	盛夏星空	签署协议

续表

公司名称	进行阶段	公司名称	进行阶段
磐合科仪	达成意向	多米股份	签署协议
华阳密封	达成意向	中汇影视	实施中
比利美	达成意向	森萱医药	实施中
中绿环保	达成意向	天健创新	实施中
万特电气	达成意向	金丘股份	实施中
德纳影业	董事会预案	赛特斯	实施中
华夏光彩	董事会预案	通用数据	实施中
阿尔特	董事会预案	万高科技	实施中
铭汉股份	董事会预案	创源环境	实施中
朝歌科技	董事会预案	博玺电气	实施中
森阳科技	董事会预案	异瀚数码	实施中
浙商创投	董事会预案	智途科技	实施中
九五智驾	董事会预案	常康环保	其他行政部门批准
瑞华股份	董事会预案	羿珩科技	并购重组委批准
摩诘创新	董事会预案	一卡易	发审委批准
大方睡眠	董事会预案	比利美	未通过
花火文化	董事会预案	中汇影视	停止实施
唯捷创芯	董事会预案	赤子城	停止实施
纽米科技	董事会预案	建通测绘	停止实施
亿华通	董事会预案	湘财证券	停止实施
孔辉汽车	董事会预案	湘财证券	停止实施
华尔康	董事会预案	星鑫航天	停止实施
曼恒数字	董事会预案	一恒贞	停止实施
东元环境	董事会预案	纽哈斯	停止实施
盛灿科技	董事会预案	文旅科技	停止实施
君实生物	董事会预案	东海证券	停止实施
安明斯	董事会预案	长信畅中	停止实施
盛夏星空	董事会预案	花儿绽放	停止实施
经纬股份	董事会预案	墨麟股份	停止实施
嘉达早教	董事会预案	三人行	停止实施
博远容天	董事会预案	乐华文化	停止实施
阿诺技术	董事会预案	力合节能	停止实施

资料来源：Choice 金融终端。

上市公司并购新三板企业的支付手段主要以现金、现金和股权结合为主。2016年以现金为支付手段的并购案例占76%以上。其原因如下：第一，使用现金并购手续简单，审核流程较短，简单迅速；第二，不会改变公司的股权结构，原有股东的股权不会被稀释。但是使用现金支付也有其缺点：其一，对上市公司来说，现金支付是一项沉重的负担，可能会挤占其日常营运资金，要求其有足够的现金头寸和筹资能力，交易规模也常常受到筹资能力的制约；其二，目标企业原股东会失去原公司的经营权。

此外，还有少数公司使用股权支付，其优点如下：第一，股票并购交易规模相对较大，不受筹资能力的制约，现金压力较轻；第二，并购后的公司由并购方和目标公司股东双方共同控制，原并购公司股东有机会参与原公司的经营；第三，可使原目标公司股东与并购方共同承担股价下降风险。但是股权支付也存在改变公司的资本结构、稀释了原有股东对公司的控制权等不足。

因此，一些上市公司选择现金和股权结合的形式支付并购对价。第一，可以避免上述两种方式的缺点，既可使收购方避免支出更多现金，造成企业财务结构恶化，也可以防止收购方原有股东的股权稀释或发生控制权转移。

经典并购案例

5月25日，上市公司神州信息（000555.SZ）发布资产收购预案，拟发行股份及（并以）支付现金的方式，作价11.52亿元收购华苏科技（831180.OC）96.03%股权。华苏科技的评估增值率为416.81%。神州信息表示，通过此次交易，上市公司将介入运营商大数据领域。到11月22日，本次交易已完成过户手续及相关工商变更登记，成为本年度完成收购且涉及并购金额最高的一个案例。

6月16日，上市公司天际股份（002759.SZ）发布重组预案，拟发行股份并以支付现金的方式，作价27亿元收购新泰材料（833259.OC）100%股权。天际股份表示，通过此次交易，上市公司将进入锂离子电池材料行业，实现"家电＋锂离子电池材料"双主业发展格局。到11月24日，该重组方案已通过证监会审核和批复，目前正在实施阶段。

8月3日，上市公司南洋股份（002212.SZ）发布了重组预案，同样是拟发行股份及支付现金的方式，收购信息安全企业天融信（834032.OC）100%股权，挂牌企业天融信作价高达57亿元，评估增值率更是达到

720%，这一并购估值创下了新三板并购市场的纪录。南洋股份表示，收购完成后，公司将成为兼具先进制造和高端信息产业的双主业公司，多元化发展战略初步实现。到10月4日，该重组案例已通过并购重组审核，目前正在实施阶段。

2. 挂牌公司资产重组

随着新三板市场制度环境不断完善，挂牌公司规模逐步增加，新三板企业借助资本市场纷纷迈出了扩张并购的步伐。2014～2016年新三板资产重组情况如表20与图23所示。2016年新三板挂牌公司实施完成资产重组的有398起，重组金额为211.72亿元，比2014年增长了近百倍，新三板挂牌公司借助资本市场迈出产业资源的整合步伐。转让方式选择协议转让的有225起，占总体的56.53%；发行股份购买的有118起，占总体的29.65%；对外投资34起，占总体的8.54%；股票拍卖方式7起，增资方式14起。资产重组转让方式的多样化，说明了新三板市场逐渐成熟，市场地位和价值开始受到广泛认可。选择发行股份购买的方式进行资产重组的案例增多，也说明了新三板市场挂牌公司股票价值获得更多认可。新三板市场作为中小微企业的发行与交易平台，显示出其资源整合的作用。2016年新三板资产重组情况明细见附录一。

表20 2014～2016年新三板资产重组情况统计

年份	资产重组事件（起）	重组金额（亿元）	转让方式选择（起）				
			协议转让	发行股份购买	对外投资	股票拍卖	增资
2014	5	2.86	1	2	2	—	—
2015	77	86.59	36	35	1	4	1
2016	398	211.72	225	118	34	7	14

资料来源：Choice金融终端。

3. "转板"情况

此处"转板"是指已经挂牌企业先在新三板市场摘牌，摘牌后再在沪深交易所A股市场上市。新三板市场转板情况如表21所示。根据Choice统计，截至2016年12月31日，新三板市场共有12家企业完成转板，有11家登陆创业板，1家登陆中小板。另外，还有88家企业正在申请上市。新三板市场在

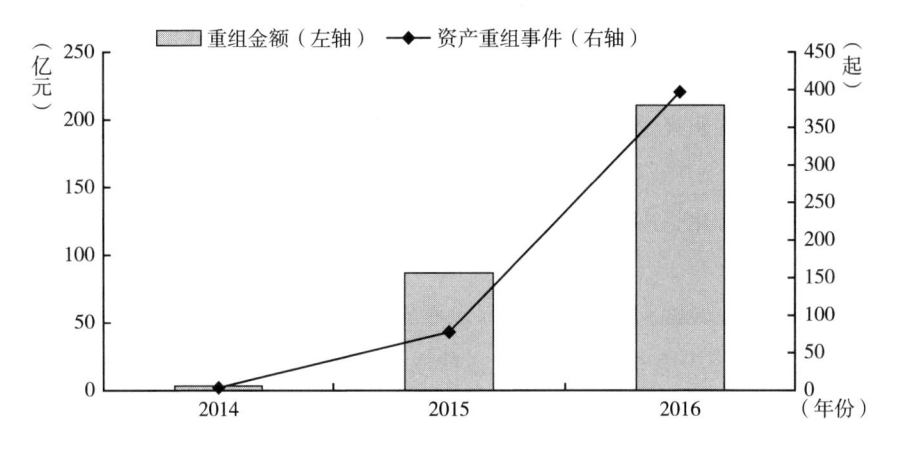

图 23　2014～2016 年新三板资产重组情况

资料来源：Choice 金融终端。

发挥中小微企业融资与交易平台作用的同时，也承担了企业"转板"的功能，企业在发展壮大之后，可以选择转板，到更大的资本市场融资。

表 21　新三板市场转板情况

编号	名称	挂牌日期	上市板块	上市日期	募集资金（万元）	证监会行业（2012 年）
1	江苏中旗	2014-10-28	创业板	2016-12-20	40902.1500	化学原料及化学制品制造业
2	合纵科技	2007-09-19	创业板	2015-06-10	27586.0000	电气机械和器材制造业
3	康斯特	2008-12-26	创业板	2015-04-24	18482.4000	仪器仪表制造业
4	双杰电气	2009-02-18	创业板	2015-04-23	41832.0032	电气机械和器材制造业
5	安控科技	2008-08-20	创业板	2014-01-23	17597.6907	仪器仪表制造业
6	东土科技	2009-02-18	创业板	2012-09-27	27805.0000	计算机、通信和其他电子设备制造业
7	博晖创新	2007-02-16	创业板	2012-05-23	38400.0000	专用设备制造业
8	紫光华宇	2006-08-30	创业板	2011-10-26	56980.0000	软件和信息技术服务业
9	佳讯飞鸿	2007-10-26	创业板	2011-05-05	46200.0000	计算机、通信和其他电子设备制造业
10	世纪瑞尔	2006-01-23	创业板	2010-12-22	115465.0000	软件和信息技术服务业
11	北陆药业	2006-08-28	创业板	2009-10-30	30362.0000	医药制造业
12	久其软件	2006-09-07	中小板	2009-08-11	41310.0000	软件和信息技术服务业

资料来源：Choice 金融终端。

4. 摘牌情况

新三板属于公开市场，挂牌企业需要遵守市场监管制度，经营活动须合法合规，且需要按照规定及时披露企业信息。因为各种因素，每年都有企业从新三板市场摘牌。2016年10月21日，为了明确挂牌公司股票终止挂牌的情形和程序，建立常态化、市场化的退出机制，保护投资者合法权益，全国中小企业股份转让系统发布了《全国中小企业股份转让系统挂牌公司股票终止挂牌实施细则（征求意见稿）》。10月31日，森东电力、众益达两家公司由于未能按照规定时间披露2016年半年度报告，被强制摘牌。实施细则明确了11种会被强制摘牌的情况，除未在法定期限内披露年度报告或者半年度报告，并自期满之日起两个月内仍未披露年度报告或半年度报告外，还包括以下几种情况，最近两个年度的财务会计报告均被注册会计师出具否定或者无法表示意见的审计报告；受到证监会行政处罚并在行政处罚决定书中被认定构成重大违法行为，或者被证监会依法移送公安机关；因欺诈挂牌受到"股转系统"纪律处分；最近36个月内累计受到"股转系统"三次纪律处分；持续经营能力存疑等。

新三板市场转板情况如表22所示。截至2016年12月31日，共有92家企业被摘牌。其中，2016年有56家，2015年有13家，2014年有16家。共有12家是因为"转板"被摘牌，14家是因为被上市公司吸收合并，5家是因为未按时披露年报，1家为股东大会做出终止上市决议，其余为其他被终止上市的情形。

表22 新三板市场摘牌情况

编号	名称	摘牌日期	挂牌日期	摘牌原因
1	吉泰科	2016-12-28	2016-03-17	其他被终止上市的情形
2	安得科技	2016-12-22	2015-12-29	其他被终止上市的情形
3	木瓜移动	2016-12-22	2016-05-16	其他被终止上市的情形
4	新都安	2016-12-20	2016-07-12	其他被终止上市的情形
5	合建重科	2016-12-16	2014-09-18	其他被终止上市的情形
6	喜相逢	2016-12-15	2015-12-11	其他被终止上市的情形
7	鑫甬生物	2016-12-15	2015-08-04	其他被终止上市的情形
8	中科通达	2016-12-13	2012-10-25	其他被终止上市的情形
9	迁徙股份	2016-12-13	2016-08-18	其他被终止上市的情形
10	恒大文化	2016-12-07	2015-12-04	其他被终止上市的情形

续表

编号	名称	摘牌日期	挂牌日期	摘牌原因
11	合信达	2016-12-06	2015-01-23	其他被终止上市的情形
12	爱林至善	2016-12-05	2015-08-07	其他被终止上市的情形
13	天融信	2016-12-05	2015-11-02	其他被终止上市的情形
14	世纪空间	2016-12-05	2016-01-06	其他被终止上市的情形
15	沃福枸杞	2016-11-28	2015-08-25	其他被终止上市的情形
16	早康枸杞	2016-11-25	2014-01-24	其他被终止上市的情形
17	申昊科技	2016-11-25	2015-08-13	其他被终止上市的情形
18	船牌日化	2016-11-25	2016-04-05	其他被终止上市的情形
19	昌盛日电	2016-11-18	2016-01-19	其他被终止上市的情形
20	网城科技	2016-11-17	2016-03-29	其他被终止上市的情形
21	网营科技	2016-11-16	2016-05-03	其他被终止上市的情形
22	江苏中旗	2016-11-14	2014-10-28	转板摘牌
23	健耕医药	2016-11-09	2015-07-29	其他被终止上市的情形
24	中汇瑞德	2016-11-07	2016-01-11	其他被终止上市的情形
25	远特科技	2016-11-03	2015-12-01	其他被终止上市的情形
26	佳和小贷	2016-11-02	2015-12-31	未在法定期限内披露半年报
27	森东电力	2016-11-01	2015-08-20	未在法定期限内披露半年报
28	众益达	2016-11-01	2015-11-03	未在法定期限内披露半年报
29	金侨教育	2016-10-20	2016-01-20	其他被终止上市的情形
30	志向科研	2016-10-13	2014-07-29	其他被终止上市的情形
31	时间互联	2016-09-22	2016-04-22	其他被终止上市的情形
32	鸿翔股份	2016-09-21	2016-04-22	其他被终止上市的情形
33	鑫高益	2016-09-09	2016-02-24	其他被终止上市的情形
34	泓源光电	2016-08-30	2014-04-24	其他被终止上市的情形
35	航嘉电子	2016-08-22	2014-11-13	其他被终止上市的情形
36	大禹阀门	2016-08-17	2014-11-13	其他被终止上市的情形
37	耶萨智能	2016-08-10	2015-04-13	其他被终止上市的情形
38	无锡环卫	2016-08-01	2015-07-01	其他被终止上市的情形
39	扬开电力	2016-07-08	2014-10-31	其他被终止上市的情形
40	宝莲生物	2016-07-08	2016-01-20	其他被终止上市的情形
41	腾楷网络	2016-07-08	2014-09-29	其他被终止上市的情形
42	新泰材料	2016-07-08	2015-08-10	其他被终止上市的情形
43	泽辉股份	2016-07-08	2015-03-17	其他被终止上市的情形
44	ST实杰	2016-07-08	2015-12-17	其他被终止上市的情形

续表

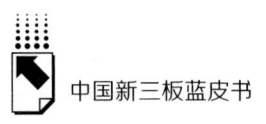

编号	名称	摘牌日期	挂牌日期	摘牌原因
45	卡松科技	2016-07-07	2015-07-07	其他被终止上市的情形
46	中成新星	2016-07-01	2015-01-19	未在法定期限内披露年报
47	朗顿教育	2016-07-01	2014-12-09	未在法定期限内披露年报
48	东田药业	2016-06-30	2015-11-24	其他被终止上市的情形
49	南京微创	2016-06-14	2015-12-22	其他被终止上市的情形
50	华夏科创	2016-06-13	2015-10-29	其他被终止上市的情形
51	奇维科技	2016-05-24	2014-01-24	被上市公司吸收合并
52	国图信息	2016-05-19	2015-12-17	被上市公司吸收合并
53	万洲电气	2016-05-12	2014-01-24	其他被终止上市的情形
54	禾健股份	2016-05-11	2015-07-29	其他被终止上市的情形
55	华苏科技	2016-05-03	2014-10-14	其他被终止上市的情形
56	雅路智能	2016-04-29	2016-02-02	被上市公司吸收合并
57	众合医药	2015-12-07	2014-01-24	被上市公司吸收合并
58	宇寿医疗	2015-12-02	2015-01-19	被上市公司吸收合并
59	大自然5	2015-11-03	2001-07-16	其他被终止上市的情形
60	业际光电	2015-09-30	2015-02-11	被上市公司吸收合并
61	众益制药	2015-08-27	2015-07-29	被上市公司吸收合并
62	祥辉电缆	2015-06-10	2015-02-11	其他被终止上市的情形
63	合纵科技	2015-06-01	2007-09-19	转板摘牌
64	祺龙股份	2015-04-29	2014-08-20	其他被终止上市的情形
65	康斯特	2015-04-22	2008-12-26	转板摘牌
66	双杰电气	2015-04-20	2009-02-18	转板摘牌
67	博朗环境	2015-03-27	2009-02-18	暂停上市期间股东大会做出终止上市决议
68	易事达	2015-02-17	2014-01-24	其他被终止上市的情形
69	奥新科技	2015-01-16	2014-05-30	其他被终止上市的情形
70	泽天盛海	2014-12-31	2013-08-08	其他被终止上市的情形
71	日新传导	2014-11-26	2014-06-12	其他被终止上市的情形
72	世纪东方	2014-11-26	2009-01-19	被上市公司吸收合并
73	极品无限	2014-11-12	2012-06-28	其他被终止上市的情形
74	激光装备	2014-11-10	2014-04-24	被上市公司吸收合并
75	铂亚信息	2014-10-30	2014-04-24	其他被终止上市的情形
76	阿姆斯	2014-10-22	2012-04-10	其他被终止上市的情形
77	嘉宝华	2014-09-05	2014-04-10	被上市公司吸收合并
78	福格森	2014-08-29	2014-01-24	被上市公司吸收合并

续表

编号	名称	摘牌日期	挂牌日期	摘牌原因
79	新冠亿碳	2014－08－22	2013－08－08	其他被终止上市的情形
80	捷虹股份	2014－08－20	2013－08－06	其他被终止上市的情形
81	屹通信息	2014－07－11	2014－01－24	被上市公司吸收合并
82	金豪制药	2014－06－30	2008－02－18	被上市公司吸收合并
83	瑞翼信息	2014－05－26	2014－01－24	被上市公司吸收合并
84	ST羊业	2014－05－19	2007－03－21	其他被终止上市的情形
85	安控科技	2014－01－09	2008－08－20	转板摘牌
86	东土科技	2012－08－29	2009－02－18	转板摘牌
87	博晖创新	2012－05－10	2007－02－16	转板摘牌
88	紫光华宇	2011－09－28	2006－08－30	转板摘牌
89	佳讯飞鸿	2011－04－20	2007－10－26	转板摘牌
90	世纪瑞尔	2010－12－06	2006－01－23	转板摘牌
91	北陆药业	2009－08－04	2006－08－28	转板摘牌
92	久其软件	2008－01－28	2006－09－07	转板摘牌

资料来源：Choice金融终端。

5. 对外投资

对外投资是企业进行扩张的重要途径，通过对外投资可以获得优质的资产和标的企业股权，为企业的经营发展提供良好资源。2014～2016年新三板企业对外投资情况如表23与图24所示。根据Choice统计，2016年新三板市场共发生对外投资事件3198起，投资金额达508.98亿元，比2015年增长2倍以上，比2014年增长300倍以上，充分体现了新三板企业的成长性和扩张性，同时，也表明新三板市场可以为挂牌企业提供一个良好的资本运作平台。

表23 2014～2016年新三板企业对外投资情况统计

单位：起，亿元

年份	对外投资事件	投资金额
2014	42	1.47
2015	522	150.62
2016	3198	508.98

资料来源：Choice金融终端。

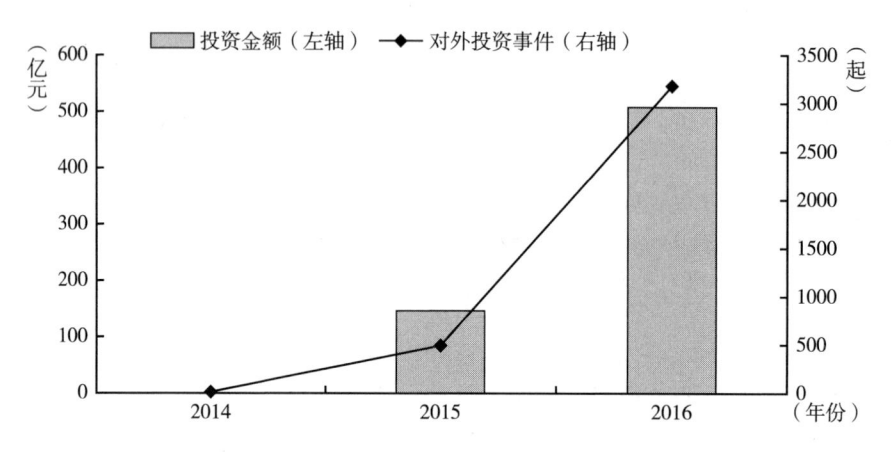

图 24　2014～2016 年新三板企业对外投资情况

资料来源：Choice 金融终端。

四　新三板成指与做市指数

（一）2016年指数趋势描述

2016年三板成指与做市指数走势如图 25 与图 26 所示。2016 年上半年，新三板市场低迷，三板成指和做市指数持续下跌。下半年，三板成指和做市指数低位震荡，市场企稳迹象明显。三板成指自 2016 年 1 月 4 日最高点 1448 点，经历 2 月、3 月、4 月较大幅度震荡后，下跌至 8 月 4 日最低点 1140 点，之后在 1140～1190 点小区间内震荡，年末又有小幅增长。截至 12 月 31 日，三板成指收于 1243.61 点，全年跌幅为 14.12%。三板做市走势与三板成指总体基本一致，自 2016 年 1 月 4 日的最高点 1438 点，经历 2 月、3 月、4 月较大幅度震荡后，下跌至 9 月 1 日最低点 1076 点。之后基本维持在 1080～1100 点小区间窄幅震荡。截至 12 月 31 日，三板做市收于 1112.11 点，全年跌幅 22.66%。

（二）2016年指数趋势成因分析

2016 年新三板指数趋势是宏观经济、证券市场总体发展态势以及新三板制度安排等各方面因素共同作用的结果。

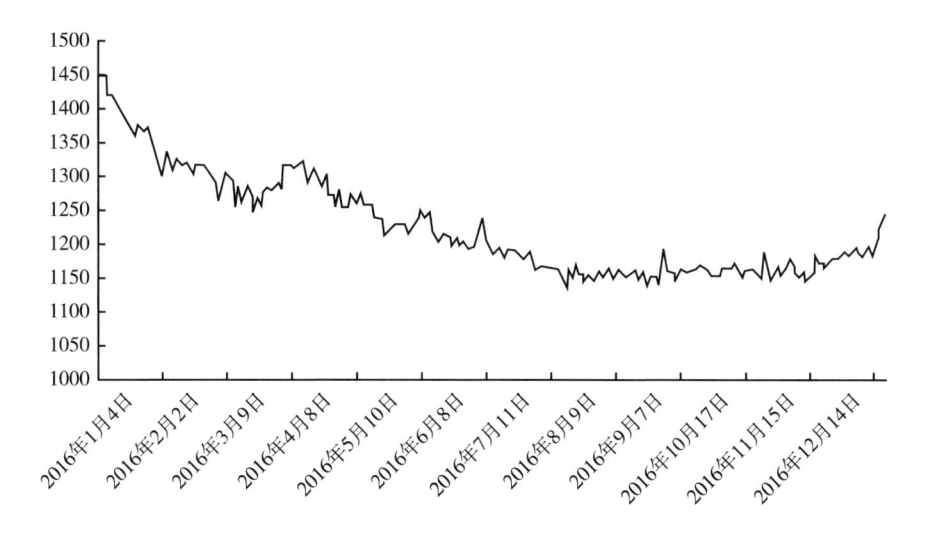

图 25 2016年三板成指走势

资料来源：Choice 金融终端。

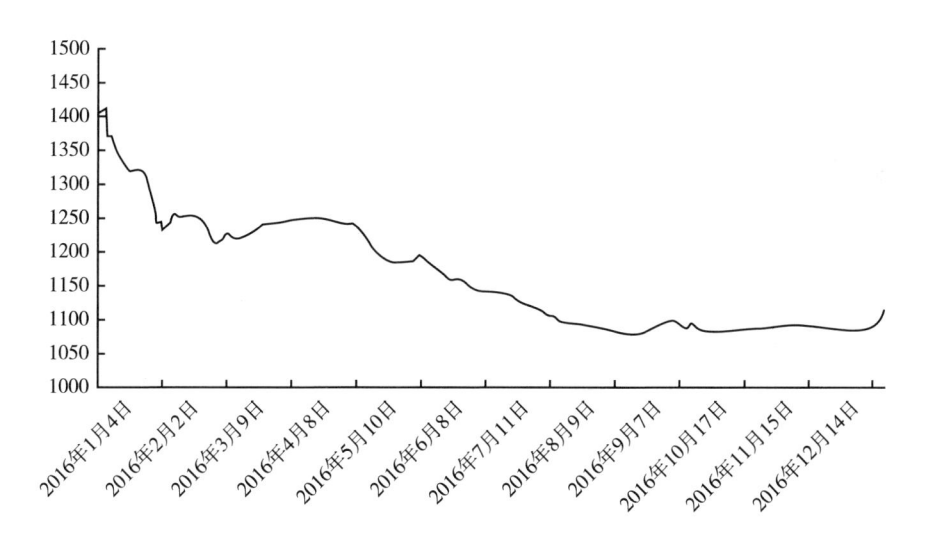

图 26 2016年三板做市指数走势

资料来源：Choice 金融终端。

1. 宏观经济因素

2016年我国全年GDP实际增速为6.7%，经济增速下滑压力有所趋缓，

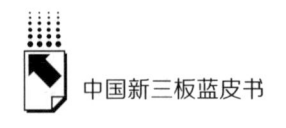

但宏观经济总体下行压力未消。具体来看，区域经济发展分化明显，中西部发展状况良好，东北等产业衰退区域面临严峻的增长压力；产业结构继续改善，工业生产企稳向好；固定资产投资缓中趋稳，制造业投资和民间投资有所回升；社会消费品零售总额平稳较快增长，消费对经济的拉动作用增强；政府采取诸多举措促进外贸回稳向好，我国外贸状况有所改善。

2. A股市场因素

2016年A股市场在熔断的实施与暂停中开局，在上半年经历了证监会主席换帅、权威人士定调经济发展模式、证监会收紧上市公司并购重组规定、闯关MSCI第三度失败和英国脱欧等事件。上证综指经历了熔断大幅下挫后，呈现在2700~3100点的区间内宽幅震荡的态势。下半年7月、8月国内外市场相对平静，从而出现了一轮"吃饭"行情。10~11月虽然美国特朗普当选、意大利修宪公投失败、美联储加息预期升温等风险性事件，但对资本市场的影响并没有预想中的那么剧烈与持久。上证指数2016年全年下跌12.31%，全部A股成交金额仅为126.51万亿元，较2015年减少了50%；2016年全年换手率为346.24%，较2015年下降了45%，市场热情和活跃度明显下降。

3. 新三板制度因素

新三板指数下跌还受政策预期不明朗与交易制度难优化的影响。市场分层管理制度落地后，差异化的制度安排及分层监管政策迟迟不兑现，市场陷入迷茫。投资门槛高，券商做市意愿降低，"做市"转"协议"的挂牌公司不断增加，严重影响了新三板市场的流动性。虽然私募做市试点已经启动，但实施不到位，严重影响了市场预期，对市场流动性的提升仍然有限。

（三）2017年趋势预测

1. 逐渐回暖

2017年中国GDP预计将维持在6.6%左右的增长速度，在平稳运行的同时仍有下行压力。同时根据国家统计局公布的数据，2016年11月制造业PMI为51.7%，为2012年7月以来的最高点；12月制造业PMI为51.4%，已连续5个月高于荣枯线，制造业经过艰难的去库存之后，呈现复苏迹象。在房地产市场受到严格调控的情况下，从大类资产配置的角度看，预计资金将逐步流入资本市场，给新三板市场带来良好的市场环境。此外私募基金参与做市也将带来一定的增量资金，公募基金入市也存在可能。但由于有大批投资产品到期，估计新三板市场将呈现"先抑后扬"的发展态势。总体来看，新三板2016年持续低迷，形成估值洼地，2017年随着制度红利逐渐释放，新三板回暖概率较大。

2. 公司挂牌增速下降，公司摘牌增加

伴随着2016年初新三板挂牌"13条红线"，以及9月挂牌负面清单的出台，2016年各月新三板新增挂牌企业呈现下降趋势，新申报挂牌企业的数量也大幅减少，退市企业数量创历年新高。与此同时，《全国中小企业股份转让系统挂牌公司股票终止挂牌实施细则（征求意见稿）》发布，新三板"退市制度"即将落地。2017年预计强制退市与主动退市叠加将使新三板数量增速放缓。结合2016年新三板月度新增挂牌企业的减少速度与摘牌企业的增长速度，预计2017年新增挂牌企业数量将出现系统性的减少，而主动或强制摘牌的企业数量或将超过100家，综合估计，2017年底挂牌企业总家数将在13000左右。挂牌公司总体质量的提高，将会增加新三板市场对投资者的吸引力，增强市场流动性和交易量，提高公司估值，从而推动新三板指数的回升。

3. 创新层与基础层差距拉大

2016年新三板实施分层管理制度后，新三板创新层企业的各项指标并未显著优于基础层。主要原因是分层之后针对创新层的各种制度设计并未随之跟进，创新层与基础层的各项制度安排差别不大。随着大宗交易、私募基金做市、集合竞价交易等一揽子交易制度在创新层率先落地，创新层企业与基础层企业之间的差距将进一步拉大。而新三板创新层在指数成分中所占比例较高，创新层对投资者的吸引力将有利于指数的增长。

4. 并购与"转板"浪潮来袭

主板和新三板交易制度的不同会产生流动性溢价，而这种流动性溢价在竞价交易全面推出之前将有望维持，这为主板公司收购新三板企业提供了现实条件。此外，由于新三板企业分化严重，市场内部的并购案例也将增多。继分层制度和做市商制度之后，并购重组将成为新三板市场发展的又一重大机遇。"转板"方面，伴随着证监会IPO批文的加速下发，88家正在IPO首发申报的新三板挂牌公司将逐渐获得转板。预计2017年将有更多的新三板企业发布上市辅导公告，进入IPO排队流程。另外，2017年"转板"制度若能实施，将会进一步促进新三板市场投资热情，对指数会有提升作用。

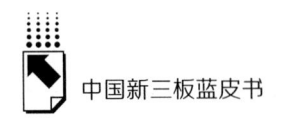

五　证券中介服务机构

中小企业在挂牌新三板以及后续的上市、交易、融资、并购和退出等环节都需要由专业的证券中介机构提供相关服务，法定的证券中介服务机构主要包括证券公司（主办券商）、会计师事务所（证券资质）、律师事务所、资产评估机构（证券资质）等。

（一）主办券商

1. 主办券商执业内容

主办券商是指取得从事代办股份转让主办券商业务资格的证券公司。凡获得证监会批准的相关业务资格，并且在人员、制度、技术等方面符合相关要求的证券公司，报全国股份转让系统公司备案后，可在全国股份转让系统中开展主办券商相关业务。证券公司作为主办券商，在企业挂牌新三板过程中扮演着十分重要的角色，主要负责挂牌企业的改制与规范、制作与审核企业申请材料以及挂牌成功后的融资、并购和持续督导等工作，具体有如下服务内容。

①按照国家相关法律法规的规定，主办券商协助拟挂牌企业开展股份制改制工作，成立股份有限公司。

②主办券商牵头其他中介机构，对有限公司成立以来的经营、财务、投资、增减资等经济事项进行全方位的尽职调查，并对改制成立的股份有限公司进行挂牌前的业务辅导工作。

③主办券商按照新三板挂牌相关规定，对股份有限公司进行尽职调查，对发现的问题提出解决办法并协助企业健全治理结构、规范经营活动。

④主办券商协调、安排会计师事务所等中介机构进场工作，收集必备资料，按时完成挂牌申报材料。

⑤主办券商协助企业与挂牌相关主管部门沟通，推进企业资本运作和各项工作进程。

⑥主办券商负责准备企业进行新三板挂牌申请所需材料，并提供相关工作参考意见。

⑦主办券商对企业申请新三板挂牌材料进行内核。

⑧主办券商向全国中小企业股份转让系统递交企业挂牌申请材料,真实完整地将公司状况展现给投资者,并对全国股转系统反馈的意见做出及时回复。

⑨挂牌完成后,主办券商应对企业持续督导,保证企业经营的诚实守信和信息披露义务的规范履行,并为企业提供后续诸如融资、并购重组等资本市场服务。

2. 主办券商执业总体情况

(1) 主办券商推荐挂牌情况

新三板主办券商推荐挂牌情况如表24所示。根据东方财富Choice数据库数据,截至2016年12月31日,共计有88家证券公司参与了新三板企业的推荐挂牌业务,比2015年末多2家。2016年末和2015年末推荐挂牌企业数量最多的证券公司均为申万宏源,2016年末共推荐挂牌688家,2016年全年新增推荐挂牌256家。2016年末推荐挂牌数量排名前十的主办券商分别是申万宏源、安信证券、中泰证券、中信建投、国信证券、东吴证券、广发证券、招商证券、长江证券和东北证券。推荐挂牌数量为个位数的主办券商有7家,分别为上海华信证券、国开证券、华金证券、宏信证券、东方证券、长城国瑞证券和华泰联合证券。2016年新增推荐挂牌企业数量最多的证券公司是安信证券,全年新增推荐挂牌319家。2016年度新开展新三板推荐挂牌业务的证券公司有开源证券和长城国瑞证券,其中开源证券2016年末已推荐挂牌企业30家。主办券商推荐挂牌公司数量两极分化严重,券商开展新三板业务的热情远不及开展IPO业务,收入差距巨大是很多投行并不热衷于开展新三板业务的一个较为重要的原因。

表24 新三板主办券商推荐挂牌情况

单位:家

主办券商	2015年末挂牌数量	2016年末挂牌数量	2016年新增挂牌数量
申万宏源证券有限公司	432	688	256
安信证券股份有限公司	195	514	319
中泰证券股份有限公司	243	442	199
中信建投证券股份有限公司	197	353	156
国信证券股份有限公司	187	313	126

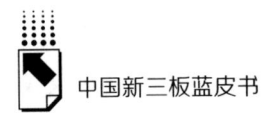

续表

主办券商	2015年末挂牌数量	2016年末挂牌数量	2016年新增挂牌数量
东吴证券股份有限公司	149	310	161
广发证券股份有限公司	195	305	110
招商证券股份有限公司	153	296	143
长江证券股份有限公司	162	286	124
东北证券股份有限公司	136	279	143
兴业证券股份有限公司	84	256	172
西南证券股份有限公司	86	244	158
国泰君安证券股份有限公司	149	240	91
光大证券股份有限公司	123	211	88
西部证券股份有限公司	91	198	107
东莞证券股份有限公司	61	191	130
方正证券股份有限公司	76	190	114
财通证券股份有限公司	91	189	98
中信证券股份有限公司	100	186	86
国金证券股份有限公司	100	165	65
东兴证券股份有限公司	77	154	77
海通证券股份有限公司	97	153	56
国海证券股份有限公司	54	128	74
广州证券股份有限公司	51	121	70
中原证券股份有限公司	73	118	45
浙商证券股份有限公司	56	118	62
太平洋证券股份有限公司	49	117	68
天风证券股份有限公司	64	117	53
国融证券股份有限公司	18	114	96
新时代证券股份有限公司	41	110	69
国元证券股份有限公司	53	104	51
国联证券股份有限公司	35	101	66
中银国际证券股份有限公司	50	98	48
华创证券有限责任公司	36	98	62
长城证券股份有限公司	48	96	48
大通证券股份有限公司	59	95	36
中山证券有限责任公司	50	90	40
中国银河证券股份有限公司	47	90	43
金元证券股份有限公司	52	88	36

续表

主办券商	2015年末挂牌数量	2016年末挂牌数量	2016年新增挂牌数量
华泰证券股份有限公司	57	88	31
民生证券股份有限公司	41	84	43
平安证券有限责任公司	43	81	38
首创证券有限责任公司	43	80	37
中国中投证券有限责任公司	42	79	37
上海证券有限责任公司	46	79	33
东海证券股份有限公司	42	77	35
湘财证券股份有限公司	44	77	33
山西证券股份有限公司	45	77	32
华龙证券股份有限公司	33	75	42
华融证券股份有限公司	39	74	35
财达证券有限责任公司	43	70	27
南京证券股份有限公司	48	70	22
万联证券有限责任公司	26	69	43
东方花旗证券有限公司	47	67	20
恒泰证券股份有限公司	16	66	50
国盛证券有限责任公司	27	58	31
华福证券有限责任公司	21	57	36
华林证券有限责任公司	28	57	29
江海证券有限公司	20	55	35
国都证券股份有限公司	24	53	29
华西证券股份有限公司	27	53	26
华福证券有限责任公司	24	48	24
华安证券股份有限公司	24	47	23
信达证券股份有限公司	32	46	14
德邦证券股份有限公司	20	46	26
民族证券有限责任公司	21	43	22
联讯证券股份有限公司	5	41	36
渤海证券股份有限公司	14	39	25
英大证券有限责任公司	16	36	20
华鑫证券有限责任公司	19	36	17
五矿证券有限公司	9	30	21
开源证券股份有限公司	0	30	30
东方财富证券股份有限公司	9	29	20

续表

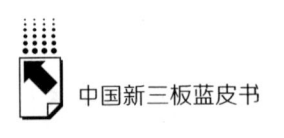

主办券商	2015年末挂牌数量	2016年末挂牌数量	2016年新增挂牌数量
中航证券有限公司	11	23	12
第一创业证券股份有限公司	6	19	13
中国国际金融股份有限公司	9	17	8
红塔证券股份有限公司	8	16	8
爱建证券有限责任公司	6	15	9
世纪证券有限责任公司	6	14	8
九州证券有限公司	2	12	10
川财证券有限责任公司	2	12	10
上海华信证券有限责任公司	4	8	4
国开证券有限责任公司	3	7	4
华金证券有限责任公司	1	7	6
宏信证券有限责任公司	1	6	5
东方证券股份有限公司	5	5	0
长城国瑞证券有限公司	0	5	5
华泰联合证券有限责任公司	2	2	0

注：下文中证券公司名称均使用公司简称。
资料来源：东方财富Choice数据库新三板专题。

（2）主办券商做市情况

新三板主办券商做市股票情况如表25所示。根据东方财富Choice数据库数据，截至2016年12月31日，共计有88家证券公司参与了新三板企业的做市业务，比2015年末多6家。其中，做市股票数量最多的证券公司为广州证券，2016年末做市转让股票292只。做市股票数量排名前十的证券公司分别是广州证券、中泰证券、兴业证券、申万宏源、上海证券、光大证券、天风证券、长江证券、九州证券和国泰君安。这10家证券公司合计做市股票数量超过做市股票总数的30%。做市股票数量为个位数的证券公司有6家。证券公司做市股票数量两极分化程度较推荐挂牌公司数量两极分化程度稍弱。

2016年新增做市股票数量最多的证券公司是九州证券，新增做市股票163只。2016年度新增开展新三板做市业务的证券公司有万和证券、五矿证券、上海华信证券、华西证券、网信证券和长城国瑞证券。

表 25　新三板主办券商做市股票情况

单位：只

做市商	2016 年末做市股票数量	2016 年新增做市股票数量	做市商	2016 年末做市股票数量	2016 年新增做市股票数量
广州证券	292	61	民生证券	70	52
中泰证券	288	76	中国银河	64	30
兴业证券	280	127	华泰证券	64	31
申万宏源	260	134	方正证券	64	30
上海证券	248	59	首创证券	62	38
光大证券	230	46	西南证券	61	38
天风证券	221	103	国联证券	56	32
长江证券	221	109	金元证券	54	21
九州证券	219	163	国都证券	52	21
国泰君安	214	87	财达证券	48	22
中山证券	204	112	平安证券	45	22
广发证券	196	89	德邦证券	40	29
联讯证券	186	139	华林证券	40	26
中信证券	181	87	华鑫证券	39	18
招商证券	174	85	万和证券	38	38
中投证券	173	94	红塔证券	38	26
东莞证券	172	99	国元证券	36	14
海通证券	171	64	新时代证券	36	24
万联证券	163	73	国金证券	35	20
东吴证券	158	83	江海证券	31	14
国海证券	149	97	中金公司	26	16
国信证券	142	33	华金证券	26	25
安信证券	142	55	渤海证券	24	21
华融证券	140	70	东海证券	23	4
华安证券	137	60	华龙证券	21	17
东方证券	135	62	长城证券	19	8
开源证券	127	78	川财证券	18	11
中原证券	127	54	国开证券	18	16
东北证券	114	66	湘财证券	17	13
恒泰证券	100	47	华创证券	17	6
西部证券	100	55	五矿证券	17	17
世纪证券	96	11	国盛证券	16	2
浙商证券	96	61	东方财富	16	15

续表

做市商	2016年末做市股票数量	2016年新增做市股票数量	做市商	2016年末做市股票数量	2016年新增做市股票数量
华福证券	96	19	英大证券	15	8
山西证券	88	10	国融证券	13	8
太平洋	85	35	民族证券	13	8
东兴证券	82	48	爱建证券	13	7
财富证券	80	40	上海华信证券	11	11
中信建投	78	32	大通证券	8	2
第一创业	76	72	中航证券	5	3
财通证券	75	45	宏信证券	3	2
中银国际证券	73	23	华西证券	3	3
南京证券	73	33	网信证券	2	2
信达证券	73	57	长城国瑞证券	1	1

资料来源：东方财富 Choice 数据库新三板专题。

本处借鉴《中国新三板发展报告（2016）》中提出的"以做市转让股票数量与挂牌公司数量之比来描述证券公司的做市积极性"[①]，2016年末做市转让股票数量和挂牌公司数量之比小于1，接近0.8，且该比值小于2015年末做市转让股票数量和挂牌公司数量之比。2016年，新三板市场流动性较差，交易处于低迷状态。在88家主办券商中，仅有32家主办券商的做市数量高于推荐挂牌数量，而在这32家主办券商中，只有6家的这一比值大于4，其中东方证券这一比值最大，为27。

（3）主办券商持续督导情况

主办券商持续督导制度是新三板市场发展的一大制度创新。新三板持续督导的内容主要包括挂牌公司信息披露、规范运作、信守承诺与公司治理机制等。《全国中小企业股份转让系统主办券商持续督导工作指引（试行）》为提高挂牌公司信息披露质量和公司治理水平、促进挂牌公司规范运作对主办券商持续督导工作做出了具体详细的规定。

目前，我国新三板主办券商持续督导业务出现经营理念相对滞后、重量轻质、重推荐轻督导等问题，持续督导在券商的业务体系中也未成为其核心业

---

① 张跃文、刘平安主编《中国新三板发展报告（2016）》，社会科学文献出版社，2016。

务。新三板主办券商持续督导情况如表26所示。截至2016年12月31日，新三板市场挂牌企业10163家①，而拥有推荐挂牌业务资格的券商仅96家②，平均每一家券商要督导106家公司。2016年末，共计91家证券公司正在从事持续督导工作，其中，持续督导家数最多的主办券商是申万宏源，为631家；有10家主办券商持续督导家数为个位数。在挂牌企业数量大跃进的情况下，券商人员的短缺造成了当前新三板持续督导不力的现状。

表26 新三板主办券商持续督导情况

单位：家

主办券商	持续督导数量	主办券商	持续督导数量	主办券商	持续督导数量
申万宏源	631	海通证券	143	山西证券	77
安信证券	531	国海证券	130	湘财证券	77
中泰证券	445	天风证券	128	财达证券	76
中信建投	344	太平洋	128	华融证券	76
国信证券	314	中原证券	117	华泰联合证券	74
招商证券	311	新时代证券	114	恒泰证券	72
东吴证券	310	国元证券	113	东海证券	72
广发证券	303	浙商证券	112	万联证券	70
长江证券	294	广州证券	110	南京证券	69
东北证券	293	国联证券	106	大通证券	68
兴业证券	278	华创证券	97	东方花旗证券	67
西南证券	247	中银国际证券	95	华林证券	64
国泰君安	233	中山证券	91	江海证券	59
光大证券	222	中国银河	88	国盛证券	56
东莞证券	202	长城证券	85	华福证券	55
西部证券	197	首创证券	83	华安证券	54
财通证券	191	华龙证券	81	国都证券	51
方正证券	186	金元证券	81	华西证券	48
国金证券	167	上海证券	81	联讯证券	47
中信证券	162	民生证券	79	财富证券	46
东兴证券	150	中投证券	78	信达证券	43
国融证券	143	平安证券	78	德邦证券	42

① 全国中小企业股份转让系统。
② 东方财富Choice数据库新三板专题。

续表

主办券商	持续督导数量	主办券商	持续督导数量	主办券商	持续督导数量
民族证券	40	中金公司	16	长城国瑞证券	5
开源证券	37	红塔证券	16	宏信证券	5
渤海证券	36	爱建证券	15	海际证券	4
英大证券	36	九州证券	15	申港证券	3
华鑫证券	35	川财证券	14	网信证券	2
东方财富证券	32	世纪证券	13	大同证券	1
五矿证券	29	上海华信证券	7	中邮证券	1
中航证券	21	国开证券	7		
第一创业	18	华金证券	6		

资料来源：东方财富 Choice 数据新三板专题，经笔者整理获得。

（4）做市商退出情况

2016 年，退出做市新三板公司的做市商队伍不断扩大，不过，做市商退出是市场运行中的一个重要现象。做市商退出情况如附录二所示。根据东方财富 Choice 数据库新三板统计数据，2015 年至 2016 年底新三板共有 630 条做市商退出的公告，涉及 181 家挂牌企业、77 家做市商。其中，退出时间在 2016 年的公告达到 620 条，退出基础层的为 235 条，退出创新层的为 385 条，涉及 87 家基础层挂牌企业、91 家创新层挂牌企业、77 家做市商。[①]

做市商退出为新三板公司提供做市服务的原因主要有两方面。一方面，做市商制度不合理，做市商做市动力不足。为充分发挥做市商在提供流动性、价值发现和稳定市场方面的功能，解决挂牌企业股票估值难、流动性不足等问题，结合境外市场的经验和新三板市场的特点，2014 年 8 月，"股转系统"首次引入做市商制度。然而，在两年多的实践中，做市商的功能并没有很好地发挥。做市商利用定价优势和垄断地位，以较低价格通过定增等手段获得做市库存股，股票价差收益成为做市商大部分的收入来源，通过做市得到的手续费只是其收入的很小一部分。做市的价值发现功能没有体现出来，导致很多挂牌公司由做市转让方式转变成协议转让方式。同时，不合理的做市商制度产生的套利行为，无法发掘企业真正的价值，出现新三板做市指数长期持续下跌、成交

---

① 东方财富 Choice 数据库新三板专题，经笔者整理获得。

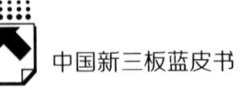

日趋萎缩等情形,做市制度优势没有得到充分发挥。另一方面,市场行情不好加剧券商做市压力。截至2016年底,新三板有153家做市转让企业市净率低于1,① 市场行情不好,券商做市收入不断萎缩,逐渐加大做市商做市压力。做市商在业务考核时对投资收益有极为强烈的诉求,在考核的压力下不得不选择退出。

(二)会计师事务所

1. 会计师事务所执业内容

企业申请挂牌新三板,需要聘请具有证券从业资格的会计师事务所承担有关的审计和验资工作,《全国中小企业股份转让系统挂牌公司信息披露细则》中也规定,"挂牌公司年度报告中的财务报告必须经具有证券、期货相关业务资格的会计师事务所审计"②。会计师事务所作为企业挂牌新三板过程中重要的中介机构,其职责主要包括以下方面。

①负责企业改制过程的审计工作,并出具审计报告。

②负责企业资本的验证工作,并出具相关验资报告。

③负责企业财务报表的审计工作,并出具两年及一期的审计报告。

④对发行人原始财务报表与申报财务报表的差异情况出具专项意见。

⑤对拟挂牌企业提供与新三板挂牌相关的财务会计咨询服务。

2. 会计师事务所执业总体情况

会计师事务所服务挂牌公司情况如表27所示。截至2017年3月20日,共有71家会计师事务所从事企业挂牌新三板市场的中介服务工作。其中,瑞华会计师事务所(特殊普通合伙)服务公司数量排名第一,共服务公司1097家。服务公司数量排名前十的有瑞华会计师事务所、立信会计师事务所、中兴财光华会计师事务所、大华会计师事务所、北京兴华会计师事务所、天健会计师事务所、大信会计师事务所、亚太(集团)会计师事务所、天职国际会计师事务所和致同会计师事务所。服务公司数量为个位数的会计师事务所共计33家,并且有30家只服务于一家挂牌公司。会计师事务所服务挂牌公司数量两极分化趋势极为明显。

---

① 东方财富Choice数据库新三板专题。
② 《全国中小企业股份转让系统挂牌公司信息披露细则》第二章第十三条。

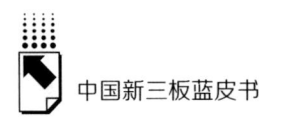

表27 会计师事务所服务挂牌公司情况

单位：家

公司名称	服务公司数量	公司名称	服务公司数量
瑞华会计师事务所（特殊普通合伙）	1097	众华会计师事务所（特殊普通合伙）	152
立信会计师事务所（特殊普通合伙）	968	天衡会计师事务所（特殊普通合伙）	136
中兴财光华会计师事务所（特殊普通合伙）	773	江苏苏亚金诚会计师事务所（特殊普通合伙）	134
大华会计师事务所（特殊普通合伙）	733	中准会计师事务所（特殊普通合伙）	134
北京兴华会计师事务所（特殊普通合伙）	724	中天运会计师事务所（特殊普通合伙）	133
天健会计师事务所（特殊普通合伙）	691	利安达会计师事务所（特殊普通合伙）	126
大信会计师事务所（特殊普通合伙）	634		
亚太（集团）会计师事务所（特殊普通合伙）	425	江苏公证天业会计师事务所（特殊普通合伙）	125
天职国际会计师事务所（特殊普通合伙）	420	中勤万信会计师事务所（特殊普通合伙）	109
致同会计师事务所（特殊普通合伙）	340	山东和信会计师事务所（特殊普通合伙）	108
中兴华会计师事务所（特殊普通合伙）	308	立信中联会计师事务所（特殊普通合伙）	101
中汇会计师事务所（特殊普通合伙）	304		
信永中和会计师事务所（特殊普通合伙）	270	希格玛会计师事务所（特殊普通合伙）	79
中审众环会计师事务所（特殊普通合伙）	241	福建华兴会计师事务所（特殊普通合伙）	59
中审华会计师事务所（特殊普通合伙）	231	北京中证天通会计师事务所（特殊普通合伙）	51
中审亚太会计师事务所（特殊普通合伙）	229	北京天圆全会计师事务所（特殊普通合伙）	38
华普天健会计师事务所（特殊普通合伙）	217	四川华信（集团）会计师事务所（特殊普通合伙）	35
中喜会计师事务所（特殊普通合伙）	208	安永华明会计师事务所（特殊普通合伙）	29
广东正中珠江会计师事务所（特殊普通合伙）	169	德勤华永会计师事务所（特殊普通合伙）	10
上会会计师事务所（特殊普通合伙）	163		
北京永拓会计师事务所（特殊普通合伙）	162	普华永道中天会计师事务所（特殊普通合伙）	7

续表

公司名称	服务公司数量	公司名称	服务公司数量
毕马威华振会计师事务所(特殊普通合伙)	4	信永中和会计师事务所(特殊普通合伙)银川分所	1
瑞华会计师事务所(特殊普通合伙)上海分所	3	大信会计师事务所(特殊普通合伙)长沙分所	1
中华会计师事务所	1	中汇会计师事务所(特殊普通合伙)深圳分所	1
天健正信会计师事务所有限公司	1		
立信会计师事务所(特殊普通合伙)北京分所	1	北京新华会计师事务所(特殊普通合伙)	1
中审华会计师事务所(特殊普通合伙)深圳分所	1	众华会计师(深圳)事务所(特殊普通合伙)	1
天健会计师事务所(特殊普通合伙)深圳分所	1	中准会计师事务所(特殊普通合伙)四川分所	1
亚太(集团)会计师事务所(特殊普通合伙)深圳分所	1	信中永和会计师事务所(特殊普通合伙)	1
华普天健会计师事务所(特殊普通合伙)山东分所	1	天衡会计师事务所(特殊普通合伙)无锡分所	1
瑞华会计师事务所(特殊普通合伙)湖北分所	1	致同会计师事务所(特殊普通合伙)苏州分所	1
瑞华会计师事务所(特殊普通合伙)深圳分所	1	山东和信会计师事务所(特殊普通合伙)上海分所	1
信永中和会计师事务所(特殊普通合伙)深圳分所	1	中勤万信会计师事务所(特殊普通合伙)上海分所	1
瑞华会计师事务所(特殊普通合伙)重庆分所	1	中喜会计师事务所(特殊普通合伙)大连分所	1
天健会计师事务所(特殊普通合伙)广东分所	1	深圳市鹏城会计师事务所有限公司	1
中汇会计师事务所(特殊普通合伙)上海分所	1	中寅华会计师事务所(特殊普通合伙)	1
致同会计师事务所(特殊普通合伙)深圳分所	1	中准会计师事务所(特殊普通合伙)大连分所	1
天职国际会计师事务所(特殊普通合伙)重庆分所	1		

资料来源:东方财富 Choice 数据库新三板专题。

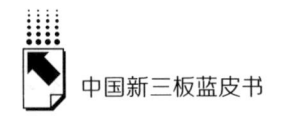

（三）律师事务所

1. 律师事务所执业内容

企业申请挂牌新三板，必须依法聘请律师事务所作为法律顾问，为企业提供挂牌前期、中期和后期的相关法律服务。和其他中介机构不同，参与新三板中介业务的律师事务所不要求具有证券从业资格。律师事务所作为企业挂牌新三板过程中重要的中介机构，其主要工作包括以下方面。

①在公司股份制改造过程中，律师事务所需要论证挂牌企业改制重组方案的合法性，起草相关法律文件，进行法律审核，出具法律意见书，指导挂牌企业股份公司依法进行设立或变更。

②律师事务所依法审查企业挂牌过程中涉及的法律事项并协助企业规范、调整和完善，判断所依据的各种法律文件的合法性。

③判断企业主体的历史沿革、股权结构、资产、组织机构运作、独立性、税务等公司法律事项的合法性。

④协助和指导企业起草公司章程等公司法律文件。

⑤为公司挂牌新三板出具法律意见书等文件，并对相关文件提供鉴证意见。

2. 律师事务所执业总体情况

律师事务所服务挂牌公司情况如表 28 所示。根据东方财富 Choice 数据库新三板专题统计，截至 2017 年 3 月 20 日，共有 1375 家律师事务所参与新三板挂牌中介服务，服务挂牌公司数量大于 20 家的律师事务所共有 103 家。其中，上海锦天城律师事务所服务挂牌公司数量排名第一，共服务 409 家挂牌公司；服务挂牌公司数量大于等于 100 家的律师事务所有 16 家；服务公司数量为个位数的律师事务所共计 1171 家，并且有 638 家只服务于一家挂牌公司。参与新三板挂牌中介服务的律师事务所数量较多，但各律师事务所服务挂牌公司数量的差别很大。

（四）资产评估机构

1. 资产评估机构执业内容

资产评估机构在参与新三板挂牌中，组织专业人员，依照国家规定，按照

表28 律师事务所服务挂牌公司情况

单位：家

公司名称	服务单位数量	公司名称	服务单位数量
上海锦天城律师事务所	409	北京市国联律师事务所	65
北京市中银律师事务所	272	北京德恒律师事务所杭州分所	64
北京德恒律师事务所	268	北京大成（武汉）律师事务所	62
北京国枫律师事务所	216	北京市东易律师事务所	60
国浩律师（上海）事务所	208	国浩律师（深圳）事务所	59
广东华商律师事务所	189	北京市德恒（深圳）律师事务所	59
北京大成律师事务所	182	北京市中银（上海）律师事务所	58
北京市中伦律师事务所	148	浙江儒毅律师事务所	57
广东信达律师事务所	144	北京大成（杭州）律师事务所	56
北京市康达律师事务所	136	北京市中伦（深圳）律师事务所	55
北京市天元律师事务所	135	北京市中伦（广州）律师事务所	54
北京大成（上海）律师事务所	133	北京市浩天信和律师事务所	53
北京市金杜律师事务所	127	北京市中伦文德律师事务所	53
北京市大成（深圳）律师事务所	115	北京市炜衡律师事务所	49
北京市盈科律师事务所	114	北京市盈科（深圳）律师事务所	46
安徽天禾律师事务所	101	北京市京师律师事务所	46
上海市海华永泰律师事务所	99	国信信扬律师事务所	46
德恒上海律师事务所	96	广信君达律师事务所	46
北京市竞天公诚律师事务所	91	国浩律师（南京）事务所	46
北京市海润律师事务所	90	北京市盈科（苏州）律师事务所	45
浙江天册律师事务所	89	北京德恒（武汉）律师事务所	43
北京盈科（上海）律师事务所	86	江苏永衡昭辉律师事务所	43
北京市中银（深圳）律师事务所	85	福建天衡联合（福州）律师事务所	41
北京市君致律师事务所	81	北京市中伦（上海）律师事务所	41
国浩律师（北京）事务所	78	北京金诚同达律师事务所	41
湖南启元律师事务所	77	北京市天银律师事务所	40
国浩律师（杭州）事务所	76	浙江六和律师事务所	40
北京金诚同达（上海）律师事务所	76	上海市锦天城（深圳）律师事务所	40
上海市广发律师事务所	74	北京中伦（武汉）律师事务所	39
江苏世纪同仁律师事务所	71	北京市宝盈律师事务所	39
北京市君泽君律师事务所	70	北京康达（杭州）律师事务所	37
北京大成（广州）律师事务所	67	北京市通商律师事务所	37
北京君嘉律师事务所	66	北京市远东律师事务所	37

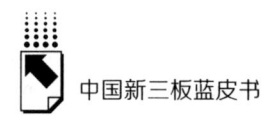

续表

公司名称	服务单位数量	公司名称	服务单位数量
北京市中银(济南)律师事务所	36	北京伯彦律师事务所	24
北京市时代九和律师事务所	34	北京市观韬(广州)律师事务所	24
山东德衡律师事务所	33	国浩律师(广州)事务所	24
万商天勤(上海)律师事务所	32	北京重光(天津)律师事务所	24
福建君立律师事务所	32	北京德恒(重庆)律师事务所	24
北京市隆安律师事务所	32	广东正平天成律师事务所	23
北京大成(厦门)律师事务所	32	北京市德恒(济南)律师事务所	23
北京市君合律师事务所	31	文康律师事务所	22
北京华沛德权律师事务所	31	上海市锦天城(厦门)律师事务所	21
北京德和衡律师事务所	30	上海市协力(无锡)律师事务所	21
北京中银(杭州)律师事务所	28	北京市隆安(深圳)律师事务所	21
北京市嘉源律师事务所	28	上海市瑛明律师事务所	21
上海创远律师事务所	28	安杰律师事务所	21
广东莞泰律师事务所	27	北京市环球律师事务所	21
江苏泰和律师事务所	27	上海东方华银律师事务所	21
江苏益友天元律师事务所	27	北京市凯泰律师事务所	21
北京市京银律师事务所	27	北京芝兰律师事务所	20
上海市通力律师事务所	26	湖南金州律师事务所	20
北京市竞天公诚律师事务所上海分所	26	浙江泽大律师事务所	20
北京市观韬律师事务所	25	上海市捷华律师事务所	20
上海天衍禾律师事务所	25		

资料来源：东方财富 Choice 数据库新三板专题。

相关法定程序，选择适当模型，运用科学计算方法对新三板企业资产价值进行评定和估算，以此作为计算公司资产总额和股本总额的重要依据。参与新三板挂牌的资产评估机构要求必须具有证券从业资格。

2. 资产评估机构执业总体情况

资产评估机构服务挂牌公司情况如表 29 所示。根据 Wind 资讯金融终端新三板专题统计，截至 2017 年 3 月 20 日，共有 420 家资产评估机构参与新三板挂牌。其中，服务挂牌公司数量大于 20 家的资产评估机构共有 60 家。资产评估机构服务挂牌企业数量排名第一的是北京国融兴华资产评估有限责任公司，共服务挂牌公司 923 家；服务挂牌企业数量大于 200 家的资产评估机构共计 16

家；服务挂牌公司数量小于20家的资产评估机构有360家，其中，225家机构仅服务于一家挂牌公司。参与新三板挂牌业务的资产评估机构群体庞大，但各资产评估机构服务挂牌公司数量却差异很大。

表29 资产评估机构服务挂牌公司情况

单位：家

资产评估机构	服务单位数量	资产评估机构	服务单位数量
北京国融兴华资产评估有限责任公司	923	中联资产评估集团有限公司	159
银信资产评估有限公司	519	中水致远资产评估有限公司	156
开元资产评估有限公司	505	广东联信资产评估土地房地产估价有限公司	136
万隆（上海）资产评估有限公司	377	中威正信（北京）资产评估有限公司	129
国众联资产评估土地房地产估价有限公司	367	北京京都中新资产评估有限公司	121
沃克森（北京）国际资产评估有限公司	321	广东中联羊城资产评估有限公司	103
上海申威资产评估有限公司	305	北京华信众合资产评估有限公司	100
中瑞国际资产评估（北京）有限公司	299	江苏银信资产评估房地产估价有限公司	97
北京北方亚事资产评估事务所（特殊普通合伙）	289	天津华夏金信资产评估有限公司	96
坤元资产评估有限公司	277	北京大正海地人资产评估有限公司	95
中京民信（北京）资产评估有限公司	255	中和资产评估有限公司	93
中铭国际资产评估（北京）有限责任公司	247	北京亚太联华资产评估有限公司	92
北京中同华资产评估有限公司	247	北京亚超资产评估有限公司	90
北京中天华资产评估有限责任公司	241	湖北众联资产评估有限公司	83
天源资产评估有限公司	212	上海立信资产评估有限公司	77
江苏中天资产评估事务所有限公司	207	江苏华信资产评估有限公司	77
广东中广信资产评估有限公司	198	上海众华资产评估有限公司	75
北京中企华资产评估有限责任公司	196	厦门市大学资产评估土地房地产价有限责任公司	72
北京天健兴业资产评估有限公司	195	山东正源和信资产评估有限公司	70
北京中科华资产评估有限公司	162	福建联合中和资产评估土地房地产估价有限公司	67
北京中和谊资产评估有限公司	161	同致信德（北京）资产评估有限公司	67

续表

资产评估机构	服务单位数量	资产评估机构	服务单位数量
北京经纬东元资产评估有限公司	62	河南亚太联华资产评估有限公司	33
北京天圆开资产评估有限公司	55	北京卓信大华资产评估有限公司	33
亚洲(北京)资产评估有限公司	53	中财宝信(北京)资产评估有限公司	31
上海东洲资产评估有限公司	46	北京中锋资产评估有限责任公司	27
中评信宏(北京)资产评估有限公司	46	天津中联资产评估有限责任公司	25
深圳市德正信资产评估有限公司	40	北京中天和资产评估有限公司	24
辽宁元正资产评估有限责任公司	36	中建银(北京)资产评估有限公司	22
北京大展资产评估有限公司	35	中通诚资产评估有限公司	21
西安正衡资产评估有限公司	34	深圳市鹏信资产评估土地房地产估价有限公司	21

资料来源：Wind 资讯金融终端新三板专题统计。

（五）更换中介机构

2016 年，新三板市场挂牌公司存在一个普遍的现象，即大量更换主办券商、会计师事务所、律师事务所等中介机构，尤以更换主办券商为甚。根据全国中小企业股份转让系统关于挂牌公司的公告，笔者对 2015 年和 2016 年新三板挂牌公司更换中介机构公告情况进行统计，具体数据如表 30 所示。

表 30 新三板挂牌公司更换中介机构情况

单位：次

公告年度	2015	2016
更换主办券商	148	422
更换会计师事务所	33	165
更换律师事务所	0	19

注：2016 年 12 月 21 日大量挂牌公司更换"华泰证券"，是因为华泰证券将其主办券商推荐业务资质变更至子公司华泰联合证券有限责任公司。

资料来源：笔者参照全国中小企业股份转让系统挂牌公司公告整理获得。

挂牌公司更换主办券商愈加频繁有多方面原因。首先，持续督导的收益明显低于推荐挂牌的收益（据新三板在线资料，推荐挂牌收费在 200 万元左右，而持续督导一年收费为10万~20万元），所以，很多大牌券商对挂牌成功后持续督导的积极性不高。其次，很多企业欲通过IPO转板，需要与从事IPO业务经验丰富的券商合作，因此，很多大券商业务积压过多，持续督导服务难以匹配企业诉求，服务质量难以得到保证。最后，监管压力对于主办券商的综合能力要求越来越高，很多挂牌能力强的券商在持续督导质量和能力方面有欠缺，造成大量券商和企业双双被监管层处罚。

自2016年以来，新三板挂牌公司更换会计师事务所的现象也呈显著的上升趋势。一方面，新三板企业经营规模在不断扩大，业务愈加复杂，造成审计费用不断增加，企业迫于成本压力选择主动更换会计师事务所。另一方面，新三板挂牌企业因成立时间较短，公司治理水平较差，不太重视会计信息披露工作；会计师事务所认为审计成本和审计收益不再匹配，在监管压力逐渐增大的情况下，为降低审计风险会主动选择与企业解约。大批的新三板挂牌公司与原配中介机构频频上演"分手戏"，这一现象在2017年将表现得更为明显。

六 挂牌公司治理结构

（一）股东结构与股权结构

1. 股东结构

公司股东结构能够反映公司的股权分散程度，股东人数越多，公司股权越分散。新三板挂牌公司股东人数分布情况如表31和图27所示，截至2016年末，新三板市场挂牌公司股东人数为3~50人的占比为77.95%；股东人数为10~50人的公司占比最大，为39.37%。根据《中国新三板发展报告（2016）》，相比2014年，2015年新三板市场挂牌公司的规模有所扩大，公司股权结构趋于分化[①]；而2016年股权分散化程度较2015年有所减弱。新三板

---

① 《中国新三板发展报告（2016）》显示，2015年挂牌公司股东人数在10人以下的公司占比明显下降，股东人数在10人以上的公司占比有所提升，其中股东人数为50~100人的公司占比提高2.60个百分点，股东人数为100~200人的公司占比提高2.12个百分点，股东人数在200人以上的公司占比提高3.28个百分点。

市场在公司数量快速增加的同时，也应考虑提高公司股权的分散化程度，这样能够增强股权的流动性，形成相互制衡的治理结构，进而提高公司的治理效率。

表31 新三板挂牌公司股东人数分布情况

单位：家，%

股东人数	2016年末		2015年末	
	挂牌公司数量	占比	挂牌公司数量	占比
2人	711	7.00	397	7.74
3~10人	3921	38.58	1741	33.94
10~50人	4001	39.37	2056	40.09
50~100人	788	7.75	453	8.83
100~200人	423	4.16	275	5.36
200人以上	319	3.14	207	4.04
合计	10163	100.00	5129	100.00

注：采用上组限不在内原则，如3~10区间不包含10。

资料来源：2016年资料来源于全国中小企业股份转让系统，2015年资料来源于张跃文、刘平安主编《中国新三板发展报告（2016）》，社会科学文献出版社，2016。

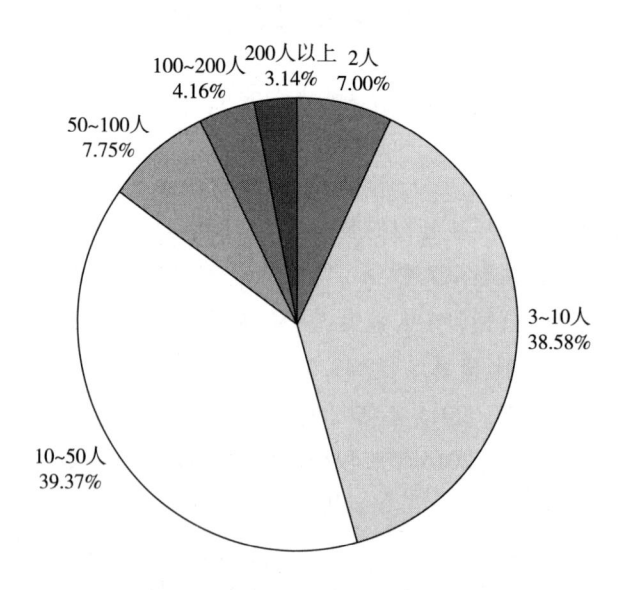

图27 2016年末新三板挂牌公司股东人数情况

资料来源：全国中小企业股份转让系统。

2. 股权结构

股权集中度能够衡量公司股权结构的分布状态。股权高度集中不利于形成有效的公司治理机制，高度分散又常会引来"野蛮人"的入侵。2016年末，新三板挂牌公司股权集中度①情况如表32所示。根据东方财富Choice数据库统计，在10163家挂牌公司②中，2016年年报公布股权集中度的9548家公司③中，前十大股东持股比例合计在90%以上的公司占比最高，达到82.91%；而持股比例合计为0～50%的公司占比最低，仅为0.32%。这反映了新三板挂牌企业的公司治理结构存在较大问题，会阻碍市场的健康发展。同时，如此高的股权集中度，部分公司流通股过少，甚至没有流通股，也是目前我国新三板竞价交易推出条件不充分的一个重要原因。

表32 2016年末新三板挂牌公司股权集中度情况

单位：家，%

股权集中度	公司数量	占比
0～50%	31	0.32
50%～70%	200	2.09
70%～90%	1401	14.67
90%以上	7916	82.91
合计	9548	100.00

注：采用上组限不在内原则，如0～50区间中不包含50。
资料来源：东方财富Choice数据库新三板专题。

将新三板挂牌公司按照基础层和创新层进行分类后，对股权集中度进行统计，如表33所示。创新层公司的股权分散度水平明显优于基础层公司。

---

① 股权集中度：前十大股东持股比例之和。
② 2017年1月1日前挂牌新三板市场的10163家公司中，有79家公司在2017年1月1日至2017年4月28日摘牌，另有514家公司在2017年4月28日前未公布2016年年报。本部分及后文"挂牌公司经营情况"部分股权数据及财务数据未包括79家摘牌公司和514家未公布2016年年报公司。
③ 2017年4月28日前公布2016年年报的9570家新三板挂牌公司中，有22家未公布股权集中度数据。

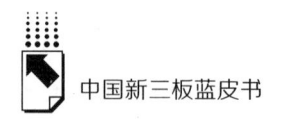

表33　2016年末新三板基础层和创新层公司股权集中度情况

单位：家，%

股权集中度	基础层		创新层	
	公司数量	占比	公司数量	占比
0~50%	24	0.28	7	0.80
50%~70%	120	1.38	80	9.11
70%~90%	1032	11.90	369	42.03
90%以上	7494	86.44	422	48.06
合计	8670	100.00	878	100.00

注：采用上组限不在内原则，如0~50区间中不包含50。
资料来源：东方财富Choice数据库新三板专题。

将新三板挂牌公司按照做市转让和协议转让进行分类后，对股权集中度进行统计，如表34所示。在股权分散能力上，做市转让因做市商制度的引入而具有一定的优势。做市转让能够为投资人提供更多买卖股票的投资机会，从而达到分散企业股权的效果。考虑到做市板块股权分散度较协议转让相对较高的现状，未来做市商制度将成为我国新三板市场分散股权、改善流动性的重要突破口。

表34　2016年末新三板做市转让和协议转让公司股权集中度情况

单位：家，%

股权集中度	做市转让		协议转让	
	公司数量	占比	公司数量	占比
0~50%	14	0.94	17	0.21
50%~70%	96	6.41	104	1.29
70%~90%	564	37.68	837	10.40
90%以上	823	54.98	7093	88.10
合计	8670	100.00	878	100.00

注：采用上组限不在内原则，如0~50区间中不包含50。
资料来源：东方财富Choice数据库新三板专题。

高度集中的股权结构能够增强大股东对公司的控制力，但股权集中度居高不下，说明公司治理结构没有得到有效的改善。这一方面会弱化企业资本累积和规避风险的能力，另一方面，控股股东极高的决策权会带来较为严重的利益侵占问题，进而导致中小企业面临巨大的发展瓶颈，缺乏长期持续健康发展的潜力和动力。

（二）股权激励

不管是在主板、创业板、中小板市场，还是在新三板市场，公司实施股权或期权激励计划都是完善公司治理结构的重要内容。已有众多学术论文实证检验认为，实施股权激励能够有效解决"委托－代理"问题，协调管理层和公司股东之间的利益冲突，促使二者真正成为利益共同体。

据东方财富Choice数据库数据，截至2016年12月31日，新三板已经公布股权激励预案共有411个，其中271个于2016年公布。[1] 2016年，新三板挂牌公司实施股权激励的公司有20家（共23次），股东大会通过股权激励方案的公司有192家（共208次）。2015年，实施股权激励的公司为4家，股东大会通过股权激励方案的公司有19家。[2] 相比2015年，2016年股权激励被实施和被股东大会通过的方案数量有了极大幅度的增加。

目前，股权激励的激励标的物包括股票、期权和股票增值权。2016年新三板挂牌公司股东大会通过股权激励标的物情况如图28所示，在2016年公布预案并且通过股东大会的208个股权激励方案中，60.58%的选择股票作为激励标的物，39.42%的选择期权作为激励标的物。[3] 如表35~表37所示，在2016年公布预案并且已经实施的23个股权激励方案中，有6个方案激励标的物是股票，占比为26.09%；有1个方案激励标的物是股票增值权，占比为4.35%；有16个方案激励标的物是期权，占比为69.57%。在实施股权激励的计划中，选择期权作为激励标的物的方案数量要远远多于选择股票和股票增值权作为激励标的物的方案数量。股权激励在限制期内能够给予激励对象分红权，在限制期结束后激励对象能够立即拥有公司财产的部分所有权，实施成本较高。而期权激励是一种看涨期权，不是实际的股票奖励，对公司来说，成本很低。在期权行权期内，激励对象是否行权具有不确定性，在股价走势低迷的

---

[1] 东方财富Choice数据库新三板专题。
[2] 张跃文、刘平安主编《中国新三板发展报告（2016）》，社会科学文献出版社，2016。
[3] 东方财富Choice数据库新三板专题。

情况下，不一定能够达到行权的条件，并且激励对象收益实现也取决于未来股价的波动。

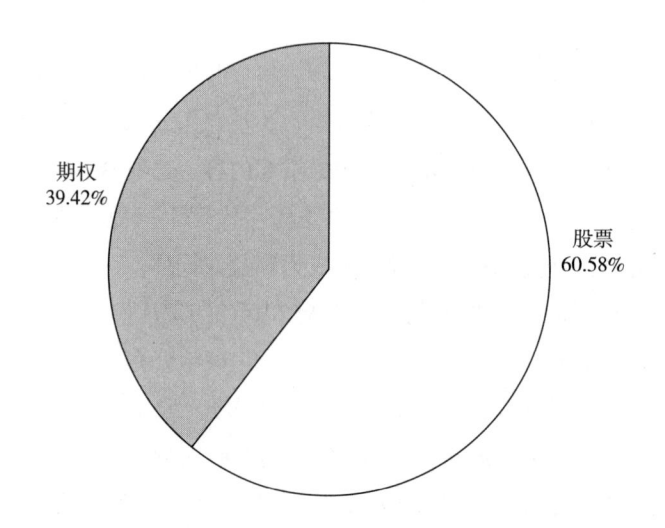

图28　2016年新三板挂牌公司股东大会通过股权激励标的物情况

资料来源：东方财富Choice数据库新三板专题。

据东方财富Choice数据库数据，大多数股权激励方案中激励总数占公司当时总股本的比例集中在1.0%～5.0%，激励比例偏低；激励有效期集中在1～5年，有效期偏短。激励比例偏低与新三板采用多样的激励工具有关，但激励比例偏低、有效期偏短，也体现出新三板在成长初期对员工的激励力度明显不足，利用股权激励留住人才的能力极为有限。

表35　2016年新三板挂牌公司股权激励实施情况

代码	名称	激励标的物	激励总数（万股/万份）	激励总数占当时总股本比例（%）	行权/转让价格（元）	有效期（年）
834901.OC	锐取信息	股票	30.0000	—	4.0000	—
834376.OC	冠新软件		43.2820	2.2780	13.1600	—
834376.OC	冠新软件		251.2234	13.2200	18.4200	—
430438.OC	星弧涂层		20.0000	1.9170	1.0000	—
832007.OC	航天检测		707.0000	21.9900	4.0000	—
834392.OC	兆尹科技		400.0000	6.4500	4.0000	2

续表

代码	名称	激励标的物	激励总数（万股/万份）	激励总数占当时总股本比例(%)	行权/转让价格(元)	有效期(年)
832159.OC	合全药业	股票增值权	45.0000	0.3481	26.0400	10
831701.OC	万龙电气		400.0000	4.9400	3.1500	4
830890.OC	海魄科技		100.0000	5.1580	5.1500	—
833344.OC	巨网科技		500.0000	5.2800	5.0000	—
430618.OC	凯立德		2400.0000	6.9700	5.5000	5
430596.OC	新达通		655.0000	3.7851	—	3
833904.OC	远图互联		100.0000	2.3800	5.0000	—
832159.OC	合全药业		55.0000	0.4255	26.0400	10
831887.OC	长潮股份	期权	100.0000	3.5600	—	4
836928.OC	互动派		278.5554	5.0000	2.0000	—
832807.OC	云高信息		224.0000	10.0000	15.0000	3
430071.OC	首都在线		300.0000	3.5000	10.0000	5
832828.OC	凡科股份		27.5000	2.0000	7.0000	4
834856.OC	国游网络		167.6200	—	2.1600	10
832828.OC	凡科股份		14.5000	1.0500	7.0000	5
833448.OC	灵动微电		100.0000	3.3800	4.0000	4
834637.OC	禾益化工		807.0000	5.7600	3.3000	10

表36　2016年新三板挂牌公司股东大会通过股权激励股份数量情况

单位：个，%

股份激励数量占总股本比例	股东大会通过股权激励数量	股权激励数量占比
0~1.0%	11	6.75
1.0%~5.0%	64	39.26
5.0%~10.0%	54	33.13
10.0%~15.0%	23	14.11
15.0%~20.0%	7	4.29
20.0%以上	4	2.45

注：采用上组限不在内原则，如0~1.0区间中不包含1.0。
资料来源：东方财富Choice数据库新三板专题。

在208个股东大会通过的股权激励计划中，45个未获取股权激励数量。

表37 2016年新三板挂牌公司股东大会通过股权激励有效期情况

股份激励有效期(年)	股东大会通过股权激励数量(个)	股权激励数量占比(%)
1	5	6.76
2	4	5.41
3	16	21.62
3.4167	1	1.35
3.5	2	2.70
4	16	21.62
5	19	25.68
6	4	5.41
7	2	2.70
10	5	6.76

资料来源：东方财富Choice数据库新三板专题。

随着公司股东对挂牌公司治理机制越来越关注，从发展趋势来看，未来将有更多公司开始尝试使用期权激励的方式来解决"委托－代理"问题，为投资者创造更多价值。同时，由于目前尚无专门详细的新三板股权激励规则或操作指南，新三板股权激励乱象频发，比如，将监事和经销商作为激励对象，大股东"自己激励自己"，向激励对象提供财务资助和超低价、无业绩门槛激励等。因此，应尽快出台针对新三板公司股权激励的法律法规，完善新三板市场的公司治理结构。

七 挂牌公司经营情况

2016年，新三板市场挂牌公司数量和公司整体盈利增速趋缓，但经营质量"含金量"也在逐步增加。

（一）总体盈亏情况

近年来，新三板市场挂牌公司盈亏结构基本保持稳定，实现盈利的公司占比变化不大，维持在80%～85%，但2016年相比前三年有小幅度下降，降至79.67%。新三板挂牌公司盈亏情况如表38所示。

表38　新三板挂牌公司盈亏情况

单位：家，%

盈亏情况	2013年		2014年		2015年		2016年	
	公司数量	占比	公司数量	占比	公司数量	占比	公司数量	占比
亏损	57	16.67	236	15.05	880	17.25	1946	20.33
盈利	285	83.33	1332	84.95	4222	82.75	7624	79.67
合计	342	100.00	1568	100.00	5102	100.00	9570	100.00

注：此处资料来源于企业合并报表，根据含有少数股东损益的净利润来衡量公司盈亏。

资料来源：2013~2015年资料来源于张跃文、刘平安主编《中国新三板发展报告（2016）》，社会科学文献出版社，2016；2016年资料来源于东方财富Choice数据库新三板专题。

将9570家公司按照挂牌分层（基础层和创新层）和行业分类后进行统计，2016年度盈亏情况如表39所示。从挂牌分层角度看，2016年度创新层挂牌公司盈利占比明显高于基础层挂牌公司盈利占比。在882家创新层公司中，盈利公司823家，占比高达93.3%；亏损公司59家，占比为6.7%。而在8688家基础层公司中，盈利公司6801家，占比仅为78.3%；亏损公司1887家，占比为21.7%。从行业分类角度看，"房地产业"和"金融业"实现盈利的挂牌公司占比最高，分别为89.8%和89.9%（同时考虑基础层和创新层公司，下同）；"采矿业"、"居民服务、修理和其他服务业"和"卫生和社会工作业"实现盈利的挂牌公司占比较低，分别为64.1%、63.6%和62.5%，其中基础层盈利公司占比更低。"制造业"的挂牌公司数量最多，盈亏状况较为稳定，成为新三板市场的"定海神针"。"信息传输、软件和信息技术服务业"的挂牌公司数量仅次于制造业，但盈亏状况较"制造业"差。

表39　2016年度新三板基础层和创新层挂牌公司盈亏情况

单位：家，%

证监会行业分类	基础层				创新层			
	盈利	占比	亏损	占比	盈利	占比	亏损	占比
采矿业	22	61.1	14	38.9	3	100.0	0	0.0
非金属矿采选业	2	50.0	2	50.0	1	100.0	0	0.0
黑色金属矿采选业	1	100.0	0	0.0	0	—	0	—
开采辅助活动	16	64.0	9	36.0	1	100.0	0	0.0
煤炭开采和洗选业	0	0.0	1	100.0	0	—	0	—

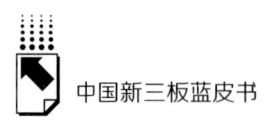

续表

证监会行业分类	基础层				创新层			
	盈利	占比	亏损	占比	盈利	占比	亏损	占比
石油和天然气开采业	0	0.0	2	100.0	0	—	0	—
有色金属矿采选业	3	100.0	0	0.0	1	100.0	0	0.0
电力、热力、燃气及水生产和供应业：	55	75.3	18	24.7	7	100.0	0	0.0
电力、热力生产和供应业	26	76.5	8	23.5	6	100.0	0	0.0
燃气生产和供应业	14	82.4	3	17.6	1	100.0	0	0.0
水的生产和供应业	15	68.2	7	31.8	0	—	0	—
房地产业：房地产业	50	89.3	6	10.7	3	100.0	0	0.0
建筑业：	236	84.9	42	15.1	39	97.5	1	2.5
房屋建筑业	11	100.0	0	0.0	3	100.0	0	0.0
建筑安装业	48	82.8	10	17.2	4	100.0	0	0.0
建筑装饰和其他建筑业	95	82.6	20	17.4	13	92.9	1	7.1
土木工程建筑业	82	87.2	12	12.8	19	100.0	0	0.0
交通运输、仓储和邮政业：	117	82.4	25	17.6	14	100.0	0	0.0
仓储业	12	85.7	2	14.3	0	—	0	—
道路运输业	47	88.7	6	11.3	7	100.0	0	0.0
管道运输业	0	—	0	—	1	100.0	0	0.0
航空运输业	3	75.0	1	25.0	0	—	0	—
水上运输业	8	72.7	3	27.3	2	100.0	0	0.0
铁路运输业	1	100.0	0	0.0	1	100.0	0	0.0
邮政业	3	100.0	0	0.0	0	—	0	—
装卸搬运和运输代理业	43	76.8	13	23.2	3	100.0	0	0.0
教育：教育	47	79.7	12	20.3	1	100.0	0	0.0
金融业：	100	89.3	12	10.7	7	100.0	0	0.0
保险业	15	78.9	4	21.1	2	100.0	0	0.0
货币金融服务	41	91.1	4	8.9	2	100.0	0	0.0
其他金融业	31	91.2	3	8.8	1	100.0	0	0.0
资本市场服务	13	92.9	1	7.1	2	100.0	0	0.0
居民服务、修理和其他服务业：	25	61.0	16	39.0	3	100.0	0	0.0
机动车、电子产品和日用产品修理业	4	66.7	2	33.3	0	—	0	—
居民服务业	9	75.0	3	25.0	1	100.0	0	0.0
其他服务业	12	52.2	11	47.8	2	100.0	0	0.0
科学研究和技术服务业：	313	78.4	86	21.6	32	91.4	3	8.6

续表

证监会行业分类	基础层				创新层			
	盈利	占比	亏损	占比	盈利	占比	亏损	占比
科技推广和应用服务业	61	75.3	20	24.7	5	83.3	1	16.7
研究和试验发展	24	60.0	16	40.0	3	60.0	2	40.0
专业技术服务业	228	82.0	50	18.0	24	100.0	0	0.0
农、林、牧、渔业：	128	83.1	26	16.9	30	100.0	0	0.0
畜牧业	33	86.8	5	13.2	13	100.0	0	0.0
林业	5	62.5	3	37.5	3	100.0	0	0.0
农、林、牧、渔服务业	13	72.2	5	27.8	1	100.0	0	0.0
农业	73	85.9	12	14.1	12	100.0	0	0.0
渔业	4	80.0	1	20.0	1	100.0	0	0.0
批发和零售业：	256	72.1	99	27.9	30	83.3	6	16.7
零售业	71	61.7	44	38.3	12	66.7	6	33.3
批发业	185	77.1	55	22.9	18	100.0	0	0.0
水利、环境和公共设施管理业：	142	84.5	26	15.5	18	94.7	1	5.3
公共设施管理业	13	76.5	4	23.5	1	100.0	0	0.0
生态保护和环境治理业	127	85.8	21	14.2	17	94.4	1	5.6
水利管理业	2	66.7	1	33.3	0	—	0	—
卫生和社会工作：	22	59.5	15	40.5	5	83.3	1	16.3
社会工作	1	50.0	1	50.0	0	—	0	—
卫生	21	60.0	14	40.0	5	83.3	1	16.7
文化、体育和娱乐业：	139	75.5	45	24.5	18	85.7	3	14.3
广播、电视、电影和影视录音制作业	76	76.0	24	24.0	9	90.0	1	10.0
体育	12	70.6	5	29.4	1	50.0	1	50.0
文化艺术业	27	75.0	9	25.0	4	80.0	1	20.0
新闻和出版业	17	81.0	4	19.0	3	100.0	0	0.0
娱乐业	7	70.0	3	30.0	1	100.0	0	0.0
信息传输、软件和信息技术服务业：	1236	72.7	465	27.3	204	88.7	26	11.3
电信、广播电视和卫星传输服务	18	72.0	7	28.0	5	83.3	1	16.7
互联网和相关服务	207	56.7	158	43.3	39	79.6	10	20.4
软件和信息技术服务业	1011	77.1	300	22.9	160	91.4	15	8.6
制造业：	3561	80.5	865	19.5	385	96.3	15	3.7
电气机械和器材制造业	411	82.9	85	17.1	47	97.9	1	2.1
纺织服装、服饰业	28	75.7	9	24.3	3	100.0	0	0.0

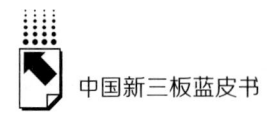

续表

证监会行业分类	基础层				创新层			
	盈利	占比	亏损	占比	盈利	占比	亏损	占比
纺织业	49	84.5	9	15.5	1	100.0	0	0.0
非金属矿物制品业	145	73.6	52	26.4	18	94.7	1	5.3
废弃资源综合利用业	36	80.0	9	20.0	5	100.0	0	0.0
黑色金属冶炼和压延加工业	18	90.0	2	10.0	1	100.0	0	0.0
化学纤维制造业	12	80.0	3	20.0	1	50.0	1	50.0
化学原料及化学制品制造业	362	83.8	70	16.2	33	97.1	1	2.9
计算机、通信和其他电子设备制造业	480	81.5	109	18.5	57	96.6	2	3.4
家具制造业	19	70.4	8	29.6	2	100.0	0	0.0
金属制品、机械和设备修理业	6	85.7	1	14.3	1	100.0	0	0.0
金属制品业	159	84.1	30	15.9	7	100.0	0	0.0
酒、饮料和精制茶制造业	14	66.7	7	33.3	3	100.0	0	0.0
木材加工及木、竹、藤、棕、草制品业	15	71.4	6	28.6	3	100.0	0	0.0
农副食品加工业	114	86.4	18	13.6	19	100.0	0	0.0
皮革、毛皮、羽毛及其制品和制鞋业	14	77.8	4	22.2	1	100.0	0	0.0
其他制造业	38	77.6	11	22.4	6	100.0	0	0.0
汽车制造业	141	89.2	17	10.8	17	100.0	0	0.0
石油加工、炼焦及核燃料加工业	13	86.7	2	13.3	3	100.0	0	0.0
食品制造业	66	79.5	17	20.5	6	85.7	1	14.3
铁路、船舶、航空航天和其他运输设备制造业	42	75.0	14	25.0	2	100.0	0	0.0
通用设备制造业	278	78.8	75	21.2	22	95.7	1	4.3
文教、工美、体育和娱乐用品制造业	41	82.0	9	18.0	5	83.3	1	16.7
橡胶和塑料制品业	151	84.8	27	15.2	16	100.0	0	0.0
医药制造业	176	79.6	45	20.4	31	96.9	1	3.1
仪器仪表制造业	151	77.8	43	22.2	13	100.0	0	0.0
印刷和记录媒介复制业	38	80.9	9	19.1	2	100.0	0	0.0
有色金属冶炼和压延加工业	61	87.1	9	12.9	6	85.7	1	14.3
造纸及纸制品业	35	81.4	8	18.6	1	50.0	1	50.0
专用设备制造业	448	74.0	157	26.0	53	94.6	3	5.4
住宿和餐饮业	20	76.9	6	23.1	1	100.0	0	0.0

续表

证监会行业分类	基础层				创新层			
	盈利	占比	亏损	占比	盈利	占比	亏损	占比
餐饮业	14	100.0	0	0.0	0	—	0	—
住宿业	6	50.0	6	50.0	1	100.0	0	0.0
综合:综合	0	0.0	1	100.0	0	—	0	—
租赁和商务服务业:	332	75.5	108	24.5	23	88.5	3	11.5
商务服务业	316	74.9	106	25.1	22	88.0	3	12.0
租赁业	16	88.9	2	11.1	1	100.0	0	0.0
合计	6801	78.3	1887	21.7	823	93.3	59	6.7

资料来源：东方财富 Choice 数据库新三板专题。

（二）营收与净利润增长情况

新三板挂牌公司经营情况如表40和图29、图30所示，从营收与净利润增长方面看，从2013年到2015年，新三板挂牌公司的盈利水平大幅度提升，但在2016年却出现了极为明显的下滑。2016年统计的9570家挂牌公司实现营业总收入16191.59亿元，净利润总额1080.04亿元；平均营业收入为16919.12亿元，同比减少2.22%；平均净利润为1128.56亿元，同比减少20.90%。而2014年平均营业收入和平均净利润的同比增长率分别为63.88%和74.72%，2015年分别为24.65%和40.89%。

表40 新三板挂牌公司经营情况

时间	挂牌公司数量(家)	营业总收入（万元）	平均营业收入		净利润（万元）	平均净利润*	
			金额（万元）	增长率（%）		金额（万元）	增长率（%）
2013年	342	2897024.69	8470.93	—	198227.10	579.61	—
2014年	1568	21767112.70	13882.09	63.88	1587885.52	1012.68	74.72
2015年	5121	88613611.09	17303.97	24.65	7306359.15	1426.74	40.89
2016年	9570	161915939.77	16919.12	-2.22	10800364.12	1128.56	-20.90
其中:基础层	8688	123471451.09	14211.72	—	7319408.08	842.47	—
创新层	882	38444488.68	43587.86	—	3480956.04	3946.66	—

注：*净利润用含少数股东损益的净利润衡量，下同。此处资料来源于企业合并报表。
资料来源：2013~2015年资料来源于张跃文、刘平安主编《中国新三板发展报告（2016）》，社会科学文献出版社，2016；2016年数据来源于东方财富 Choice 数据库新三板专题。

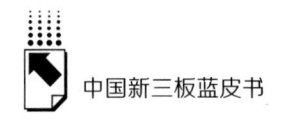

对挂牌企业按照分层进行营业收入和净利润统计，可以发现，无论是营业收入规模，还是盈利能力，创新层公司均明显优于新三板整体，更优于基础层公司，"明珠效应"表现极为明显。

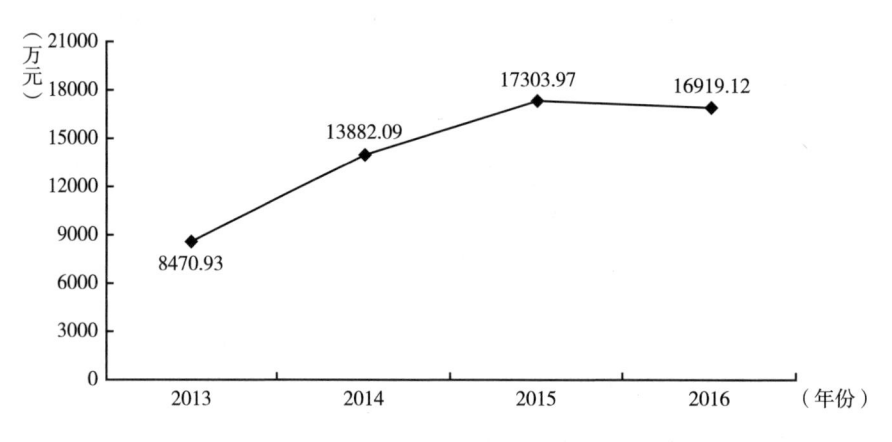

图29　新三板挂牌公司平均营业收入变化情况

资料来源：2013~2015年数据来源于张跃文、刘平安主编《中国新三板发展报告（2016）》，社会科学文献出版社，2016；2016年数据来源于东方财富Choice数据库新三板专题。

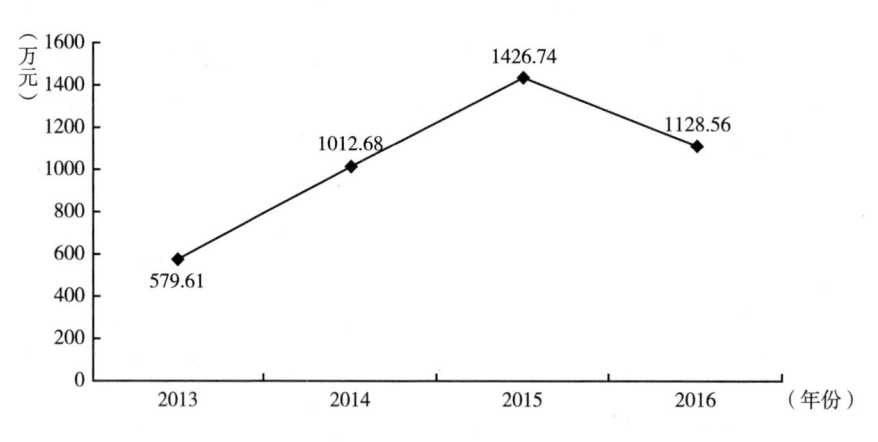

图30　新三板挂牌公司平均净利润变化情况

资料来源：2013~2015年数据来源于张跃文、刘平安主编《中国新三板发展报告（2016）》，社会科学文献出版社，2016；2016年数据来源于东方财富Choice数据库新三板专题。

新三板市场发展阶段及挂牌时净资产、营业收入和净利润情况如表41所示。2016年新三板企业的盈利能力出现明显减弱，一方面归因于整体宏观经济下行因素，另一方面受新挂牌公司质量下滑的影响。本部分借鉴"读懂新三板研究中心"的统计数据，将2012年初至2016年第三季度末的新三板市场发展分为6个阶段，并对不同阶段挂牌公司挂牌时净资产、营业收入和净利润等指标进行分析。2014年1月24日新三板市场正式扩容后，吸引能力较强的企业纷纷进入该市场，使挂牌企业经营质量明显提升。2014年8月25日做市制度引入，A股市场爆发，更多的优秀企业积极转入新三板市场，考虑到进入新三板市场需要一定申请审核批准时间，在2015年6月16日股灾后，新三板市场迎来规模最大时期。同时，在股灾期间，一些质量不佳的企业也冲进新三板市场。2016年后，市场行情走低，对优质企业进入的吸引力降低，新三板市场流动性减弱，投资者离场困境更加严重，新增挂牌企业经营质量和盈利能力开始走下坡路。

表41 新三板市场发展阶段及挂牌时净资产、营业收入和净利润情况

单位：家，万元

阶段	分段标准	挂牌家数	挂牌时平均净资产	挂牌时平均营业收入	挂牌时平均净利润
阶段一	2012年初至2014年1月23日	256	3458.64	5040.15	509.73
阶段二	2014年1月24日至2014年8月24日	725	7664.84	13021.84	899.77
阶段三	2014年8月25日至2015年6月15日	1490	7572.57	13427.55	841.99
阶段四	2015年6月16日至2015年12月31日	2550	9629.31	16147.20	1120.00
阶段五	2016年初至2016年6月26日	2513	7317.94	13361.67	816.12
阶段六	2016年6月27日至2016年9月30日	1501	5837.34	11749.05	707.70

注：2014年1月24日为新三板市场扩容首日，2014年8月25日为新三板市场做市首日，2015年6月16日为股灾开始日，2016年6月27日为新三板市场分层首日。
资料来源：读懂新三板研究中心，笔者稍作改动。

2016年新三板挂牌公司盈利前十名如表42所示。前十大盈利公司中，7家来自证券、银行、期货等金融行业。其中，九鼎集团问鼎新三板盈利榜，

净利润超过20亿元；第二名齐鲁银行，以16.5亿元的净利润远超第三名南通三建1倍之多。盈利排名前10的挂牌公司中，创新层企业有3家，占882家创新层企业的0.34%；基础层企业有7家，占8688家基础层企业的不到0.08%。

表42　2016年新三板挂牌公司盈利前十名情况

证券代码	证券名称	2016年净利润(万元)	行业分类	板块
430719.OC	九鼎集团	224881.80	金融业	基础层
832666.OC	齐鲁银行	165379.60	金融业	创新层
838583.OC	南通三建	74077.83	建筑业	基础层
833979.OC	天图投资	72662.41	金融业	基础层
834793.OC	华强方特	70845.63	文化、体育和娱乐业	创新层
833858.OC	信中利	66052.62	金融业	基础层
832924.OC	明石创新	62212.02	金融业	基础层
833840.OC	永安期货	61505.04	金融业	创新层
834777.OC	中投保	59886.65	租赁和商务服务业	基础层
833044.OC	硅谷天堂	53174.87	金融业	基础层

资料来源：东方财富Choice数据库新三板专题。

2016年新三板挂牌公司亏损前20名情况如表43所示。2016年全年，新三板市场有20家企业亏损超过1亿元，很多企业都存在连年亏损情况。其中名列亏损榜首的神州优车，相比2015年，净利润略增，但依然续亏。分析其亏损的原因，主要在于网约车在激烈的市场竞争中，通过展开大规模补贴、充值返现等"烧钱"促销方式来吸引用户。在这20家亏损企业中，基础层企业有17家，创新层企业有3家。

表43　2016年新三板挂牌公司亏损前20名情况

证券代码	证券名称	2016年净利润(万元)	行业分类	板块
838006.OC	神州优车	-367204.0	信息传输、软件和信息技术服务业	基础层
834338.OC	恒大淘宝	-81183.5	文化、体育和娱乐业	基础层
837893.OC	黑金时代	-63916.8	采矿业	基础层

续表

证券代码	证券名称	2016年净利润(万元)	行业分类	板块
830796.OC	云南路桥	-49013.4	建筑业	基础层
430010.OC	现代农装	-44342.0	制造业	基础层
831029.OC	银丰棉花	-25129.8	农、林、牧、渔业	基础层
832397.OC	恒神股份	-22708.9	制造业	创新层
430065.OC	中海阳	-19533.0	制造业	基础层
834441.OC	大力神	-17749.8	制造业	基础层
839843.OC	孩子王	-14376.3	批发和零售业	基础层
833330.OC	君实生物	-13818.7	制造业	基础层
833933.OC	ST优服	-13502.6	信息传输、软件和信息技术服务业	基础层
836484.OC	九言科技	-13181.5	信息传输、软件和信息技术服务业	基础层
833171.OC	福建国航	-11852.6	交通运输、仓储和邮政业	基础层
834750.OC	宁远科技	-11802.0	信息传输、软件和信息技术服务业	基础层
831226.OC	聚宝网络	-11491.1	租赁和商务服务业	创新层
834214.OC	百合网	-11387.8	信息传输、软件和信息技术服务业	基础层
833445.OC	海王星	-11105.2	采矿业	基础层
836393.OC	北森云	-10890.6	信息传输、软件和信息技术服务业	基础层
430618.OC	凯立德	-10449.4	信息传输、软件和信息技术服务业	创新层

资料来源：东方财富 Choice 数据库新三板专题。

（三）资本结构与偿债能力

近年来，新三板市场挂牌企业的资本结构有所优化，偿债能力保持稳定，整体偿债能力较好。

新三板挂牌公司资产负债率分布情况如表44所示。可以看出，2016年资产负债率处于0%～20%的公司占比较2015年有所降低，处于20%～50%的公司占比有所提高。最近四年内，资产负债率处于80%以上的公司占比逐年

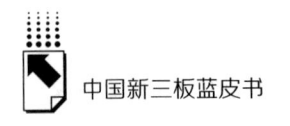

降低。2014~2016年新三板挂牌公司整体资产负债率情况如表45所示。可以看出，近三年整体资产负债率依次为59.41%、51.05%、47.93%，呈现出逐年下降的趋势。

表44 新三板挂牌公司资产负债率分布情况

单位：家，%

资产负债率	2013年		2014年		2015年		2016年	
	公司数量	占比	公司数量	占比	公司数量	占比	公司数量	占比
0~20%	80	23.39	279	17.79	1101	21.59	1901	19.86
20%~50%	162	47.37	706	45.03	2354	46.16	4562	47.67
50%~80%	89	26.02	528	33.67	1488	29.18	2819	29.46
80%以上	11	3.22	55	3.51	157	3.08	288	3.01
合计	342	100.00	1568	100.00	5100	100.00	9570	100.00

资料来源：2013~2015年数据来源于张跃文、刘平安主编《中国新三板发展报告（2016）》，社会科学文献出版社，2016；2016年数据来源于东方财富Choice数据库新三板专题。

表45 2014~2016年新三板挂牌公司整体资产负债率情况

单位：%

年份	2014	2015	2016
整体资产负债率	59.41	51.05	47.93

资料来源：东方财富Choice数据库新三板专题，读懂新三板研究中心。

通过对资产负债情况进行分析，新三板挂牌公司的偿债能力和抗风险能力在增强，经营稳健性在提高。究其原因，一方面在于公司挂牌后的定增融资；另一方面也在于新一轮"债转股"拉开大幕，新三板"债转股"开始行动。

在9570家公布2016年年报的新三板公司中，基础层公司和创新层公司的资产负债率情况如图31和图32所示。创新层公司的资产负债结构明显优于新三板市场整体和基础层公司。在882家创新层公司中，177家公司资产负债率处于0~20%，占比为20.1%，高于基础层公司的19.8%；504家公司资产负债率处于20%~50%，占比为57.1%，远高于基础层的46.7%；资产负债率处于50%~80%和80%以上的公司数量分别为185家和15家，占比分别为21.1%和1.7%，远低于基础层的30.3%和3.1%。

2016年各行业资产负债率情况如表46所示。排除挂牌公司数量为1~5家

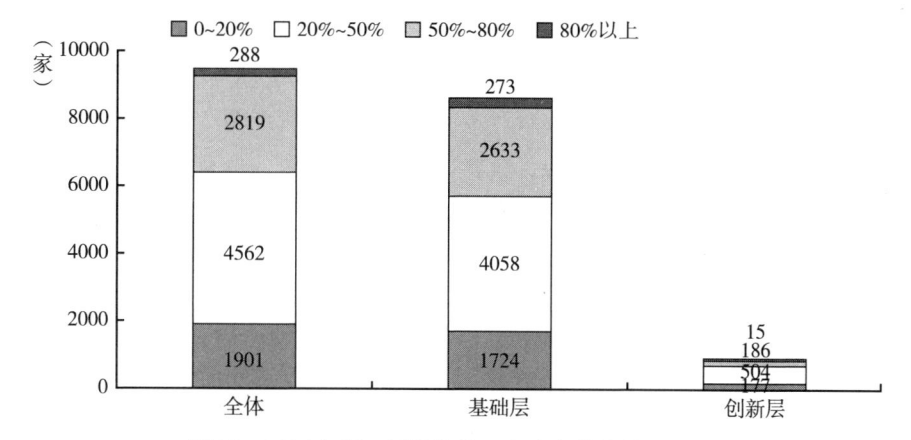

图 31　2016 年新三板挂牌公司资产负债率情况（一）

资料来源：东方财富 Choice 数据库新三板专题。

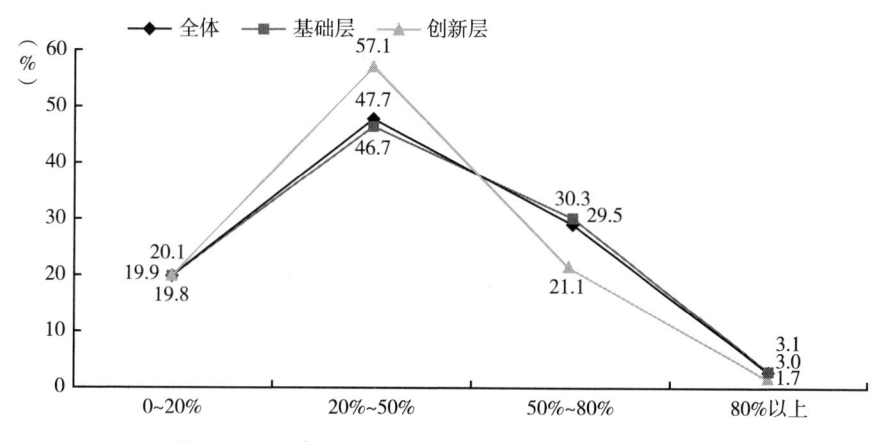

图 32　2016 年新三板挂牌公司资产负债率情况（二）

资料来源：东方财富 Choice 数据库新三板专题。

的行业（不具有代表性），平均资产负债率排名最高的五个行业依次是"租赁业"（61.46%）、"房屋建筑业"（60.19%）、"电力、热力生产和供应业"（56.88%）、"土木工程建筑业"（53.82%）和"皮革、毛皮、羽毛及其制品和制鞋业"（53.77%）①。平均资产负债率排名最低的五个行业依次是"货币

---

① 排除行业有"煤炭开采和洗选业"（82.66%）、"石油和天然气开采业"（61.30%）和"管道运输业"（56.09%）。

金融服务"（21.48%）、"保险业"（26.33%）、"林业"（29.24%）、"体育"（30.64%）和"研究和试验发展"（30.67%）①。传统行业的资产负债率要高于高新技术行业，资产型产业的资产负债率要高于轻资产型产业。传统行业凭借其发展成熟、规模较大等优势，较容易获得债权融资，也因发展前景受限而较难获得股权融资；而高新技术行业因正处于快速发展阶段，风险较大，难以取得债券融资，获得股权融资反而更为容易。新三板市场作为中国多层次资本市场上一个重要的组成部分，正是为具有创新能力和盈利潜能的中小微企业提供资本市场股权融资等服务。

表46　2016年各行业资产负债率统计

单位：%，家

证监会行业分类	最低值	最高值	平均值	公司家数
采矿业：				
非金属矿采选业	3.93	54.89	32.99	5
黑色金属矿采选业	36.32	36.32	36.32	1
开采辅助活动	3.44	62.61	33.75	26
煤炭开采和洗选业	82.66	82.66	82.66	1
石油和天然气开采业	50.04	72.57	61.30	2
有色金属矿采选业	7.76	33.20	18.17	4
电力、热力、燃气及水生产和供应业：				
电力、热力生产和供应业	0.55	95.60	56.88	40
燃气生产和供应业	1.00	74.11	37.25	18
水的生产和供应业	2.47	67.10	40.63	22
房地产业：房地产业	1.61	82.46	42.23	59
建筑业：				
房屋建筑业	12.31	77.24	60.19	14
建筑安装业	3.43	91.38	46.06	62
建筑装饰和其他建筑业	5.24	84.82	53.09	129
土木工程建筑业	6.97	99.56	53.82	113
交通运输、仓储和邮政业：				
仓储业	14.76	86.72	41.99	14
道路运输业	7.88	88.45	45.80	60

① 排除行业有"综合"（13.99%）、"航空运输业"（17.26%）、"有色金属矿采选业"（18.17%）。

续表

证监会行业分类	最低值	最高值	平均值	公司家数
管道运输业	56.09	56.09	56.09	1
航空运输业	9.11	26.94	17.26	4
水上运输业	11.19	89.35	43.85	13
铁路运输业	13.21	66.63	39.92	2
邮政业	36.03	58.18	46.63	3
装卸搬运和运输代理业	2.56	90.34	45.65	59
教育:教育	1.21	352.68	41.61	60
金融业:				
保险业	4.34	75.43	26.33	21
货币金融服务	0.28	95.18	21.48	47
其他金融业	0.46	87.28	30.87	35
资本市场服务	0.67	82.76	53.22	16
居民服务、修理和其他服务业:				
机动车、电子产品和日用产品修理业	30.52	88.05	47.94	6
居民服务业	1.02	61.47	35.28	13
其他服务业	1.29	111.15	37.29	25
科学研究和技术服务业:				
科技推广和应用服务业	0.09	84.80	37.02	87
研究和试验发展	1.46	74.15	30.67	45
专业技术服务业	1.22	98.54	36.07	302
农、林、牧、渔业:				
畜牧业	8.27	79.50	43.13	51
林业	8.10	60.52	29.24	11
农、林、牧、渔服务业	22.03	88.01	51.07	19
农业	0.34	78.25	34.27	97
渔业	14.57	80.50	43.33	6
批发和零售业:				
零售业	0.51	174.41	49.64	133
批发业	2.43	94.45	45.31	258
水利、环境和公共设施管理业:				
公共设施管理业	3.63	86.92	44.16	18
生态保护和环境治理业	1.71	92.35	42.64	166
水利管理业	6.49	54.58	33.72	3
卫生和社会工作:				
社会工作	20.18	48.09	34.14	2

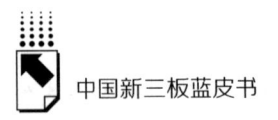

续表

证监会行业分类	最低值	最高值	平均值	公司家数
卫生	0.88	97.44	31.86	41
文化、体育和娱乐业：				
广播、电视、电影和影视录音制作业	2.24	115.52	33.87	110
体育	0.25	72.49	30.64	19
文化艺术业	4.37	153.55	37.97	41
新闻和出版业	1.17	74.05	36.81	24
娱乐业	22.87	62.79	46.26	11
信息传输、软件和信息技术服务业：				
电信、广播电视和卫星传输服务	3.09	158.16	35.93	31
互联网和相关服务	0.38	415.29	34.01	414
软件和信息技术服务业	0.02	218.69	32.07	1486
制造业：				
电气机械和器材制造业	0.78	1012.66	46.91	544
纺织服装、服饰业	2.98	89.96	42.71	40
纺织业	17.76	80.96	50.97	59
非金属矿物制品业	0.17	86.03	43.56	216
废弃资源综合利用业	11.60	78.20	44.51	50
黑色金属冶炼和压延加工业	16.49	78.23	48.77	21
化学纤维制造业	6.50	92.01	46.56	17
化学原料及化学制品制造业	0.41	105.89	39.84	466
计算机、通信和其他电子设备制造业	0.61	94.92	40.64	648
家具制造业	11.83	79.24	50.02	29
金属制品、机械和设备修理业	20.28	68.69	47.86	8
金属制品业	5.97	89.79	44.47	196
酒、饮料和精制茶制造业	3.71	82.24	37.91	24
木材加工及木、竹、藤、棕、草制品业	3.87	90.55	45.25	24
农副食品加工业	5.12	89.04	46.58	151
皮革、毛皮、羽毛及其制品和制鞋业	8.25	77.30	53.77	19
其他制造业	4.39	82.01	36.88	55
汽车制造业	6.69	91.60	51.53	175
石油加工、炼焦及核燃料加工业	8.51	75.51	42.68	18
食品制造业	2.32	81.21	43.00	90
铁路、船舶、航空航天和其他运输设备制造业	5.32	82.39	41.51	58
通用设备制造业	4.74	90.70	44.20	376
文教、工美、体育和娱乐用品制造业	6.31	93.08	40.61	56

续表

证监会行业分类	最低值	最高值	平均值	公司家数
橡胶和塑料制品业	4.59	113.13	44.05	194
医药制造业	0.59	91.44	35.37	253
仪器仪表制造业	3.87	96.55	32.15	207
印刷和记录媒介复制业	3.07	91.65	44.91	49
有色金属冶炼和压延加工业	4.08	77.33	45.16	77
造纸及纸制品业	9.38	114.74	49.26	45
专用设备制造业	1.33	125.85	43.25	661
住宿和餐饮业:				
餐饮业	9.80	56.14	35.84	14
住宿业	2.98	91.77	52.69	13
综合:综合	13.99	13.99	13.99	1
租赁和商务服务业:				
商务服务业	0.53	172.66	37.20	447
租赁业	13.75	84.77	61.46	19
合　计	0.02	1012.67	40.23	9570

资料来源：东方财富 Choice 数据库新三板专题。

表47与图33～图36，统计了9481家公司的流动比率和9480家公司的速动比率，分析新三板挂牌公司的短期偿债能力。49.35%的公司流动比率高于或等于2，70.51%的公司速动比率高于或等于1。其中，基础层公司流动比率高于或等于2的数量占比为48.48%，速动比率高于或等于1的数量占比为69.62%；创新层公司流动比率高于2的数量占比为57.92%，速动比率高于或等于1的数量占比为79.25%。创新层公司的短期偿债能力要明显强于基础层公司。

表47　新三板挂牌公司流动比率和速动比率情况

流动比率(CR)	公司数量(家)	占比(%)	速动比率(QR)	公司数量(家)	占比(%)
CR<1	1237	13.05	QR<0.5	762	8.04
1≤CR<1.5	1945	20.51	0.5≤QR<0.75	976	10.30
1.5≤CR<2	1620	17.09	0.75≤QR<1	1058	11.16
CR≥2	4679	49.35	QR≥1	6684	70.51
合计	9481	100.00	合计	9480	100.00

资料来源：东方财富 Choice 数据库新三板专题。

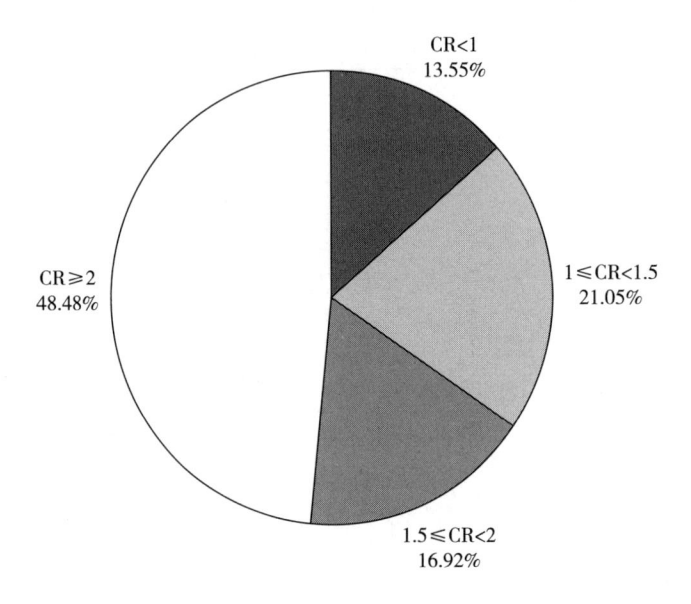

图 33 基础层流动比率

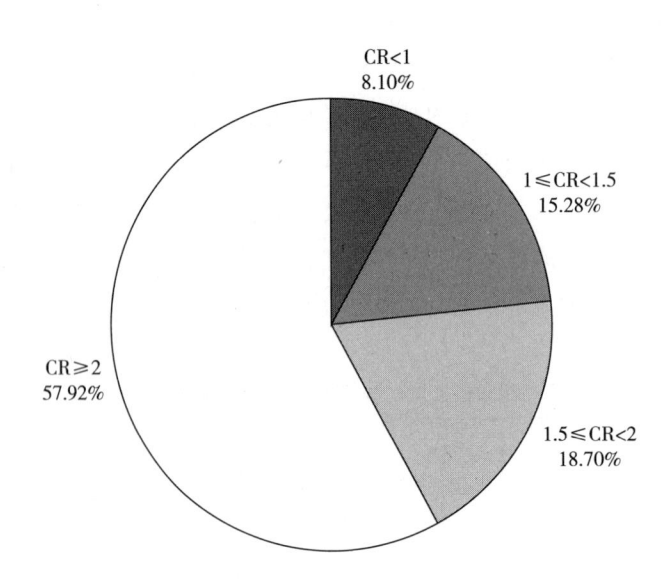

图 34 创新层流动比率

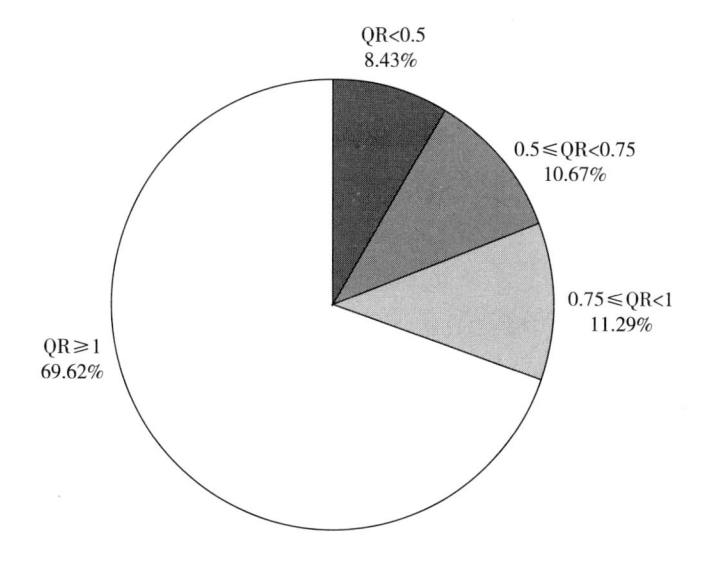

图 35　基础层速动比率

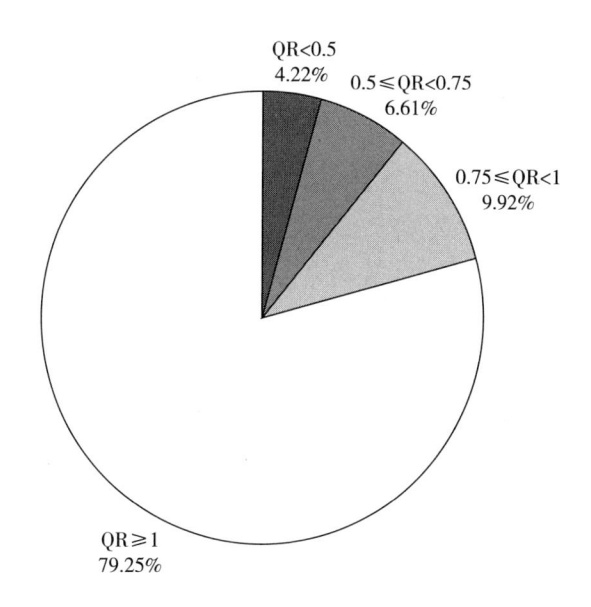

图 36　创新层速动比率

资料来源：东方财富 Choice 数据库新三板专题。

新三板挂牌公司分行业流动比率情况①如表48所示。剔除综合性行业，"信息传输、软件和信息技术服务业"的流动比率最高，为2.35；其次是"科学研究和技术服务业"，为2.03；第三名是"卫生和社会工作"，为1.80。

表48 新三板挂牌公司分行业流动比率情况

行业分类	流动比率	行业分类	流动比率
综合	1051.69	水利、环境和公共设施管理业	1.45
信息传输、软件和信息技术服务业	2.35	建筑业	1.40
科学研究和技术服务业	2.03	租赁和商务服务业	1.40
卫生和社会工作	1.80	交通运输、仓储和邮政业	1.33
教育	1.77	农、林、牧、渔业	1.30
文化、体育和娱乐业	1.74	房地产业	1.23
居民服务、修理和其他服务业	1.60	采矿业	0.94
批发和零售业	1.55	电力、热力、燃气及水生产和供应业	0.85
制造业	1.49	住宿和餐饮业	0.76

资料来源：东方财富Choice数据库新三板专题，读懂新三板研究中心。

（四）盈利能力情况

新三板挂牌公司净资产收益率ROE和总资产净利率ROA变化情况如表49所示。2016年度，净资产收益率ROE和总资产净利率ROA均有明显下降，两项指标2016年高于2015年的公司数量占比较低。2016年，有36.44%的公司净资产收益率大于上一年，其中，基础层公司为38.36%，创新层公司为17.61%；有42.84%的公司总资产净利率大于上一年，其中，基础层公司为44.69%，创新层公司为24.60%。净资产收益率和总资产净利率下滑，与经济下行情况下公司盈利能力下降有关，也与新三板公司的增发募资有关。据挖贝数据，2016年基础层企业共增发实施完成2294次，募集资金900.86亿元；创新层企业共增发实施完成731次，募集总额549.69亿元，涉及现金500.96亿元。②

---

① 考虑到金融行业自身的特殊性，本处未统计金融行业数据。
② http://www.wabei.cn/c/201701/1861651.html.

表49 新三板挂牌公司净资产收益率ROE和总资产净利率ROA变化情况

单位：家，%

盈利能力指标变化	公司数量	占比
净资产收益率ROE变化：		
2016年ROE＞2015年ROE	3469	36.44
其中：基础层	3314	38.36
创新层	155	17.61
2016年ROE≤2015年ROE	6051	63.56
其中：基础层	5326	61.64
创新层	725	82.39
总资产净利率ROA变化：		
2016年ROA＞2015年ROA	4100	42.84
其中：基础层	3883	44.69
创新层	217	24.60
2016年ROA≤2015年ROA	5470	57.16
其中：基础层	4805	55.31
创新层	665	75.40

资料来源：东方财富Choice数据库新三板专题。

新三板挂牌公司分行业净资产收益率ROE情况[1]如表50所示。"房地产业"整体的净资产收益率ROE最高，为20.11%；其次为"教育"行业，为17.65%；第三名是"水利、环境和公共设施管理业"，为11.21%。剔除"综合"业，"采矿业"净资产收益率最低，一方面原因是采矿业具有风险高、投资周期长等特点，前期需要大量的资金支持，后期才能真正获利，当前的资本市场规则对采矿业的发展极为不利；另一方面原因是采矿业属于传统行业，新三板市场流动性不足的劣势，在很大程度上会影响投资者对采矿业的投资热情以及采矿业自身的估值水平。

---

[1] 考虑到金融行业自身的特殊性，本处未统计金融行业数据。

表50　新三板挂牌公司分行业净资产收益率ROE情况

行业分类	ROE	行业分类	ROE
房地产业	20.11%	电力、热力、燃气及水生产和供应业	8.71%
教育	17.65%	文化、体育和娱乐业	8.25%
水利、环境和公共设施管理业	11.21%	住宿和餐饮业	7.75%
制造业	10.40%	居民服务、修理和其他服务业	7.39%
科学研究和技术服务业	9.80%	交通运输、仓储和邮政业	7.26%
批发和零售业	9.78%	信息传输、软件和信息技术服务业	6.14%
租赁和商务服务业	9.36%	卫生和社会工作	3.45%
农、林、牧、渔业	9.00%	采矿业	-6.49%
建筑业	8.84%	综合	-14.84%

资料来源：东方财富Choice数据库新三板专题，读懂新三板研究中心。

2014~2016年新三板挂牌公司整体销售毛利率情况如表51所示。值得关注的是，在整体业绩增速放缓甚至下降的背景下，新三板企业净利润的"含金量"正在显著提升。首先表现在，2016年新三板挂牌公司净资产收益率和总资产报酬率虽有下降，但整体销售毛利率却未降反增。2014~2016年，公司整体销售毛利率分别为23.01%、24.69%、24.78%。

表51　2014~2016年新三板挂牌公司整体销售毛利率情况

单位：%

年份	2014	2015	2016
整体销售毛利率	23.01	24.69	24.78

资料来源：东方财富Choice数据库新三板专题，读懂新三板研究中心。

新三板挂牌公司所得税变化情况如表52所示。新三板整体和基础层企业的所得税呈逐年上升的趋势。2015年全年，新三板公司平均缴纳所得税258.8万元，2016年这一数据上升到277.4万元，增长7.19%。其中，基础层公司2016年平均上缴所得税同比增长12.3%，创新层公司略有减少。新三板公司上缴所得税社会效益巨大。同时，2016年政府的补助在大幅度下降，平均每家获补助185万元,低于2015年196万元的水平。① 这体现出,新三板公司的净利润"含金量"在提升,各项盈利指标逐渐趋于正常化。

表52 新三板挂牌公司所得税变化情况

单位:万元

年份	2015	2016
新三板整体	258.8	277.4
基础层	199.8	224.4
创新层	827.5	785.2

资料来源:东方财富Choice数据库新三板专题。

在9570家公布2016年年报的企业中,上缴所得税最多的前十大企业如表53所示。前十大企业中有6家来自证券、银行、期货等金融行业。

表53 新三板挂牌公司上缴所得税前十名

证券代码	证券名称	2016年上缴所得税(万元)	行业分类	板块
838583.OC	南通三建	35371.31	建筑业	基础层
430719.OC	九鼎集团	34226.87	金融业	基础层
832666.OC	齐鲁银行	32201.96	金融业	创新层
833858.OC	信中利	21772.76	金融业	基础层
834777.OC	中投保	21204.43	租赁和商务服务业	基础层
834793.OC	华强方特	19790.87	文化、体育和娱乐业	创新层
833840.OC	永安期货	18300.93	金融业	创新层
834237.OC	皖江金租	16980.10	金融业	基础层
830806.OC	亚锦科技	16907.42	制造业	基础层
833044.OC	硅谷天堂	16558.25	金融业	基础层

资料来源:东方财富Choice数据库新三板专题。

---

① http://stock.eastmoney.com/news/1827,20170428733574850.html.

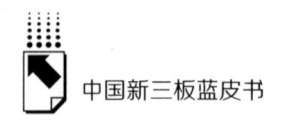

（五）营运能力情况

2016年，受宏观经济下行因素的影响，新三板挂牌公司的营运能力和效率有略微下降，如表54所示。2016年全年存货周转率、应收账款周转率和总资产周转率大于2015年同期的公司数量占比均小于50%；尤其是应收账款周转，2016年应收账款周转率大于2015年的公司数量占比仅为33.56%。

表54 新三板挂牌公司营运能力情况

单位：家，%

营运能力指标变化	公司数量	占比
存货周转率变化：		
2016年存货周转率＞2015年存货周转率	2889	47.52
2016年存货周转率≤2015年存货周转率	3191	52.48
应收账款周转率变化：		
2016年应收账款周转率＞2015年应收账款周转率	3145	33.56
2016年应收账款周转率≤2015年应收账款周转率	6226	66.44
总资产周转率变化：		
2016年总资产周转率＞2015年总资产周转率	3713	36.82
2016年总资产周转率≤2015年总资产周转率	6370	63.18

资料来源：东方财富Choice数据库新三板专题。

从细分行业来看，剔除综合业，整体应收账款周转率最高的行业是住宿和餐饮业，为6.79次；其次是教育行业，为5.75次；排名第三的是批发和零售业，为2.67次。存货周转率最高的行业是房地产业，为13.21次；其次是教育行业，为12.92次；排名第三的是租赁和商务服务业，为11.34次[1]。营运能力在很大程度上受到行业本身特性的影响。

（六）公司分红情况

一般情况下，公司分红与公司当年盈利呈正比，盈利能力越强，公司派发

---

[1] http://stock.stockstar.com/IG2017042900002427.shtml.

现金红利的可能性越大。从已披露 2016 年年报的新三板挂牌企业来看，2016年，共有 499 家公司拟实施现金分红。其中，分红超过 1 亿元（包括 1 亿元）现金的公司有 13 家，成大生物现金分红达 3.75 亿元，如表 55 所示。

表 55　新三板挂牌公司 2016 年累计分红总额

单位：万元

证券代码	证券名称	行业分类	2016 年累计分红总额
831550.OC	成大生物	制造业	37480.00
833044.OC	硅谷天堂	金融业	35457.12
832898.OC	天地壹号	制造业	26800.00
833819.OC	颖泰生物	制造业	22120.00
834915.OC	津同仁堂	制造业	20493.00
836673.OC	丰收日	住宿和餐饮业	19562.50
830838.OC	新产业	制造业	18520.00
833010.OC	盛景网联	租赁和商务服务业	17297.04
835079.OC	全美在线	教育	16764.00
430707.OC	欧神诺	制造业	14798.00
835067.OC	墨麟股份	信息传输、软件和信息技术服务业	11167.45
835604.OC	康泰医学	制造业	10738.00
834670.OC	宏达小贷	金融业	10000.00

资料来源：东方财富 Choice 数据库新三板专题。

2013~2016 年，连续四年持续分红的公司共有 14 家，如表 56 所示。

表 56　2013~2016 年连续四年持续分红公司情况

证券代码	证券名称	行业分类
430558.OC	均信担保	租赁和商务服务业
430539.OC	扬子地板	制造业
830822.OC	海容冷链	制造业
430556.OC	雅达股份	制造业
830968.OC	华电电气	制造业
430432.OC	方林科技	制造业
430418.OC	苏轴股份	制造业

续表

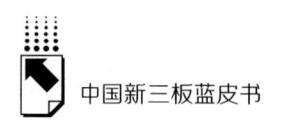

证券代码	证券名称	行业分类
430515.OC	麟龙股份	信息传输、软件和信息技术服务业
430156.OC	科曼股份	制造业
430512.OC	芯朋微	信息传输、软件和信息技术服务业
430234.OC	翼捷股份	制造业
830992.OC	磐合科仪	制造业
430157.OC	腾龙电子	信息传输、软件和信息技术服务业
430168.OC	博维仕	信息传输、软件和信息技术服务业

资料来源：东方财富 Choice 数据库新三板专题。

根据东方财富 Choice 数据库新三板专题统计，截至 2016 年 4 月 28 日，已披露 2016 年年报的挂牌公司中，有 910 家公布股票转增股本的预案公告。其中，联创投资以每 10 股转增 650 股的高转送方案成为"2017 年最强分红"，其背后的原因是增长可观的 2016 年年度业绩。2016 年联创投资实现营业收入 6352.48 万元，同比增长 21.99%；净利润 10048.89 万元，同比增长 320.19%。联创投资财务数据统计如表 57 所示。

表 57 联创投资财务数据统计

单位：万元，%

财务指标	2015 年	2016 年	同比增长率
营业收入	5207.19	6352.48	21.99
所得税费用	288.42	1458.09	405.54
净利润	2391.51	10048.89	320.19

资料来源：东方财富 Choice 数据库。

八 投资者概况

（一）投资者结构

目前，新三板市场上的投资者包括机构投资者和个人投资者。2014 年底新三板合格投资者不到5万户,其中机构投资者为4695户,个人投资者为43980户,个人投资者占到合格投资者总数的90%[1]。2015年底新三板合格投资者猛增,超过22万户,其中机构投资者为22717户,个人投资者为198625户,个人投资者占到合格投资者总数比例略微降低,为86%。2016年投资者开户数量在2015年基础上依然有较大幅度的增长,达到334222户,增幅达50.99%。从投资者结构来看,个人投资者为295723户,占总开户数的88.48%;机构投资者为38499户,占总开户数的11.52%。

(二)个人投资者

2016年,新三板发起增发认购的企业有2675家,个人投资者作为新三板市场上开户主要群体,参与认购的有1990家,几乎3/4的增发融资都有个人投资者的参与。如表58所示,2015年在新三板增发认购的1905家企业中,个人投资者参与认购的有1400家,占73.49%。2016年个人投资者参与认购的比例略高于2015年。

表58 个人投资者参与认购情况(一)

单位:家,%

年份	增发企业家数	个人投资者参与认购家数	占比
2016	2675	1990	74.39
2015	1905	1400	73.49

资料来源:读懂新三板研究中心,https://www.chinaventure.com.cn/cmsmodel/news/detail/307743.shtml。

如表59所示,2016年个人投资者参与定增金额为369.16亿元,比2015年多出18.18亿元,但占总融资额的比例较2015年下降了3.32%。2016年参与认购21411人次,较2015年下降1669人次。然而2016年,个人投资者平均每人每次认购金额为172.41万元,比2015年的152.07万元高出20.34万元。

---

[1] 全国中小企业股份转让系统:《全国中小企业股份转让系统2015年度统计快报》。

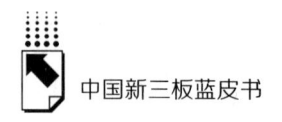

表59 个人投资者参与增发认购情况（二）

年份	个人投资者投入金额（亿元）	认购次数（人次）	平均每人每次投入金额（万元）
2016	369.16	21411	172.41
2015	350.98	23080	152.07

资料来源：读懂新三板研究中心，https：//www.chinaventure.com.cn/cmsmodel/news/detail/307743.shtml。

同时，在个人投资者群体里还有一部分外部个人投资者。如表60所示，2016年外部个人投资者共参与1151家新三板定增企业的认购，占到全年定增企业家数的43.03%，占比较2015年有大幅度降低。2016年外部个人投资者参与认购人次较2015年也明显减少，为4450人次，减少44.61%。虽然外部个人投资者认购人次在减少，但外部个人投资者平均每人每次出资额较2015年有极大增加。这一变化趋势也说明了外部个人投资者的投资策略在发生改变，由最初的"广撒网、少投入"转变为目前的"精挑选、重投资"。

表60 外部个人投资者参与增发认购情况

年份	定增企业家数（家）	外部个人投资者参与认购家数（家）	占比（%）	外部个人投资者投入资金（亿元）	外部个人投资者认购数（人次）	平均每人每次投入金额（万元）
2016	2675	1151	43.03	191.63	4450	430.62
2015	1905	1090	57.22	216.47	8035	269.41

资料来源：读懂新三板研究中心，https：//www.chinaventure.com.cn/cmsmodel/news/detail/307743.shtml。

根据读懂新三板研究中心的数据，如表61所示，2016年931家新三板公司的融资全部由个人投资者认购，占到当年新三板定增企业总数的34.80%，其中154家公司融资额全部来自外部个人投资者。而在2015年，有308家公司的融资全部由个人投资者认购，占比仅为16.17%，其中52家公司融资额全部来自外部个人投资者。越来越多企业的定增融资完全被个人投资者占去。

表61　人投资者参与增发认购情况（三）

单位：家，%

年份	完成定增企业家数	融资额全部来自个人投资者的企业家数	占比	融资额全部来自外部个人投资者的企业家数	占比
2016	2675	931	34.80	154	5.76
2015	1905	308	16.17	52	2.73

资料来源：读懂新三板研究中心，https://www.chinaventure.com.cn/cmsmodel/news/detail/307743.shtml。

目前，新三板对个人投资者设置了500万元证券类资产的资金门槛，并且不得计入信用账户。2016年12月16日，证监会公布《证券期货投资者适当性管理办法》，其中，针对自然人投资提出，"自然人的金融资产不低于500万元或者最近3年个人年均收入不低于50万元"[1]。这一政策推出，意味着新三板市场投资者门槛将要降低。不过，不管新三板对投资者的门槛如何设置，新三板仍是以机构投资者为主体的资本市场。新三板流动性问题根本原因不在于市场上缺少个人投资者，而在于缺少更多更优质的机构投资者；解决流动性问题的出路，最重要的也不是降低投资者门槛，而是创造更多满足机构资金入场的机会。纵观目前国际上发展最好的资本市场，如美国纳斯达克市场等，也都是以机构投资者为主要投资群体，个人投资者则倾向于通过购买基金产品间接入市。

（三）机构投资者

新三板是以机构投资者为主体的资本市场，和美国纳斯达克和港股市场具有相同的性质。机构投资者相对个人投资者更理性，拥有专业的分析判断能力和较强的风险承受能力，能够发掘优质企业，自然淘汰劣质企业。更多、更优质机构投资者的参与和机构资金的入场，才能够将新三板市场真正建成一个和国际接轨的资本市场。

根据东方财富Choice数据库资料，2016年我国共有3225家机构投资者参

---

[1]《证券期货投资者适当性管理办法》。

与新三板投资①。表62、表63统计了2016年我国新三板市场投资数量排名前十和投资金额排名前十的机构投资者。2016年投资数量最多和投资金额最多的配售对象均为宁波亚丰电器有限公司。

表62 新三板机构投资者投资数量情况

单位：万股

配售对象	投资数量
宁波亚丰电器有限公司	264000.00
甘肃金融控股集团有限公司	102361.80
天津渤海租赁有限公司	81800.00
兰州金川科技园有限公司	58904.11
深圳市子午康成信息科技有限公司	55550.09
山东省国有资产投资控股有限公司	50000.00
芜湖市建设投资有限公司	44200.00
浙江永利实业集团有限公司	40000.00
广东宝丽华新能源股份有限公司	38958.39
甘肃省公路航空旅游投资集团有限公司	38167.94

资料来源：东方财富Choice数据库新三板专题。

表63 新三板机构投资者投资金额情况

单位：万元

配售对象	投资金额
宁波亚丰电器有限公司	264000
上海联银创业投资有限公司	240021.6
华谊兄弟传媒股份有限公司	189978.1
山东共达电声股份有限公司	189000
海航生态科技集团有限公司	180889.9
山东省国有资产投资控股有限公司	130500
华邦生命健康股份有限公司	119480
浙江永利实业集团有限公司	104400
义乌市轩霆百货贸易有限公司	100000
浦银安盛资管-上信神州优车专项资产管理计划	99999.98

资料来源：东方财富Choice数据库新三板专题。

---

① 东方财富Choice数据库新三板专题。

在3225家机构投资者中,机构类型构成如表64所示。投资公司作为机构投资者进入新三板市场的数量最多,超过机构投资者总数一半。

表64 机构投资者类型构成情况

单位:家,%

机构类型	机构数量	占比
投资公司	1785	55.35
资产管理计划	204	6.33
资产管理公司	132	4.09
证券公司	87	2.70
产业基金	24	0.74
信托计划	12	0.37
基金管理公司	9	0.28
员工持股计划	9	0.28
贷款公司	6	0.19
地方政府国有资产管理机构	3	0.09
理财产品	3	0.09
租赁公司	3	0.09
担保公司	2	0.06
财务公司	1	0.03
地方所属部委	1	0.03
典当公司	1	0.03
金融控股集团	1	0.03
期货经纪公司	1	0.03
信托公司	1	0.03
其他	940	29.15

资料来源:东方财富Choice数据库新三板专题,经笔者整理获得。

由于新三板挂牌企业和拟挂牌新三板企业都处于成长期,并且企业在挂牌过程中需要经过主办券商等中介机构严格的筛选,质量要高于通常的早期项目,因此,新三板企业受到VC/PE投资机构的青睐。在新三板所有的机构投资者中,最大的投资群体也是VC/PE投资机构。2016年度,我国有356个

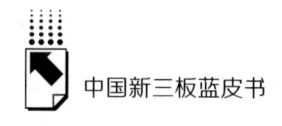

VC/PE 机构投资者共进行 510 次投资,① 按照投资方类别进行分类,投资者投资情况如表 65 所示。

表 65 VC/PE 机构投资者投资情况

投资方类别	投资公司数量(家)	投资数量(万股)	投资总额(万元)
PE	54	17218.3741	155130.7808
VC	38	7023.5847	37203.2680
创业投资基金	80	20151.3469	116018.8232
股权投资基金	338	85014.3297	446746.2018

资料来源:东方财富 Choice 数据库新三板专题,经笔者整理获得。

由于风险投资是以资本增值的形式获得投资收益,退出机制是风险投资的中心环节。所以,在 VC/PE 投资新三板企业较为火热的同时,能否顺利退出也成为很重要的一个问题,没有便捷的退出渠道就无法补偿风险资本承担的高风险。为此,完善新三板市场投资的退出机制显得极为必要。清科研究中心认为,证监会对 IPO 审核速度的加快、监管趋严以及新三板市场改革信号的不断发出成为资本市场的利好信号,为私募股权投资基金的退出提供了便利。2017年 VC/PE 通过 IPO、新三板退出案例数量很有可能进一步增加。②

(四)基金产品分析

自 2013 年新三板市场扩容至今,新三板基金一波波地涌入投资者视野中。据东方财富 Choice 数据统计,截至 2016 年 12 月 31 日,市场上共成立 7811 只新三板相关基金产品。2016 年新成立的有 4103 只③。按类型划分,这些产品可以细分为私募证券、私募股权、信托计划、券商资管和公募专户等。

目前有披露自成立以来回报的新三板相关基金 6245 只,其中,1507 只基金回报率为负值,占比将近 25%④。随着三板指数的大幅下跌,不少基金因为

---

① 东方财富 Choice 数据库新三板专题。
② 杨毅:《新三板改革预期或利好 VC/PE 退出》,《金融时报》2017 年 3 月 2 日。
③ 东方财富 Choice 数据库新三板专题。
④ 东方财富 Choice 数据库新三板专题。

高位建仓而处境困难。

新三板基金大多是以事件驱动为主要投资策略，以定向增发为其子策略，基金产品绝大多数是新三板定增专项基金。也有可参与新三板二级市场交易的股票策略产品和投资于新三板的复合策略产品。据私募排排网数据中心不完全统计，截至2016年12月31日，成立满一年并有连续业绩记录的新三板事件驱动策略私募产品共计143只，2016年平均收益率为-4.44%，其中，只有51只产品实现正收益，占35.7%[①]。新三板私募基金产品业绩整体较差，一方面是由新三板整体行情较差引起的，另一方面考虑到很多投资是按照成本进行估值，部分潜在收益可能并未反映在账面上。

2016年新三板事件驱动私募基金收益前十排行榜如表66所示，其中红榕资本财通2期以92.98%的近一年收益率高居榜首。

表66 2016年新三板事件驱动私募基金收益前十排行榜

单位：%

序号	产品名称	投资顾问	近一年收益率
1	红榕资本财通2期	红榕资本	92.98
2	新鼎啃哥新三板基金18号	新鼎荣盛资本	50.00
3	新鼎明湾啃哥新三板12号	新鼎荣盛资本	48.86
4	富新3号新三板	民富资本	41.42
5	明曜新三板1期	明曜资本	30.01
6	知点新三板成长一号	知点投资	25.35
7	汇富新三板1号	信诺汇富资本	25.14
8	邦阁新三板1号	邦阁资产	25.00
9	元普新三板领军7号	元普投资	19.74
10	新三板尊享2号	少数派投资	17.76

资料来源：私募排排网数据中心。

① http://www.chinaipo.com/Industry/29864.html.

B.5
2016年新三板市场流动性报告

姚 云*

摘　要： 市场流动性严重不足是新三板2016年最显著的市场特征。不管是从市场的整体融资功能，还是从股票的交易和流通，抑或投资者退出的通畅性等维度看，新三板的市场流动性都严重不足，甚至面临枯竭。导致流动性严重不足的深层次原因包括以下几个。其一，股票市场供需严重失衡；其二，投资者结构单一，长期资金持有者的机构投资者较少；其三，挂牌公司治理结构水平亟待提高；其四，市场交易制度不完善；其五，主办券商制度不完善；其六，信息披露不足，投资者风险过大。

关键词： 流动性　信息披露　新三板

一　流动性的评价指标

新三板自2012年9月成立以来，挂牌公司数量与规模迅猛增长，到2016年底，挂牌公司数量过万家，总市值超过4万亿元，但反映市场质量的流动性一直未得到根本性改善，2016年较2015年不升反降。新三板的流动性不足已经成为影响市场持续健康发展的最大阻碍。在迅速扩容的同时，新三板需要提供与市场规模相匹配的流动性，以保持交易活跃度，保障合理定价、融资等功能高效运行。好的流动性是新三板市场持续健康发展的必要前提。因此，对新三板市场

---

* 姚云，中国社会科学院投融资研究中心，经济学博士，助理研究员，研究方向为公司金融。

流动性状况要进行客观判断,并探究其深层原因以提供解决问题的思路和政策建议。

(一)流动性定义

学者就证券市场流动性进行了研究。Stigler(1964)认为,"流动性是在使价格没有明显波动的前提下,市场吸收买卖订单的能力"。Bagehot(1971)将存在信息不对称(逆向选择)的市场交易者分为流动性交易者和具有信息优势的信息交易者,并认为如果交易对价格的影响较小,而且做市商变更报价造成的交易成本变动较小,则该市场具有流动性。Demsetz(1968),Benston 和 Hageman(1978)研究发现,成交量与价差呈反向变动关系,成交量越大,价差越小,市场的流动性越高。Kyle(1985)也指出,"市场流动性的最重要衡量指标是买卖价差,买卖价差越小,表示交易立即执行的成本越低,市场流动性也越好"。Milonas(1986)对美国衍生市场的研究结果表明,市场的流动性与波动性呈反向变动关系。Amihud 和 Mendelson(1989)认为,流动性由寻找满意交易价格所需时间或在特定时间达成交易的成本来决定。Massimb 和 Phelps(1994)将流动性定义为可以达成即时交易和执行小额订单时不会引致市价大幅波动的能力。

(二)流动性衡量标准

从以上研究不难发现,流动性度量主要考虑以下要素。从时间(市场即时性)与价格(市场宽度)的角度,流动性与完成交易的时间、交易成本呈反比。从交易量(市场深度)的角度,在价格同样的情况下,流动性与交易量呈正比。从价量结合(市场弹性)的角度,交易后股票偏离均衡价格后,股票价格回归的速度越快则说明股票的流动性越强。其流动性的度量主要有三类指标——交易量指标、价格指标及量价结合指标。

1. 交易量指标:换手率(Turnover Rate)

换手率也称为交易周转率,反映一段时间内的交易频率或证券的持有时间,其计算公式为交易金额(股数)与流通市值(流通股数)的比值。换手率越高,表明持有证券的时间越短,流动性越强。换手率指标可以在一定程度上反映个股或市场流动性水平,但未必能充分反映。因为其不能反映股价变化的影响,即在换手率相同的情况下,股价变化越小,则流动性越差。此外,在

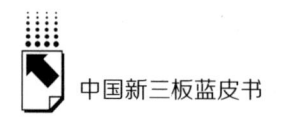

投机氛围超过投资氛围的市场里（如目前的中国 A 股市场），换手率往往较高，反映出市场的投机程度高，而非高流动性水平。

2. 价格指标：价差类指标

对于做市商交易市场而言，做市商通过"低买高卖"库存股票以赚取差价，此差价则可被视为与做市商交易的投资者的一部分交易成本。交易成本是反映市场流动性的重要特质，在市场深度一定的情况下，交易成本越低，流动性越好。价差类指标包括绝对买卖价差（最优买价与最优卖价之差）、比例买卖价差（绝对买卖差价与最优买卖价的平均值之比）、有效价差（股票即时价格与最优买卖价的平均值之差）和比例有效价差（有效价差与股票即时价格之比）。

3. 量价结合指标：Amivest 流动性比率

Amivest 流动性比率也称为普通流动性比率（Conventional Liquidity Ratio），其公式是成交金额与交易使股票价格变化百分比之比，即反映的是股票价格变化 1% 所需的成交金额。Amivest 比率的倒数反映的则是单位交易额造成的价格变化比例，即此倒数指标越高，单位成交金额所造成的股票价格冲击越大，则该股票的流动性越差。

二 新三板流动性不足的表现

从上文的流动性含义来看，一般意义上的"流动性"主要是指证券二级市场股票变现能力的强弱。但我们研究新三板的"流动性"，可定义为新三板市场中股票整体的变现能力，其水平主要取决于此市场能否实现其市场主体以较低成本（时间及交易成本）交易（较大数额）证券而避免导致市场的大幅波动。新三板流动性不足主要表现为股票交易不活跃、股票发行规模小以及投资者退出难度大。

（一）新三板融资功能持续下降

缺乏流动性不利于实现合理的价格发现功能，从而市场资源配置功能就难以实现。目前市场对新三板流动性的诟病，不仅仅指股票交易的流动性不好，更重要的是指企业挂牌后股票卖不出去，挂牌公司不能快速融到资金。2015

年新三板股票发行规模达到1217亿元，2016年股票发行规模为1481亿元，较2015年略有增长。但从平均融资规模来看，2016年较2015年不升反降。2015年所有挂牌公司平均每家企业融资规模为2373万元，2016年为1457万元，下降幅度近38.6%。2015年挂牌公司发行家数为1890家，占挂牌公司的比例为36.85%。2016年发行家数为2660家，占比为26.17%。发行家数占比2016年较2015年下降了近11个百分点。从参与发行的挂牌公司平均融资规模来看，2016年也出现下降的趋势。2015年参与发行的挂牌公司平均每家融资规模为6440万元，2016年为5568万元，下降幅度为13.54%。另外，2017年的数据也充分表明新三板的融资功能正在萎缩。2017年第一季度，新三板计划发行股票融资438.11亿元，同比下降62.86%，环比下降85.58%。一季度完成股票发行融资288.78亿元，同比下降21.59%，环比下降43.95%。同时，一季度新增股票发行计划1401次，同比增加了1.97%，但环比下降了40.91%。2017年第一季度单次发行股票融资额仅为3000万元，创2016年以来的新低，明显低于2016年第四季度的1.28亿元和第一季度的8600万元。股票发行完成情况也不容乐观。第一季度新三板完成股票发行771次，实际募集资金总额288.78亿元，融资额同比下降了21.59%，较上年第四季度下降了43.95%。以上表明，新三板的融资功能正在持续下降。

（二）股票交易清淡，市场极度不活跃

从证券交易的角度来看新三板流动性，可以从交易量（换手率）、价差指标（做市商溢价率）和Amivest比率来衡量。从交易量的角度，东方财富Choice数据库的新三板数据显示，2016年全年成交额为1912.29亿元，基本上与上年持平，其中做市转让交易的成交金额达950.07亿元，协议转让成交金额962.22亿元，各占据半壁江山。全年仅有4240家挂牌公司参与了交易，全年股价长期低于1元的"僵尸股"有5500余家，占总数的59%。2016年的区间换手率均值则由2015年的39.65%下降到24.82%，其中做市转让平均换手率从46.3%降至22.67%，协议转让平均换手率从30.30%降至26.28%。不难看出，2016年新三板24.82%的绝对低水平区间换手率，反映出2016年市场交投清淡、成交萎缩、指数下行的情况，不利于市场合理定价、融资功能的发挥。换手率特别是做市换手率的大幅下降反映出做市商在股价较大幅度波动

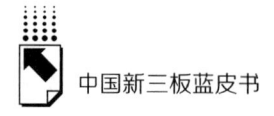

时，盈利机制、交易动机与行为可能产生不利于市场稳定的异化。从换手率相对水平来看，新三板换手率水平也远低于A股的665.88%和纳斯达克市场的210.23%水平，这一方面反映出A股市场投机"炒"股氛围处于三个市场之最，另一方面，新三板市场距离发达成熟的交易所流动性还有较大差距。

从价差的角度，流动性改善"喜忧"参半。一方面，随着做市商扩容增加了交易资金，在一定程度上缓解流动性压力。截至2016年底，新三板采取做市方式转让的企业已达1654家，平均每只股票的做市商数量由2015年的7.41家上升至2016年的8.23家，做市金额也由838.61万元上升至934.88万元。另一方面，做市商盈利能力的下降加剧了做市商的退出。2016年做市溢价率已下降至33.34%，甚至有506家做市商在"亏本做市"（溢价率为负值），致使做市商退出也成为2016年的一个重要现象。根据Choice数据库，2015年至2016年底新三板共有630条做市商退出的公告，其中620条退出时间在2016年，涉及181家挂牌企业、77家做市商。

从量价结合的角度来看，在去除成交额和价格振幅的极值后，计算得出2016年的Amivest流动性比率均值为49.99。此比率值反映市场每成交49.99万元交易即可导致股价发生1%的波动。低于50万元的交易额度对于股票的平均流通市值和平均成交额而言均属于极小规模，说明市场对于不足50万元的交易额的反应程度可谓过于"敏感"。这印证了2016年新三板交易清淡的现实。

（三）投资者退出机制不完善

2015年，数千家新三板基金成立，但流动性不足导致机构退出不畅，这主要表现在以下几个方面。一是尽管获得股票的成本较低，但流动性压力使一些股东急切转让股票，然后做市股票打折现象非常普遍，最终导致股票交易陷入恶性循环。二是流通股数量不断增加，而二级市场交易量并无起色。随着挂牌公司控股股东及实际控制人直接或间接持有的股票开始解禁，流通股数量逐渐增加，场外资金则继续等待股票降价再进入市场，造成了现有投资者退出机制的不畅。三是做市商借助定价优势抬高交易成本，导致不能在合理的价格范围内交易退出。四是大宗交易机制尚未引入也影响了投资者退出的效率。

三 流动性不足的深层原因

（一）股票供需严重失衡

新三板的全国扩容使市场规模爆发式增长，股本规模也快速增长。截至2016年底，全国中小企业股份转让系统挂牌公司10163家，总股本5851.55亿股，较年初增长了近1倍；流通股本2386.81亿股，较年初增长了132.59%。挂牌企业中做市转让企业1654家，协议转让企业8509家，股本分别占总股本的26.49%和73.51%。总体股票供给大，但平均每家公司的股本规模为5757.70万股，做市转让企业平均股本（9372.19万股）显著高于协议转让平均股本（5055.11万股）。与股票大量供给形成鲜明对比的是，需求规模严重萎缩。目前新三板的股东户数为369612户，平均每家挂牌企业仅34户。新三板投资者规模小主要有以下几方面原因。一是股票定向发行中规定"定向发行后股东人数累计不超过200人"的豁免申请核准条件，企业规避核准监管而主动压低股东人数。二是目前的投资者适当性管理制度设置的自然人投资者门槛过高。目前的投资者准入规定"自然人投资者须满足证券类资产市值的最低要求（500万元）和证券投资经验与专业背景要求"，此准入门槛对于自然投资者要求相对过高。截至2015年6月，全国沪深两市股民共1.75亿户，账户余额在500万元以上的账户仅为20.4万户，仅占总股票开户数的0.11%。显然"500万元市值的证券类资产"要求将绝大部分个人投资者排除在新三板投资外，不利于市场流动性的提高。三是市场制度基础不完善，主要表现在市场分层有待进一步细分，风险和定价机制尚未完备；摘牌制度处于酝酿之中；融资、信息披露、交易、"转板"等差别化的制度供给还未实施。市场的诸多不定性，导致投资者踌躇不前。

（二）投资者结构单一

新三板市场的投资者适当性制度限制了投资者结构的多元化。目前，根据《全国中小企业股份转让系统投资者适当性管理细则（试行）》，新三板市场投资者的准入涉及机构投资者、自然人投资者和其他投资者三方面。机构投资者既包括"实缴资本500万元人民币以上的法人机构""实缴出资总额500万元人民币以上的合伙企业",也包括"集合信托计划、证券投资基金、银行理财产品、证券公司资产管理计划,以及由金融机构或者相关监管部门认可的其他机构管理的金融产品或资产"。自然人投资者的准入要求包括证券类资产市值的最低要求(500万元)和证券投资经验与专业背景要求。不难看出,目前的投资者准入制度仅从机构和自然人投资者规模(资产)的角度来限定,存在待完善之处。机构投资者范畴较窄,限制了入市资金的多样化。目前新三板市场资金来源单一,主要来源是券商集合资产管理计划、集合资金信托计划、基金管理公司及其子公司管理的产品和私募投资基金等。目前市场常见的新三板基金主要通过定向增发投资于挂牌公司,此方式相对挂牌前的股权投资而言,具有流动性更高且退出方式上更灵活的优势,但基金产品的期限较短(两到三年),这显然不利于对具有长期投资价值企业的投资。目前虽然鼓励公募基金配置新三板的有价证券,但具体实施细则尚未出台,目前公募机构只能以基金子公司的产品形式投资新三板(类私募化)。其他如社保基金、企业年金、保险资金等规模大、期限长的机构资金尚未允许进入。

(三)挂牌公司治理结构不完善

挂牌公司治理水平不高,主要表现在以下几个方面。

1. 挂牌公司股权集中度高

决策机制是大老板"一言堂",董事会独立性差,集体决策机制没有发挥有效作用。市场准入制度要求"公司董事会应对报告期内公司治理机制执行情况进行评估",但创业、创新型企业董事会的独立性往往较低,其主导的评估机制对公司治理的监督效果有待进一步提高。准入规定中针对评估结果的标准和激励惩罚机制也未提及。股权分散度低会直接影响交易的可能性,导致市场出现"卖方不足",所以,投资者多元化并不会单方面解决流动性的问题。

2. 新三板独立董事不做强制性要求,没有保护小股东的约束机制

尽管独立董事的专业性和知名度在挂牌企业的创新、资源整合等方面发挥重要作用,但公司治理的要求中并未对挂牌企业是否设立独立董事做强制性要求。

3. 限制性股权、期权的激励机制没有普遍有效地建立起来，存在较高的委托－代理成本

目前全国股转系统仅声明支持挂牌企业股权激励市场化运作，但尚未出台股权激励相关法律规范。截至 2017 年 4 月，上万家挂牌企业中，仅有 352 家公司计划（即董事会预案或股东大会通过）和已经实施股权激励，此前实施而现在停止实施的挂牌企业有 46 家。激励股票占总股本的平均比例达到 7.02%。股权激励机制的缺乏不利于人力资本的保持和管理层代理成本的降低。

4. 大股东道德风险较高

首先，协议转让方式以前未设涨跌幅限制，场外自主形成的转让协议进入股转系统报价后易导致股价大幅波动，而且企业不需要披露股价异常波动的原因，给挂牌企业大股东以虚假价格进行利益输送和以市值管理名义操纵股价的机会。同时，大股东占用挂牌公司资金和管理层跑路等违规现象时有发生，投资者利益受损。

5. 挂牌企业财务等信息披露的规范性和透明度不足，投资者看不明白挂牌公司的经营管理情况

巨大的信息不对称容易增加新三板市场的逆向选择效应，加大交易成本，投资者更趋谨慎，不利于流动性提高。此外，目前股票发行制度的信息披露要求中，不强制披露募投项目的可行性分析、盈利预测等信息。

（四）市场交易制度不完善

1. 做市商制度待优化

全国股转系统发布的《全国中小企业股份转让系统做市商做市业务管理规定（试行）》将做市商定义为"经全国股份转让系统公司同意，在全国中小企业股份转让系统发布买卖双向报价，并在其报价数量范围内按其报价履行与投资者成交义务的证券公司或其他机构"。做市商制度的存在初衷是降低交易成本和提高交易效率，引导市场价格快速回到均衡水平并平抑价格波动，促进市场秩序保持稳定。这体现在做市商通过汇集报价信息降低市场信息不对称性，作为集中而相反的交易方向为市场提供流动性，同时通过买卖价差获得收益。但在竞价机制尚未引入的情况下，目前的做市商制度存在诸多不足。一是做市商准入目前实行券商特许制，缺乏多元化做市商博弈竞争，难以形成合理有效的市场报价。目前虽有私募机构参与做市试点，但试点规模有限。二是做市商的盈利和交易动机扭曲。在目前新三板券商垄断做市的情况下，市场交易对手不足，退出渠道不畅，库存股获得及报价机制不合理，导致券商盈利结构"先天"偏重交易而轻场外。而且，近期A股市场IPO提速，导致券商在新三板市场做市交易的激励和动力进一步下降。三是券商使用自有资本金进行做市交易，资金实力和抗市场波动能力有限。例如，2015年6月沪深股市巨幅波动，新三板市场受其影响在7月陷入流动性危机，做市股票流动性呈现加速下滑迹象。四是做市商的道德风险。由于市场的流动性过度依赖多个做市商间的相互竞争报价，做市商能够通过联合协调报价、操纵价差来损害投资者利益，而且新三板同一只股票的做市商数量不足，也降低了做市商达成垄断默契的成本，增加了协调报价的动机。做市商的相机决策难以约束，如在市场具有一定的流动性时，做市商选择不具竞争力的报价而逃避流动性提供义务。此外，做市商之间还可以通过相互交易制造交易假象和繁荣假象。

2. 缺乏大宗交易平台与制度

新三板市场本身是以机构投资为主的市场，但缺乏大宗交易制度来满足机构投资的特定需求。新三板的定向增发和二级市场机构投资者之间的大额交易极易造成股票价格的大幅波动。挂牌公司的特定交易需求，如履行"对赌"协议、员工激励方案的实施，以及引进有特殊资源的战略投资者等，皆需要独立运行的交易系统与制度满足市场需求。大宗交易制度的缺位也影响了市场的流动性。目前新三板作为场外市场，其核心交易制度——做市交易制度不完善，很多企业发现做市交易反而制约了融资，影响了流动性。

（五）主办券商制度待优化

主办券商制度是新三板制度中的创新之处，但有待进一步完善。首先，券商缺乏新三板业务服务动力。券商可以同时在交易所市场和新三板市场开展业务，场内、场外市场的巨大收入水平差异导致券商从事新三板业务的"先天动力"不足。持续督导收费低，导致持续督导缺乏动力。再者，"重推荐挂牌，轻持续督导"现象普遍存在，目前A股IPO提速对新三板的影响较大，未来券商对新三板市场的挂牌业务重视程度也会下降。券商持续督导义务系自律性约束，使此制度缺乏法律约束力，目前大部分主办券商尚未在内控制度中建立完善的持续督导工作流程和业务体系。其次，特许的主办券商垄断市场资源，导致缺乏创新和服务效率低下。目前主办券商制度采取的是交易所市场的券商特许制度。主办券商在推荐企业挂牌、为企业的信息披露提供事前审查，为企业提供持续督导、企业定向增发等诸多方面发挥重要作用，但目前特许的主办券商垄断市场资源，缺乏创新，且服务效率低下。最后，持续督导制度缺乏持续督导效果评价的规定，缺乏必要的监督机制和复核机制。目前持续督导效果由券商自主决定，没有评价机构和标准。券商是目前市场的主要参与者，其督导与做市动力和效率，直接影响到市场流动性的改善程度。

（六）信息披露不足，投资风险较大

新三板市场挂牌企业大多处于初创期和发展期，市场信息不对称程度高，投资风险大。目前挂牌公司信息披露真实性和完整性不足，甚至部分企业信息披露行为都存在违规现象，这直接导致交易积极性不高和交易成本的提高，从而不利于流动性提高。新三板目前的信息披露制度存在如下缺陷。

1. 信息披露不足导致投资风险增加

新三板迅速扩容，对挂牌公司的信息披露要求较低，挂牌公司质量参差不齐，导致投资者面临较大的投资风险。挂牌企业在定向增发时，对于投资者适当性以及是否能如期参与增发等信息均需自己预判，加大了企业增发失败的风险。

2. 信息披露监管主体与市场交易主体重合带来道德风险

新三板市场的一个创新是挂牌企业的信息披露依托于主办券商事前审查和股转系统的事后审查。主办券商系信息披露的一线自律监管，证券业协会通过监管券商间接监督。信息披露的事前审查赋予主办券商较大的监管责任，但由于券商参与挂牌企业股份转让交易，需要推出制度对其出于自身利益最大化而牺牲投资者利益的道德风险进行约束。

3. 信息披露渠道单一，投资者获取信息的效率低

新三板挂牌企业仅通过代办股份转让信息披露平台进行披露，证监会制定媒体发布信息的规定也由于证监会未直接监管而未实行，导致投资者获取信息的效率大大降低。

4. 违规披露处罚不清晰

新三板市场尚未建立违规披露的法规体系，导致违规披露无法可依。此外，主办券商与证券业协会对于违规披露无权采取强制处罚措施，导致市场信息披露质量不高、挂牌公司违规成本低，这不利于对投资者利益的保护。

5. 信息披露的及时性与准确性有待提高

随着市场分层等制度红利的推出，一些挂牌企业通过短期行为满足标准以冲入创新层，这些企业的信息披露质量有待甄别。

6. 信息披露的差异化制度有待建立

针对挂牌企业在市场层级、交易方式、是否退市等差异，信息披露标准应做相应的差异化安排，更有效地揭示风险，以缓解市场的信息不对称情况。

制度与监管篇

Institution and Supervision Reports

B.6 坚持市场化方向 完善市场制度

姚 云

摘 要： 坚持市场化方向、完善市场制度是新三板市场健康发展的基础。目前的市场化制度建设包括以下方面。其一，需要在再分层的基础上，及时推出差异化制度安排，这是目前制度安排的核心；其二，为降低投资者"噪声"，优化资源配置，提高资源配置效率，须尽快推出摘牌制度；其三，"转板"既是创新型企业发展过程中的内生性资本需求，也是中国多层次资本市场体系优化资源配置的要求，"转板"制度将会成为改善流动性困境的突破口；其四，大宗交易制度是新三板市场交易制度的有机组成部分，推出大宗交易制度迫在眉睫；其五，让PE等非券商机构参与做市，是完善做市商交易制度的必由之路。目前的做市商制度门槛太高，需要做出适当性调整。

关键词： 市场化制度 流动性 新三板市场

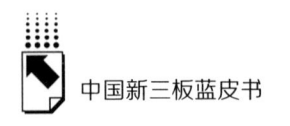

一 市场分层管理制度

（一）现行分层制度介绍

新三板市场扩容至全国已三年有余，挂牌公司在发展阶段、股本规模、股东人数、市值、经营规模、融资需求等方面呈现出越来越明显的差异，新三板已具备实施市场分层管理的条件。2016年5月27日，全国中小企业股份转让系统正式发布《全国中小企业股份转让系统挂牌公司分层管理办法（试行）》，对市场"进行分层管理，通过差异化的制度安排，实现分类服务、分层监管，降低投资者的信息收集成本"。挂牌公司于2016年12月超过10000家，市场分层制度在一定程度上可以降低投资者识别风险的成本，改善市场的流动性。

分层制度推出后，市场开始进入创新层和基础层并驱的双层时代，标志着市场监管、制度、服务等方面差异化制度供给的开始。市场分层管理的总体思路是"多层次，分步走"，现阶段暂时分为两层——创新层和基础层，其中创新层适用高标准（三选一和共同标准），基础层适用原标准。同时对应设立维持标准，以保证市场分层机制的动态调整需要。基础层主要针对挂牌以来无交易或交易偶发且尚无融资记录的企业，还包括有交易或者融资记录但暂不满足创新层准入标准的企业。创新层分层标准如下，①标准一：最近两年连续盈利，且年平均净利润不少于2000万元（以扣除非经常性损益前后孰低者为计算依据）；最近两年加权平均净资产收益率平均不低于10%（以扣除非经常性损益前后孰低者为计算依据）。②标准二：最近两年营业收入连续增长，且年均复合增长率不低于50%；最近两年营业收入平均不低于4000万元；股本不少于2000万股。③标准三：最近有成交的60个做市转让日的平均市值不少于6亿元；最近一年年末股东权益不少于5000万元；做市商家数不少于6家；合格投资者不少于50人。

标准一强调财务指标，关注企业的盈利规模和能力。传统行业且规模较大的企业达标的可能性更大。目前，新三板市场大部分挂牌公司交易不活跃，股权集中，股东人数少，因此标准一中删除了原征求意见稿中的"最近3个月日均股东人数不少于200人"的要求。标准二关注公司成长性，包括营收规模、增长，以及股本。此指标是三个指标中门槛最低的，由于强调营业收入的财务特点，不排除一些企业通过账期政策调整达标的可能性。标准三在侧重市值标准的同时，也关注挂牌公司的规模（股东权益）和挂牌公司的治理结构（股东人数）。对挂牌公司的做市商数量和公司估值水平提出较高要求。数家做市商给予公司较高估值，表明做市商市场对挂牌公司核心业务和增长潜力的认可。

与此同时，挂牌公司需要满足公司治理、无重大违规及连续违规，以及交易频率方面的共同标准，即"在达到上述任一标准的基础上，须满足最近60个可转让日实际成交天数占比不低于50%"。这一标准对于流动性和做市商交易频率提出量化要求。挂牌公司在吸引做市商关注的同时，持续地管理维护好投资者关系。值得注意的是，对于近12个月完成过融资的挂牌企业有一个替代标准，即"近12个月完成过股票发行融资（包括申请挂牌同时股票发行），且融资额累计不低于1000万元"，明确了发行融资的时限要求和最低融资额要求，提高了共同标准的量化合理性。

分层方案规定，企业进入创新层后，需要满足"维持标准"以持续地处于创新层。维持标准将不符合创新层要求的挂牌公司调整到基础层，同时将基础层挂牌公司满足创新层准入条件的，调整进入创新层。维持标准相对分层标准的降低情况如下，①标准一的维持标准：近两年连续赢利，且年平均净利润不少于1200万元；近两年加权平均净资产收益率平均不低于6%。②标准二的维持标准：近两年营业收入连续增长，且年均复合增长率不低于30%；最近两年营业收入平均不低于4000万元；股本不少于2000万股。③标准三的维持标准：最近有成交的60个做市转让日的平均市值不少于3.6亿元；最近一年年末股东权益不少于5000万元；做市商家数不少于6家。

整体来看，维持标准相对差异化的分层标准有所降低，整体而言，企业维持在创新层的难度并不大。就维持指标体系中的共同标准部分来看，公司治理和违规相关的部分并未降低。但原来三个分层标准皆要满足的交易频率标准，即"在达到上述任一标准的基础上，须满足最近60个可转让日实际成交天数占比不低于50%",在维持标准体系中仅适用于标准二和标准三。需要指出的是,维持标准中去除了关于融资时限和最低额度的标准,表明该标准只适用于公司进入创新层以前的情况。就维持标准体系中的分层标准而言,净利润、净资产收益率、市值等指标要求有所降低,其中,维持标准一涉及两年的平均指标,降低的幅度较大,容易造成进入创新层第一年和第二年关于盈利和净资产收益率指标差距过大,客观上增强了企业千方百计地"冲入"创新层的短期行为动机。就层级调整来看,创新层的"退层"机制设立了一年的缓冲期,即第一年不符合维持标准,公司应当及时发布风险揭示公告,第二年仍不符合的,则将被调整到基础层。

新三板市场正在成长为一个海量市场,市场内部结构性分化是市场博弈和自然发展的结果,也是新三板制度差异化、资源配置优化的重要环节,对市场各参与主体有着重要意义和作用。

第一,对"股转系统"而言,通过差异化的制度安排,降低市场管理和监管的成本,优化资源的配置效率,改善市场流动性,同时也为后续"转板"制度和竞价交易制度的实施奠定制度基础。

第二,市场分层将市场投资风险分层细化,一方面,满足了不同风险偏好的投资者对不同标的公司的风险偏好,另一方面,有效地降低了投资人的信息收集和获取成本。

第三,对优质挂牌公司而言,大大改变了与投资人的信息非对称状态,有利于市场定价功能的正常化和企业投资价值的有效发现,能够快速有效地解决企业的融资问题。

第四,对基础层公司而言,分层在客观上增加了基础层挂牌公司的压力,市场压力迫使其尽快改善经营管理情况以争取尽快进入创新层,而且还给基础层公司带来了学习效应。

(二)市场分层制度评价

目前的市场分层制度存在以下问题。

第一,分层指标与维持指标差异明显,为企业粉饰业绩以冲入创新层提供动机。"重入层而轻维持"的指标特征不利于市场的可持续发展。

第二,缺乏反映企业创新能力的指标。创新层对反映企业创新能力的指标没有涉及，没有充分体现新三板的市场定位。

第三，指标对挂牌企业的治理结构要求有待提高。对挂牌公司的股权结构要求有待提高，如股东人数只要求在创新层的第三套标准里，而第一套和第二套没有相关的标准要求。

第四，各标准中指标的协调性需要加强。如在第一套标准里，只有财务方面的指标，而没有反映做市商家数和股东人数等治理结构方面的指标。第三套标准中对创新型公司的权益规模要求过高。

第五，创新层的共同标准中加入了关于实际交易频率的规定，对交易频率做出了最低量化限制。但标准与市场的现实情况不符。在挂牌公司的投资人门槛高、市场流动性差的情况下，挂牌公司很难满足较高的交易频率要求。

第六，标准对于做市商的数量和交易频率做了量化限制，但未对做市商的尽职程度进行规定，在目前市场中的做市商职业操守、专业能力与质量参差不齐的情况下，增加了做市商的道德风险。

第七，新三板市场内部层级间转换需要兼顾强制性与主动性。"退层"的强制性有利于激励企业的质量提高，但随着层级的丰富，信息披露成本增加，这不利于企业通过市场化相机决策选择进入市场层级。

第八，分层标准的宽泛和维持标准的降低，将导致创新层企业数量的比例过高。如果企业太多，会影响创新层企业整体质量，进而会导致创新层资源配置效率下降。

市场分层制度的实质是对处于不同风险层的企业实施分类监管，降低投资者的信息搜集成本，改善新三板的流动性。目前分层制度已实施近8个月，创新层的价值发现功能虽然在逐渐显现，创新层与基础层的成交金额差距正在拉大，但挂牌公司整体流动性不佳的现状并未得到明显改善，而且市场分层后流动性并未显现出明显的"二八效应"。这主要是由于市场期待的创新层相关配套政策的落实情况以及交易制度的创新并未明确，投资机构谨慎观望。同时，不同层级的挂牌企业经营发展战略逐渐分化。随着做市商扩容、差异化制度安排实施，投资者对创新层企业的认知度会不断提高，创新层的交投将会日趋活跃，市盈率和换手率也会显著高于基础层。值得注意的是，由于新三板一级市场没有设定锁定期，投资者"炒作"高层级公司的股票进行短期投机的可能性

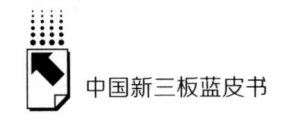

较大，这将导致二级市场股价的剧烈波动，对成长型、创新型企业造成巨大不利影响，同时激化不同质地和发展阶段企业之间的流动性矛盾，从而与分层制度的设计出发点相悖。

（三）市场分层管理经验借鉴

美国纳斯达克（Nasdaq）市场在35年间完成了两次分层，上市标准由高到低依次划分为纳斯达克全球精选市场（Nasdaq Global Select Market）、纳斯达克全球市场（Nasdaq Global Market）和纳斯达克资本市场（Nasdaq Capital Market）三个市场板块。纳斯达克市场分层管理，经历了以下几个发展阶段。

第一阶段，纳斯达克单一层次发展阶段，此阶段是在1971～1984年。纳斯达克在其成立初期，仅是用来集中显示全美OTC市场部分精选证券价格的电子报价系统，而不提供交易系统。

第二阶段，第一次分层，成为独立的场内上市场所。1975年，通过设置第一套上市标准，纳斯达克对挂牌公司的总资产、股本及资本公积、公众持股数、股东数及做市商数量等提出要求，从而与OTC市场区别开来，成为独立的场内上市场所。

第三阶段，在场内市场内部开始第一次分层。1982年纳斯达克在其报价系统的基础上开发出纳斯达克全国市场系统（NMS系统），在场内市场内部开始第一次分层。将交易活跃、交易量大的部分股票单独划分为"纳斯达克全国市场"层；其余股票组成纳斯达克常规市场，且于1992年正式命名为纳斯达克小型市场。在此期间，纳斯达克不仅提高了上市标准，为上市公司和投资者提供实时成交信息，而且增加了信息披露和公司治理标准。苹果、微软、亚马逊等IT公司也是在此次分层期间进入市场的。

第四阶段，2006年7月，纳斯达克启动第二次分层，在全国市场层的基础上以全球最高的上市标准成立全球精选市场，同时纳斯达克全国市场更名为纳斯达克全球市场，纳斯达克小型市场更名为纳斯达克资本市场，从此纳斯达克市场内部形成三层市场分层结构。全球精选市场旨在吸引大盘蓝筹企业、优秀大型公司上市，支持已经在其他两层次发展起来的公司，目前已成为纳斯达克最大的市场。其具体上市标准如表1所示。

表1 纳斯达克全球精选市场上市要求

项目	利润标准	市值与现金流	市值与营业收入	资产与股东权益
税前利润	前三个财务年度大于等于1100万美元,且最近两个财务年度大于等于220万美元,且前三个财务年度每年都无亏损	不适用	不适用	不适用
现金流	不适用	前三个财务年度总计大于等于2750万美元,且前三个财务年度均为现金净流入	不适用	不适用
市值	不适用	上市前12个月平均大于5.5亿美元	上市前12个月平均大于8.5亿美元	大于1.6亿美元
收入	不适用	前一财务年度大于等于1.1亿美元	前一财务年度大于等于9000万美元	不适用
总资产	不适用	不适用	不适用	大于8000万美元
股东权益	不适用	不适用	不适用	大于5500万美元
最低交易股价	4美元	4美元	4美元	4美元
做市商	3个或4个	3个或4个	3个或4个	3个或4个

资料来源：纳斯达克市场官方网站。

纳斯达克全球精选市场流动性要求，具体标准如表2所示。

表2 纳斯达克全球精选市场流动性要求

项目	初次公开发行股票及分拆上市公司	已挂牌公司	关联公司
至少持有100股股票的股东数	450人	450人	450人
总股东数	2200人	2200人	2200人
总股东数和过去12个月平均交易量	不适用	550人和110万股	550人和110万股
流通股数量	125万股	125万股	125万股
流通市值	4500万美元	1.1亿美元	4500万美元
流通市值和股东权益	不适用	1亿美元和1.1亿美元	不适用

资料来源：纳斯达克市场官方网站。

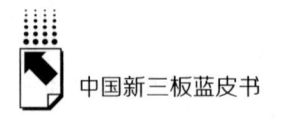

纳斯达克全球市场的上市要求，具体标准如表3所示。

表3 纳斯达克全球市场上市要求

项目	利润标准	股东权益标准	总市值标准	总资产/总收入标准
可持续业务的税前利润（最近一个财年或最近三个财年中的两个）	100万美元	不适用	不适用	不适用
股东权益	1500万美元	3000万美元	不适用	不适用
挂牌证券总市值	不适用	不适用	7500万美元	不适用
总资产和总收入（最近一个财年或最近三个财年中的两个）	不适用	不适用	不适用	7500万美元
流通股数量	110万股	110万股	110万股	110万股
流通股市值	800万美元	1800万美元	2000万美元	2000万美元
最低交易股价	4美元	4美元	4美元	4美元
持有100股以上的股东人数	400人	400人	400人	400人
做市商	3个	3个	4个	4个
经营历史	不适用	2年	不适用	不适用

资料来源：纳斯达克市场官方网站。

纳斯达克资本市场上市要求，具体如表4所示。

表4 纳斯达克资本市场上市要求

项目	股东权益标准	总市值标准	净收入标准
股东权益	500万美元	400万美元	400万美元
流通市值	1500万美元	1500万美元	500万美元
挂牌证券总市值	不适用	5000万美元	不适用
可持续业务的净收入（最近一个财年或最近三个财年中的两个）	不适用	不适用	75万美元
最低交易股价	4美元	4美元	4美元
流通股数量	100万股	100万股	100万股
股东数	300人	300人	300人
做市商	3个	3个	3个
经营历史	2年	不适用	不适用

资料来源：纳斯达克市场官方网站。

综上所述，纳斯达克市场内部实行多层次市场体系运作，初次上市标准逐层升高，实行差异化的制度安排。值得注意的是，三个市场层次在公司治理、交易信息透明度和信息披露等方面基本实行共同标准。

纳斯达克吸引全球大量高成长性企业入驻，集聚和整合了全球优质企业和金融资源，有效地改善了市场流动性。美国纳斯达克市场分层经验得到比利时、德国、法国和荷兰等国家的效仿。纳斯达克市场对于新三板而言具有借鉴意义。

一是分层结构逐步细化，上市标准随层级上升而升高。在成为独立上市市场后，随着上市公司数量的增长，纳斯达克市场先侧重流动性，根据公司规模、盈利、经营与管理能力等将不同质量的企业分为两层；后续随着投资者和企业对信息披露、公司治理、交易制度需求的不断提高，进行第三次分层。

二是多元化的交易制度安排。纳斯达克的交易制度为"竞争型做市商制度+竞价制度"的混合交易制度，转让方式的多元化和结构化是做市商制度改善流动性的关键。混合交易制度在规避做市商交易弊端的同时，更高效、透明地改善流动性。

三是做市商准入宽松灵活。NASD（全美证券商协会）的会员公司满足一定的最低净资本要求，具备做市业务必需的设备及软件系统，即可申请纳斯达克市场做市商。根据服务对象的不同，做市商可分为批发商、全国性零售经纪商、机构经纪商、地区性公司和电子交易网络。做市商可在任何时候撤销做市注册，重新进行做市需要在其自愿退出20天以后。目前，新三板做市商准入实行券商特许制度，私募机构做市处于试点阶段，且做市商准入门槛过高，做市商数量和类型满足不了市场流动性的要求。

四是层级间竞争确保做市商报价合理性。纳斯达克市场的不同层级中，做市商与其他做市商、机构投资者、电子报价系统进行竞争，以形成全国最优报价，做市商根据全国最优报价的变化而动态调整自身报价，使报价持续维持在合理水平。而新三板做市商相对投资者而言具有信息优势（享有一定的未披露报价的优势），且依据交易时间（报价时间不少于做市转让撮合时间的75%）和交易量（保持股票维持在1000股以上的买卖盘）来规定做市商不断发布报价。

五是纳斯达克市场与柜台公告板市场（OTCBB）通过详细的转板制度实现相互转板，后者为前者储备优质公司，为前者的退市公司提供缓冲市场。

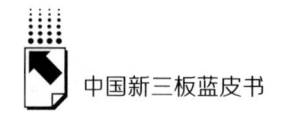

（四）市场分层制度改进方向

未来新三板的市场分层制度应主要从以下几个方面建设。

第一，随着层级的细分与增加，各层级指标兼顾财务标准与信息披露标准。信息披露标准随着层级的升高，由有限信息层次向标准信息层次和充分信息层次递进。

第二，企业挂牌入层时和转层时宜采取更加市场化的自愿形式，即在满足相应标准情况下自主选择进入层次和转入层次，降层仍需要采取强制行为。

第三，后续的交易多元化、信息披露的差异化、退出政策的差异化等制度安排应与市场分层的各层次进一步对应。如协议转让、做市商和竞价转让方式与挂牌企业的信息披露程度与层级相对应。

第四，在新三板市场服务"创新型、创业型和成长型企业"定位的基础上，维持标准应主要考虑市值、股本、股东人数及股权分散度（公众持股占比）、净资产及交易频率等指标。

第五，以动态和市场化的视角逐渐完善市场分层制度。根据国际市场的发展经验，市场分层是随着市场的变化逐渐形成的，而且层次定位与指标选择也是适时调整的。但分层的出发点是不变的：分层并非制定行政标准来区分公司是否具有投资价值，而是根据企业的生命周期、市场功能的差异化要求进行权利和义务的匹配，以投资者的视角将不同风险程度的公司分开，给予差异化的市场制度安排，最终使资源得到优化配置。

为了避免因分层较少而形成"强者恒强、弱者恒弱"的局面，根据监管层既定市场改革路线图，拟在创新层的基础上再分出一个"精选层"，为"转板"和竞价交易奠定制度基础。精选层的推出是监管方"多层次，分步走"的市场分层策略的进一步落实，适应了优质企业对于信息披露、交易制度差异化需求的不断提高。根据国际经验、新三板目前的市场现状和交易所市场的现实上市标准，对精选层的分层标准做如下构想。

第一，标准一：最近两年连续赢利，且平均净利润不少于2000万元（净利润以扣除非经常性损益前后孰低者为计算依据）；最近两年平均净资产收益率不低于10%（以扣除非经常性损益前后孰低者为计算依据）；最低交易股价2元；做市商家数不少于7家。

第二，标准二：最近两年营业收入连续增长，且复合增长率不低于50%；最近两年平均营业收入不低于4000万元；股本不少于3000万元；最低交易股价2元；做市商家数不少于7家。

第三，标准三：最近60个可交易日日均市值不少于6亿元；最近一年年末股东权益不少于5000万元；最低交易股价2元；做市商家数不少于7家；合格投资者不低于50人。

精选层的标准较既有的创新层标准发生如下调整：每一个标准都增加了"最低交易股价"；标准一和标准二增加了做市商数量标准，标准三则提高了做市商数量标准；标准二的最低股本上调至3000万元；标准三的合格投资者标准删除，归入下文即将提到的流动性标准。

精选层的流动性标准设定如下：持有100股以上的股东人数不低于200人；总股东人数不少于400人；过去12个月平均交易量（适用于已挂牌公司）不低于50万股；流通股数量达80万股，流通市值达5000万元。

结合纳斯达克分层管理经验，新三板分层管理制度实施路径主要包括以下几个方面。一是在基础层、创新层和精选层实施相同的公司治理要求，以保障公司价值和质量存在提高的基础。二是在精选层引入集合竞价交易制度与盘后大宗交易制度，使其首先过渡到竞价交易和做市商制度共存的混合交易制度，同时避免大宗交易对二级市场的价格冲击。三是创新层与精选层实施流动性要求，后者流动性要求更高。四是在精选层首先实施向创业板"升板"制度，由高层到低层开启"降板"制度，在基础层实施退市制度。五是在基础层、创新层和精选层分别实施由低到高的信息披露要求，探索实施由低到高的投资者适当性门槛。

二 退市（摘牌）制度

（一）现行退市（摘牌）制度介绍

1. 建立退市（摘牌）制度的必要性和紧迫性

自"股转系统"2013年扩大试点至全国范围以来，挂牌公司数量在2016年已突破万家，海量市场规模已经形成。新三板市场化的准入机制使挂牌公司的数量继续保持高增长态势，为了提高市场的整体质量，改善市场流动性，市场需要建立常态化和市场化的退出机制。首先，新三板目前还没有建立完备的退市制度，仅在《全国中小企业股份转让系统业务规则（试行）》第四章（"挂牌公司"）第五节（"终止与重新挂牌"）中关于挂牌公司退市有相关的规定，但这些退市规定并未涉及财务质量与市值等与投资者利益紧密相关的量化内容，其距离完善的退市制度尚有相当距离。其次，部分挂牌企业基于自身发展战略、控制权要求、被并购以及IPO等方面的考虑有主动退市的需求。再次，新三板准入门槛低，挂牌公司质量参差不齐，新三板存在无成交、无融资的"僵尸"企业。低劣质企业的大量存在会影响新三板的整体市场质量，不仅会占有市场和监管资源，而且增加了市场管理和监管成本，增大新三板沦为"柠檬市场"的风险。大量劣质企业存在，增加了投资者风险识别的难度，不利于资源的优化配置。

2. 退市（或摘牌）制度征求意见稿的基本内容

鉴于业务规则对终止挂牌仅做了原则性、方向性的规定，但并未区分主动终止挂牌和强制终止挂牌，同时缺乏量化的标准。2016年10月22日，"股转系统"发布《全国中小企业股份转让系统挂牌公司股票终止挂牌实施细则（征求意见稿）》（以下简称《征求意见稿》）。《征求意见稿》共六章三十二条，包括总则、主动终止挂牌、强制终止挂牌、投资者权益保护、监管措施和违规处分等主要内容。其中，强制终止挂牌部分选取了信息披露、公司治理、持续经营能力等基础性、底线性的要求，新增了应强制终止挂牌的情形。主动终止挂牌部分规定挂牌公司可以充分利用不同证券交易场所的比较优势，在中国证监会核准其公开发行股票并在证券交易所上市，或证券交易所同意其股票上市后，主动申请终止挂牌。投资者保护部分一方面要求主动终止挂牌的挂牌公司对异议股东的保护措施做出具体安排，另一方面对实行强制终止挂牌的，探索建立了责任主体赔偿机制。监管与违规处分部分规定，主动终止挂牌申请被批准前，全国股转公司依法对挂牌公司或其控股股东、实际控制人、现任高管人员是否存在涉嫌信息披露违规、公司治理违规、交易违规等行为进行查处。同时规定，企业挂牌期间未勤勉尽责履职的主办券商等中介机构的责任，不因挂牌公司股票被终止挂牌而免除，全国股转公司将依法对其进行查处。

（二）退市制度评价

目前，业务规则的退市规定距离完善的退市制度尚有相当距离，主要存在以下不足。一是并未区分主动摘牌和强制摘牌的具体情形，以及规定相应的实施细节。二是仅仅涉及信息披露的时间要求，并无信息披露的质量要求，即是否经过注册会计师事务所审计。三是未涉及财务质量与市值等与投资者利益紧密相关的量化内容。四是未涉及投资者保护的实施细节。

《征求意见稿》的推出弥补了以上不足，为新三板市场建立常态化、市场化的退市机制提供了制度基础。《征求意见稿》一方面坚持了"自律监管与公司自治相结合"的原则，尊重保护挂牌公司基于其意思自治做出的主动退市决定，允许挂牌公司主动申请终止挂牌。另一方面，贯彻落实"依法监管、从严监管、全面监管"要求，健全市场自净功能，实现市场优胜劣汰。对于不符合挂牌维持条件以及存在重大违法违规行为的挂牌公司，"股转系统"将依法强制其股票终止挂牌。《征求意见稿》以强制规定确保在终止挂牌过程中投资者的知情权和决策权的保护。值得一提的是，《征求意见稿》充分考虑挂牌公司自律管理的制度环境和制度特色，进行了若干制度创新，发挥了主办券商持续督导的角色，在终止挂牌过程中起到化解风险的关键作用。通过信息披露规定保障风险的充分揭示，赋予投资者多样化的权利保护方式，保障投资者可依法行使自己的权利。

但从《征求意见稿》的具体规定来看，尚有如下几处值得深入探讨的条款。

1. 关于挂牌公司在国际证券市场上市（或挂牌）的问题

第二章第一节"主动终止挂牌的情形"中第五条第（二）款提到"中国证监会核准其公开发行股票并在证券交易所上市，或证券交易所同意其股票上市"，未考虑企业在国际证券市场上市或挂牌的情况如何处理。由于部分交易所允许企业在多家证券交易所挂牌或上市，此情形需要进一步明晰。

2. 关于半年度报告的可信性问题

第三章第一节"强制终止挂牌的情形"中第十三条第（一）款提到"未在法定期限内披露年度报告或者半年度报告并自期满之日起两个月内仍未披露年度报告或半年度报告"，第（二）款提到"最近两个年度的财务会计报告均被注册会计师出具否定或者无法表示意见的审计报告"，并未提及半年度报告的可信性问题。

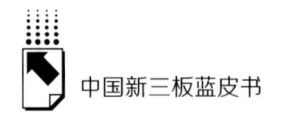

3. 关于纪律处分的程度和对象待明晰问题

第三章第一节第十三条第（五）款提到"最近三十六个月内累计受到全国股转公司三次纪律处分"，未明确纪律处分的程度是否有所区别，以及处分对象不同（即系公司或个别人员的违规），政策是否会有区别。

4. 主板券商在判定企业是否具有"持续经营能力"的专业性问题

第三章第一节第十三条第（六）款第 2 项和 3 项分别提到"最近两个年度的财务会计报告均被注册会计师出具持续经营能力具有不确定性的意见"和"连续两年被主办券商出具了持续经营能力存在不确定性的意见"。由于第（六）款是"几种情形之一"即触发的安排，但如果出现注册会计师与主办券商意见不一致的情形下，特别是前者认为企业有持续经营能力而后者持否定意见的情况，鉴于主板券商的专业性水平参差不齐与履职态度具有主观性，企业有无启动复查程序的可能值得商榷。

5. 第四章"投资者保护"第二十一条提到"主动申请终止挂牌的挂牌公司应当在董事会决议和股东大会决议中对异议股东的保护措施做出相关安排"

如果挂牌公司因为吸收并购而丧失主体资格从而主动终止挂牌，中小股东股权被稀释或调整的情况，是否属于异议股东及需要相应保护措施。

6. 第四章"投资者保护"第二十二条提到"股票被强制终止挂牌的挂牌公司及相关责任主体应当对股东的诉求做出安排并披露"

挂牌公司或者挂牌公司的控股股东、实际控制人，以及挂牌公司的主办券商可以设立专门基金，对股东进行补偿。此条需要有操作的细则。这里只是做出一个原则性规定，没有操作的具体细则，达不到保护投资者利益的目的。例如，对于由于持有股份的董事、监事、高级管理人员等内部人存在重大过失而导致企业摘牌的，对股东进行补偿时，如何处理对这些"执行"角色股东的补偿？此外，专门补偿基金的设置比例也无原则性指导。

整体来看，《征求意见稿》以定性标准为主，量化标准相对较少。例如，如何衡量挂牌公司是否具有存续经营能力存疑，缺乏一个统一的、量化的标准，这不利于规定的落地施行。

（三）纳斯达克退市制度经验借鉴

纳斯达克证券交易所负责制定退市标准，并在允许或勒令上市企业退市的决定上有较大的自主权。纳斯达克市场的退市制度分为主动退市（自愿退市）和强制退市（被动退市）。主动退市是企业根据自身发展阶段、权衡成本与收益并基于其意思自治做出的退市决定，在市场化的制度中应得到尊重与保护。就退市标准而言，主动退市没有统一的退市标准。在没有侵犯中小股东利益及违规违法操作的情况下，公司提出自愿退市申请并符合法定程序即可退市，一般无须说明退市理由。主动退市主要包括私有化（非公众公司）、暂停信息披露（摘牌退市，但保留部分外部股东）和转板（从纳斯达克转到纽交所）等退市方式。

而强制退市是指由于公司不能满足交易所规定的持续挂牌条件，交易所或监管当局勒令其退市。纳斯达克经过三次市场内部分层，由高到低形成三个不同层次的市场，即纳斯达克全球精选市场、纳斯达克全球市场和纳斯达克资本市场。三个市场的企业需要满足维持上市标准才能不被强制退市，维持上市标准均比各自的上市标准低一些，包括量化标准和非量化标准。三个市场的非量化标准基本一致，均涉及报告可信性、信息披露、投资者保护、公司治理结构以及利益冲突等方面。纳斯达克全球精选市场和全球市场持续挂牌量化标准如表5所示。

表5 纳斯达克全球精选市场和全球市场持续挂牌量化标准

项目	总资产/总收入标准	股东权益标准	市值标准
总资产和总营业收入（最近一年数据或最近三年中的两年）	总资产5000万美元，总收入5000万美元	—	—
股东权益	—	1000万美元	—
股票市值	—	—	5000万美元
公众持股数量	110万股	75万股	110万股
公众持股的市值	1500万美元	500万美元	1500万美元
每股价格（30个连续交易日）	1美元	1美元	1美元
股东数量	400人	400人	400人
做市商数量	4家	2家	4家

资料来源：纳斯达克市场官方网站。

量化标准方面，全球精选市场和全球市场的量化标准均分为：总资产/总收入标准、股东权益标准和市值标准，这个市场的企业须满足三个条件中至少一个才能不被强制退市。

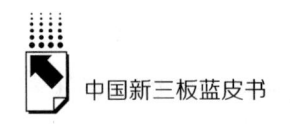

纳斯达克资本市场的"三选一"量化标准包括净利润标准、股东权益标准和市值标准，如表6所示。

表6 纳斯达克资本市场持续挂牌量化标准

项目	净利润标准	股东权益标准	市值标准
净利润（最近一年数据或最近三年中的两年）	50万美元	—	—
股东权益	—	250万美元	—
股票市值	—	—	3500万美元
公众持股数量	50万股	50万股	50万股
公众持股的市值	100万美元	100万美元	100万美元
每股价格(30个连续交易日)	1美元	1美元	1美元
股东数量	300人	300人	300人
做市商数量	2家	2家	2家

资料来源：纳斯达克市场官方网站。

对比初次上市标准，不难发现：持续上市标准较初次上市标准有所降低，且持续上市标准的差异化程度有所降低。全球精选市场和全球市场的持续上市标准相同，高于资本市场的持续上市标准。

此外，"一美元退市法则"是纽交所和纳斯达克最具特色、最市场化、标准最高的强制退市制度安排（持续上市标准要求），贯穿各个层次的持续挂牌标准。该法则规定：如果某只股票连续30个交易日平均收盘价低于1美元，则公司被认定为低于持续挂牌标准。在接到认定通知的4个工作日内公司必须发布披露事实真相的新闻稿，并在10个交易日内拿出解决方案告知交易所并予以公布，否则即停牌并进入退市程序。在接到认定通知的6个月内，任何一个日历月的最后一个交易日收盘价高于1美元，并在此前连续30个交易日平均收盘价也要高于1美元，否则，就要进入停牌及退市程序。不难看出，"一美元退市法则"赋予了投资者主动监督公司质量并"用脚投票"的法定权利，是市场化程度最高的退市标准，让"问题公司"无处藏身，是市场化的特征，也是市场投资者成熟的体现。无论是纽交所还是纳斯达克市场，由于触发"一美元退市法则"而被退市的公司数量均约占强制退市总数的一半。

就强制退市的程序而言，纳斯达克通过机构设置和层层递进的机制充分保护了上市公司的权利。具体步骤如下：①纳斯达克内设的上市资格审查部，负责第一次判定企业是否满足维持上市的标准，并指出标的公司不符合上市条件的原因、发布退市决定和进行公开谴责。②同时规定标的企业在收到退市决定书之后的规定期限期（180天）内，对不符合上市条件的事项进行整改并提交整改计划。③若整改后经判定（第二次）仍未达标，则标的企业可以选择向纳斯达克听证委员会上诉，否则纳斯达克会立即将该股票停牌。④如果上市公司对纳斯达克听证委员会的决定依然表示不服，可以继续向纳斯达克上市和听证审查委员会提起上诉。该委员会负责审查听证委员会的决定，并进行复议。⑤如果上市公司对上市和听证审查委员会的复议依然不满意，可以选择上诉到纳斯达克董事会以获得是否退市的最终决定。

（四）退市制度的路径选择

纳斯达克的退市制度对新三板即将推出的摘牌制度具有重要借鉴意义。

一是纳斯达克尊重企业意思自治，全面考虑企业主动退市需求，简化处理主动退市程序。

二是强制摘牌制度使用了量化与非量化指标，不同层次的市场使用差别化的量化指标，而非量化指标基本一致。新三板退市制度需要将定量与定性指标结合。退市制度的建立需要在考虑市场扩容的基础上，适当引入财务质量、市值管理等与投资者利益紧密相关的量化标准，结合公司治理和信息披露等定性要求，更好地强化公司质量要求。基于目前市场中能够满足公众公司股东人数标准的挂牌公司占比非常小，退市的股东人数标准应适当降低。

三是纳斯达克的退市制度强调投资者保护，从市值、股东权益和公众持股等投资者角度出发设计退市标准。新三板摘牌制度在保护投资者的制度设计上，应考虑到大股东与中小股东的差异化特征，及时对上市企业持股内部人的违规行为进行量化惩处，并与股东补偿机制相挂钩。

四是强制退市程序逐层递进，给予企业整改的同时，赋予当事企业的逐级申诉的权利，充分保护了企业的权利。

五是重视公司质量的提升。纳斯达克强制退市的非量化标准中，公司治理结构、董事会的结构和独立性、信息披露、股东权利与话语权等都是监管的重要依据。新三板摘牌制度需要对这些方面给予细化考量，而非仅一般意义的定

性概括。

六是市场化的退市需要以市场化的"入市"为基础。2012年我国交易所市场退市引入了"一元退市标准",但在发行核准制的情况下,IPO堰塞湖短期解决困难,中国股民不仅不"用脚投票",而是跟随部分机构炒壳、赌壳,导致"垃圾股"不能退市。就新三板来看,市场准入低,且目前的《征求意见稿》中摘牌标准以定性为主,实施落地性差,所以,新三板适合引入"一元退市法则",其市场化约束效果值得期待。

七是退市制度需要在产业维度上加以引导,鼓励新兴产业和创新创业、成长型企业,避免"一刀切"的退市标准,强化新三板的市场定位。针对目前占比较大的传统行业可以考虑执行相对严格的退市标准。此外,处于不同市场分层的挂牌企业应执行不同的退市标准。

三 "转板"制度

(一)"转板"的含义

2013年12月14日,国务院发布的《关于全国中小企业股份转让系统有关问题的决定》(国发〔2013〕49号)明确提出"建立不同层次市场间的有机联系",规定"在全国股份转让系统挂牌的公司,达到股票上市条件的,可以直接向证券交易所申请上市交易"。同时规定,"在符合《国务院关于清理整顿各类交易场所切实防范金融风险的决定》要求的区域性股权转让市场进行股权非公开转让的公司,符合挂牌的,可以申请在全国股份转让系统挂牌公开转让股份"。2014年1月8日,安控股份公开发行股票并在创业板上市的申请获得证监会批准,安控股份成为全国股转系统自2012年9月成立以来首个通过IPO公开上市的挂牌公司。2014年8月1日,证监会为落实7月23日国务院常务会议提出的十条措施中第三条指出,"支持尚未盈利的互联网、高新企业在新三板挂牌一年后到创业板上市"。目前新三板市场完善的("普惠式")的挂牌公司"转板"制度尚未推出,挂牌企业只有通过"先退市再IPO"的路径上市,此类并非真正意义上的"转板"制度,而且"转板"过程中企业面临的市场发展的机会成本和政策风险不可小觑。"十三五"规划纲要将"深化创业板、新三板改革,规范发展区域性股权市场,建立健全转板机制和退出机制"作为金融领域的重要内容。2016年10月10日,国务院发布《关于积极稳妥降低企业杠杆率的意见》(国发〔2016〕54号),明确提出加快完善全国中小企业股份转让系统,研究全国中小企业股份转让系统挂牌公司"转板"至创业板的相关制度。

何谓"转板"机制?广义的"转板"概念是指"在资本市场某一板块市场进行交易的市场主体,因经营行为或条件的变化,基于证券市场规则的要求,主动或被动地转移到另一板块市场进行交易的主体转移行为"。狭义"转板"是指"场外证券市场挂牌主体不公开发行新股,从场外市场直接主动转到主板或创业板等市场上市,上市之后再进行融资的主体转出行为安排"。

(二)新三板实施"转板"制度的必要性和重要性

"转板"制度是改善新三板市场流动性的突破口。

首先,实施"转板"制度是多层次资本市场体系发展的内在要求。建设多层次资本市场体系,在于为处于不同发展阶段的企业提供相应的发展平台,满足企业的融资需求。企业在不同的发展阶段,需要不同的融资平台为其提供资本支持。企业初创阶段,不具备公募融资条件时,可以到PE市场融资以及场外市场融资。当企业发展到一定规模、达到公开发行融资标准时,可以通过公开发行融资。"转板"制度的建立,就是为企业在不同发展阶段,进入不同市场融资建立起的一种机制。"转板"机制不仅降低了企业的融资成本,同时也满足了企业在不同发展阶段对资本的内生性要求。

其次,"转板"制度的建立,有利于提高多层次资本市场体系的整体资源配置效率。新三板是专门为创新创业型中小微企业服务的场外资本市场。市场定位不同,决定了交易制度的不同安排。而交易制度的不同,则决定了市场融资功能的强弱。场内市场的融资功能显著强于场外市场,这是A股市场吸引新三板挂牌公司"转板"的市场基础。新三板的优质挂牌公司多处于战略性新兴产业,大多处于初创期或发展期,规模小、成长性高,融资需求强烈。这是新三板挂牌公司"转板"的内在推动力。新三板挂牌公司经过中介机构的"洗礼",其规范性和透明度大大优于其他私人企业,降低了场内市场的培育成本。新三板可以成为A股市场理想的预备板或孵化器。新三板的"苗圃"

功能，一方面可以满足新三板优质挂牌公司进一步发展壮大的融资需求，另一方面为A股市场输送优质上市标的，使资本不断流向真正具备创新能力的公司，淘汰没有核心竞争能力的企业，从而优化资本市场的资源配置，提高多层次资本市场的整体配置效率。

再次，"转板"制度的实施可能成为改善新三板市场流动性的突破口。流动性不足是新三板市场运行的显著特征。不管是从股票交易活跃度，还是是从挂牌公司平均融资规模大小，2016年与前年相比都呈大幅度下降态势。新三板流动性不足在于供需失衡，股票供给大，投资者太少。投资者规模目前大概为30万户。其中，个人投资者占90%左右，而10%左右的机构完成了60%左右的"定增"和百分之七八十的交易。因此，新三板是以机构投资者为主的市场。机构投资者投资的一个重要前提是要有通畅的退出机制。由于各项制度安排不及时或不到位，退出通道不顺畅。多数机构投资者，特别是长期资金持有者的机构难有动力大规模进入市场。换言之，股票的主要需求者规模太小，导致新三板供需失衡。如果优质挂牌公司可以实现"转板"，通畅的退出机制将吸引大量机构投资者进入新三板市场。因此，推行"转板"制度将成为改善新三板市场流动性的关键。

最后，须正确看待新三板实施"转板"制度与独立市场地位的辩证关系。实施"转板"制度，不但不会损害新三板独立的市场地位，反而会巩固其独立市场地位。目前的市场状态是投资新三板的资本缺乏退出渠道，以至于新三板有流动性枯竭的危险。采取"堵"的办法，不利于市场优化资源的配置，只有通过"疏"才会让市场形成良性循环。当企业看到新三板能够融资，对投资者而言，有顺畅的退出通道，新三板才会成为市场主体的主动选择。在新三板面临流动性困境、市场主体信心不足之际，"转板"制度完全有可能成为市场的"强心剂"。

（三）国际转板制度借鉴：以美国资本市场为例

美国的场外交易市场由低层次到高层次主要包括粉红单市场（Pinksheets）、柜台公告板市场（OTCBB）和全美证券商协会自动报价系统（NASDAQ）。粉红单市场是场外交易市场的初级市场，主要包括做市商愿意报价的证券和从纳斯达克和OTCBB退市的证券。OTCBB由于准入宽松和挂牌费用较低，对成长型中小企业具有较大吸引力，已发展为最主要的场外交易市场。纳斯达克市场则主要服务于具有高成长潜力的科技类公司。

按照转板方向不同，美国场外市场和纳斯达克市场的转板机制分为升级转板（从粉红单市场到 OTCBB 和从 OTCBB 到纳斯达克市场）和降级转板（从 OTCBB 到粉红单市场和从纳斯达克资本市场到 OTCBB）。从升板条件来看，从粉红单市场升板至 OTCBB 条件包括：①公司净资产不少于 200 万美元；②公司最近 12 个月的营业收入不少于 1000 万美元；③净利润不少于 200 万美元；④公司在过去两年的收入及盈余年增长率不低于 20%。按照美国证券交易委员会（SEC）的要求，粉红单市场向 OTCBB 升板的公司需要聘用注册会计师对公司进行审计，并在挂牌后按季度向 SEC 提交经审计的财务报表。从 OTCBB 升板至纳斯达克资本市场，除 SEC 对公司股票流动性进行核查外，公司须满足如下条件：①净资产达到 400 万美元或年度税后净利润超过 75 万美元或市值超过 5000 万美元；②流通股达到 100 万股；③股东人数在 300 人以上；④每股股价超过 4 美元。值得一提的是，如果净资产达到 1000 万美元，可以直接升入纳斯达克全国市场。从降板来看，在 OTCBB 市场挂牌的公司，如果没有按照规定定期向 SEC 递交财务数据，或所有为其做市的做市商都放弃为其做市，其将被摘牌并降板至粉红单市场进行报价交易。纳斯达克上市公司无法满足如下两条件之一将被强制降板到 OTCBB：①为公司的有形资产净值需在 400 万美元以上，有 75 万股流通股，有 500 万美元的流通股市值，股价不低于 1 美元，有 400 户股东和 2 个做市商；②市值超过 5000 万美元（或者总资产和收入分别达到 5000 万美元），流通股超过 110 万股，流通股的市值超过 1500 万美元，股价不低于 5 美元，有 400 户股东和 4 个做市商。值得一提的是，由于 OTCBB 和纳斯达克均由全美证券商协会（NASD）管理，这也促进了两个市场双向转板机制的运行。

自 2006 年纳斯达克市场获得"全国性证券交易所"牌照后，其法律地位与竞争对手纽交所相同，目前市场地位处于第二位，但部分上市及持续上市标准甚至高于纽交所。企业根据交易制度不同偏好、上市费用与市场定位的不同，选择在不同交易所上市。两个交易所之间的"转板"机制是平级转板，只需满足所申请上市的交易所的上市要求即可申请在目前上市的交易所申请主动摘牌退市。例如，纽交所采用上市费用与公司规模挂钩的收费方法，因而对

于较大规模的公司（公司市值在100亿美元以上）而言，在纽交所挂牌和在纳斯达克挂牌的费用有比较大的区别。如2008～2009年全球金融危机爆发期间，包括大型公司在内的10多家公司出于节省上市费用的考虑，选择从纽交所转板到纳斯达克市场。

（四）转板需要具备的条件

新三板推出"转板"制度需要具备三大前提条件。

第一，需要突破现有法律的障碍。目前《证券法》和沪深交易所市场的《上市规则》都将"股票已公开发行"作为上市条件，而新三板的股票发行是定向并非公开发行。因此，新三板转板制度的引入需要突破相关法规限制。

第二，新三板要具备实施"转板"制度的市场基础。新三板实施"转板"的首要前提是市场本身要独立运行，并在此基础上具备良好的市场基础。新三板要发挥好"苗圃"功能，又要发挥好"土壤"功能。新三板是专门为创新创业型企业提供服务的资本市场服务，而非为成熟企业提供服务，与交易所市场具有天然的内生连接性。新三板不是交易所市场的过渡性市场，而是一个完全独立的证券交易市场。新三板只有在独立存在并健康运行的前提下，才可能为交易所市场提供源源不断的"转板"资源。目前，新三板已经拥有了"转板"丰富的市场资源，具备了推行"转板"制度的良好的市场基础。

第三，"转板"制度推出需要市场化的制度基础。新三板推出"转板"制度的目的在于建立一种市场化的通道，满足新三板挂牌企业不断成长对企业资本的内生性需求。从现有的制度框架来看，投资人适当性管理制度的完善迫在眉睫。证券场内市场对公众持股人数和持股市值有较高的要求，目前挂牌公司公众持股人数和持股市值离交易所市场的要求还有一定的距离，降低投资人的准入门槛是解决此问题的必要前提条件。市场分层制度已推出，目前监管层正在研究在创新层的基础上进一步推出"精选层"，风险分层进一步细化。精选层的标准与创业板"现实"上市条件基本一致，有助于两个市场无缝衔接。现有的交易制度待优化，做市商扩容至私募机构试点，未来通过引入集合竞价机制向混合交易制度过渡。投资者适当性管理制度未来需要降低准入门槛，扩大投资人队伍，增加挂牌公司公众持股数量。新三板摘牌制度的及时推出会给挂牌公司施加市场化压力，风险与机遇并存，使新三板真正成为一个优胜劣汰的市场，迫使挂牌企业不断提高公司质量。

借鉴美国证券场外市场的"转板"机制，需要全面考虑新三板的放行条件，如挂牌时间、交易情况、违规记录等，亦需要考虑目标市场的入场条件，如公司财务质量、规模、公司治理等方面。"转板"的程序与方式所涉及的环节需要在交易所自律审查和监管部门审核间有所权衡侧重。新三板市场向交易所市场转板需要符合主板和中小板或创业板的发行条件和上市条件（除股票公开发行要求外），新三板向交易所市场"转板"的条件如表7所示。

表7 新三板向交易所市场转板条件

	主板与中小板	创业板
盈利能力	最近3个会计年度净利润均为正数，且累计超过人民币3000万元（净利润以扣除非经常性损益前后较低者为计算依据）	最近两年连续赢利，最近两年净利润累计不少于人民币1000万元（净利润以扣除非经常性损益前后较低者为计算依据）
经营规模	最近3个会计年度经营活动产生的现金流量净额累计超过人民币5000万元；或者最近3个会计年度营业收入累计超过人民币3亿元	最近一年盈利，最近一年营业收入不少于人民币5000万元（本条与上条可互相替代）
净资产	最近一期末无形资产（扣除土地使用权、水面养殖权和采矿权等后）占净资产的比例不高于20%	最近一期末净资产不少于人民币2000万元，且不存在未弥补亏损
总股本	发行前股本总额不少于人民币3000万元，发行后股本总额不少于人民币5000万元	发行后股本总额不少于人民币3000万元
发行股份比例	发行的股份达到公司股份总数的25%以上；公司股本总额超过人民币4亿元，公开发行股份的比例为10%以上	发行的股份达到公司股份总数的25%以上；公司股本总额超过人民币4亿元，公开发行股份的比例为10%以上
违规行为	公司最近3年无重大违法行为，财务报告无虚假记载	公司最近3年无重大违法行为，财务报告无虚假记载
股东人数	不少于200人	不少于200人

资料来源：根据中国证监会规定整理。

（五）转板的路径选择

新三板可以通过如下路径推出转板制度。

第一,要突破现在法律障碍,一个可供选择的路径是,在现有交易所《上市规则》的基础上,对新三板公开转让在性质上等同于交易所市场的公开发行进行合理的解释。另外一个可供选择的路径是,可以借鉴境外的成熟资本市场的做法,上市条件不再由《证券法》做出统一规定,而是由交易所自行规定。

第二,优化制度基础。降低投资人准入门槛,扩大投资人队伍,增加挂牌公司公众的持股数量是帮助挂牌公司完善公司治理结构的必由之路。推出"摘牌"制度实施细则,提供市场化的退市机制,提升整体挂牌公司的质量,不断催生创新企业向更高层次的资本市场进军。市场分层制度也需要优化,风险分层进一步细化,在创新层的基础上推出"精选层",为集合竞价制度的推出奠定基础。

第三,充分理解新三板转板制度的双向含义。目前将"转板"狭义理解为场外向场内市场的"升板",但场外市场间的"降级"未充分考虑。新三板的市场转板制度作为一种市场转换机制,应该包括"升板"与"降板"两个方面,将转板含义狭义理解为升板是有局限性的。

第四,分步骤建立新三板双向转板机制。新三板转板制度既要建立与交易所市场的升板机制,也需要建立与区域股权交易市场(四板)的对接机制,使多层次的资本市场真正有机相通相连。目前的市场处于初创阶段,可考虑先构建新三板与交易所市场间的转板制度,以打通场外和场内市场。后续可再构建新三板与地方股权交易市场的转板制度,为新三板市场提供挂牌企业资源。

第五,市场化的转板制度未来需要充分考虑主动转板。各层次市场的流动性、融资规模与效率、信息披露义务、交易成本、企业的质量均有不同。随着各市场的发展变化,市场化的转板制度需要给予企业根据自身发展变化而主动相机决策参与市场层级的机会。

四 大宗交易制度

(一)建立大宗交易制度的必要性和重要性

大宗交易是指单笔交易规模远大于市场平均单笔交易规模的交易。随着证券市场的迅速发展,在资金实力、治理水平和人力资本等方面具有优势的机构投资者的比重逐渐增加，大宗交易的需求日益增长。如果在普通的交易市场（平台）上进行大宗交易，大宗交易的发起者就会面临如下四方面的交易困境。一是成交数量大而不易及时找到匹配的交易者，大宗交易的发起人往往通过价格优惠来吸引交易者以有效地完成交易。二是成交量巨大的大宗交易市场效应明显，大宗交易的发起方为避免价格波动而不愿意披露其委托订单信息。在与小额交易者的博弈过程中，后者可以利用前者的交易信息预判市场变化方向，以使自己的利益最大化。如双方交易方向一致时，小额交易者会下达先于大宗交易的交易订单以减少损失；而当交易方向相反时，小额交易者倾向于推迟自身的交易。三是大宗交易流动性提供方，由于担心交易价格合理性而谨慎交易以应对潜在的其他订单，造成了市场流动性的降低。四是由于交易双方存在信息不对称问题，交易对手出于对大额交易发起方可能拥有更多信息的顾虑而不愿意与之进行交易，以免自身利益受损。为了规避和解决以上基本交易难题，大宗交易采取与普通交易不同的交易方式。

大宗交易制度降低了交易成本，使大额交易具有隐蔽性，避免了大额股权交易对二级市场的价格冲击，因此，建立大宗交易平台与制度具有重要意义。大宗交易制度进行股权转让，有利于降低经手费、佣金以及税收等费用成本。在大宗交易制度中，交易双方可以在场外匹配、协商，使大宗交易需求者容易找到对手方迅速成交，降低了交易的时间成本。大宗交易可以在一定范围内设定交易价格，从而减小大额订单交割交易受市场波动的影响力度，使交割具有确定性，降低大宗交易的违约风险。大宗交易制度也降低了间接交易成本，不仅降低了对证券市场即时行情的分析、搜索选择交易对象和类型而产生的交易成本，也降低了延迟、错过最佳交易时间而产生的机会成本。同时，大宗交易制度的延期和隐形等相对宽松信息披露制度，为大额交易保留较为隐蔽的交易环境，保障大宗交易卖方免受交易动机暴露而接受对自身不利的价格的风险，也避免引发证券市场的大幅波动。大宗交易平台为大宗股权的转让提供了安全、便捷、专有的交易平台，提高了证券市场的流动性和稳定性，是二级市场交易的重要补充。

新三板推出大宗交易制度，是市场分层后交易制度完善优化的重要内容，是流动性一揽子解决方案的重要组成部分。首先，新三板市场本身是以机构投资为主的市场，不管是理论上还是实践中，新三板的定增和交易都是以机构投

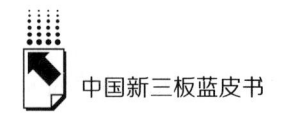

资者为主的。大宗交易制度本质是满足机构投资的特定需求的。大宗交易制度本应该成为新三板交易制度的重要有机组成部分。其次，目前，新三板作为场外市场，其核心交易制度——做市交易制度不完善。很多企业刚开始选择做市交易转让方式，但发现在做市商做市资金相对不足的情况下，二级市场无法承受退出期限到达时股东减持大宗股权的冲击，后又改为协议转让。因此，在目前做市商制度存在重大不足的市场环境中，推出大宗交易制度是改善市场流动性的重要举措。再次，挂牌公司的一些特定交易需求，比如履行"对赌"协议，员工激励方案的实施，引进有特殊资源的战略投资者（但公司是做市交易）等，都需要通过大宗交易平台进行。最后，大宗交易制度为投资新三板的资金提供较高效的退出渠道，加快二级市场的兼并重组，提高新三板市场的资源配置效率，与做市商向非券商扩容和集合竞价制度形成合力，可持续地解决新三板市场流动性不足问题。

（二）大宗交易制度的国际经验

各国的交易所采取的大宗交易制度的内容框架主要包括大宗交易的标准、交易时间、交易方式等方面。就大宗交易的标准而言，各证交所根据"交易数量""交易额度"或两者并行设定了不同的大宗交易标准规定。如伦敦、香港和台湾等的交易所依据交易量设定；法国巴黎、德国和澳大利亚等的交易所依据交易额度设定；而纽约、新加坡、深圳与上海的证交所则采用两种标准并行。各交易所规定的大宗交易时间限制较少，大多数为一般竞价时间和盘后交易时间相结合的模式。我国深圳证交所和上海证交所均采用盘后交易的模式，每日交易时间仅30分钟。

交易所通常就大宗交易价格进行限定，可分为完全价格弹性、无价格弹性和相对有限弹性。伦敦、澳大利亚、中国香港及泰国等的证券交易所对大宗交易成交价格无限制，即完全价格弹性；中国台湾证交所和德国采取无价格弹性方式限制价格，分别将当日二级市场收盘价和市场中最佳买卖价的中价确定为大宗交易价格；部分交易所对大宗交易价格采取相对有限弹性限制，依据普通交易市场价格（或最佳买卖价）设定大宗交易的价格区间来进行交易。就我国大宗交易价格确定机制而言，深圳证交所和上海证交所对大宗交易制度的规定为"有涨跌幅限制的，在当日最低价与最高价之间；无涨跌幅限制的，在前收盘价±30%之间或当日已成交的最高、最低价之间；当日无成交的，以前日收盘价为交易价格"。因此，我国大宗交易属于有限价格弹性限制。

针对大额交易区别于普通交易的特征和发起人面临的交易困境，各个国家采取了以下几种交易方式进行大宗交易。

（1）普通交易模式

日本东京和澳大利亚等的交易所普通交易系统对委托数量没有最高额限制，投资者可通过一般委托方式提交订单申请，在普通交易系统中与交易对手进行大额交易，但无法事先确定大宗交易的成交价格和时间。

（2）大宗交易专用交易模式

大宗交易专用交易系统采用集合竞价方式进行撮合，撮合效率较高，但此方式隐蔽性较差，且交易时间不尽相同。如德国巨额交易系统采取与普通交易市场相同的时间范围进行交易；而东京证交所、台湾证交所和台湾证券柜台买卖中心则采取盘后交易模式。

（3）证交所会员转账模式

大宗交易双方协商确定价格后，证交所允许会员通过其系统进行直接会员间自行转账或通过交易所转账实现交易，披露时间分为交易后汇报和事先核准制。伦敦证交所允许会员进入系统进行交易后汇报，韩国证交所采用事先核准制。

（4）场外交易模式

大宗交易双方通过场外电话或其他电子通信网络协商确定交易价格和交易内容，通过场外系统进行交易。此模式具有较高隐蔽性，但搜索成本较高，适用于没有大宗交易机制的交易所。纳斯达克市场和巴黎证券交易所采取场外交易模式，日本东京和韩国等的交易所则采取大宗交易专用模式和场外交易模式并行的方式。

（三）大宗交易未来可能的制度安排

深圳证券交易所和上海证券交易所分别于2002年和2003年推出了大宗交易制度。大宗交易介于二级市场竞价减持与协议转让之间，成为上市公司原始大股东的主要减持方式之一。2006年7月，沪、深交易所各自发布新交易规则，确定了大宗交易时间和价格涨跌幅限制。2008年4月，中国证监会发布了《上市公司解除限售存量股份转让指导意见》，第三条规定"持有解除限售存量股份的股东预计未来一个月内公开出售解除限售存量股份的数量超过该公司股份总数1%的，应当通过证券交易所大宗交易系统转让所持股份"。2008年的政策利好（《上市公司解除限售存量股份转让指导意见》）促使大宗交易规模呈现爆发性增长，此后交易规模不断扩大。据统计，2015年沪深大宗交易合计成交金额为6957.11亿元，较上年增长85.15%。其中沪市2939.48亿元，较上年增长104.88%；深市4017.63亿元，较上年增长72.97%。深市成交金额明显多于沪市。2013年10月，上海证券交易所发布新的交易规则，降低了大宗交易的准入门槛以吸引更多的投资者。随着政策的演进，大宗交易的交易方式和定价模式不断丰富。深交所在原有协议大宗交易模式的基础上增加了盘后定价大宗交易模式，采取交易日收盘价与交易日成交量加权平均价格并行的定价方式，投资者可以进行自主选择。

目前的大宗交易制度也存在很多待完善之处。首先，较发达国家而言，我国大宗交易规模占大盘规模的比率仍十分低，这受制于我国证券市场机构投资者的发展。其次，宽松的准入与信息披露，以及交易方式规定的缺失致使大宗交易成为违规交易通道。非流通股股东往往利用大宗交易进行减持，公司大股东和投资者相互串通进行操纵证券市场和信息欺诈，通过不透明非市场化的关联交易进行利益输送。最后，盘后大宗交易只限于收盘后的半小时进行交易，是一对一的撮合交易，交易价格受到有限弹性限制。随着集合竞价、做市商扩容等交易机制的优化，这些交易机制需要调整。此外，对大宗交易系统的必要性和重要性需要扩大宣传以提高其利用率。

针对以上我国现行的大宗交易制度存在的不足，借鉴国际实践经验，新三板引入大宗交易制度可考虑在如下方面进行制度设计。

一是建立大宗交易市场准入制度。鼓励公募基金、私募基金、社保基金、保险资金等长期持股的机构投资者进入大宗交易平台。市场实施分层制度后，挂牌企业的投资风险得以差异化。鉴于大宗交易的隐蔽性易导致利益输送和投机等违规行为，创新层企业的股票（或精选层）被优先选入大宗交易具有合理性。

二是对交易标的接手方在证券二级市场的出售数量和相应的出售时间进行适当的约束限制，以防止资金通过短期交易进行投机逐利，避免冲击二级市场价格。

三是交易方式和价格差别化。新三板大宗交易是解决流动性不足的重要机制，大宗交易的时间不宜设计过短，创新层挂牌企业预计将优先引入集合竞价制度，未来这部分企业的股票存在先于基础层企业由盘后交易过渡为盘中交易的可能性。同时，鉴于新三板市场定价机制尚未有效建立，对大宗交易价格的限制可适当放开。

四是信息披露差别化，促进行政与自律监管的有机结合。市场较高分层级别的挂牌企业股票大宗交易对市场影响较大，可考虑实施相对严格的要求。而对于基础层的企业股票，尽管投资风险较大，但交易机会少且市场影响力低，可考虑实施延期和隐形等宽松的信息披露要求。加强行政与自律监管的有机结合，对内幕交易、操纵市场等违规违法行为坚决打击，维护广大散户投资者的利益，促进市场健康稳定发展。

五是加大新三板大宗交易制度的宣传力度，提高使用率，降低交易费用和市场信息不对称，鼓励做市商积极参与大宗交易，及时了解和满足机构投资者的投资需求和挂牌企业的并购需求。

五　完善做市商制度

新三板市场在迅速扩容的同时，其流动性不足等阶段性问题日益凸显，产生于注册制改革背景下的做市商交易制度，被寄予盘活市场之厚望。自2014年8月25日新三板实施做市商制度以来，做市商制度已成为新三板市场的核心交易制度。

（一）现有做市商制度安排

1. 竞争型传统做市交易制度是新三板目前的核心交易制度

2014年8月25日，新三板市场引入竞争性做市商制度。根据《非上市公众公司监督管理办法》的第四章、《全国中小企业股份转让系统股票转让细则（试行）》和《全国中小企业股份转让系统股票转让方式确定及变更指引（试行）》，挂牌企业股票"可以采取做市转让方式、协议转让方式、竞价转让方式之一进行转让"。"股票采取做市转让方式的，应当有2家以上做市商为其提供做市报价服务。且申请挂牌公司股票拟采取做市转让方式的，其中1家做

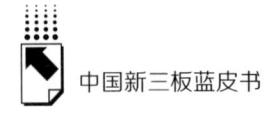

市商应为推荐其股票挂牌的主办券商或该主办券商的母（子）公司。"挂牌公司可以向全国股份转让系统公司提出申请变更股票转让方式。就我国的新三板市场来看，《全国股份转让系统业务规则（试行）》3.1.2和3.1.4分别明确规定，新三板市场在保留协议转让的基础上，实施竞争型传统做市交易制度，即"股票转让可以采取协议方式、做市方式和竞价方式或其他中国证监会批准的转让方式……挂牌股票可以转换转让方式"。在新三板市场中，同一只股票在一个交易时间段只能选择其中一种方式交易，且有2家以上的做市商提供做市服务，且这些做市服务的做市商彼此独立，无协同做市义务。

2. 做市商制度的交易主体、标的和退出机制

（1）做市商的界定

新三板在2014年6月5日发布《全国中小企业股份转让系统做市商做市业务管理规定（试行）》，于8月25日正式实施做市商交易制度。该规定第二条中将做市商界定为"经全国中小企业股份转让系统有限公司同意，在全国中小企业股份转让系统发布买卖双向报价，并在其报价数量范围内按其报价履行与投资者成交义务的证券公司或其他机构"。这一界定表明在未来新三板市场爆发式扩容发展的情况下，非券商机构可能成为做市商，打破目前券商机构对市场挂牌公司做市的垄断，有利于市场价格合理化、市场化，提高市场的流动性，为新三板市场由"类注册制"向注册制过渡做铺垫。为了避免做市商的道德风险，第三节"做市商管理"五十八条规定"做市商证券自营账户不得持有其做市股票或参与做市股票的买卖"。同时，规则的第六十一条到六十三条就做市商的主动退出和自动终止分别做出了规定。

（2）做市商库存股票获取方式

新三板做市商的做市库存股票可以通过股东在挂牌前转让、股票发行和在全国股份转让系统买入等方式获得。就协议转让获得库存股票渠道而言，做市商可以在挂牌前向股东购买，从公司增发股票中协议获取，也可以通过协议转让从股东处购买股票。做市商也可以通过拟挂牌公司向其定向增发股票的方式直接进行做市转让。"挂牌时采取做市转让方式的股票，初始做市商应当取得合计不低于挂牌公司总股本5%或100万股（以孰低为准），且每家做市商不低于10万股的做市库存股票。"做市商管理制度在其自营账户和做市库存股票的处理方式上分别做出了利益区分和利益绑定的规定，有助于约束做市商合谋做市、自营为先等道德风险。

（3）做市商退出

就做市商的退出而言，对于"挂牌时通过做市转让获得的股票和由其他转让方式变更为做市转让方式的股票"，初始做市商须至少为该股票做市6个月，后续加入的做市商须做市满3个月方可停止为该股票做市。

值得指出的是，为了避免类似纽约股票交易所在2012年8月1日因其最大做市商骑士资本的做市商系统出现技术故障而造成股市暴涨暴跌的突发情况，新三板市场的股票转让制度也规定了全国股份转让系统公司可以采取适当措施或认定无效的情形：①因不可抗力、意外事件、交易系统被非法侵入等造成严重后果的转让；②全国股份转让系统公司认定为显失公平的转让；③严重破坏证券市场正常运行的违规转让。

（二）现有做市商制度评价

2016年，退出做市的做市商队伍不断扩大，新三板很多挂牌公司由做市交易转变为协议转让，反映出新三板做市制度的显著不足。

第一，目前，做市商基本上由券商垄断，私募机构做市试点规模小；做市门槛过高，把真正市场化的做市力量挡在市场门外。

第二，券商做市激励与动力不足。2016年主板市场IPO加快，券商在主板市场的收益增加较快，进一步降低了券商做市的动力。

第三，做市商扩容与多元化步伐缓慢，导致做市商在做市业务溢价不高的情况下承担较大退出压力。未来随着做市商数量的增加，多家做市商博弈竞争，投资者可以更有效率地获得最优价格，相应也增加了做市商获利的难度，因此，做市商的做市动机需要进一步激发。

第四，大股东和做市商的道德风险待约束和规避。由于市场的流动性过度依赖多个做市商间的相互竞争报价，做市商能够通过联合协调报价、操纵价差来损害投资者利益；而且新三板同一只股票的做市商数量并不多，也降低了做市商达成垄断默契的成本，增强了协调报价的动机。做市商之间甚至还可以通过相互交易制造交易假象和繁荣假象。

第五，限价订单对做市商和投资者透明披露，一方面打破了做市商对订单流信息的垄断，规避了做市商"抢跑"的道德风险，但另一方面也使这些机

构投资者的交易动机暴露于市场,从而导致其做市动力不足。

第六,做市商的行为可以量化,使对其监管的成本较低。但做市商的相机决策难以约束,如在市场具有一定的流动性时,做市商选择不具竞争力的报价而逃避流动性提供义务。

(三)私募机构参与做市的意义及影响

竞争型传统做市交易制度是目前的核心交易制度,但目前做市商限于券商机构,做市转让方式有待优化,且交易制度多元化和盘后大宗交易制度尚未推出,新三板流动性的改善并不显著。2016年9月14日,全国股转系统发布《私募机构全国股转系统做市业务试点专业评审方案》(以下简称《评审方案》),启动私募机构参与做市业务试点申报工作。根据《评审方案》,私募机构须具备注册资本不低于1亿元;持续经营三年以上,且近三年年均资产管理规模不低于20亿元;设有专门的做市业务部门等条件,才能申请开展做市业务试点。监管方谨慎推动私募机构做市,控制试点规模不超过10家,表明监管方对私募的受监管程度、规范运作水平、合规意识的顾虑,以控制做市业务风险。

私募机构参与做市具有必要性和积极意义。首先,私募机构做市改变目前做市商传统盈利模式,是新三板市场交易制度改革优化的突破点。数量和资金规模有限的券商垄断做市商准入、与挂牌企业谈判议价强势(特别是基础层挂牌企业)、盈利机制扭曲,对市场的价值发现功能和定价功能有不利影响。私募机构参与做市打破券商垄断,抬高做市券商获取做市筹码的成本,逐渐压缩资本利得的空间,进而促使做市商提供更多的流动性,引导市场定价功能合理化。其次,私募机构做市是其内生特质决定的。私募机构注重价值投资,而非当期盈利考核驱使,较券商更注重挂牌企业质量与投资价值具有较强的定价功能,是稳定市场的价值投资者。最后,私募机构参与做市也为公募机构等风险偏好低、大规模长期资金参与做市进行探索和铺垫。私募风险偏好相对高,其参与做市有利于市场做市业务风险管理水平的提高,有利于市场内部分层的进一步细化,对未来引入集合竞价制度和大宗交易制度是有利的支撑。这些制度和机制的磨合将为风险偏好低、规模大、期限长的公募基金、保险资金等机构参与做市奠定基础。

就《评审方案》的量化标准来看,进入私募做市试点的门槛要求是:基金管理机构的注册资本是人民币1亿元,且近三年年均资产管理规模超过人民币20亿元。此过高的门槛将大部分市场化机构(特别是民营化和真正市场化的基金管理机构)都挡在门外,不利于交易制度的多元化和市场化改革的推进,未来扩大试点范围推行的时候,此标准需要适当降低。结合目前的市场主体现状,合理的门槛可以考虑:①基金管理机构的注册资本达到人民币3000万元(实缴),最多不超过人民币5000万元;②近三年平均每年管理的基金规模达到人民币10亿元,实缴资本人民币5亿元;③基金管理机构有3年以上新三板投资经验。

(四)优化做市制度的路径选择

私募做市试点是全国股转系统优化新三板做市制度的开始,未来全国股转系统可考虑在如下方面继续完善做市制度。

一是引入规范做市商报价、引导积极做市的激励机制。对做市商独立性进行相关约束,对做市商获取库存股票时的定价合理性进行监督,对做市商报价价差进行检查;严格区分券商的自营业务和做市业务,明确做市商处理定价订单时的义务,以纠正做市商谋取不当利益的动机,从而更有效地发挥做市商制度的估值定价、平抑市场波动、完善市场价值发现功能。

二是在私募机构做市试点的基础上,逐步放开做市商参与主体类型。扩大做市商界定范围,增加做市服务有效供给和竞争。针对目前券商做市商动力不足的现状,允许公募、社保基金等规模大、期限长的资金参与做市,保障市场流动性和稳定性。

三是完善交易机制与市场建设,提高做市商风险管理能力。提高差异化制度供给的透明度,完善市场官方与中介机构的价值评估体系,提高挂牌企业信息披露质量,引导做市商的做市业务与自营业务隔离,为做市商提供更多风险管理工具。

四是加强和完善做市商监管政策。针对市场上存在的串联合谋做市、自营为先等违规现象,强化信息披露和违规处罚,维护市场价格稳定。

五是建立做市商评价指标体系,完善做市商激励约束机制。通过定期评价机制鼓励做市商提高做市能力,激励其通过竞争获得盈利。

B.7
新三板市场政策与监管

杨慧敏*

摘　要： 2016年是新三板的"监管元年"。2016年，"股转系统"颁布并实施了一系列强化市场监管的举措，主要包括以下几点。其一，针对挂牌公司，出台最严格募集资金规定，设立企业挂牌准入负面清单，并要求创新层挂牌公司董秘持证上岗；其二，针对主办券商，实施券商执业质量评价办法，启动券商自查；其三，针对投资者，大范围禁止挂牌公司与私募签署对赌条款，暂停私募挂牌，并出台私募挂牌新八条；其四，为加强自律性监管，实施《自律监管措施和纪律处分实施办法（试行）》。2016年"股转系统"共计发布了193例监管措施决定，使2016年成为新三板名副其实的"监管元年"。

关键词： 监管　投资者　新三板　"股转系统"

一　国务院、证监会和"股转系统"政策

"股转系统"自2012年9月成立以来，经过四年多的发展，已经成为全球挂牌数量最多的证券市场。随着挂牌公司数量的增加和规模的扩大，挂牌公司的不规范行为日益突出，发生的违法违规现象越来越频繁。挂牌公司从最初的"无知犯错"，到今日的"主观故意"，已经引起监管层的高度警惕和注意。自2015年起，新三板市场监管趋严的态势开始初步体现，"股转系统"监管体系建设逐

---

* 杨慧敏，北京市长安律师事务所，民商法专职律师。

渐加强，监管工作力度逐步加大。2016年监管层高举监管大旗，一批违法违规行为的责任人被采取自律监管措施和纪律处分，涉嫌违法的案件被移交至证监会。2016年1月27日，"股转系统"公布2015年的监管工作情况，指出当前各类市场主体的诸多违法违规行为已带有明显的"主观故意"，作为监管者，要高度警惕。加强监管已经是新三板的日常性工作，是常态化的制度安排，绝不会因市场形势而出现"松紧"变化，各市场主体莫将"包容"当"纵容"。

完善市场制度建设、规范市场秩序、加强自律性监管贯穿2016年新三板市场发展的始终。不管是国务院、证监会，还是"股转系统"，都把完善市场制度和加强监管作为市场健康发展的前提。

（一）国务院相关政策

自2016年以来，国务院发布的相关文件多次提及新三板，重视新三板的制度建设，意味着从顶层设计上对新三板在中国多层次资本市场重要地位的认可。这也在一定程度上推动了新三板的发展。

2016年6月11日，国务院发布《关于大力推进大众创业万众创新若干政策措施的意见》，提出搞活金融市场，实现便捷融资，大力支持创新创业，指出新三板为重要的资本交易平台。7月18日，国务院发布《中共中央国务院关于深化投融资体制改革的意见》时提出，进一步转变政府职能，深化推进简政放权，放管结合，优化服务改革，建立和完善企业自主决策、融资渠道畅通、职能转变到位的新型投融资体制。这一意见的出台，有利于提升新三板在我国多层次资本市场中的地位，改善新三板市场的现状，形成新三板投融资市场的健康体系。

2016年8月8日，国务院印发《"十三五"国家科技创新规划》，指出要强化新三板融资功能；8月22日，国务院发布《降低实体经济企业成本工作方案》，指出完善证券交易所市场股权融资功能，规范新三板市场发展，规范发展区域性股权市场和私募股权投资基金。9月1日，国务院常务会议提到，要完善新三板市场交易机制。

2016年9月19日，国务院印发《北京加强全国科技创新中心建设总体方案》，明确了北京加强全国科技创新中心建设的总体思路、发展目标、重点任务和保障措施，并要求加快国家科技金融创新中心建设。其中包括以下几点：①完善创业投资引导机制，引导社会资金投入科技创新领域；②建立国有资本

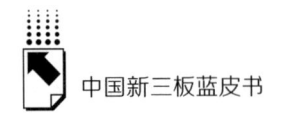

创业投资基金制度，完善国有创投机构的激励约束机制；③对包括天使投资在内的投向种子期、初创期等创新活动的投资，研究探索相关税收优惠支持政策；④支持"新三板"、区域性股权市场发展，大力推动优先股、资产证券化、私募债等产品创新；⑤开展债券品种创新，支持围绕战略性新兴产业和"双创"孵化产业通过发行债券进行低成本融资；⑥推动互联网金融创新中心建设，在中关村国家自主创新示范区，选择符合条件的银行业金融机构，为科技创新创业企业提供股权债权相结合的融资服务方式；⑦鼓励符合条件的银行业金融机构在依法合规、风险可控前提下，与创业投资、股权投资机构实现投贷联动，支持科技创新创业。

2016年9月20日，国务院发布《关于促进创业投资持续健康发展的若干意见》，指出，要进一步完善创业投资退出机制，拓宽创业投资市场化退出渠道。充分发挥主板、创业板、全国中小企业股份转让系统以及区域性股权市场功能，畅通创业投资市场化退出渠道。完善全国中小企业股份转让系统交易机制，改善市场流动性。支持机构间私募产品报价与服务系统、证券公司柜台市场开展直接融资业务。鼓励创业投资以并购重组等方式实现市场化退出，规范发展专业化并购基金。意见还要求对创业投资企业在行业管理、备案登记等方面采取与其他私募基金区别对待的差异化监管政策，建立适应创业投资行业特点的宽市场准入、重事中事后监管的适度而有效的监管体制。加强信息披露和风险揭示，引导创业投资企业建立以实体投资、价值投资和长期投资为导向的合理的投资估值机制。同时，对不进行实业投资、从事上市公司股票交易助推投资泡沫及其他扰乱市场秩序的创业投资企业建立清查清退制度。

2016年10月10日，国务院公布《关于积极稳妥降低企业杠杆率的意见》，强调加快完善全国中小企业股份转让系统，健全小额、快速、灵活、多元的投融资体制；研究全国中小企业股份转让系统挂牌公司转板创业板的相关制度。

2016年12月19日，国务院发布《"十三五"国家战略性新兴产业发展规划》，积极支持符合条件的战略性新兴产业上市或挂牌融资，推进新三板转板试点被列为规划中的重点任务，建立全国股份转让系统与区域性股权市场合作对接机制。

纵观2016年，国务院对新三板市场的政策暖风频吹，在"大众创业、万众创新"的背景下，新三板作为多层次资本市场体系的重要组成部分，被放在越来越重要的战略地位。新三板作为创新创业的资本平台，为解决中小型企业融资难问题迈出了坚实的步伐。

（二）证监会政策

2015年11月20日，证监会制定并发布《关于进一步推进全国中小企业股份转让系统发展的若干意见》，既着力解决当前发展中面临的问题，提出完善措施；又放眼未来，为市场后续创新和长期发展预留了政策空间。明确提出了今后的改革思路，包括推出市场分层管理制度，进行"转板"试点，放开"定增"的投资人限制，以及引入公募基金等。

2016年3月15日，"十三五"规划纲要草案中"设立战略性新兴产业板"内容被删除，新三板将成为多层次资本市场体系中更加重要的组成部分。

2016年11月22日，证监会副主席姜洋在第九届中国·武汉金融博览会暨中国中部（湖北）创业投资大会上发言称，证监会将进一步夯实资本市场基础制度，提高服务创新创业的效率。在发展壮大交易所市场的基础上，规范发展新三板，完善挂牌融资、交易和退出机制。

（三）"股转系统"政策

2016年，"股转系统"从政策方面发布了一系列制度，从严监管。开年之初，"股转系统"陆续发布《新三板典型违规违法案例简析》《莫将"包容"当"纵容"》《以强有力的市场监管护航新三板》《执纪问责没有"化外之地"》等文章，明确"股转系统"查处新三板市场违法违规行为的坚决态度，奠定了2016年严加监管的市场基调。

1. 针对主办券商

2016年1月29日，"股转系统"发布《全国中小企业股份转让系统主办券商执业质量评价办法（试行）》。该办法从2016年4月1日起施行，每月发布主办券商执业质量评价报告，对主办券商进行执业质量评价，对主办券商的负面行为进行记录。这意味着新三板的主办券商将被分类评级，其不合规的行为面临扣分。此举将有利于提高主办券商的执业质量，促使主办券商与做市商勤勉尽责。6月8日，"股转系统"发布《全国中小企业股份转让系统主办券商内核工作指引（试行）》，进一步规范主办券商推荐业务，明确主办券商内核职责及工作要

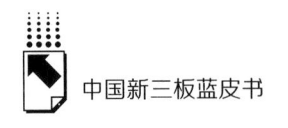

求。对挂牌企业的门槛标准有了明确规定。9月30日,"股转系统"发布《全国中小企业股份转让系统挂牌业务问答——关于内核工作指引实施若干问题的解答》。

2. 针对私募做市

2016年5月27日,证监会新闻发言人张晓军表示,证监会准备开展私募基金管理机构参与新三板做市业务试点。由"股转系统"具体办理私募机构参与试点的备案管理工作,选取机构进行试点。9月12日,"股转系统"公布了私募做市新三板试点的工作进度、私募机构申请条件及37条评分标准。9月14日,"股转系统"正式公布《私募机构全国股转系统做市业务试点专业评审方案》。出于控制业务风险考虑,私募做市初期采取试点方式。12月13日,"股转系统"公布10家私募机构进入"股转系统"现场验收环节,其中包括中科招商、浙商创投、同创伟业3家新三板挂牌公司。

2016年9月14日,"股转系统"发布《私募机构全国股转系统做市业务试点专业评审方案》,标志着私募机构做市业务试点工作正式启动。

3. 针对市场交易制度建设

2016年1月22日,证监会新闻发言人张晓军在例行发布会上强调,新三板是挂牌公司股票公开转让的唯一合法平台。新三板挂牌公司应该严格遵守法律法规,公开披露的信息应该通过"股转系统"指定的平台发布,不能通过任何场外平台公开发布披露信息。3月17日,"股转系统"发布《全国中小企业股份转让系统转让意向平台管理规定(试行)》。平台为交易用户提供意向信息的修改、发布和查询服务,满足投资者的转让需求,降低转让意向信息的搜寻成本。

2016年5月27日,"股转系统"发布《全国中小企业股份转让系统挂牌公司分层管理办法(试行)》,根据公司治理情况、营业收入、市值等指标设置了三套标准,符合其一即可进入创新层。在共计7639家挂牌公司中有953家公司入围创新层。分层管理办法列出了创新层的维持标准,规定每年5月最后一个交易周的首个转让日调整挂牌公司所属层级。基础层的挂牌公司符合创新层条件的,调整进入创新层;不符合创新层维持条件的挂牌公司,调整进入基础层。

4. 逐步完善监管制度

2016年4月29日,"股转系统"发布《全国中小企业股份转让系统自律监管措施和纪律处分实施办法(试行)》,自发布之日起施行。自律监管措施和纪律处分的实施对象分别为申请挂牌公司、挂牌公司及其董事、监事、高级管理人员、股东、实际控制人,以及主办券商、会计师事务所、律师事务所、其他证券服务机构及其相关人员、投资者等"股转系统"市场参与人。针对每一类"股转系统"市场参与人发生违反"股转系统"业务规则的行为,都制定了相应的自律监管措施和纪律处分实施办法。

2016年9月8日,"股转系统"发布《全国中小企业股份转让系统挂牌公司董事会秘书任职及资格管理办法(试行)》。针对新三板挂牌公司董秘的任职及资格管理做出专门规定,明确了挂牌公司董秘任职及资格管理的详细要求,并强调,进入创新层的挂牌公司须按照分层管理办法和董秘管理办法的规定设立董事会秘书,董秘须在规定时间内取得资格证书。12月30日,"股转系统"发布《关于对失信主体实施联合惩戒措施的监管问答》,进一步明确与挂牌公司等市场主体有关的失信联合惩戒措施。

2016年8月8日,"股转系统"发布《挂牌公司股票发行常见问题解答三》,规范挂牌公司募资管理及融资行为,将对赌监管写入规则。这是"股转系统"首次针对包括对赌协议在内的特殊条款做出明文规定。2016年9月9日,"股转系统"发布《全国中小企业股份转让系统挂牌业务问答——关于挂牌条件适用若干问题的解答(二)》,推出挂牌准入负面清单管理,同时对挂牌企业的信息披露问题、企业资金占用问题、主办券商等中介机构的执业问题、投资者门槛的准入问题等做出相应的解答。

5. 退市制度落地

为完善市场制度,建立常态化、市场化的摘牌机制,保障市场进退有序、健康发展,2016年10月21日,"股转系统"公布了《全国中小企业股份转让系统挂牌公司股票终止挂牌实施细则(征求意见稿)》,列出新三板公司将被强制摘牌的11种情形:未能披露定期报告;信息披露不可信;重大违法;欺诈挂牌;多次违法违规;持续经营能力存疑;公司治理不健全;无主办券商督导;被依法强制解散;被法院宣告破产;股转系统规定的其他强制终止挂牌的情形。挂牌公司出现这11种情形之一的,将面临强制摘牌。

6. 2016年政策法规汇总(见附录三)

(四)2016年新三板监管大事记

2016年被称为新三板市场的"监管元年"。从年初新三板市场开展券商执

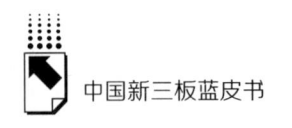

业评价开始，2016年足以改变市场面貌的监管大事多达十余件。

1. 暂停办理类金融企业挂牌手续

继2015年底暂停私募机构在新三板挂牌，2016年1月19日，"股转系统"通知各主办券商，无论项目处于何种状态，所有类金融机构全部暂停办理挂牌手续。与此同时，北京、上海等多地工商局亦停止办理投资类和金融类公司的工商注册。

2. 开展券商执业评价

2016年1月29日，"股转系统"发布了《全国中小企业股份转让系统主办券商执业质量评价办法（试行）》，对主办券商推荐、经纪或者做市等业务的评价结果进行分档。根据评价办法，"股转系统"将"执业质量负面行为"、"对市场发展的贡献"、"其他对评价有重要影响的事项"和"被采取自律监管措施、纪律处分、行政监管措施和行政处罚情况"四类评价指标以点值的形式进行量化。

3. 颁布《自律监管措施和纪律处分实施办法（试行）》

2016年4月28日发布的《全国中小企业股份转让系统自律监管措施和纪律处分实施办法（试行）》，使"股转系统"自律监管措施落地，并于发布之日起开始实施。实施办法共包括五章四十九条，主要涉及全国股转系统自律监管的基本原则、一般流程以及市场主体的权利义务等。其中，第一章"总则"规定自律监管措施和纪律处分适用的基本规则，包括适用范围、适用原则、考量情节、信息公开、监管移送等；第二章"自律监管措施的种类及实施程序"细化针对不同主体实施的自律监管措施的种类，明确各个自律监管措施实施的一般程序和特殊程序；第三章"纪律处分的种类及实施程序"规定纪律处分委员会的职责，纪律处分实施的一般程序及特殊程序；第四章"自律监管措施和纪律处分的复核程序"规定申请复核的程序及复核决议的不同类型；第五章"附则"规定文书送达、档案及生效日期。实施办法的发布实施是全国股转系统加强自律监管体系建设、加大违法违规处理力度的一项重要举措，将有力地提升违规处理的规范性和透明性，明确市场主体预期，促进市场规范发展。

4. 出台私募挂牌准入"新八条"

2015年12月，证监会暂停了金融机构挂牌新三板。2016年5月27日，根据"股转系统"公告，新三板再次对私募机构放开，但是申请挂牌的私募机构需要符合新增的八项标准：①管理费收入与业绩报酬之和须占收入来源的80%以上；②私募机构持续运营5年以上，且至少存在一只管理基金已实现退出；③私募机构作为基金管理人在其管理基金中的出资额不得高于20%；④私募机构及其股东、董事、监事、高级管理人员最近三年不存在重大违法违规行为，不属于中国证券基金业协会"黑名单"成员，不存在"诚信类公示"列示情形；⑤创业投资类私募机构最近3年年均实缴资产管理规模在20亿元以上，私募股权类私募机构最近3年年均实缴资产管理规模在50亿元以上，已在中国证券基金业协会登记为管理机构，并合规运作，信息填报和更新及时准确；⑥挂牌之前不存在以基金份额认购私募机构发行的股份或股票的情形；⑦募集资金不存在投资沪深交易所二级市场上市公司股票及相关私募证券类基金的情形，但因投资对象上市被动持有的股票除外；⑧全国股转公司要求的其他条件。

5. 出台最严格募集资金规定

2016年8月8日，"股转系统"发布最严募资新规，规定挂牌公司应当建立募集资金存储、使用、监管和责任追究的内部控制制度，明确募集资金使用的分级审批权限、决策程序、风控措施及信披要求。募集资金应存放于专项账户，该专项账户不得存放非募集资金或做他用，并进行定期核查。新规指出，挂牌公司应防止募集资金被控股股东、实际控制人或其关联方占用或挪用，并采取有效措施避免控股股东、实际控制人或其关联方利用募集资金投资项目获取不正当利益。

6. 大范围禁止对赌条款

2016年8月8日，"股转系统"发布《挂牌公司股票发行常见问题解答（三）——募集资金管理、认购协议中特殊条款、特殊类型挂牌公司融资》和过渡安排通知，大范围禁止对赌条款。其中，反稀释条款、最优权和优先清算权，大都属于VC/PE签订SPA时的必要条款，该规定的实施对VC/PE投资行为产生了重大影响。

7. 启动券商自查工作

2016年8月17日，"股转系统"向各家主办券商下发《关于落实"两个加强、两个遏制"回头看自查工作的通知》。明确自查对象：①资金占用、金融类企业挂牌融资、2015年年报和2016年半年报检查等专项工作涉及的挂牌公司、主办券商、会计师事务所等市场主体；②2015年以来暴露的违法违规、不规范问题及风险事件涉及的市场主体；③落实新三板投资者适当性管理制度

涉及的市场主体。明确自查重点事项：①挂牌公司的申报材料是否存在造假、重大遗漏、误导性陈述等情形；②资金占用、金融类企业挂牌融资、2015年年报和2016年中报的检查、整改及落实情况；③挂牌公司2015年以来出现的股权质押、私募债、持续经营能力、媒体质疑等不规范问题，所采取的风控措施及整改情况；④募集资金的使用和管理存在的问题及整改措施；⑤新三板投资者适当性管理制度存在的问题、整改情况。

8. 要求创新层董秘持证上岗

2016年9月8日，"股转系统"发布《全国中小企业股份转让系统挂牌公司董事会秘书任职及资格管理办法》，规定，未取得"股转系统"颁发的董事会秘书资格证书，或者董事会秘书资格证书被吊销后未重新取得的，不得担任创新层挂牌公司董事会秘书。同时，已通过资格考试的人员还应当参加后续的培训。如果未按规定完成后续培训课时的，"股转系统"可以吊销其董事会秘书资格证书。

9. 设立挂牌准入负面清单

2016年9月9日，"股转系统"正式推出挂牌负面清单管理。根据《全国中小企业股份转让系统挂牌业务问答——关于挂牌条件适用若干问题的解答（二）》，四类公司不得挂牌新三板：①科技类创新公司最近两年及一期营业收入累计少于1000万元；②非科技创新类公司最近两年累计营业收入低于行业同期平均水平；③非科技创新类公司最近两年及一期连续亏损；④公司最近一年及一期的主营业务中存在国家淘汰落后及过剩产能类产业。为进一步明确标准，便于主办券商操作执行，"股转系统"又于10月1日发布了《关于挂牌准入负面清单相关事项的审查标准》。

2016年新三板监管大事如表1所示。

表1 2016年新三板监管大事

时间	具 体 内 容
1月19日	股转系统通知各主办券商，暂停办理所有类金融机构挂牌手续
1月29日	股转系统发布《全国中小企业股份转让系统主办券商执业质量评价办法（试行）》，对主办券商推荐、经纪或做市等业务的评价结果进行分档，于4月1日正式施行
4月28日	2016年4月28日发布的《全国中小企业股份转让系统自律监管措施和纪律处分实施办法（试行）》，使"股转系统"自律监管措施落地，并于发布之日起开始实施

续表

时间	具体内容
5月27日	股转系统公告称,新三板再次对私募机构放开。申请挂牌的私募机构需要符合新增的八项标准,已挂牌私募机构也需要符合其中部分标准
8月8日	股转系统公告规定,新三板挂牌公司应当建立募集资金存储、使用、监管和责任追究的内部控制制度,明确募集资金使用的分级审批权限、决策程序、风控措施及信披要求
8月8日	股转系统发布《挂牌公司股票发行常见问题解答(三)——募集资金管理、认购协议中特殊条款、特殊类型挂牌公司融资》,其中大范围禁止对赌条款
8月17日	股转系统启动券商自查,明确三类自查对象:一是资金占用、金融类企业挂牌融资、2015年年报和2016年半年报检查等专项工作涉及的挂牌公司、主办券商、会计师事务所等市场主体;二是2015年以来暴露的违法违规、不规范问题及风险事件涉及的市场主体;三是落实新三板投资者适当性管理制度涉及的市场主体
9月8日	股转系统发布《全国中小企业股份转让系统挂牌公司董事会秘书任职及资格管理办法》,要求创新层新三板企业董秘持证上岗
9月9日	股转系统正式推出挂牌负面清单管理。根据《全国中小企业股份转让系统挂牌业务问答——关于挂牌条件适用若干问题的解答(二)》,四类公司不得挂牌新三板

二 2016年新三板监管现状

2016年4月29日发布的《全国中小企业股份转让系统自律监管措施和纪律处分实施办法(试行)》规定,目前,股转系统实施的监管措施主要包括自律监管措施和纪律处分两大类。

(一)2016年监管情况统计

据统计,2016年"股转系统"共计发布了193例监管措施决定,各市场参与人约278人次被采取自律监管措施,13人次被采取纪律处分;发出问询函62份,其中针对年报的问询函35份,针对半年报的问询函11份,其他问询函16份。

1. 五大类自律监管对象

综合分析193例自律监管案例,自律监管对象主要包括五大类——挂牌企业、挂牌企业高管、主办券商、中介机构、做市商。其中,挂牌公司高管主要包括董事长、董事会秘书、股东、实际控制人、信息披露负责人、财务总监、法定代表人等;中介机构主要包括券商、会计师事务所、律师事务所及独立财

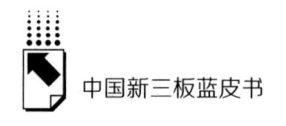

务顾问等。

对于出现的问题，特别是信息披露等问题，"股转系统"将挂牌公司、挂牌公司相关管理人员共同作为监管措施对象，使其一起承担连带责任。从表2可以看出，近三年每一类监管对象的违规次数都呈现上升趋势，挂牌企业、主办券商、公司高管是"股转系统"监管实施次数频率较高的对象。

表2 "股转系统"公布的2014~2016年自律监管对象违规情况

单位：人次

监管对象	主办券商	做市商	中介机构	挂牌企业	公司高管
2014年	5	0	1	6	5
2015年	35	1	1	43	30
2016年	60	5	14	86	58

2. 采取自律监管措施情况

据统计，"股转系统"采取的自律监管措施类型涉及责令整改、约见谈话、提交书面承诺、出具警示函、暂停解除股票限售等。其中，提交书面承诺和约见谈话是采取最多的两大监管措施，分别占38%和33%；暂停解除股票限售仅实施1次。

根据自律监管的五大监管对象，以2016年193例自律监管为数据支持，大致归纳违规原因，如表3所示。

表3 2016年五大监管对象违规原因

监管对象	数量（人次）	主要违规行为	处罚措施
挂牌企业	86	权益分派违规；股票发行违规；资金占用违规；股票交易违规；关联交易违规；重组业务违规；暂停转让违规；收购业务违规；对外投资程序违规；信息披露违规	出具警示函、约见谈话、要求提交书面承诺、责令整改
主办券商	60	未及时督促公司履行信息披露义务；未能履行勤勉尽责义务；未能保证申请挂牌文件信息披露的真实、准确、完整；业务内部控制不完善，经营管理混乱；投资者适当性管理不规范	出具警示函、约见谈话、要求提交书面承诺、责令改正
挂牌公司高管	58	信息披露相关问题；违规减持	出具警示函、约见谈话、提交书面承诺

续表

监管对象	数量（人次）	主要违规行为	处罚措施
中介机构	2	作为重大资产重组独立财务顾问，未履行诚实守信、勤勉尽责的义务	出具警示函、约见谈话、提交书面承诺
	5	公开转让说明书与审计报告附注多处信息披露不一致	出具警示函、约见谈话、提交书面承诺
	7	对于公司股东办理股权质押登记未在申报材料中披露	出具警示函、约见谈话、提交书面承诺
做市商	5	做市商自营账户参与其做市股票的买卖；在做市服务过程中，以大幅偏离行情揭示的最近成交价的价格申报并成交，导致该股股价和三板做市指数盘中出现巨幅震动	出具警示函、约见谈话、提交书面承诺

3. 采取纪律处分措施情况

2016年股转系统共公布7例纪律处分事件，较2015年增加6例，如表4所示。这7例纪律处分措施涉及通报批评和公开谴责。违规行为可归结为三大类：未履行信息披露义务；未严格执行合格投资者准入标准、未如实上报违规开户情况；资金违规占用。

表4　2016年"股转系统"公布的7例纪律处分事件

时间	监管对象	违规行为	监管措施
2016年1月29日	国泰君安证券股份有限公司、场外市场部总经理助理兼做市业务部负责人王仕宏、场外市部总经理陈扬、做市业务部做市交易总监李仲凯	对圆融科技、凌志软件、福昕软件、中兴通科、卡联科技、搜才人力、智通建设、许继智能、梓橦宫、粤林股份、青雨传媒、首都在线、伊赛牛肉、中喜生态、ST复娱、蓝天环保16只股票以明显低于最近成交价的价格进行主动卖出申报，造成上述股票尾盘价格大幅波动	公司、王仕宏：公开谴责；陈扬、李仲凯：通报批评。记入诚信档案
2016年6月24日	上海宇昂新材料科技股份有限公司、董事长王宇、信息披露负责人刘振璐	对外投资未履行董事会、股东大会的审议程序；信息披露违规	通报批评。记入诚信档案
2016年11月17日	中银国际证券有限责任公司	未严格执行合格投资者准入标准；在为投资者开通合格投资者权限时，未对投资者进行风险承受能力和风险识别能力予以评估，风险评估制度落实不到位；未如实上报违规开户情况	公开谴责。记入诚信档案

续表

时间	监管对象	违规行为	监管措施
2016年11月17日	宏信证券有限责任公司	未严格执行合格投资者准入标准;未如实上报违规开户情况	公开谴责。记入诚信档案
2016年11月17日	财富证券有限责任公司	未严格执行合格投资者准入标准;未如实上报违规开户情况	通报批评。记入诚信档案
2016年11月25日	浙江思考投资管理股份有限公司、董事长钱湘英、董秘徐铭崎、实际控制人岳志斌	公司关联交易未履行股东大会审议程序;公司信息披露违规;公司未采取有效措施防范实际控制人资金占用;公司实际控制人岳志斌违规买卖公司股票	公司、钱湘英、徐铭崎:通报批评;岳志斌:公开谴责。记入诚信档案
2016年11月25日	浙江晨龙锯床股份有限公司、董事长、实际控制人丁泽林、董秘周杰	未采取有效措施防范实际控制人资金占用;实际控制人资金占用情况信息披露不真实、不及时	公司、丁泽林:公开谴责;周杰:通报批评。记入诚信档案

4. 终止挂牌（摘牌）情况

2016年，新三板共有56家企业退市，其中4家企业由于未按时披露财务报告被强制摘牌，1家企业由于IPO"转板"上市摘牌，9家企业由于被并购主动摘牌，其余42家企业均基于自身发展需要申请摘牌。具体数据如表5所示。

表5 2016年新三板退市公司统计

摘牌原因		公司名称
强制摘牌		朗顿教育、中成新星、森东电力、众益达
兼并重组		安德科技、合信达、天融信、时间互联、东田药业、奇维科技、国图信息、华苏科技、雅路智能
发展战略	IPO	江苏中旗
	战略调整	佳和小贷、迁徙股份、沃福枸杞、早康枸杞、申昊科技、船版日化、昌盛日电、网城科技、网营科技、健耕医药、中汇瑞德、远特科技、恒大文化、吉泰科、爱林至善、金侨教育、志向科研、新都安、鸿翔股份、鑫高益、泓源光电、航嘉电子、大禹阀门、耶萨智能、无锡环卫、扬开电力、宝莲生物、腾楷网络、新泰材料、泽辉股份、ST实杰、卡松科技、木瓜移动、世纪空间、合建重科、南京微创、华夏科创、喜相逢、鑫甬生物、万洲电气、禾健股份、中科通达

5. 协同监管体系初显

根据不完全统计，截至2016年12月31日，对新三板挂牌公司的违规处罚事件累计619次。在违规事件中，被"股转系统"直接处理的违规有397次，占64%；被证监会及其下属部门处理的违规有160次，占26%；此外，参与协同监管的还有地方工商行政管理局，地方食品、药品、安全生产监督管理局，税务局稽查局以及环保局、公安局、市场监督管理局等单位，合计处理违规62次，占10%。2016年新三板违规处理数据如表6所示。

表6 2016年新三板违规处理人分布情况统计

单位：次

处理部门	"股转系统"	证监会及其下属部门	工商、食品、药品、安监、税务、环保、公安、市场监管局等其他部门
处罚次数	397	160	62

随着新三板市场体量不断扩大，"股转系统"监管力量不足与挂牌企业数量不断增长的矛盾日益突出。在此背景之下，形成以证监会、"股转系统"为监管核心，地方证监局与其他部门相结合的新三板市场管理队伍，有利于规范市场参与主体的行为，强化对各种违法违规现象的监督整治，确保市场的合规有序运行。2016年证监会及其下属部门监管、其他部门监管情况如表7所示。

表7 2016年证监会及其下属部门监管、其他部门监管情况

单位：次

监管部门	工商局	环保局	市场监督管理局	食品药品监督管理局	安监局
次数	6	12	8	5	5
监管部门	公安局	地税局	质量监督局	城市综合执法监察局	财政局
次数	4	3	2	2	2
监管部门	水务局	住建委	公安消防大队	海关	国家税务总局
次数	2	1	2	5	3

（二）挂牌企业高频违规行为及处罚情况

1. 权益分派违规

①公司未向中国结算北京分公司提交办理权益分派业务的材料即披露权益分派实施公告，股转公司无法进行除权除息操作，中国结算北京分公司无法进

行权益分派的操作，导致紧急停牌。

监管措施：要求公司及公司董事长、董秘提交书面承诺。

②公司未向中国登记结算有限公司北京分公司提交权益分派申请，未办理权益分派相关手续，未发布权益分派实施公告，即直接派送现金红利。

监管措施：对公司和公司法定代表人、董事长及信息披露负责人约见谈话；出具警示函。

③公司权益分派公告确定的股权登记日，早于公告时间。

监管措施：对公司和公司董事长、董事会秘书约见谈话。

④公司在年度权益分派中超额分派资本公积。

监管措施：公司责令整改并提交书面承诺。

⑤公司在申请挂牌期间进行股利分配，且未进行披露。

监管措施：对公司出具警示函，公司责任人提交书面承诺。

2. 股票发行违规

①公司在取得股份登记函之前使用了股票发行募集的资金。

监管措施：约见谈话，提交书面承诺。

②公司董事会审议股票发行方案前接受投资者缴款，未报送股票发行备案材料，取得股份登记函之前使用了募集资金。

监管措施：公司出具警示函。

③公司控股股东在股票发行过程中存在回购安排，但在股票发行备案文件和相关信息披露文件中均未提及；公司知晓本次回购安排后，仍未履行相关信息披露义务。

监管措施：公司提交书面承诺。

④公司在未取得股份登记函之前，多次启动股票发行，属于股票发行违规。

监管措施：出具警示函。

3. 资金占用违规

①公司向实际控制人控制的企业垫（预）付资金，构成资金占用。

监管措施：公司和实际控制人提交书面承诺。

②公司控股股东控制企业占用子公司资金。

监管措施：证监会出具警示函。

③公司实际控制人占用公司资金，未经董事会、监事会、股东大会审议，

未履行信息披露义务。公司未采取有效措施防范实际控制人资金占用。

监管措施：公司、公司实际控制人公开谴责的纪律处分；董事会秘书通报批评的纪律处分，并记入诚信档案。

监管措施：出具警示函，约见谈话并提交书面承诺。

4. 股票交易违规

①公司原董事在辞去董事职务后半年内，转让了所持有的公司股份，构成违规减持。

监管措施：证监会出具警示函。

②公司总经理在一年内转让的股份超过所持有公司股份总数的25%，构成违规减持。

监管措施：证监会出具警示函。

③公司副总经理买入公司股份未及时向挂牌公司报备并办理限售，后陆续将买入的股份卖出，转让的股份超过本年度所持有公司股份总数的25%。

监管措施：要求提交书面承诺。

④公司控股股东披露权益变动公告书后两个交易日内再次交易，构成违规交易。

监管措施：出具警示函。

⑤投资者买入某挂牌公司股份持股超过10%，未披露权益变动公告，继续交易。

监管措施：提交书面承诺。

⑥公司股东的持股比例变动情况触发权益披露要求后，未在规定期间暂停买卖该公司股票，属于交易违规。

监管措施：提交书面承诺。

5. 关联交易违规

①公司挂牌后多项对外投资、关联交易、关联担保事项未履行董事会、股东大会审议程序，相关信息亦未履行准确、完整披露义务，公司治理不规范，信息披露违规。

监管措施：出具警示函，责令改正；提交书面承诺，约见谈话。

②公司向公司监事借款构成关联交易，未履行董事会、股东大会决议程序，也未披露。

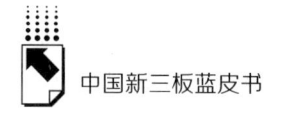

监管措施：约见谈话，提交书面承诺。

③公司以收购保证金的名义向控股股东划转款项，构成关联交易，该事项未履行董事会、股东大会决策程序，未履行信息披露义务。

监管措施：提交书面承诺。

④公司在挂牌审核期间发生的关联交易未履行内部决策程序，也未在申报材料中予以披露。

监管措施：提交书面承诺。

⑤公司为关联方提供担保，既未召开董事会、股东大会对相关担保事项作为关联交易事项进行审议，也未履行关联交易信息披露义务，信息披露存在重大遗漏。

监管措施：出具警示函，约见谈话，提交书面承诺。

6. 重组业务违规

①公司关于发行股份募集资金是否属于重大资产重组配套募集资金的披露内容存在不一致；发行股份募集资金的认购安排、募集资金用途及效果等披露内容不完全一致，构成信息披露违规。

监管措施：约见谈话。

②公司披露的重大资产重组报告书不准确，构成信息披露违规。

监管措施：提交书面承诺。

③公司未能及时、规范地履行重组暂停转让程序，且在明知关联交易事项已构成重大资产重组的情况下未履行重大资产重组程序。

监管措施：出具警示函，要求提交书面承诺，并报告证监会。

7. 暂停转让违规

①公司在申请暂停转让的过程中，没有按照《全国中小企业股份转让系统非上市公众公司重大资产重组业务指引（试行）》第八条规定的时间与方式申请暂停转让，引发紧急停牌操作。

监管措施：约见谈话，提交书面承诺。

②公司在未履行股票暂停转让申请程序的情况下就披露了重大事项停牌公告，违反了《全国中小企业股份转让系统挂牌公司暂停与恢复转让业务指南（试行）》，且披露的内容与事实不符。

监管措施：约见谈话，提交书面承诺。

8. 收购业务违规

收购人通过协议对挂牌公司进行收购，在收购过渡期内，通过控股股东提议改选董事会，来自收购人的董事超过董事会成员总数的1/3，属于收购违规行为。

监管措施：出具警示函，责令改正。

9. 对外投资程序违规

①挂牌公司对外投资未履行董事会、股东大会的审议程序。

监管措施：出具警示函，提交书面承诺，约见谈话。

②挂牌公司补充审议与披露多项对外投资事项，且相关信息定期报告中未进行准确、完整披露。

监管措施：约见谈话，提交书面承诺。

10. 信息披露违规

①公司在挂牌审查期间公司实际控制人发生重大诉讼事项，未在公司首次信息披露时予以披露，亦未告知中介机构。

监管措施：出具警示函，约见谈话。

②公司董事长隐瞒持有境外居留权的情况，导致信息披露违规。

监管措施：约见谈话，并提交书面承诺。

③公司对已达到固定资产确认条件的在建工程未及时结转固定资产，不符合《会计准则要求》。公司财务报表未能公允反映经营成果，未能保证信息披露文件真实、准确、完整。

监管措施：出具警示函，约见谈话并提交书面承诺。

④公司董事会审议关联担保议案，未披露关联交易及对外担保公告，亦未在定期报告或临时报告中履行信息披露义务。

监管措施：通报批评的纪律处分，并记入诚信档案。

⑤投资者受让股份成为第一大股东后未履行信息披露义务；签订一致行动协议成为实际控制人后未履行信息披露义务。

监管措施：约见谈话，提交书面承诺。

⑥公司董事长在产品发布会上向现场媒体透露未在信息披露平台披露的、可能对股票价格产生重大影响的重大事件。

监管措施：约见谈话，提交书面承诺。

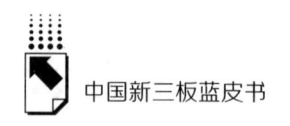

⑦挂牌公司披露的股票发行情况报告书中存在信息披露内容与事实不符的情形,构成违规。

监管措施:约见谈话,责令整改。

⑧挂牌公司财务报表及审计报告附注中,对关联方往来的期末余额进行披露,未对关联方往来的发生额进行披露,存在信息披露遗漏违规行为。

监管措施:提交书面承诺。

⑨公司未在挂牌前对历史上股权代持的形成与解除、真实合法性、股东是否存在纠纷及潜在纠纷做充分信息披露,未勤勉尽责,存在信息披露违规行为。

监管措施:公司及公司责任人提交书面承诺。

⑩在申请挂牌文件中,信息披露不完整,信息披露遗漏。

监管措施:公司出具警示函,责任人约见谈话并提交书面承诺。

(三)挂牌公司高管违规行为及处罚情况

2016年"股转系统"共公告了78例与公司高管有关的自律监管案例。其中34例与董事长有关,20例与董事会秘书有关,16例与董事有关,8例与信息披露负责人有关。

1. 信息披露违规

针对信息披露违规行为,"股转系统"在处罚挂牌公司和主办券商时,对挂牌公司的相关负责人(董事会秘书、信息披露责任人)会同时进行处罚。因为其作为信息披露事务、实施程序负责人,未能恪尽职守、履行勤勉义务,对信息披露违规行为、实施相关程序负有责任。监管措施一般包括出具警示函、约见谈话、提交书面承诺等。

2. 公司董事违规减持

公司董事在辞去董事职务后半年内,转让了所持有的公司股份,构成违规减持行为。监管措施一般为提交书面承诺。

(四)中介机构(主办券商、做市商)违规行为及处罚情况

根据公开数据统计,2016年共有49家券商因新三板业务违规被处罚,罚单数量高达76张,占总罚单的78.35%。评级中获A类的36家券商公司遭到处罚的高达23家。其中东莞证券被处罚5次,财通证券被处罚4次,国泰君

安和国海证券均被处罚3次。被处罚的原因中,"违规开户"最为普遍。据统计,2016年有近20家券商因此被罚,违规开户数量累计超过7000户。此外,作为主办券商未尽持续督导责任、做市业务内控不完善、做市过程中故意操作扰乱市场等被处罚的案例不断出现。

1. 对投资者适当性管理不足违规

因新三板业务违规而领罚单的券商中,投资者适当性管理不足成为处罚重灾区。"股转系统"在2016年8月23日公告称,对10家未严格执行投资者适当性管理制度的主办券商采取自律监管措施。共清查90余家券商,检查出为4807名不符合要求的投资者账户开通新三板合格投资者权限的违规开户行为。其中,中信建投证券违规开户数量为3328名,提交的《关于执行投资者适当性管理制度情况的自查报告》,存在未如实上报违规开户情况的情形,漏报违规开户比例为90.42%;华泰证券为511名,中信证券为506名。"股转系统"根据相关规定,对华泰证券、中信建投证券和山西证券采取出具警示函、责令改正的自律监管措施;对中信证券、中航证券和恒泰证券采取责令改正的自律监管措施;对东莞证券、红塔证券、湘财证券和川财证券采取出具警示函的自律监管措施。

2016年3~5月,宏信证券、财富证券因未能严格执行规定,为大量不符合标准的投资者开通新三板交易权限,投资者风险评估管理存在漏洞,且在证监会开展检查时未能如实报告。经证监会专项核查,依据《证券公司监督管理条例》等有关规定,对宏信证券、财富证券采取责令限期改正并暂停在新三板新开客户交易权限业务6个月的行政监管措施。

2. 做市违规

根据"股转系统"不完全统计,新三板史上先后累计对11家做市商的不合规做市业务做出相关处罚,涉及至少27家挂牌公司。其中,2016年被处罚的做市商为10家。被处罚的不合规做市行为主要包括自营账户参与其做市股票的买卖,做市报价,在挂牌公司协议转让转为做市转让前提交做市申请等方面。

2016年1月5日,英大证券在为明利股份提供做市服务的过程中,以大幅偏离行情揭示的最近成交价的价格申报并成交,导致该股股价和三板做市指数盘中出现巨幅震动,被"股转系统"出具警示函,这是第一例做市商因做市报价而被采取监管措施。1月29日,国泰君安做市业务部因于2015年12月

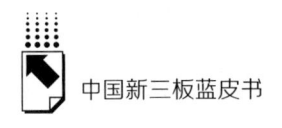

31 日对圆融科技等 16 只股票以明显低于最近成交价的价格进行了主动卖出申报，造成上述股票尾盘价格大幅波动。股转系统对国泰君安异常报价事件给予纪律处分决定，对国泰君安及相关工作人员给予公开谴责等纪律处分。

除做市交易外，做市商在提交做市申请阶段也存在不合规的情况。2016 年 5 月 26 日，广发证券、国海证券、上海证券、广州证券及东莞证券均因在挂牌公司仍为协议转让时提交做市申请被"股转系统"处以约见谈话、提交书面承诺等监管措施。

3. 持续督导企业的信披违规

这类违规是券商们最易犯的错，主要存在的问题包括对挂牌公司信息披露的完整性负有责任，未履行勤勉尽责义务；未及时督促公司履行信息披露义务，未能履行勤勉尽责义务；未能保证申请挂牌文件信息披露的真实、准确、完整；作为挂牌公司的主办券商，未能对公司披露的公告进行有效事前审查；未能督导挂牌公司诚实守信、履行规范信息披露义务和完善公司治理；未能在信息披露事前审查中发现公司问题，存在误判，也未能及时督导公司规范履行相关程序；等等。

这类违规行为，"股转系统"出具的监管措施通常包括出具警示函、约见谈话、提交书面承诺等。

4. 主办券商业务内部控制不完善，经营管理混乱

根据"股转系统"2016 年 5 月 26 日发布的公告，上海证券做市业务内部控制不完善，经营管理混乱。为"合迪科技"提供做市报价服务，但提交申请时仍为协议转让方式；"欧克精化"项目未严格履行库存股票获取内容；对交易员以外的人员进出交易室未严格执行相关登记制度。被"股转系统"采取约见谈话、责令改正的自律监管措施。

（五）中介机构（会计师事务所、律师事务所、独立财务顾问）违规行为及处罚

2016 年"股转系统"共公告了 13 例自律监管案例与中介机构有关，其中 2 例为作为独立财务顾问的券商，5 例为会计师事务所，6 例为律师事务所。中介机构存在违规大部分是因为对信息披露存在不规范、不完整问题，信息披露不及时。这 13 例自律监管案例，均为中介机构未能严格履行法定职责，遵

守行业规范，勤勉尽责，诚实守信，保证出具文件的真实性、准确性和完整性。"股转系统"针对中介机构采取的自律监管措施一般包括出具警示函、约见谈话、提交书面承诺等。中介机构2016年违规处罚占比情况如表8所示。

表8 中介机构2016年违规处罚占比情况

单位：%

违规中介机构	作为独立财务顾问的券商	会计师事务所	律师事务所
占比	15.38	38.47	46.15

随着新三板市场快速扩容，2016年在新三板挂牌企业总数突破1万家，发展的同时也带来了各种问题，包括信息披露问题、提前使用募集资金、内幕交易、操纵股价等。对处在发展中的新三板市场来说，市场的规范化是公平交易的基础，也是促进新三板流动性的有力保障。为了加强和规范"股转系统"自律监管措施和纪律处分工作，维护市场秩序，保护市场参与人的合法权益，监管措施趋严。《非上市公众公司监督管理办法》与《全国中小企业股份转让系统自律监管措施和纪律处分实施办法（试行）》中相关监管措施，如表9、表10所示。

表9 《非上市公众公司监督管理办法》规定的监管措施

监管机关	处罚对象	处罚行为	处罚措施
证监会	挂牌公司	报送的报告有虚假记载、误导性陈述或者重大遗漏，以欺骗手段骗取核准	终止审查并自确认之日起在36个月内不受理公司的股票转让和定向发行申请
证监会	挂牌公司	擅自转让或者发行股票	责令停止发行，退还所募资金并加算银行同期存款利息，处以罚款；对直接负责的主管人员和其他直接责任人员给予警告，并处以罚款
证监会	证券公司、证券服务机构	出具的文件有虚假记载、误导性陈述或者重大遗漏	3～12个月内不接受该机构出具的相关专项文件，36个月内不接受相关签字人员出具的专项文件
证监会	公司及其他信息披露义务人	未按照规定披露信息，或者所披露的信息有虚假记载、误导性陈述或者重大遗漏	责令改正，给予警告，并处以罚款；对直接负责的主管人员和其他直接责任人员给予警告，并处以罚款
证监会	挂牌公司	向不符合本办法规定条件的投资者发行股票	36个月内不受理其申请

续表

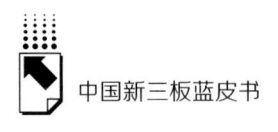

监管机关	处罚对象	处罚行为	处罚措施
证监会	信息披露义务人及其董事、监事、高级管理人员	违反《证券法》、行政法规和中国证监会相关规定	责令改正、监管谈话、出具警示函、认定为不适当人选等监管措施,并记入诚信档案;情节严重的,对有关责任人员采取证券市场禁入的措施
证监会	公众公司内幕信息知情人或非法获取内幕信息的人	在对公众公司股票价格有重大影响的信息公开前,泄露该信息、买卖或者建议他人买卖该股票的	责令依法处理非法持有的证券,没收违法所得,并处以罚款

表10 《全国中小企业股份转让系统自律监管措施和纪律处分实施办法(试行)》规定的监管措施

监管机关	监管对象	自律管理措施	纪律处分
股转系统	申请挂牌公司、挂牌公司	1. 申请挂牌公司、挂牌公司的董事(会)、监事(会)和高级管理人员对有关问题做出解释、说明和披露; 2. 申请挂牌公司、挂牌公司聘请中介机构对公司存在的问题进行核查并发表意见; 3. 谈话; 4. 提交书面承诺; 5. 警示函; 6. 改正; 7. 中国证监会报告有关违法违规行为	1. 通报批评; 2. 公开谴责 (记入诚信档案)
股转系统	申请挂牌公司、挂牌公司的董事、监事、高级管理人员、控股股东、实际控制人	1. 申请挂牌公司、挂牌公司的董事、监事和高级管理人员对有关问题做出解释、说明和披露; 2. 谈话; 3. 提交书面承诺; 4. 警示函; 5. 责令改正; 6. 暂停解除挂牌公司控股股东、实际控制人的股票限售; 7. 向中国证监会报告有关违法违规行为	1. 通报批评; 2. 公开谴责; 3. 认定其不适合担任公司董事、监事、高级管理人员 (记入诚信档案)
股转系统	主办券商、律师事务所、会计师事务所、其他证券服务机构及其相关人员	1. 要求主办券商、证券服务机构及其相关人员对有关问题做出解释、说明和披露; 2. 约见谈话; 3. 要求提交书面承诺; 4. 出具警示函; 5. 责令改正; 6. 暂不受理相关主办券商、证券服务机构及其相关人员出具的文件; 7. 限制证券账户交易; 8. 向中国证监会报告有关违法违规行为	1. 通报批评; 2. 公开谴责; 3. 限制、暂停直至终止其从事相关业务 (记入诚信档案)

续表

监管机关	监管对象	自律管理措施	纪律处分
股转系统	投资者	1. 口头警示； 2. 要求提交书面承诺； 3. 出具警示函； 4. 限制证券账户交易； 5. 向中国证监会报告有关违法违规行为	

（六）关于现有监管政策与措施的评价

纵观 2016 年全年的监管政策和措施，加强监管、从严监管已经成为新三板的日常性工作，成为常态化的制度安排。

1. 多层次监管法规体系逐步形成

新三板监管的法律规则体系主要有三个层面。第一层是法律法规，包括《公司法》《证券法》等；第二层是规章规范性文件，包括《非上市公众公司管理办法》《收购管理办法》《重大资产重组管理办法》等；第三层是应用规则，主要是"股转系统"颁布的业务规则，包括挂牌、定向发行、交易、转让，以及自律监管、纪律处分等。

2016 年制定并实施的《全国中小企业股份转让系统自律监管措施和纪律处分实施办法（试行）》《全国中小企业股份转让系统挂牌公司分层管理办法》《全国中小企业股份转让系统挂牌公司股票终止挂牌实施细则（征求意见稿）》等业务规则，在自律监管、分层管理、"转板"及退出机制等方面做出明确规定，完善了新三板监管的业务规则。新三板市场初步形成了由《证券法》、证监会部门规章和行业自律规则组成的自上而下的多层次监管法规体系。

2. 综合监管体系逐步建立

随着政府信息公开制度的实施和逐步完善，社会征信体系、企业信用体系等信息逐步实现共享，监管资源逐步丰富，针对新三板市场主体的综合监管体系正在逐步建立。

2016 年全年，地方工商行政管理局、食药监局、安监局、税务局以及环保局、公安局、市场监督管理局等部门，对新三板挂牌公司的违规行为做出的处罚占比达到 10%。以证监会、"股转系统"为监管核心，地方证监局与其他

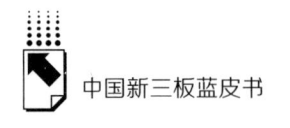

部门相结合的新三板市场监管队伍正在逐步形成。

3. 信息披露制度逐步完善

《全国中小企业股份转让系统公开转让说明书信息披露指引（试行）》1~6号的颁布实施，标志着"股转系统"对新三板市场开始进行分行业信息披露体系的建设，对信息披露要求做出差异化安排。

股转系统对挂牌企业信息披露内容的规定更加全面清晰，明确信息披露不仅包括挂牌公司的信息披露，也包括做市商的信息披露；不仅包括首次挂牌的信息披露，也包括挂牌后的持续信息披露。同时，建立并完善了信息披露法律责任体系，明确了违规披露的处罚措施和相应主体的法律责任，增加违规披露成本。

4. 做市商监管制度进一步完善

2016年监管层引入私募做市新三板制度，增加了做市服务的供给，有助于杜绝做市商乱象，形成合理的做市商竞争机制。

做市商制度作为证券场外市场的核心交易机制，在交易定价和流动性提供方面的作用重大。当前挂牌企业对做市需求日益提升，既为做市商的发展打开了广阔空间，也对做市商提出了新要求。新三板仍须进一步完善做市商制度，严格做市商的准入标准，保证做市商的专业能力和资质水平；加强做市商监管，严格防止做市商利用优势市场地位损害挂牌公司和投资者合法权益，用制度的力量让做市商规范履职、勤勉尽责。

三 加强监管的政策建议

随着新三板市场的发展，越来越多的市场参与主体进入新三板市场，从严监管是市场发展的必然趋势。监管趋严与制度规范化有助于规范新三板市场参与主体的行为，督促挂牌公司完善公司治理结构，提高公司质量，也有利于督促中介机构勤勉尽责，提高整个市场的运行效率。

（一）加大对主办券商自律监管的力度

按照《全国中小企业股份转让系统主办券商督导工作指引》的规定，由"股转系统"对主办券商持续督导实行自律管理，监管措施包括约见谈话、责令接受培训、出具警示函、责令改正、暂不受理文件、通报批评、公开谴责等。最严厉的措施是限制、暂停直至终止主办券商从事推荐业务。工作指引并没有设置罚款等经济上的处罚措施，也未将新三板业务纳入中国证券业协会对证券公司的自律监管体系，监管力度尚显不足，应当予以加大。

（二）加强对挂牌公司及相关人员的法律、业务培训

对于很多新三板挂牌公司的实际控制人而言，虽然公司已经在"股转系统"挂牌，但是他们完全没有适应公司由非公众公司到公众公司的转变，法律意识淡漠，工作人员整体素质不高；他们未经过专业的培训，对新三板各项规则了解不多。新三板中除了类金融挂牌公司具有一定专业储备，部分 TMT 公司从创业之初就接触资本具备一定优势外，大多数新三板董事长对融资并购业务十分陌生。因此，有针对性的法律及业务培训就显得极为必要，除了提高实操技能，还需要加强职业升级需要的知识储备，如并购重组、融资知识等。

（三）实行差异化监管

针对不同的金融类企业制定不同的信息披露要求，反映了"股转系统"对新三板企业差异化的监管。新三板进入"万家时代"后，统一的监管制度或政策必然无法满足和契合所有的企业。新三板最重要的特点之一是"结构性"，2017 年，新三板应当围绕"结构性"开展与落实有差异化的监管，优化监管机制，提高监管透明度和效率。

（四）进一步完善信息披露制度

通过分析信息披露出现问题的背后原因发现，不仅仅是企业表面上未勤勉尽责的问题，主要与三大客观情况有关：一是董秘人才流失率高，这是信息披露制度不稳定很重要的原因；二是信息披露专业性不够，很多企业没有建立新三板的信息披露规范，相关人员的培训也没有到位；三是制度不完善，新三板很多合规体系沿用了主板、创业板的信息规范，这些规范并不完全适合新三板企业的特点。

新三板代表新兴市场的发展方向，应当按照企业发展特点、行业发展的规律，在信息披露制度上进行调整。建议如下，①由企业确认信息披露的受众群体，让企业明确信息披露的对象，明确信息披露是对谁负责。大多数企业认为

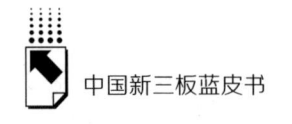

信息披露是对监管部门负责，是为了达到监管要求而信息披露的，企业真正的服务对象应该是投资人。新三板投资人的门槛比主板高，因此他们的专业能力和水平相对于A股市场来说相对较高。新三板企业要建立健全融资功能，必须有良好的信息披露渠道，以及符合投资者需求的信息披露制度，不仅包括财务性的信息披露，还应当包括非财务信息披露。②实施差异化的信息披露制度。分层机制已经实施，有近千家企业进入创新层。对于创新层企业，应当在信息披露的制度上和渠道上采取更加严格的要求；而对于基础层的企业，信息披露的门槛和要求应予以适当放松、放开，为企业减负。③监管部门继续完善信息披露监管制度。目前已经建立了半年报、年报的强制性信息披露，未来希望对非财务信息披露也进行规范；同时对于披露信息不达标、有问题、有瑕疵的公司给予一定处罚。④建立信息披露的约束与激励机制。建立信息披露制度评级、评分制，督促企业逐步规范信息披露。

（五）严厉查处新三板市场违规操纵行为

新三板市场出现的违法违规行为中，操纵挂牌公司股票是近一两年来新出现的苗头性问题。相较于主板、中小板及创业板市场而言，新三板市场在交易机制、定价机制、参与方等方面均有其特殊性，因而呈现自身的特点和趋势。一是操纵行为参与主体多样。新三板市场操纵参与主体不仅包括投资者，还包括挂牌公司、挂牌公司的控股股东及高管、做市商、做市业务人员等多种主体。二是多方合谋共同实施操纵。受挂牌公司质量、投资者层次、做市交易机制等多重因素的影响，新三板市场操纵往往是多方合谋共同实施。三是操纵市场动机新颖。新三板市场操纵的动机不再局限于赚取股票价差获利，还包括挂牌公司为了实现定向增发融资、进入或维持在创新层，抑或做市商为了完成公司业绩考核要求，甚至是满足对赌协议条款等，都可能导致违规操纵。四是操纵行为"本小利大"。由于挂牌公司多为中小企业，股本小，流通股则更少，操纵行为人仅动用少量的资金、账户即可快速完成操纵。五是操纵手法花样繁多。新三板市场操纵除了以往利用资金优势、持股优势、信息优势进行连续交易或约定交易、洗售交易外，行为人还开始通过挂牌公司发布利好消息，或通过做市商地位优势、向投资者推介等方式进行信息操纵。六是操纵手法更趋隐蔽。由于新三板做市交易和协议交易的特殊交易机制，操纵行为的交易遁形于做市交易或双方自行商定的协议交易中，通常难以被发现和区分，大大增加了调查和打击的难度。对于新三板市场操纵行为，监管部门应当密切关注，不断完善新三板市场相关规则和机制，加强对新三板市场的综合监管，坚决打击扰乱市场的不法分子，遏制操纵行为在新的市场领域蔓延。

2016年是强化监管的开始，2017年才真正进入"强监管"时代。随着私募做市、大宗交易平台的推出、投资者门槛的降低等制度得以落地，证监会和"股转系统"将会继续加大监管力度。随着常态化、市场化退市时代的来临，"强监管"将会是新三板市场发展的主旋律。

评 价 篇

Evaluation Reports

B.8
创新层公司创新能力综合指数排名

综合排名	股票代码	股票名称	因子排名	综合得分	AHP 排名	AHP 得分
1	834793.OC	华强方特	3	2.005776	2	0.4402254
2	430002.OC	中科软	4	1.956829	1	0.5117779
3	830881.OC	圣泉集团	2	2.829979	11	0.3633845
4	430618.OC	凯立德	6	1.773075	8	0.3719143
5	430021.OC	海鑫科金	10	1.370471	6	0.3889236
6	831560.OC	盈建科	15	1.230435	3	0.4017756
7	430051.OC	九恒星	23	0.948052	5	0.3945908
8	830815.OC	蓝山科技	19	1.16157	12	0.3592632
9	831688.OC	山大地纬	24	0.9171392	7	0.3838086
10	832800.OC	赛特斯	17	1.187526	16	0.3554431
11	830858.OC	华图教育	31	0.7857595	4	0.4000068
12	832159.OC	合全药业	12	1.315637	27	0.3404739
13	834695.OC	郑设股份	30	0.7883673	13	0.3578621
14	830845.OC	芯邦科技	27	0.8212499	17	0.3502212
15	830931.OC	仁会生物	1	3.461929	45	0.3191661

续表

综合排名	股票代码	股票名称	因子排名	综合得分	AHP排名	AHP得分
16	831628.OC	西部超导	5	1.781521	41	0.3223025
17	831402.OC	帝联科技	26	0.8682818	20	0.3457709
18	834802.OC	宝贝格子	7	1.616996	40	0.0430933
19	833175.OC	浩瀚深度	18	1.172911	33	0.3335169
20	835185.OC	贝特瑞	16	1.193925	37	0.3248625
21	430152.OC	思银股份	36	0.7516338	19	0.3465976
22	430620.OC	益善生物	8	1.598933	51	0.3122126
23	830933.OC	纳晶科技	9	1.411356	52	0.3116623
24	430074.OC	德鑫物联	51	0.6308957	9	0.3700936
25	833768.OC	上海寰创	25	0.8794426	38	0.324645
26	430082.OC	博雅科技	33	0.7635335	34	0.3296739
27	831888.OC	垦丰种业	59	0.5983303	10	0.3690377
28	430080.OC	尚水股份	34	0.7543479	40	0.3228086
29	832246.OC	润天智	52	0.629773	24	0.3411749
30	430707.OC	欧神诺	28	0.8124487	50	0.3140957
31	830838.OC	新产业	60	0.5947068	22	0.3450662
32	430483.OC	森鹰窗业	35	0.751918	49	0.3148084
33	833047.OC	天堰科技	38	0.742731	46	0.3181218
34	832149.OC	利尔达	22	0.9501005	63	0.3016189
35	430037.OC	联飞翔	61	0.5943975	25	0.3410793
36	834049.OC	建科股份	39	0.7405463	48	0.3149976
37	830866.OC	凌志软件	73	0.5324216	14	0.357032
38	830819.OC	致生联发	63	0.581233	29	0.3390675
39	430062.OC	中科国信	43	0.6906192	54	0.3097728
40	430353.OC	百傲科技	41	0.7150774	65	0.3010573
41	831175.OC	派诺科技	65	0.5661159	42	0.3222108
42	831101.OC	奥维云网	68	0.5559075	44	0.3199481
43	830948.OC	捷昌驱动	81	0.5144909	31	0.3367325
44	832196.OC	秦森园林	78	0.5203232	35	0.3284579
45	430162.OC	聚利科技	92	0.4883373	21	0.3454407
46	831327.OC	飞翼股份	50	0.6367734	68	0.3001512
47	832432.OC	科列技术	91	0.4892621	26	0.3410258
48	430198.OC	微创光电	94	0.4806216	23	0.3420799
49	833990.OC	迈得医疗	54	0.6212461	67	0.3008266
50	833819.OC	颖泰生物	11	1.363353	113	0.2796237

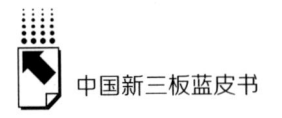

续表

综合排名	股票代码	股票名称	因子排名	综合得分	AHP 排名	AHP 得分
51	430245.OC	奥特美克	70	0.5477613	53	0.3106758
52	830978.OC	先临三维	46	0.6663036	80	0.2939624
53	430591.OC	明德生物	106	0.4481356	18	0.346884
54	430084.OC	星和众工	69	0.5512006	57	0.308208
55	430092.OC	金刚游戏	86	0.5099751	43	0.3209585
56	832580.OC	中绿环保	98	0.4730422	36	0.3259046
57	832462.OC	广电计量	45	0.6773006	95	0.2885672
58	430176.OC	中教股份	76	0.5274715	69	0.2981931
59	835720.OC	宝藤生物	32	0.7726982	115	0.277058
60	430617.OC	欧迅体育	13	1.311182	138	0.2215573
61	430229.OC	绿岸网络	121	0.4022683	30	0.3381338
62	832639.OC	正和生态	79	0.5198767	75	0.2963465
63	430318.OC	四维传媒	93	0.485487	62	0.3016763
64	834736.OC	康铭盛	53	0.6262066	104	0.2849963
65	831428.OC	数据堂	49	0.6457642	112	0.280223
66	832705.OC	达瑞生物	55	0.6194918	107	0.2833094
67	430140.OC	新眼光	131	0.3844546	28	0.3403892
68	430208.OC	优炫软件	82	0.5132584	79	0.29445
69	834261.OC	一诺威	14	1.297691	152	0.2662051
70	831852.OC	东研科技	104	0.4525482	60	0.3046723
71	430141.OC	久日新材	75	0.5293092	92	0.2894243
72	831961.OC	创远仪器	21	0.9687082	150	0.2664814
73	430341.OC	呈创科技	107	0.4412084	64	0.3012942
74	430251.OC	光电高斯	88	0.4921706	87	0.2909835
75	430421.OC	华之邦	40	0.7244219	137	0.2701441
76	833418.OC	中兰环保	112	0.4275536	66	0.3010314
77	833761.OC	科顺防水	147	0.3646432	39	0.3230011
78	430532.OC	北鼎晶辉	29	0.7988708	170	0.2593904
79	832898.OC	天地壹号	87	0.5085049	110	0.2815236
80	832781.OC	伟乐科技	44	0.6779729	155	0.2656271
81	831265.OC	宏源药业	95	0.4781598	102	0.2854708
82	835713.OC	天阳科技	123	0.3989754	74	0.2963628
83	834255.OC	上讯信息	58	0.6066383	145	0.2669405
84	834175.OC	冠盛集团	118	0.4105936	85	0.2912768
85	835465.OC	百灵天地	84	0.51058	122	0.2739012

续表

综合排名	股票代码	股票名称	因子排名	综合得分	AHP 排名	AHP 得分
86	831344.OC	中际联合	135	0.379751	71	0.2975274
87	831710.OC	昊方机电	128	0.3886198	81	0.2934749
88	831392.OC	天迈科技	152	0.3546078	58	0.3063995
89	831120.OC	达海智能	130	0.3870158	82	0.2932946
90	831306.OC	丽明股份	127	0.3891111	88	0.2907725
91	831196.OC	恒扬数据	67	0.5565064	153	0.2658527
92	831171.OC	海纳生物	89	0.4915453	134	0.2705635
93	831608.OC	易建科技	115	0.4202895	108	0.2826264
94	430512.OC	芯朋微	47	0.6515025	183	0.256224
95	832136.OC	蓝天园林	71	0.5393862	159	0.2643344
96	832397.OC	恒神股份	56	0.615796	175	0.2577664
97	831405.OC	赞普科技	180	0.3126034	47	0.3157455
98	430071.OC	首都在线	167	0.3335313	61	0.3024761
99	832130.OC	圣迪乐村	136	0.3794577	94	0.289124
100	834195.OC	华清飞扬	101	0.4600888	131	0.2711295
101	831184.OC	强盛股份	158	0.3440654	72	0.2974707
102	833029.OC	鹏信科技	57	0.6146829	178	0.2571531
103	430178.OC	白虹软件	203	0.2709381	32	0.3349122
104	430237.OC	大汉三通	181	0.3123896	55	0.3094572
105	831751.OC	虎符智能	111	0.4295703	128	0.2723599
106	832422.OC	福昕软件	37	0.7444975	209	0.252078
107	830968.OC	华电电气	159	0.3435186	83	0.2930005
108	430169.OC	融智通	172	0.3269534	70	0.2977968
109	430475.OC	陆道文创	168	0.3304046	76	0.2958967
110	430139.OC	华岭股份	154	0.3490354	93	0.2893303
111	430675.OC	天跃科技	96	0.4761719	157	0.2654212
112	832296.OC	天维尔	179	0.3194919	73	0.2968092
113	831839.OC	广达新网	113	0.4240884	142	0.2681103
114	834839.OC	之江生物	80	0.5153123	177	0.2571718
115	831330.OC	普适导航	77	0.5264767	181	0.2567959
116	832633.OC	伏泰科技	120	0.4061561	138	0.2698187
117	831601.OC	威科姆	48	0.6478516	214	0.2508
118	833295.OC	国佳新材	162	0.3389844	98	0.2873581
119	832665.OC	德安环保	132	0.3822612	130	0.2716605
120	831507.OC	博广热能	191	0.2976561	77	0.2958364

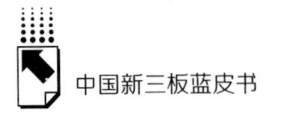

续表

综合排名	股票代码	股票名称	因子排名	综合得分	AHP 排名	AHP 得分
121	833174.OC	沃德传动	62	0.5818076	215	0.2507297
122	430005.OC	原子高科	125	0.3954049	151	0.2662466
123	831378.OC	富耐克	117	0.41649	160	0.2633888
124	833633.OC	联众智慧	183	0.3103743	101	0.2858925
125	833545.OC	千年设计	200	0.2821254	84	0.2925687
126	833010.OC	盛景网联	178	0.323331	111	0.281341
127	834055.OC	百事通	97	0.4749087	197	0.2545252
128	833854.OC	远望信息	124	0.3962495	169	0.260593
129	430678.OC	蓝波绿建	151	0.3546909	141	0.2686079
130	430088.OC	七维航测	133	0.3811437	162	0.2628575
131	830885.OC	波斯科技	187	0.3024461	106	0.2835183
132	831088.OC	华恒生物	210	0.2565824	86	0.2912531
133	430330.OC	捷世智通	145	0.369754	154	0.2656511
134	831565.OC	润成科技	169	0.3295893	133	0.2707492
135	430486.OC	普金科技	137	0.37601	168	0.261282
136	430356.OC	雷腾软件	242	0.2132972	59	0.3056203
137	834197.OC	浦公检测	66	0.5642582	246	0.242929
138	833629.OC	合力亿捷	189	0.2982441	119	0.2765993
139	831030.OC	卓华信息	163	0.3369367	148	0.2666332
140	430148.OC	科能腾达	126	0.3892373	187	0.256123
141	833414.OC	凡拓创意	232	0.2317281	78	0.294838
142	430376.OC	东亚装饰	215	0.251014	96	0.2884479
143	833694.OC	新道科技	196	0.2911656	120	0.2758277
144	430258.OC	易同科技	192	0.2962989	126	0.2725384
145	832367.OC	慧图科技	182	0.3120889	140	0.2686493
146	831988.OC	乐普四方	221	0.2386269	100	0.2862292
147	430552.OC	亚成微	108	0.4390772	219	0.2497303
148	430374.OC	英富森	161	0.3392652	166	0.2618397
149	832950.OC	益盟股份	103	0.4548744	227	0.2484178
150	430305.OC	维珍创意	268	0.175507	56	0.3082089
151	832388.OC	龙磁科技	214	0.254889	118	0.2767122
152	832865.OC	天膜科技	244	0.2096829	89	0.2905446
153	834507.OC	元年科技	100	0.4603002	239	0.2447253
154	832135.OC	云宏信息	83	0.5111289	259	0.2389814
155	834880.OC	泰华智慧	90	0.4904487	255	0.2400062

续表

综合排名	股票代码	股票名称	因子排名	综合得分	AHP 排名	AHP 得分
156	832154.OC	文灿股份	249	0.2069888	90	0.2896231
157	430223.OC	亿童文教	234	0.2283973	109	0.2818893
158	834099.OC	蓝怡科技	144	0.3699953	203	0.2539683
159	832602.OC	泰通科技	150	0.3559723	198	0.2543596
160	831275.OC	睿力物流	184	0.3087074	163	0.2628406
161	430177.OC	点点客	185	0.3030754	165	0.2618598
162	830849.OC	平原智能	230	0.2324669	125	0.2732281
163	430253.OC	兴竹信息	231	0.232006	124	0.2734546
164	831979.OC	林格贝	110	0.4301271	252	0.2415084
165	834832.OC	络捷斯特	171	0.3276477	189	0.2558604
166	831544.OC	北超伺服	235	0.227596	123	0.2735887
167	830793.OC	阿拉丁	119	0.4070865	244	0.2434505
168	430011.OC	指南针	342	0.0897603	15	0.3561766
169	833957.OC	威丝曼	177	0.3233916	191	0.2557404
170	831194.OC	派拉软件	165	0.3348427	204	0.2537368
171	833913.OC	坤鼎集团	20	1.103939	355	0.2176824
172	831583.OC	未来宽带	85	0.5102231	290	0.2324
173	833249.OC	浙江国祥	236	0.2261225	139	0.2689146
174	430545.OC	星科智能	102	0.4576139	279	0.2354247
175	831117.OC	维恩贝特	287	0.1559252	91	0.2894734
176	830818.OC	巨峰股份	141	0.3729803	243	0.243766
177	830879.OC	基康仪器	186	0.3030256	200	0.2542583
178	831395.OC	智通建设	280	0.1635172	105	0.2843428
179	430467.OC	深圳行健	190	0.2977328	199	0.2543573
180	833231.OC	天准科技	74	0.5313783	322	0.2240818
181	430462.OC	树业环保	275	0.1685534	116	0.2769712
182	834154.OC	建为历保	247	0.2081431	147	0.2666404
183	831284.OC	迈科智能	164	0.3349747	236	0.2457347
184	430182.OC	全网数商	273	0.1707991	127	0.272528
185	430375.OC	星立方	209	0.2571466	196	0.2550056
186	832954.OC	龙创设计	305	0.1354449	97	0.2878996
187	831215.OC	新天药业	204	0.267872	206	0.2535613
188	831550.OC	成大生物	114	0.4233162	308	0.227772
189	430351.OC	爱科凯能	208	0.2596641	211	0.2516519
190	833534.OC	神玥软件	246	0.2086352	173	0.2582122

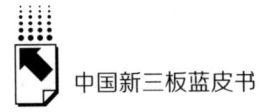

续表

综合排名	股票代码	股票名称	因子排名	综合得分	AHP排名	AHP得分
191	831195.OC	三祥科技	237	0.2225696	184	0.2562018
192	831299.OC	北教传媒	229	0.2326124	193	0.255263
193	831126.OC	元鼎科技	263	0.1786705	161	0.263081
194	831698.OC	工大软件	116	0.4193385	315	0.2259872
195	832821.OC	金丹科技	194	0.2954813	235	0.2458696
196	430437.OC	食安科技	170	0.3295011	260	0.2389508
197	430539.OC	扬子地板	299	0.1380986	129	0.2722178
198	831325.OC	迈奇化学	315	0.121889	114	0.2788021
199	430085.OC	新锐英诚	278	0.1639998	156	0.2654228
200	831274.OC	瑞可达	248	0.2078218	188	0.2559471
201	831331.OC	华奥科技	217	0.2453647	221	0.2496234
202	430523.OC	泰谷生物	140	0.3733974	304	0.2293159
203	430263.OC	蓝天环保	188	0.3016288	256	0.2393699
204	831503.OC	广安生物	226	0.2340051	218	0.2497409
205	832859.OC	晨越建管	322	0.1162572	121	0.2750528
206	831276.OC	松科快换	290	0.1520117	158	0.2643561
207	430077.OC	道隆软件	312	0.1258611	136	0.270489
208	430272.OC	光伏宝	213	0.2549123	240	0.2445423
209	831311.OC	博安智能	265	0.1785425	186	0.2561409
210	831198.OC	博华科技	139	0.3755413	318	0.2254373
211	831226.OC	聚宝网络	201	0.2799951	254	0.240523
212	832003.OC	同信通信	352	0.0755282	103	0.2853253
213	834603.OC	中清能	143	0.3706586	324	0.2237529
214	831202.OC	摩德娜	272	0.1711832	190	0.2557786
215	430422.OC	永继电气	288	0.1553535	174	0.2578308
216	831190.OC	第六元素	42	0.6938571	432	0.2019503
217	830771.OC	华灿电讯	223	0.2376039	247	0.2427498
218	833684.OC	联赢激光	306	0.1341219	164	0.2624897
219	430362.OC	东电创新	292	0.1467691	180	0.257023
220	833777.OC	棠棣信息	252	0.1997353	223	0.2492505
221	834141.OC	蓝德环保	228	0.233201	248	0.2426009
222	430225.OC	伊禾农品	193	0.2958001	285	0.2341195
223	832953.OC	创识科技	295	0.1425094	179	0.257146
224	833266.OC	生物谷	174	0.3243335	305	0.2285677
225	830972.OC	道一信息	274	0.1707529	201	0.2541883

续表

综合排名	股票代码	股票名称	因子排名	综合得分	AHP 排名	AHP 得分
226	430083.OC	中科联众	251	0.2001332	228	0.2480983
227	832989.OC	鑫博技术	134	0.3804202	353	0.2180505
228	835348.OC	明朝万达	138	0.3758985	349	0.2193213
229	831242.OC	特辰科技	254	0.196014	229	0.2477471
230	834534.OC	曼恒数字	109	0.4342128	383	0.2109653
231	430607.OC	大树智能	122	0.4011716	372	0.2136006
232	831186.OC	金鸿药业	197	0.2876576	294	0.2305819
233	430325.OC	精英智通	316	0.1215544	171	0.2593668
234	430243.OC	铜牛信息	318	0.1200439	172	0.2584261
235	830955.OC	大盛微电	224	0.2362583	270	0.2374084
236	830799.OC	艾融软件	373	0.0471123	117	0.2767523
237	831208.OC	洁昊环保	350	0.076675	143	0.2677728
238	830938.OC	可恩口腔	266	0.1771112	231	0.2472986
239	430458.OC	陆海科技	289	0.152876	208	0.2528824
240	831733.OC	宏图物流	238	0.2196986	262	0.2387947
241	430622.OC	顺达智能	222	0.2385927	280	0.2353141
242	833366.OC	利隆媒体	216	0.2505722	288	0.2328637
243	834980.OC	宁波水表	364	0.0594287	135	0.2705499
244	430128.OC	广厦网络	319	0.1182597	182	0.2567408
245	834909.OC	汉氏联合	146	0.3682444	363	0.2165405
246	430680.OC	联兴科技	207	0.2635697	303	0.2294841
247	831427.OC	信通电子	283	0.1631036	224	0.2490551
248	834368.OC	华新能源	314	0.1224095	192	0.2555643
249	834728.OC	中盈安信	175	0.3242667	340	0.2203943
250	833568.OC	华谊创星	160	0.3403469	356	0.2174736
251	833451.OC	璧合科技	367	0.0510929	144	0.26728
252	430596.OC	新达通	250	0.2016993	267	0.237771
253	832802.OC	保丽洁	276	0.1657453	241	0.2441209
254	831813.OC	广新信息	149	0.3576817	374	0.2130246
255	835990.OC	随锐科技	173	0.3249506	350	0.2190116
256	833138.OC	长江材料	285	0.1591218	238	0.2448975
257	832041.OC	中兴通科	371	0.0489259	149	0.2666332
258	833147.OC	华江环保	301	0.137358	222	0.2494409
259	832970.OC	东海证券	64	0.5666111	469	0.1939839
260	430247.OC	金日创	346	0.0823525	176	0.257533

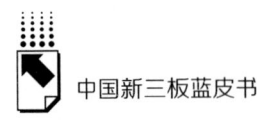

续表

综合排名	股票代码	股票名称	因子排名	综合得分	AHP排名	AHP得分
261	430460.OC	太湖股份	243	0.2111583	284	0.2343558
262	830827.OC	世优电气	264	0.178585	264	0.2382124
263	834102.OC	电联股份	240	0.2158864	289	0.2327868
264	832502.OC	圆融科技	99	0.4629991	436	0.2014488
265	833322.OC	广通软件	359	0.0665291	167	0.2613172
266	831187.OC	创尔生物	396	0.0250105	132	0.2708894
267	831429.OC	创力股份	310	0.1305321	226	0.2487657
268	831057.OC	多普泰	277	0.1641512	261	0.238917
269	430742.OC	光维通信	259	0.192618	281	0.234974
270	834924.OC	悦游网络	155	0.3480465	394	0.2095332
271	832774.OC	森泰环保	205	0.2676827	344	0.2202328
272	832090.OC	时代装饰	358	0.0672495	185	0.2561562
273	832768.OC	爱可生	340	0.0913863	205	0.2535675
274	834859.OC	新锐股份	233	0.2294426	317	0.2256485
275	831701.OC	万龙电气	220	0.2401704	332	0.2220049
276	833436.OC	奥杰股份	296	0.140128	253	0.2407838
277	832709.OC	达特照明	334	0.1022105	216	0.2500482
278	831484.OC	久盛生态	218	0.2425146	339	0.2208788
279	831743.OC	立高科技	199	0.2825934	359	0.217003
280	832325.OC	捷尚股份	166	0.3340659	395	0.2093441
281	831450.OC	金宏气体	267	0.1757535	291	0.2314137
282	430355.OC	沃特能源	331	0.1075577	225	0.2489938
283	835274.OC	同是科技	256	0.1950426	307	0.2278156
284	835054.OC	微点生物	72	0.5392795	499	0.1887176
285	831421.OC	天富电气	347	0.081239	213	0.2511061
286	834611.OC	老肯医疗	129	0.3882919	442	0.2000604
287	831315.OC	安畅网络	258	0.1926553	309	0.2276446
288	430369.OC	威门药业	269	0.1738212	299	0.230171
289	832570.OC	蓝海科技	293	0.1431944	276	0.236499
290	835920.OC	湘村股份	271	0.1729728	300	0.2299042
291	831287.OC	启奥科技	282	0.1631703	292	0.231048
292	430492.OC	老来寿	291	0.1504452	286	0.2336428
293	830912.OC	科汇电自	156	0.3475104	428	0.2026823
294	832681.OC	宇邦新材	365	0.0530064	212	0.2513202
295	430367.OC	力码科	257	0.1935819	327	0.2232989

续表

综合排名	股票代码	股票名称	因子排名	综合得分	AHP排名	AHP得分
296	831169.OC	百特莱德	302	0.1373503	293	0.2309645
297	430230.OC	银都传媒	332	0.1061568	265	0.2381313
298	834785.OC	云畅游戏	298	0.1385204	302	0.2297357
299	834044.OC	富泰和	304	0.1357662	297	0.2302703
300	831540.OC	京源环保	366	0.0529641	233	0.2463263
301	832340.OC	国联股份	399	0.0244262	202	0.2541798
302	835241.OC	经纬传媒	370	0.0491242	234	0.2460394
303	834952.OC	中联环保	153	0.3536594	462	0.194756
304	834218.OC	和创科技	195	0.2924471	421	0.2047255
305	831878.OC	先锋科技	261	0.1813232	357	0.2171474
306	831343.OC	益通建设	349	0.0785482	268	0.2377022
307	831802.OC	智华信	369	0.0496227	249	0.2425783
308	430252.OC	联宇技术	309	0.1310547	314	0.2260091
309	831019.OC	博硕光电	327	0.1126749	301	0.2298712
310	831072.OC	瑞聚股份	429	-0.0011257	195	0.2550665
311	834270.OC	远大特材	357	0.0691589	274	0.2367434
312	430432.OC	方林科技	336	0.0977554	296	0.2304603
313	430014.OC	恒业世纪	394	0.0290086	237	0.2451526
314	430090.OC	同辉信息	329	0.1114413	306	0.2282035
315	832362.OC	佩蒂股份	362	0.0612269	278	0.2354896
316	833158.OC	马上游	148	0.3607632	501	0.1883938
317	833832.OC	追日电气	212	0.2562864	435	0.2017448
318	430469.OC	必控科技	389	0.034382	251	0.2422001
319	834698.OC	国舜股份	260	0.184918	387	0.2105436
320	833638.OC	贝斯达	363	0.0595315	282	0.2348193
321	430338.OC	银音科技	383	0.0383329	263	0.2387314
322	833413.OC	宾肯股份	239	0.2164671	413	0.2062631
323	832651.OC	天罡股份	375	0.0440248	275	0.236659
324	430130.OC	卡联科技	308	0.1317255	346	0.2199353
325	430211.OC	丰电科技	356	0.069921	298	0.230262
326	831317.OC	海典软件	507	-0.088278	146	0.2666475
327	833653.OC	凯东源	376	0.0431342	283	0.2344055
328	430183.OC	天友设计	343	0.0870653	320	0.2250652
329	430335.OC	华韩整形	198	0.2859367	475	0.192565
330	834791.OC	飞企互联	321	0.1164304	347	0.2197924

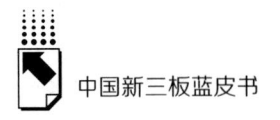

续表

综合排名	股票代码	股票名称	因子排名	综合得分	AHP排名	AHP得分
331	830862.OC	丰海科技	458	-0.0365478	207	0.2529401
332	832995.OC	杰创智能	446	-0.0204878	220	0.2496637
333	831009.OC	合锐赛尔	330	0.1107034	341	0.2202974
334	430298.OC	淘礼网	459	-0.0379084	210	0.2519813
335	430430.OC	普滤得	337	0.0972013	337	0.2216319
336	835206.OC	达人环保	202	0.2780138	482	0.1912108
337	430373.OC	捷安高科	460	-0.0380045	217	0.2499575
338	831083.OC	东润环能	270	0.1730964	415	0.20576
339	830822.OC	海容冷链	422	0.0112869	258	0.239244
340	835425.OC	中科水生	262	0.1801315	426	0.2027313
341	834634.OC	中科盛创	211	0.2564815	480	0.1916059
342	831213.OC	博汇股份	578	-0.1414374	99	0.2869277
343	831706.OC	领航科技	297	0.140097	392	0.2098097
344	833035.OC	大唐融合	255	0.1950709	439	0.2008868
345	831049.OC	赛莱拉	245	0.2095334	450	0.1979486
346	832026.OC	海龙核科	225	0.2357373	471	0.1930752
347	831129.OC	领信股份	281	0.1632226	416	0.2057131
348	834484.OC	博拉网络	416	0.0153403	277	0.2359345
349	430755.OC	华曦达	445	-0.0204266	250	0.2424484
350	830821.OC	雪郎生物	307	0.1318158	402	0.2087496
351	833416.OC	掌上纵横	325	0.1137466	384	0.2109189
352	834021.OC	流金岁月	434	-0.0058975	273	0.2370187
353	832282.OC	智途科技	464	-0.0407613	245	0.2432033
354	430609.OC	中磁视讯	401	0.0235096	311	0.227245
355	832023.OC	田野股份	407	0.0194184	310	0.2273732
356	834385.OC	力港网络	431	-0.003527	287	0.2332528
357	831697.OC	海优新材	391	0.032509	330	0.2229059
358	831866.OC	蔚林股份	409	0.0186392	312	0.2267524
359	430270.OC	易点天下	427	-0.0007075	295	0.2305718
360	834034.OC	元道通信	525	-0.1012845	194	0.2551027
361	430682.OC	中天羊业	324	0.1143789	404	0.2085934
362	832471.OC	美邦科技	294	0.1428983	440	0.2006766
363	831718.OC	青鸟软通	382	0.0390134	351	0.2188327
364	831499.OC	立元通信	372	0.0484253	364	0.2160137
365	836391.OC	工大科雅	400	0.0241747	336	0.22179

续表

综合排名	股票代码	股票名称	因子排名	综合得分	AHP 排名	AHP 得分
366	832853.OC	电旗股份	403	0.0221328	342	0.2202945
367	430485.OC	旭建新材	355	0.0721406	397	0.2091064
368	834682.OC	球冠电缆	354	0.0742214	406	0.2082094
369	834156.OC	有米科技	380	0.0419566	379	0.211651
370	830903.OC	复展科技	387	0.0357668	373	0.213096
371	830964.OC	润农节水	442	-0.0181602	316	0.2256577
372	430459.OC	华艺园林	378	0.042933	385	0.210829
373	832861.OC	奇致激光	435	-0.0062335	326	0.2237426
374	834984.OC	网库股份	397	0.0250035	367	0.2151444
375	830951.OC	嘉行传媒	496	-0.076948	269	0.2375996
376	834817.OC	爱知网络	393	0.0293956	377	0.2119458
377	832465.OC	众益科技	384	0.0369402	390	0.2099133
378	831067.OC	根力多	537	-0.108153	232	0.246802
379	832089.OC	禾昌聚合	531	-0.105454	242	0.2437836
380	836493.OC	和信瑞通	504	-0.084235	271	0.2373536
381	831787.OC	高和智能	443	-0.0184844	335	0.2218063
382	832276.OC	翔宇药业	286	0.1559422	508	0.1870326
383	834841.OC	远传技术	320	0.1171103	476	0.1925306
384	835955.OC	易流科技	472	-0.0469303	319	0.2252116
385	831496.OC	华燕房盟	227	0.2339658	576	0.1753508
386	430457.OC	三网科技	386	0.0364265	411	0.2075732
387	430244.OC	颂大教育	390	0.0333672	407	0.2077485
388	430488.OC	东创科技	381	0.0396899	417	0.2055003
389	430408.OC	帝信科技	341	0.0907391	460	0.1961517
390	830904.OC	博思特	388	0.0355739	412	0.2067084
391	831501.OC	远方动力	420	0.0141623	382	0.2109898
392	430097.OC	赛德丽	567	-0.130567	230	0.2477032
393	832080.OC	七色珠光	469	-0.0437413	334	0.2218673
394	835032.OC	正益移动	311	0.1284044	500	0.1886308
395	831822.OC	米奥会展	333	0.103876	479	0.1916516
396	430322.OC	智合新天	417	0.015149	393	0.2097155
397	830999.OC	银橙传媒	368	0.0499158	447	0.1984888
398	832938.OC	国林环保	454	-0.0323207	358	0.2170189
399	833954.OC	飞天经纬	483	-0.0608441	328	0.2231999
400	834541.OC	创显科教	440	-0.0139915	375	0.212537

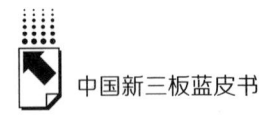

续表

综合排名	股票代码	股票名称	因子排名	综合得分	AHP 排名	AHP 得分
401	831257.OC	赛德盛	455	-0.0345934	360	0.2169686
402	833296.OC	三希科技	379	0.0421308	443	0.2000017
403	430226.OC	奥凯立	439	-0.0134747	381	0.2113114
404	831885.OC	鱼鳞图	338	0.0961421	487	0.190446
405	430555.OC	英派瑞	453	-0.0292542	371	0.2141036
406	833504.OC	骐俊股份	405	0.0211873	423	0.2042029
407	834297.OC	数智源	432	-0.0039934	401	0.208812
408	830828.OC	万绿生物	462	-0.039425	370	0.2148734
409	832380.OC	鲁冀股份	414	0.0169851	420	0.2050786
410	834376.OC	冠新软件	457	-0.0364827	376	0.2122591
411	833081.OC	顺博合金	374	0.0468792	466	0.1942961
412	831099.OC	维泰股份	351	0.0755574	490	0.1901441
413	430418.OC	苏轴股份	485	-0.0649965	352	0.2181869
414	833677.OC	芯能科技	509	-0.0893081	329	0.2231768
415	832899.OC	景津环保	206	0.2657641	648	0.1593788
416	430518.OC	嘉达早教	317	0.1204954	533	0.182978
417	832047.OC	联洋新材	419	0.0146021	429	0.202462
418	832491.OC	奥迪威	339	0.092153	513	0.1862727
419	832027.OC	智衡减振	524	-0.1011011	321	0.2244196
420	834707.OC	爱迪科技	480	-0.0555623	368	0.2151113
421	833144.OC	毅康股份	385	0.0367123	467	0.194241
422	831244.OC	星展测控	463	-0.040477	388	0.2103717
423	832444.OC	蓝海骆驼	105	0.4482238	761	0.1223197
424	833755.OC	扬德环境	519	-0.0954918	333	0.2219322
425	835298.OC	宇球电子	335	0.099715	525	0.1843322
426	832666.OC	齐鲁银行	345	0.082499	515	0.1859074
427	830960.OC	微步信息	596	-0.1610544	257	0.2392772
428	831533.OC	绩优股份	526	-0.1033964	331	0.2224273
429	831114.OC	易销科技	481	-0.0557651	378	0.2117715
430	831975.OC	温迪数字	591	-0.1587449	266	0.2378518
431	832766.OC	沃格光电	300	0.1375388	569	0.1763541
432	430165.OC	光宝联合	539	-0.1113603	323	0.2240111
433	832854.OC	紫光新能	348	0.0803181	526	0.1842791
434	834428.OC	蓝孚高能	328	0.1119042	549	0.1798598
435	430075.OC	中讯四方	436	-0.0081675	438	0.2010478

续表

综合排名	股票代码	股票名称	因子排名	综合得分	AHP 排名	AHP 得分
436	831790.OC	凯德科技	361	0.0637648	518	0.1853602
437	832513.OC	汇群中药	466	-0.0418054	409	0.2076302
438	833018.OC	海清源	425	0.0032167	452	0.1977504
439	832074.OC	慧景科技	512	-0.0905038	362	0.2167851
440	832773.OC	寰烁股份	406	0.0199031	473	0.1929371
441	832086.OC	现在支付	523	-0.1002624	354	0.2179025
442	430472.OC	安泰得	479	-0.0548751	403	0.2087079
443	834863.OC	佳顺智能	424	0.0045086	461	0.1959854
444	833656.OC	确成硅化	303	0.1368896	588	0.1731979
445	832028.OC	汇元科技	489	-0.0681976	399	0.2088719
446	832971.OC	卡司通	449	-0.0268381	441	0.2002133
447	835747.OC	朴道水汇	402	0.0223312	491	0.1900187
448	834520.OC	万佳安	413	0.0170123	481	0.1912957
449	832979.OC	弘天生物	478	-0.0548042	414	0.2057966
450	834041.OC	上海恒业	548	-0.1172484	343	0.2202594
451	833840.OC	永安期货	253	0.1977154	654	0.1584003
452	833868.OC	南京证券	241	0.2149189	676	0.1537232
453	834425.OC	新赛点	176	0.3235894	747	0.1357663
454	833770.OC	宏伟供应	279	0.163821	642	0.1604356
455	831207.OC	南方制药	353	0.0744886	568	0.1768017
456	831626.OC	胜禹股份	486	-0.0665828	433	0.2018632
457	833624.OC	维和药业	326	0.1127128	603	0.1693518
458	430746.OC	七星科技	510	-0.0896233	418	0.2053976
459	834393.OC	爱柯迪	471	-0.0454682	459	0.1965823
460	834968.OC	玄武科技	473	-0.0480132	458	0.1968751
461	834742.OC	麦克韦尔	476	-0.0520247	456	0.1971393
462	831529.OC	能龙教育	451	-0.0290195	483	0.1911099
463	430261.OC	易维科技	563	-0.1271364	369	0.2150465
464	832737.OC	恒信玺利	284	0.1623127	661	0.1563696
465	831964.OC	储翰科技	529	-0.1040729	408	0.2077344
466	832212.OC	卓尔智联	410	0.0183685	532	0.183146
467	835009.OC	金力永磁	433	-0.0055574	510	0.1865041
468	832075.OC	东方水利	540	-0.1114221	400	0.2088223
469	430455.OC	德联科技	513	-0.0907797	430	0.2023922
470	831385.OC	大地和	554	-0.122059	389	0.2101954

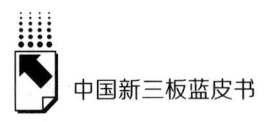

续表

综合排名	股票代码	股票名称	因子排名	综合得分	AHP排名	AHP得分
471	834673.OC	泰宝医疗	418	0.0149749	536	0.1823901
472	832817.OC	身临其境	482	-0.0571482	470	0.1931192
473	831372.OC	宝成股份	404	0.0212209	552	0.1792571
474	834352.OC	贵太太	530	-0.1049054	422	0.2045344
475	430764.OC	美诺福	532	-0.1055535	424	0.2039566
476	836435.OC	知我科技	142	0.3725752	830	0.0864686
477	833695.OC	富士莱	639	-0.2183309	313	0.2266917
478	832184.OC	陆特能源	377	0.043117	589	0.1728694
479	430659.OC	江苏铁发	323	0.1145796	649	0.1590076
480	834451.OC	奔凯安全	600	-0.1642026	361	0.2168916
481	831916.OC	商中在线	546	-0.1153534	419	0.2051189
482	832620.OC	中安股份	522	-0.0993648	444	0.199268
483	833132.OC	企源科技	408	0.0186846	566	0.1772561
484	832063.OC	鸿辉光通	392	0.0298616	587	0.1736677
485	834179.OC	赛科星	423	0.0065325	557	0.1786691
486	834567.OC	华多科技	441	-0.0140566	544	0.1805531
487	830837.OC	古城香业	570	-0.1332683	410	0.2075907
488	834374.OC	博瑞彤芸	613	-0.1766852	366	0.2153965
489	834110.OC	灵信视觉	501	-0.0825957	485	0.190605
490	430515.OC	麟龙股份	452	-0.0291419	537	0.182009
491	430120.OC	金润科技	587	-0.1570255	398	0.2089254
492	834641.OC	中广影视	421	0.012147	574	0.1757971
493	834656.OC	勃达微波	219	0.2407622	786	0.107761
494	831557.OC	中呼科技	498	-0.0807904	496	0.1896206
495	835217.OC	汉唐环保	490	-0.0701135	507	0.1872986
496	831277.OC	钢钢网	506	-0.0872061	494	0.1896763
497	831530.OC	才府玻璃	616	-0.1869124	380	0.2115369
498	831011.OC	三友创美	568	-0.1308001	431	0.2021626
499	833616.OC	金锂科技	649	-0.2325085	348	0.2196547
500	836053.OC	友宝在线	448	-0.0237069	559	0.1784268
501	834160.OC	永联科技	468	-0.0433738	539	0.1815063
502	833529.OC	视纪印象	497	-0.0774018	511	0.1864958
503	832223.OC	配天智造	487	-0.067011	524	0.1845772
504	832996.OC	民生科技	467	-0.0429655	545	0.180451
505	831486.OC	索尔科技	561	-0.1260503	448	0.1983397

续表

综合排名	股票代码	股票名称	因子排名	综合得分	AHP 排名	AHP 得分
506	833784.OC	美福润	430	-0.002479	586	0.1739309
507	831906.OC	舜宇模具	584	-0.1487668	427	0.2026983
508	834845.OC	华腾教育	624	-0.1924067	386	0.2108272
509	832201.OC	无人机	556	-0.122871	457	0.1969049
510	832799.OC	陆海石油	517	-0.0931172	498	0.1889675
511	834177.OC	华贸广通	609	-0.171589	405	0.2085772
512	430260.OC	布雷尔利	564	-0.1275836	454	0.1973113
513	832585.OC	精英科技	488	-0.0674182	534	0.1828657
514	832519.OC	中通电气	565	-0.1282403	455	0.19731
515	831681.OC	智洋电气	493	-0.0751023	531	0.1833721
516	832708.OC	三力制药	653	-0.2396681	365	0.2155067
517	831063.OC	安泰股份	470	-0.0449274	556	0.1787343
518	831727.OC	中钢网	313	0.1252687	724	0.1437429
519	832973.OC	思亮信息	543	-0.1135828	488	0.1903593
520	834666.OC	桑尼能源	475	-0.0517979	560	0.1783696
521	430372.OC	泰达新材	703	-0.2777916	325	0.2237526
522	832051.OC	证券传媒	447	-0.0222255	592	0.1719599
523	830925.OC	鄂信钻石	527	-0.1035369	509	0.1869361
524	831850.OC	分豆教育	516	-0.0914661	521	0.185013
525	832171.OC	志晟信息	756	-0.3321832	272	0.2371075
526	833041.OC	网信安全	589	-0.1582233	446	0.1985025
527	831161.OC	伊菲股份	545	-0.1138223	492	0.1898416
528	832978.OC	开特股份	477	-0.052862	564	0.1778278
529	831892.OC	新玻电力	595	-0.1606037	445	0.1987235
530	832218.OC	德长环保	344	0.0839673	708	0.1469913
531	831742.OC	纽米科技	456	-0.0349832	594	0.1714946
532	831010.OC	天佳科技	580	-0.1438556	465	0.1943728
533	430174.OC	沃捷传媒	412	0.0178992	640	0.1609957
534	831222.OC	金龙腾	608	-0.1714651	437	0.2012464
535	831662.OC	快乐沃克	157	0.3470331	909	0.055016
536	430724.OC	芳笛环保	541	-0.1118585	512	0.1863388
537	833797.OC	思明科技	514	-0.0913241	543	0.1805928
538	833223.OC	杰尔斯	579	-0.1423447	477	0.1923718
539	830922.OC	裕荣光电	631	-0.2028719	425	0.2030066
540	831039.OC	国义招标	444	-0.0200804	620	0.1658621

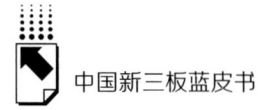

续表

综合排名	股票代码	股票名称	因子排名	综合得分	AHP 排名	AHP 得分
541	833294.OC	亿邦股份	520	-0.0966666	551	0.1795497
542	833660.OC	腾瑞明	465	-0.0412288	609	0.1683154
543	831931.OC	云能威士	503	-0.0834857	573	0.1760306
544	834028.OC	品胜股份	536	-0.1074184	541	0.1807236
545	430350.OC	万德智新	581	-0.1443468	505	0.1875461
546	430222.OC	璟泓科技	535	-0.1068477	553	0.1791299
547	833799.OC	嘉禾生物	528	-0.1038789	561	0.1781239
548	835505.OC	光音网络	651	-0.2346326	434	0.2018126
549	832974.OC	鲜美种苗	461	-0.0382311	632	0.1623981
550	834961.OC	东和环保	599	-0.1634768	489	0.1901886
551	831607.OC	邦鑫勘测	571	-0.1361011	519	0.1850979
552	835508.OC	殷图网联	542	-0.111945	550	0.179704
553	831873.OC	环宇建工	426	0.0030349	677	0.1535319
554	831728.OC	阿尼股份	604	-0.1677479	493	0.1897277
555	831314.OC	深科达	544	-0.1136196	558	0.1784731
556	835265.OC	同禹药包	627	-0.1971125	474	0.1927017
557	832563.OC	帮豪种业	495	-0.0768172	616	0.1675883
558	834117.OC	山东绿霸	491	-0.0733136	621	0.1655122
559	430754.OC	波智高远	712	-0.2851678	391	0.2098775
560	430358.OC	基美影业	360	0.0661508	759	0.1255218
561	833066.OC	亿联科技	662	-0.2432175	449	0.1983323
562	834336.OC	欧耐尔	762	-0.3365602	345	0.2201349
563	833586.OC	雷诺尔	500	-0.0825488	619	0.1667298
564	831437.OC	天劲股份	632	-0.2086134	484	0.1906794
565	834029.OC	中筑天佑	411	0.0182862	719	0.1443242
566	834082.OC	中建信息	722	-0.2984968	396	0.2091113
567	836263.OC	中航泰达	658	-0.2423605	463	0.1944481
568	832735.OC	德源药业	518	-0.0948516	610	0.1681155
569	832283.OC	天丰电源	533	-0.1056033	595	0.1709156
570	834109.OC	德御坊	515	-0.091369	614	0.1676816
571	832834.OC	林江股份	562	-0.1260986	567	0.1770588
572	832881.OC	源达股份	550	-0.1173914	581	0.1746494
573	834206.OC	傲基电商	583	-0.1454358	548	0.1799428
574	430323.OC	天阶生物	398	0.0244908	745	0.1366982
575	831173.OC	泰恩康	438	-0.0120228	705	0.1483909

续表

综合排名	股票代码	股票名称	因子排名	综合得分	AHP 排名	AHP 得分
576	834136.OC	仙果广告	684	−0.2638494	453	0.1976682
577	834851.OC	威能电源	502	−0.0832385	645	0.1597781
578	833222.OC	基业园林	574	−0.1395907	571	0.1762642
579	831836.OC	澳坤生物	505	−0.0859368	646	0.159777
580	832317.OC	观典防务	572	−0.1383193	577	0.1750933
581	830855.OC	盈谷股份	415	0.0155818	741	0.1378606
582	833435.OC	国润新材	630	−0.2023407	520	0.185082
583	831594.OC	赛力克	623	−0.1918041	528	0.1839452
584	831776.OC	中云创	645	−0.2291634	506	0.1874545
585	830841.OC	长牛股份	640	−0.2219307	517	0.1855295
586	835184.OC	国源科技	642	−0.2256606	516	0.185634
587	831396.OC	许继智能	598	−0.1611305	563	0.1781156
588	833559.OC	亚太天能	555	−0.1226703	608	0.1685318
589	430396.OC	亿汇达	625	−0.1952796	538	0.1819124
590	833379.OC	源和药业	538	−0.1088023	629	0.1631351
591	833263.OC	大承医疗	575	−0.1409529	591	0.1722727
592	430054.OC	超毅网络	663	−0.2435868	503	0.187967
593	831355.OC	地源科技	683	−0.2635641	486	0.1905943
594	833024.OC	欣智恒	698	−0.2748077	472	0.1929389
595	832896.OC	道有道	569	−0.1316754	607	0.1688727
596	831243.OC	晓鸣农牧	597	−0.1611091	579	0.1749168
597	831687.OC	亨达股份	428	−0.0008865	755	0.128068
598	430236.OC	美兰股份	678	−0.2557012	495	0.1896731
599	834803.OC	鑫昌龙	582	−0.1451055	597	0.1702046
600	834564.OC	光慧科技	395	0.0273737	792	0.1042314
601	830966.OC	苏北花卉	590	−0.1584618	596	0.1708992
602	831053.OC	美佳新材	602	−0.1669991	584	0.1742158
603	831386.OC	风华环保	549	−0.1173792	641	0.1608565
604	833027.OC	阳光金服	547	−0.1154051	644	0.1598194
605	831576.OC	汉博商业	508	−0.0887628	686	0.1517512
606	833398.OC	奥翔科技	635	−0.2168906	554	0.1791175
607	833030.OC	立方控股	588	−0.1570842	604	0.1692437
608	835860.OC	斯特龙	655	−0.2414023	535	0.1827561
609	833884.OC	博高信息	557	−0.1228732	639	0.1612149
610	430578.OC	差旅天下	585	−0.148869	611	0.1679495

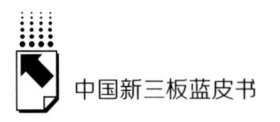

续表

综合排名	股票代码	股票名称	因子排名	综合得分	AHP排名	AHP得分
611	832281.OC	和氏技术	669	-0.2474197	527	0.1842508
612	832138.OC	中衡股份	717	-0.2931592	478	0.1916944
613	832803.OC	皓月股份	577	-0.1413056	627	0.1631694
614	430159.OC	创世生态	450	-0.0279622	763	0.1199499
615	831142.OC	易讯通	710	-0.2822045	497	0.1894662
616	834023.OC	金投金融	628	-0.197694	583	0.1743472
617	831713.OC	天源环保	586	-0.1546118	628	0.1631386
618	833659.OC	浩丰股份	691	-0.2690676	522	0.1849035
619	831940.OC	网高科技	593	-0.1595364	624	0.1644951
620	832499.OC	天海流体	706	-0.2787784	514	0.1862379
621	831248.OC	瑞德设计	612	-0.1743848	613	0.1677446
622	834753.OC	兰卫检验	676	-0.252566	547	0.1799552
623	832571.OC	点击网络	770	-0.34612	451	0.1977762
624	835718.OC	凌脉网络	633	-0.2103949	602	0.1694657
625	830809.OC	安达科技	730	-0.307512	502	0.1883703
626	832604.OC	中源欧佳	559	-0.1243884	682	0.1525081
627	832257.OC	正和药业	713	-0.2880185	523	0.1848102
628	834805.OC	淘粉吧	484	-0.0648676	762	0.1207432
629	832840.OC	亚世光电	657	-0.2420481	585	0.174092
630	833017.OC	力诺特玻	610	-0.1721423	635	0.1616579
631	831093.OC	鑫航科技	474	-0.0489408	777	0.112035
632	830944.OC	景尚旅业	617	-0.1881994	631	0.1626453
633	832120.OC	永辉化工	648	-0.2324905	599	0.1697609
634	833538.OC	中旭石化	621	-0.1894495	630	0.1627831
635	430569.OC	安尔发	778	-0.3550773	468	0.194192
636	832414.OC	精湛光电	605	-0.1677906	650	0.1588215
637	833308.OC	德威股份	437	-0.0099389	829	0.0865622
638	834825.OC	瑞阳科技	643	-0.2258651	618	0.1668254
639	832646.OC	讯众股份	791	-0.3717659	464	0.1943989
640	832883.OC	德润能源	553	-0.1203843	713	0.145826
641	833186.OC	宏远电器	681	-0.2605584	580	0.1747422
642	832960.OC	望变电气	637	-0.2170098	626	0.1638704
643	832927.OC	顶峰影业	494	-0.0755358	775	0.1132718
644	833857.OC	时光科技	699	-0.2752665	562	0.1781167
645	832287.OC	金凯光电	636	-0.2169731	633	0.1623409

290

续表

综合排名	股票代码	股票名称	因子排名	综合得分	AHP排名	AHP得分
646	831185.OC	众智软件	735	-0.3127808	530	0.18368
647	831204.OC	汇通控股	714	-0.2897196	555	0.1787731
648	834586.OC	中鼎联合	499	-0.081161	779	0.1116457
649	831918.OC	天立泰	672	-0.2505547	601	0.1694859
650	832243.OC	力合节能	708	-0.2803198	565	0.1773266
651	834384.OC	秋实农业	618	-0.1885938	660	0.1568036
652	835419.OC	哟哈股份	521	-0.0991008	765	0.1174954
653	430665.OC	高衡力	674	-0.2511154	606	0.1690697
654	832453.OC	恒福股份	611	-0.1737517	672	0.1545182
655	836298.OC	上达电子	620	-0.1890639	667	0.1555002
656	831737.OC	地浦科技	742	-0.3195746	542	0.1806428
657	833508.OC	精工股份	551	-0.1192038	742	0.1376477
658	430383.OC	红豆杉	603	-0.1674739	691	0.1505304
659	833370.OC	运鹏股份	552	-0.119739	746	0.1365351
660	834358.OC	体育之窗	534	-0.1058	767	0.116432
661	831930.OC	和君商学	492	-0.0749455	817	0.0943374
662	831431.OC	东南光电	652	-0.2393539	651	0.1586388
663	430752.OC	索泰能源	759	-0.3349336	540	0.1809171
664	834444.OC	中驰股份	622	-0.1896572	684	0.1519474
665	833743.OC	东邦御厨	773	-0.3510488	529	0.1838824
666	833914.OC	远航合金	634	-0.2106939	674	0.1543804
667	834683.OC	爹地宝贝	560	-0.1248323	754	0.1281848
668	833968.OC	资源环保	511	-0.0900809	807	0.0993401
669	832404.OC	兴邦光电	738	-0.3165507	572	0.1761235
670	430346.OC	哇棒传媒	647	-0.2321173	668	0.1554925
671	833389.OC	金钱猫	682	-0.2610782	634	0.1619471
672	835574.OC	鸿鑫互联	736	-0.3128884	578	0.1749657
673	832449.OC	恒宝通	665	-0.2443675	653	0.1584086
674	832638.OC	瓦力科技	816	-0.3971765	504	0.1879086
675	832559.OC	熊猫乳业	754	-0.3310008	570	0.17628
676	833658.OC	铁血科技	607	-0.1710469	726	0.1436722
677	430412.OC	晓沃环保	680	-0.2582422	652	0.1585748
678	430759.OC	凯路仕	716	-0.2903202	615	0.1676202
679	831119.OC	蓝钻生物	654	-0.2407336	681	0.1525613
680	831478.OC	天际数字	728	-0.3068072	605	0.1691494

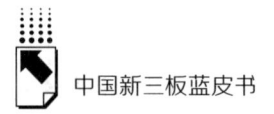

续表

综合排名	股票代码	股票名称	因子排名	综合得分	AHP 排名	AHP 得分
681	833120.OC	瑞铁股份	679	-0.2579229	657	0.1575494
682	830988.OC	兴和股份	694	-0.2703342	643	0.1600175
683	831686.OC	正大环保	673	-0.2507429	666	0.1557853
684	832265.OC	芍花堂	656	-0.2420196	685	0.1518005
685	835560.OC	羿珩科技	761	-0.3357046	582	0.1743969
686	831597.OC	苍源种植	558	-0.1240461	801	0.1009106
687	834186.OC	健隆生物	687	-0.2657183	669	0.155172
688	834475.OC	三友科技	667	-0.2468558	692	0.1504371
689	832304.OC	纽威科技	576	-0.1409746	787	0.10646
690	831908.OC	古麒羽绒	689	-0.2670639	671	0.1548727
691	832278.OC	鹿得医疗	707	-0.2802119	655	0.158287
692	831999.OC	仟亿达	725	-0.3029575	638	0.1613709
693	833874.OC	泰祥股份	772	-0.3505782	590	0.1725819
694	833994.OC	翰博高新	787	-0.3674808	575	0.1754598
695	835675.OC	蓝色方略	671	-0.2489507	697	0.1498408
696	833682.OC	福特科	688	-0.2664255	680	0.1527643
697	831692.OC	杰科股份	594	-0.1597661	778	0.1117966
698	833856.OC	宝润兴业	731	-0.307795	636	0.1616471
699	830816.OC	卡特股份	666	-0.2457408	704	0.1487107
700	832188.OC	科安达	700	-0.276393	670	0.1550997
701	831950.OC	亚太能源	697	-0.2742555	675	0.1541251
702	833131.OC	久盛电气	696	-0.2726692	679	0.1534376
703	834948.OC	晨泰科技	752	-0.330122	622	0.16487
704	832172.OC	倍通检测	828	-0.4156473	546	0.1801853
705	831810.OC	本益新材	685	-0.2649048	695	0.1502466
706	832873.OC	孕婴童	723	-0.3003069	656	0.1582539
707	834580.OC	天线宝宝	704	-0.2782474	678	0.1534677
708	833827.OC	浩腾科技	781	-0.35666	598	0.170074
709	831562.OC	山水环境	592	-0.1593723	795	0.1034876
710	831621.OC	中镁控股	695	-0.2714769	688	0.1509177
711	834717.OC	天天美尚	686	-0.2653247	701	0.148904
712	430743.OC	尚思传媒	566	-0.1288919	826	0.0876285
713	832757.OC	景安网络	784	-0.3613255	600	0.1696148
714	831377.OC	有友食品	705	-0.2783391	687	0.1513458
715	430496.OC	大正医疗	734	-0.3127764	658	0.1572323

续表

综合排名	股票代码	股票名称	因子排名	综合得分	AHP排名	AHP得分
716	833302.OC	羌山农牧	573	-0.139049	833	0.0861515
717	833209.OC	苏州园林	626	-0.1964348	780	0.1109968
718	833482.OC	能量传播	638	-0.2178364	768	0.1154912
719	833382.OC	长江绿海	641	-0.2226038	772	0.1140355
720	832439.OC	马可正嘉	745	-0.3211914	664	0.156081
721	835654.OC	万源生态	660	-0.2426137	753	0.1289136
722	834020.OC	东霖食品	650	-0.2334558	769	0.1154912
723	830830.OC	新昶虹	629	-0.2016303	799	0.1016281
724	833290.OC	瑞必达	690	-0.2685439	736	0.1393418
725	430718.OC	合肥高科	721	-0.2962902	706	0.1477236
726	834549.OC	天工股份	719	-0.2949368	709	0.1466601
727	834739.OC	冠为科技	729	-0.3073168	700	0.1489628
728	834069.OC	金通科技	619	-0.1888071	815	0.0946404
729	833498.OC	鑫灏源	833	-0.4205652	593	0.17172
730	832792.OC	鹿城银行	646	-0.2294575	788	0.1054241
731	832850.OC	大泽电极	733	-0.3113935	698	0.1495387
732	834086.OC	德泓国际	675	-0.2518239	760	0.1246242
733	835099.OC	开心麻花	601	-0.166236	841	0.0810634
734	834013.OC	利和兴	817	-0.3987247	617	0.1668887
735	832814.OC	昌耀新材	771	-0.3491617	665	0.1559475
736	832579.OC	同兴股份	644	-0.2268596	800	0.1010188
737	830947.OC	金柏股份	670	-0.2489295	773	0.1136793
738	832540.OC	康沃动力	747	-0.3247353	693	0.1504221
739	832958.OC	艾芬达	750	-0.3280276	694	0.1503506
740	835024.OC	七彩云南	726	-0.3041372	720	0.1442895
741	831188.OC	正兴玉	668	-0.247111	781	0.1103926
742	834092.OC	惠和股份	614	-0.1816635	842	0.0802039
743	833901.OC	壮元海	606	-0.1707719	851	0.0765177
744	430721.OC	瑞杰科技	749	-0.3269018	703	0.1487646
745	833371.OC	蓝天燃气	701	-0.2765566	757	0.1269264
746	831294.OC	中德科技	746	-0.3246553	712	0.1460096
747	430366.OC	金天地	664	-0.2439041	802	0.1005966
748	834355.OC	华麒通信	766	-0.3397551	699	0.1492653
749	834996.OC	众至诚	826	-0.4140785	637	0.1616197
750	831543.OC	松炀资源	806	-0.3903334	659	0.1568616

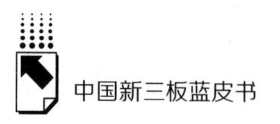

续表

综合排名	股票代码	股票名称	因子排名	综合得分	AHP 排名	AHP 得分
751	831370.OC	新安洁	758	-0.3347643	711	0.1462387
752	833238.OC	森维园林	702	-0.2771434	770	0.1153931
753	832387.OC	大众口腔	737	-0.3140537	739	0.1384741
754	834506.OC	雷蒙德	753	-0.3303815	723	0.1438124
755	835003.OC	龙腾影视	615	-0.1832641	868	0.0704278
756	831000.OC	吉芬设计	769	-0.3448148	716	0.1448848
757	835710.OC	仕净环保	798	-0.3790739	689	0.1508422
758	831603.OC	金润和	862	-0.4659653	623	0.16486
759	833466.OC	盛盈汇	715	-0.2900917	776	0.1125486
760	832645.OC	高德信	839	-0.4311697	647	0.1597116
761	835197.OC	日兴生物	825	-0.4109724	663	0.1562023
762	835536.OC	正通电子	764	-0.3386757	727	0.1428758
763	833260.OC	万辰生物	727	-0.3064477	766	0.1174278
764	831858.OC	海誉科技	711	-0.2847103	783	0.1095875
765	430217.OC	掌纵文化	803	-0.3832635	690	0.1507335
766	832567.OC	伟志股份	661	-0.2431533	838	0.0812783
767	830835.OC	南源电力	810	-0.3944699	683	0.1522986
768	835580.OC	诚烨股份	783	-0.3590169	714	0.1458149
769	835063.OC	旺翔传媒	692	-0.2693865	822	0.0895092
770	832477.OC	航凯电力	795	-0.3744523	715	0.1449314
771	831491.OC	佳音王	804	-0.3877289	710	0.1463262
772	835033.OC	精晶药业	693	-0.2697979	827	0.0872891
773	833532.OC	福慧达	677	-0.2540893	846	0.0783603
774	832763.OC	中天科盛	801	-0.3806585	717	0.144549
775	833423.OC	穗晶光电	857	-0.4620135	662	0.1562299
776	831564.OC	欧伏电气	805	-0.3881865	718	0.1445296
777	831903.OC	汇川科技	911	-0.5728719	612	0.1679014
778	832359.OC	益森科技	794	-0.373891	737	0.1392262
779	832213.OC	双森股份	748	-0.3263899	785	0.108686
780	832718.OC	玖隆再生	789	-0.3707553	743	0.1372982
781	835464.OC	易尊网络	903	-0.5567338	625	0.1639467
782	430405.OC	星火环境	858	-0.4633239	673	0.1545018
783	833800.OC	泰安科技	786	-0.3664305	749	0.1353056
784	835229.OC	日久光电	807	-0.3905005	728	0.1423929
785	831925.OC	政通股份	763	-0.3375755	774	0.1133399

续表

综合排名	股票代码	股票名称	因子排名	综合得分	AHP 排名	AHP 得分
786	830851.OC	骏华农牧	741	-0.3195733	797	0.1018411
787	833690.OC	礼多多	743	-0.3203347	796	0.102412
788	833292.OC	泰然科技	802	-0.3827938	735	0.1405125
789	833300.OC	利树股份	793	-0.3735963	748	0.1357311
790	832694.OC	维冠机电	818	-0.3990462	722	0.1440454
791	831943.OC	西格码	813	-0.3955027	729	0.1423381
792	832320.OC	大富装饰	755	-0.3321554	793	0.1039178
793	832514.OC	华旺股份	815	-0.3969676	734	0.1406962
794	832486.OC	久美股份	819	-0.4001454	731	0.1415135
795	832458.OC	红枫种苗	782	-0.3587143	771	0.1150865
796	831566.OC	盛世大联	744	-0.3204925	818	0.0936254
797	832332.OC	巨鹏食品	780	-0.3563092	782	0.1100997
798	831036.OC	裕国股份	709	-0.2817849	857	0.0747266
799	831159.OC	安达物流	757	-0.3344779	808	0.0980345
800	835610.OC	汇生通	855	-0.4617032	707	0.1471783
801	831568.OC	张铁军	732	-0.3091471	836	0.0827739
802	830894.OC	紫竹桩基	740	-0.3190612	828	0.0871968
803	835343.OC	艾美森	867	-0.4736496	696	0.1501961
804	832641.OC	天蓝地绿	822	-0.4058834	744	0.1371703
805	832558.OC	爽口源	718	-0.2937953	854	0.0754686
806	834501.OC	万杰智能	842	-0.433578	725	0.143741
807	832308.OC	旺盛园林	866	-0.4710116	702	0.1488766
808	833293.OC	速达股份	774	-0.3517944	798	0.1017211
809	834101.OC	择尚科技	739	-0.3173593	840	0.0811306
810	832452.OC	兴华股份	845	-0.441329	733	0.1407267
811	831178.OC	科马材料	830	-0.4180674	752	0.1305767
812	832910.OC	伊赛牛肉	790	-0.3708212	794	0.1036837
813	833310.OC	仁新科技	768	-0.3435111	819	0.0935744
814	831367.OC	红山河	767	-0.3413697	823	0.0894471
815	831614.OC	合富新材	849	-0.4524503	738	0.1391506
816	831972.OC	北泰实业	800	-0.3802797	791	0.104287
817	831453.OC	远泉股份	775	-0.3534651	824	0.0891179
818	430730.OC	先大药业	788	-0.3689068	814	0.095191
819	830850.OC	万企达	792	-0.3719343	810	0.0975555
820	835491.OC	手乐电商	659	-0.2423643	949	0.0206896

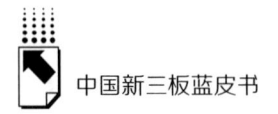

续表

综合排名	股票代码	股票名称	因子排名	综合得分	AHP 排名	AHP 得分
821	834509.OC	凯迪威	814	-0.3957542	790	0.1043173
822	832220.OC	海德尔	765	-0.338818	843	0.0797068
823	832893.OC	宏源农牧	720	-0.2957758	892	0.0597206
824	832918.OC	鼎讯股份	776	-0.3545242	837	0.0817229
825	832698.OC	青雨传媒	724	-0.3022738	895	0.0580941
826	831354.OC	话机世界	836	-0.4292447	784	0.1091962
827	834680.OC	海天众意	882	-0.5102002	740	0.1381026
828	830783.OC	广源精密	821	-0.4019422	804	0.0999542
829	833048.OC	米米乐	751	-0.3287941	880	0.0653189
830	836086.OC	桑锐电子	779	-0.355729	852	0.0763224
831	834176.OC	厚谊俊捷	897	-0.54062	730	0.1416479
832	833788.OC	品尚汇	760	-0.3354746	876	0.066419
833	833014.OC	中标集团	777	-0.3546694	860	0.0723966
834	832555.OC	金宇农牧	834	-0.4213668	809	0.0976752
835	831702.OC	源怡股份	879	-0.5081978	764	0.119526
836	831383.OC	楼市通网	823	-0.407557	825	0.0879747
837	831609.OC	壹加壹	829	-0.4162438	820	0.0924434
838	831417.OC	峻岭能源	835	-0.4237821	816	0.094355
839	830993.OC	壹玖壹玖	797	-0.3782543	856	0.0747889
840	832747.OC	吉诺股份	846	-0.4465271	806	0.0994709
841	832650.OC	奔腾集团	844	-0.4396105	813	0.0958443
842	835109.OC	鑫益嘉	905	-0.5627265	750	0.1343654
843	833105.OC	华通科技	899	-0.5475215	758	0.1255539
844	835220.OC	银禧光电	812	-0.394837	850	0.077422
845	832860.OC	海龙精密	910	-0.5692052	751	0.1318514
846	834720.OC	闽瑞环保	930	-0.621707	732	0.1410419
847	833766.OC	龙福环能	785	-0.3620791	884	0.0631641
848	832689.OC	德尔能	809	-0.3923461	863	0.0719395
849	430544.OC	闽保股份	859	-0.4645719	811	0.0970024
850	835205.OC	梵雅文化	946	-0.7900121	721	0.1441492
851	834729.OC	朗朗教育	881	-0.5094399	789	0.1045625
852	836617.OC	软岛科技	808	-0.391142	866	0.0715388
853	831445.OC	龙泰竹业	860	-0.4649571	812	0.0958892
854	833216.OC	海涛股份	853	-0.4573111	821	0.0904733
855	831955.OC	海益宝	832	-0.4205469	844	0.0787628

续表

综合排名	股票代码	股票名称	因子排名	综合得分	AHP 排名	AHP 得分
856	831015.OC	小白龙	824	-0.4097749	858	0.0739884
857	833517.OC	策源股份	796	-0.3771768	888	0.0615351
858	831997.OC	海斯迪	927	-0.6075678	756	0.1277286
859	832354.OC	益运股份	811	-0.3944974	886	0.0620369
860	832707.OC	国豪股份	848	-0.4502532	848	0.0779287
861	834316.OC	振威展览	890	-0.5309324	805	0.0996477
862	835092.OC	钢银电商	820	-0.4018462	879	0.0653793
863	831672.OC	莲池医院	799	-0.3798073	910	0.0546578
864	832094.OC	金昌蓝宇	827	-0.4149534	883	0.0634921
865	834084.OC	聚能鼎力	878	-0.5045131	832	0.0863219
866	834653.OC	汉宇钟表	876	-0.5038906	839	0.0811895
867	835248.OC	越洋科技	851	-0.4553611	867	0.0713703
868	836686.OC	超能国际	886	-0.5160432	831	0.0863252
869	831890.OC	中润油	837	-0.4302788	882	0.0647818
870	430445.OC	仙宜岱	838	-0.4310267	881	0.0651876
871	834122.OC	云端网络	914	-0.5785102	803	0.0999565
872	834498.OC	易简集团	861	-0.4653934	862	0.0722829
873	832659.OC	盛航海运	870	-0.4809349	853	0.0762683
874	834054.OC	游戏多	847	-0.4479339	877	0.0663936
875	833851.OC	景云祥	874	-0.4993312	849	0.0776215
876	832127.OC	谊熙加	893	-0.5366661	834	0.083416
877	831267.OC	法福来	883	-0.511395	845	0.0783706
878	833810.OC	睿博光电	871	-0.4853384	859	0.0724479
879	833409.OC	泉源堂	831	-0.4201514	903	0.0562602
880	836149.OC	旭杰科技	864	-0.4686813	870	0.0698149
881	831177.OC	深冷能源	841	-0.433574	897	0.0575545
882	834616.OC	京博物流	904	-0.5609226	835	0.0831097
883	832946.OC	白茶股份	840	-0.4312361	904	0.056147
884	834093.OC	妈妈网	896	-0.5397449	847	0.0780132
885	833344.OC	巨网科技	891	-0.5309511	855	0.0749242
886	833627.OC	多尔克司	865	-0.4686957	889	0.0607527
887	835038.OC	广生行	854	-0.4612874	901	0.0563166
888	835259.OC	瀚翔生物	880	-0.5086868	874	0.0682233
889	834790.OC	城发集塑	877	-0.5040372	878	0.0660064
890	835359.OC	百通能源	898	-0.5466866	861	0.0723494

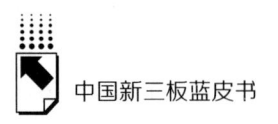

续表

综合排名	股票代码	股票名称	因子排名	综合得分	AHP 排名	AHP 得分
891	832219.OC	建装业	850	-0.4531496	912	0.0540549
892	834761.OC	锦聚成	872	-0.4859394	890	0.0606219
893	835219.OC	新世洋	843	-0.4381438	922	0.0505276
894	833892.OC	艺能传媒	863	-0.4665905	902	0.0563039
895	833305.OC	万仕隆	869	-0.4776765	898	0.057316
896	832470.OC	万里运业	856	-0.4618121	918	0.0523039
897	835959.OC	好看传媒	901	-0.5550047	873	0.0684786
898	831900.OC	海航冷链	852	-0.4568536	925	0.0497189
899	831954.OC	协昌科技	906	-0.5642568	869	0.0698207
900	833722.OC	巨科新材	892	-0.5333142	885	0.0630677
901	835320.OC	诺斯贝尔	884	-0.5124449	894	0.0581482
902	831090.OC	锡成新材	887	-0.5166779	891	0.0602887
903	834448.OC	遥望网络	907	-0.5674774	872	0.0688864
904	833039.OC	昶昱黄金	915	-0.5785318	864	0.0719013
905	833912.OC	宜诺股份	888	-0.5235692	896	0.0577378
906	832151.OC	听牧肉牛	875	-0.502231	911	0.0542917
907	832851.OC	天杭生物	923	-0.5986135	865	0.071842
908	835538.OC	额尔敦	895	-0.5386943	899	0.057031
909	833038.OC	欧开股份	902	-0.5560598	893	0.0593619
910	832588.OC	葫芦堡	889	-0.5256795	908	0.05511
911	832482.OC	菁茂农业	885	-0.5133054	913	0.0538611
912	831439.OC	中喜生态	929	-0.6208978	871	0.0696465
913	831493.OC	赛特传媒	868	-0.4737688	935	0.0457159
914	835452.OC	元一传媒	873	-0.4973436	936	0.0454783
915	834669.OC	美易家	938	-0.6436692	875	0.0677722
916	834898.OC	株百股份	900	-0.5542687	915	0.0527111
917	833585.OC	千叶珠宝	894	-0.5375364	931	0.0474529
918	835125.OC	商络电子	926	-0.6069946	900	0.0565601
919	833374.OC	东方股份	922	-0.5956668	907	0.0551885
920	832329.OC	吉成园林	942	-0.6756911	887	0.0619192
921	832412.OC	同益物流	917	-0.5837322	914	0.0530979
922	832221.OC	聚元食品	909	-0.5686313	923	0.0500784
923	831764.OC	拓美传媒	928	-0.6150199	906	0.0552913
924	833390.OC	国德医疗	932	-0.6256995	905	0.0554364
925	430505.OC	上陵牧业	919	-0.5905725	920	0.0505442

续表

综合排名	股票代码	股票名称	因子排名	综合得分	AHP 排名	AHP 得分
926	830916.OC	公准股份	920	-0.5914312	921	0.0505332
927	831666.OC	亿丰洁净	908	-0.5676743	934	0.0457563
928	833623.OC	胜高股份	918	-0.5856706	924	0.0497857
929	831397.OC	康泽药业	913	-0.5783882	930	0.0485888
930	834478.OC	东星医疗	912	-0.5757894	932	0.0472891
931	833278.OC	北旺农牧	916	-0.5810388	929	0.0486713
932	834070.OC	盛全物业	921	-0.5951225	928	0.0487797
933	832236.OC	丰源股份	931	-0.623511	927	0.0490098
934	834438.OC	良晋电商	936	-0.6400232	926	0.0492768
935	832786.OC	骑士乳业	947	-0.7930624	917	0.0524237
936	832057.OC	雅安茶厂	924	-0.603143	942	0.0379857
937	835212.OC	多想互动	949	-0.8424271	916	0.0526062
938	833503.OC	花嫁丽舍	948	-0.8230502	919	0.0520851
939	834192.OC	中钜铖	935	-0.6292583	933	0.0465383
940	831651.OC	保通食品	933	-0.6284823	937	0.04509
941	835296.OC	澳菲利	925	-0.6040537	946	0.0337822
942	831792.OC	海思堡	934	-0.6288686	939	0.0433571
943	834511.OC	凯歌电子	943	-0.6975935	938	0.0445024
944	833476.OC	点动股份	937	-0.6419433	945	0.0357795
945	833515.OC	禾美农业	941	-0.6742647	941	0.0381132
946	832902.OC	画龙点睛	940	-0.6526635	943	0.0369337
947	833362.OC	海通发展	939	-0.6440945	947	0.0333324
948	833553.OC	天立坤鑫	945	-0.7169025	944	0.0366338
949	834226.OC	彩虹光	944	-0.7000471	948	0.031292

B.9
标准一公司创新能力综合排名

排名	股票代码	股票名称	综合指数
1	834793.OC	华强方特	1
2	430002.OC	中科软	2
3	830881.OC	圣泉集团	3
4	430021.OC	海鑫科金	5
5	430051.OC	九恒星	7
6	830815.OC	蓝山科技	8
7	831688.OC	山大地纬	9
8	832800.OC	赛特斯	10
9	830858.OC	华图教育	11
10	832159.OC	合全药业	12
11	834695.OC	郑设股份	13
12	831628.OC	西部超导	16
13	831402.OC	帝联科技	17
14	833175.OC	浩瀚深度	19
15	835185.OC	贝特瑞	20
16	430074.OC	德鑫物联	24
17	831888.OC	垦丰种业	27
18	832246.OC	润天智	29
19	430707.OC	欧神诺	30
20	830838.OC	新产业	31
21	430483.OC	森鹰窗业	32
22	833047.OC	天堰科技	33
23	430037.OC	联飞翔	35
24	834049.OC	建科股份	36
25	830866.OC	凌志软件	37
26	830819.OC	致生联发	38
27	430062.OC	中科国信	39
28	831175.OC	派诺科技	41
29	830948.OC	捷昌驱动	43

续表

排名	股票代码	股票名称	综合指数
30	832196.OC	秦森园林	44
31	430162.OC	聚利科技	45
32	832432.OC	科列技术	47
33	430198.OC	微创光电	48
34	833990.OC	迈得医疗	49
35	833819.OC	颖泰生物	50
36	430591.OC	明德生物	53
37	430084.OC	星和众工	54
38	832580.OC	中绿环保	56
39	832462.OC	广电计量	57
40	430176.OC	中教股份	58
41	430229.OC	绿岸网络	61
42	832639.OC	正和生态	62
43	834736.OC	康铭盛	64
44	430140.OC	新眼光	67
45	430208.OC	优炫软件	68
46	834261.OC	一诺威	69
47	831852.OC	东研科技	70
48	430141.OC	久日新材	71
49	831961.OC	创远仪器	72
50	833418.OC	中兰环保	76
51	833761.OC	科顺防水	77
52	832898.OC	天地壹号	79
53	831265.OC	宏源药业	81
54	835713.OC	天阳科技	82
55	834175.OC	冠盛集团	84
56	835465.OC	百灵天地	85
57	831344.OC	中际联合	86
58	831710.OC	昊方机电	87
59	831392.OC	天迈科技	88
60	831120.OC	达海智能	89
61	831196.OC	恒扬数据	91
62	831171.OC	海纳生物	92
63	831608.OC	易建科技	93
64	832136.OC	蓝天园林	95

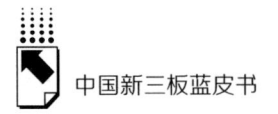

续表

排名	股票代码	股票名称	综合指数
65	430071.OC	首都在线	98
66	832130.OC	圣迪乐村	99
67	834195.OC	华清飞扬	100
68	831184.OC	强盛股份	101
69	830968.OC	华电电气	107
70	430475.OC	陆道文创	109
71	832296.OC	天维尔	112
72	831839.OC	广达新网	113
73	834839.OC	之江生物	114
74	833295.OC	国佳新材	118
75	831507.OC	博广热能	120
76	430005.OC	原子高科	122
77	833633.OC	联众智慧	124
78	833545.OC	千年设计	125
79	833010.OC	盛景网联	126
80	834055.OC	百事通	127
81	430678.OC	蓝波绿建	129
82	430088.OC	七维航测	130
83	830885.OC	波斯科技	131
84	831088.OC	华恒生物	132
85	430330.OC	捷世智通	133
86	833629.OC	合力亿捷	138
87	831030.OC	卓华信息	139
88	833414.OC	凡拓创意	141
89	430376.OC	东亚装饰	142
90	833694.OC	新道科技	143
91	831988.OC	乐普四方	146
92	430305.OC	维珍创意	150
93	832388.OC	龙磁科技	151
94	834507.OC	元年科技	153
95	832135.OC	云宏信息	154
96	834880.OC	泰华智慧	155
97	832154.OC	文灿股份	156
98	430223.OC	亿童文教	157
99	834099.OC	蓝怡科技	158

续表

排名	股票代码	股票名称	综合指数
100	832602.OC	泰通科技	159
101	831275.OC	睿力物流	160
102	430177.OC	点点客	161
103	830849.OC	平原智能	162
104	430253.OC	兴竹信息	163
105	834832.OC	络捷斯特	165
106	831544.OC	北超伺服	166
107	830793.OC	阿拉丁	167
108	430011.OC	指南针	168
109	833957.OC	威丝曼	169
110	833249.OC	浙江国祥	173
111	831117.OC	维恩贝特	175
112	830879.OC	基康仪器	177
113	430467.OC	深圳行健	179
114	833231.OC	天准科技	180
115	831284.OC	迈科智能	183
116	831215.OC	新天药业	187
117	831550.OC	成大生物	188
118	833534.OC	神玥软件	190
119	831195.OC	三祥科技	191
120	831698.OC	工大软件	194
121	832821.OC	金丹科技	195
122	430539.OC	扬子地板	197
123	831325.OC	迈奇化学	198
124	831274.OC	瑞可达	200
125	430523.OC	泰谷生物	202
126	430263.OC	蓝天环保	203
127	831503.OC	广安生物	204
128	832859.OC	晨越建管	205
129	831198.OC	博华科技	210
130	831226.OC	聚宝网络	211
131	832003.OC	同信通信	212
132	834603.OC	中清能	213
133	831202.OC	摩德娜	214
134	430422.OC	永继电气	215

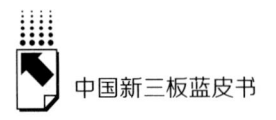

续表

排名	股票代码	股票名称	综合指数
135	830771.OC	华灿电讯	217
136	833684.OC	联赢激光	218
137	833777.OC	棠棣信息	220
138	834141.OC	蓝德环保	221
139	430225.OC	伊禾农品	222
140	832953.OC	创识科技	223
141	832989.OC	鑫博技术	227
142	831242.OC	特辰科技	229
143	430607.OC	大树智能	231
144	430325.OC	精英智通	233
145	830955.OC	大盛微电	235
146	831208.OC	洁昊环保	237
147	430458.OC	陆海科技	239
148	831733.OC	宏图物流	240
149	430622.OC	顺达智能	241
150	833366.OC	利隆媒体	242
151	834980.OC	宁波水表	243
152	430680.OC	联兴科技	246
153	834368.OC	华新能源	248
154	834728.OC	中盈安信	249
155	833568.OC	华谊创星	250
156	430596.OC	新达通	252
157	832802.OC	保丽洁	253
158	833138.OC	长江材料	256
159	832041.OC	中兴通科	257
160	833147.OC	华江环保	258
161	832970.OC	东海证券	259
162	430460.OC	太湖股份	261
163	834102.OC	电联股份	263
164	833322.OC	广通软件	265
165	831057.OC	多普泰	268
166	832090.OC	时代装饰	272
167	834859.OC	新锐股份	274
168	831701.OC	万龙电气	275
169	832709.OC	达特照明	277

续表

排名	股票代码	股票名称	综合指数
170	831450.OC	金宏气体	281
171	430369.OC	威门药业	288
172	832570.OC	蓝海科技	289
173	835920.OC	湘村股份	290
174	831287.OC	启奥科技	291
175	830912.OC	科汇电自	293
176	832681.OC	宇邦新材	294
177	834785.OC	云畅游戏	298
178	834044.OC	富泰和	299
179	835241.OC	经纶传媒	302
180	831878.OC	先锋科技	305
181	831343.OC	益通建设	306
182	834270.OC	远大特材	311
183	430432.OC	方林科技	312
184	430014.OC	恒业世纪	313
185	832362.OC	佩蒂股份	315
186	833832.OC	追日电气	317
187	833638.OC	贝斯达	320
188	430338.OC	银音科技	321
189	832651.OC	天罡股份	323
190	430130.OC	卡联科技	324
191	430183.OC	天友设计	328
192	830822.OC	海容冷链	339
193	835425.OC	中科水生	340
194	831213.OC	博汇股份	342
195	834484.OC	博拉网络	348
196	833416.OC	掌上纵横	351
197	430609.OC	中磁视讯	354
198	832023.OC	田野股份	355
199	834385.OC	力港网络	356
200	831697.OC	海优新材	357
201	831866.OC	蔚林股份	358
202	430682.OC	中天羊业	361
203	832471.OC	美邦科技	362
204	836391.OC	工大科雅	365

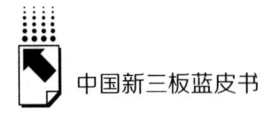

续表

排名	股票代码	股票名称	综合指数
205	832853.OC	电旗股份	366
206	430485.OC	旭建新材	367
207	834682.OC	球冠电缆	368
208	834156.OC	有米科技	369
209	830964.OC	润农节水	371
210	430459.OC	华艺园林	372
211	832861.OC	奇致激光	373
212	830951.OC	嘉行传媒	375
213	831067.OC	根力多	378
214	832089.OC	禾昌聚合	379
215	832276.OC	翔宇药业	382
216	834841.OC	远传技术	383
217	430244.OC	颂大教育	387
218	430408.OC	帝信科技	389
219	430097.OC	赛德丽	392
220	831822.OC	米奥会展	395
221	830999.OC	银橙传媒	397
222	832938.OC	国林环保	398
223	834541.OC	创显科教	400
224	430226.OC	奥凯立	403
225	430555.OC	英派瑞	405
226	834376.OC	冠新软件	410
227	833081.OC	顺博合金	411
228	831099.OC	维泰股份	412
229	430418.OC	苏轴股份	413
230	832899.OC	景津环保	415
231	430518.OC	嘉达早教	416
232	832491.OC	奥迪威	418
233	832027.OC	智衡减振	419
234	833755.OC	扬德环境	424
235	832666.OC	齐鲁银行	426
236	832766.OC	沃格光电	431
237	832513.OC	汇群中药	437
238	833656.OC	确成硅化	444
239	832028.OC	汇元科技	445

续表

排名	股票代码	股票名称	综合指数
240	832971.OC	卡司通	446
241	834520.OC	万佳安	448
242	832979.OC	弘天生物	449
243	834041.OC	上海恒业	450
244	833840.OC	永安期货	451
245	833868.OC	南京证券	452
246	833770.OC	宏伟供应	454
247	831626.OC	胜禹股份	456
248	833624.OC	维和药业	457
249	430746.OC	七星科技	458
250	834393.OC	爱柯迪	459
251	834968.OC	玄武科技	460
252	834742.OC	麦克韦尔	461
253	832737.OC	恒信玺利	464
254	835009.OC	金力永磁	467
255	430455.OC	德联科技	469
256	831385.OC	大地和	470
257	831372.OC	宝成股份	473
258	834352.OC	贵太太	474
259	833695.OC	富士莱	477
260	832184.OC	陆特能源	478
261	430659.OC	江苏铁发	479
262	830837.OC	古城香业	487
263	430515.OC	麟龙股份	490
264	430120.OC	金润科技	491
265	834641.OC	中广影视	492
266	835217.OC	汉唐环保	495
267	831530.OC	才府玻璃	497
268	834160.OC	永联科技	501
269	833529.OC	视纪印象	502
270	832223.OC	配天智造	503
271	832996.OC	民生科技	504
272	833784.OC	美福润	506
273	831906.OC	舜宇模具	507
274	832799.OC	陆海石油	510

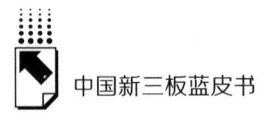

续表

排名	股票代码	股票名称	综合指数
275	430260.OC	布雷尔利	512
276	832708.OC	三力制药	516
277	831063.OC	安泰股份	517
278	834666.OC	桑尼能源	520
279	430372.OC	泰达新材	521
280	832051.OC	证券传媒	522
281	830925.OC	鄂信钻石	523
282	831850.OC	分豆教育	524
283	832978.OC	开特股份	528
284	832218.OC	德长环保	530
285	430174.OC	沃捷传媒	533
286	831222.OC	金龙腾	534
287	430724.OC	芳笛环保	536
288	831039.OC	国义招标	540
289	834028.OC	品胜股份	544
290	833799.OC	嘉禾生物	547
291	835505.OC	光音网络	548
292	834961.OC	东和环保	550
293	835508.OC	殷图网联	552
294	831873.OC	环宇建工	553
295	831314.OC	深科达	555
296	835265.OC	同禹药包	556
297	832563.OC	帮豪种业	557
298	834117.OC	山东绿霸	558
299	430358.OC	基美影业	560
300	831437.OC	天劲股份	564
301	834082.OC	中建信息	566
302	836263.OC	中航泰达	567
303	832735.OC	德源药业	568
304	832283.OC	天丰电源	569
305	834109.OC	德御坊	570
306	832834.OC	林江股份	571
307	831173.OC	泰恩康	575
308	833222.OC	基业园林	578
309	831836.OC	澳坤生物	579

续表

排名	股票代码	股票名称	综合指数
310	835184.OC	国源科技	586
311	430396.OC	亿汇达	589
312	833379.OC	源和药业	590
313	833263.OC	大承医疗	591
314	832896.OC	道有道	595
315	831243.OC	晓鸣农牧	596
316	830966.OC	苏北花卉	601
317	831053.OC	美佳新材	602
318	831576.OC	汉博商业	605
319	833030.OC	立方控股	607
320	833884.OC	博高信息	609
321	832803.OC	皓月股份	613
322	430159.OC	创世生态	614
323	834753.OC	兰卫检验	622
324	830809.OC	安达科技	625
325	832257.OC	正和药业	627
326	834805.OC	淘粉吧	628
327	832840.OC	亚世光电	629
328	833017.OC	力诺特玻	630
329	832120.OC	永辉化工	633
330	832414.OC	精湛光电	636
331	834825.OC	瑞阳科技	638
332	833186.OC	宏远电器	641
333	832960.OC	望变电气	642
334	833857.OC	时光科技	644
335	832287.OC	金凯光电	645
336	834384.OC	秋实农业	651
337	834358.OC	体育之窗	660
338	834444.OC	中驰股份	664
339	833914.OC	远航合金	666
340	835574.OC	鸿鑫互联	672
341	832559.OC	熊猫乳业	675
342	430759.OC	凯路仕	678
343	830988.OC	兴和股份	682
344	832265.OC	芍花堂	684

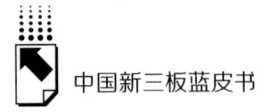

续表

排名	股票代码	股票名称	综合指数
345	831597.OC	苍源种植	686
346	834186.OC	健隆生物	687
347	834475.OC	三友科技	688
348	831999.OC	仟亿达	692
349	833874.OC	泰祥股份	693
350	833994.OC	翰博高新	694
351	835675.OC	蓝色方略	695
352	832188.OC	科安达	700
353	833131.OC	久盛电气	702
354	834948.OC	晨泰科技	703
355	832873.OC	孕婴童	706
356	834580.OC	天线宝宝	707
357	831562.OC	山水环境	709
358	831621.OC	中镁控股	710
359	831377.OC	有友食品	714
360	430496.OC	大正医疗	715
361	833209.OC	苏州园林	717
362	833482.OC	能量传播	718
363	834020.OC	东霖食品	722
364	833290.OC	瑞必达	724
365	430718.OC	合肥高科	725
366	834739.OC	冠为科技	727
367	834069.OC	金通科技	728
368	833498.OC	鑫灏源	729
369	832792.OC	鹿城银行	730
370	834086.OC	德泓国际	732
371	835099.OC	开心麻花	733
372	832814.OC	昌耀新材	735
373	830947.OC	金柏股份	737
374	832958.OC	艾芬达	739
375	835024.OC	七彩云南	740
376	831188.OC	正兴玉	741
377	430721.OC	瑞杰科技	744
378	833371.OC	蓝天燃气	745
379	831294.OC	中德科技	746

续表

排名	股票代码	股票名称	综合指数
380	430366.OC	金天地	747
381	834996.OC	众至诚	749
382	831543.OC	松炀资源	750
383	831370.OC	新安洁	751
384	834506.OC	雷蒙德	754
385	835003.OC	龙腾影视	755
386	831000.OC	吉芬设计	756
387	835197.OC	日兴生物	761
388	833260.OC	万辰生物	763
389	835033.OC	精晶药业	772
390	833532.OC	福慧达	773
391	833423.OC	穗晶光电	775
392	831564.OC	欧伏电气	776
393	430405.OC	星火环境	782
394	831925.OC	政通股份	785
395	832694.OC	维冠机电	790
396	832514.OC	华旺股份	793
397	832486.OC	久美股份	794
398	832458.OC	红枫种苗	795
399	832332.OC	巨鹏食品	797
400	831036.OC	裕国股份	798
401	831159.OC	安达物流	799
402	831568.OC	张铁军	801
403	833293.OC	速达股份	808
404	832452.OC	兴华股份	810
405	831178.OC	科马材料	811
406	832910.OC	伊赛牛肉	812
407	833310.OC	仁新科技	813
408	830850.OC	万企达	819
409	832220.OC	海德尔	822
410	832698.OC	青雨传媒	825
411	836086.OC	桑锐电子	830
412	834176.OC	厚谊俊捷	831
413	833014.OC	中标集团	833
414	831702.OC	源怡股份	835

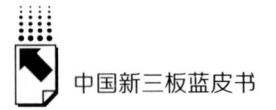

续表

排名	股票代码	股票名称	综合指数
415	831609.OC	壹加壹	837
416	832650.OC	奔腾集团	841
417	834720.OC	闽瑞环保	846
418	831955.OC	海益宝	855
419	833517.OC	策源股份	857
420	832354.OC	益运股份	859
421	832707.OC	国豪股份	860
422	834316.OC	振威展览	861
423	831890.OC	中润油	869
424	430445.OC	仙宜岱	870
425	834498.OC	易简集团	872
426	832659.OC	盛航海运	873
427	833851.OC	景云祥	875
428	834616.OC	京博物流	882
429	833627.OC	多尔克司	886
430	832219.OC	建装业	891
431	833892.OC	艺能传媒	894
432	832470.OC	万里运业	896
433	833722.OC	巨科新材	900
434	835320.OC	诺斯贝尔	901
435	831439.OC	中喜生态	912
436	834669.OC	美易家	915
437	834898.OC	株百股份	916
438	833585.OC	千叶珠宝	917
439	835125.OC	商络电子	918
440	833374.OC	东方股份	919
441	832329.OC	吉成园林	920
442	430505.OC	上陵牧业	925
443	830916.OC	公准股份	926
444	831397.OC	康泽药业	929
445	832236.OC	丰源股份	933
446	832786.OC	骑士乳业	935
447	831651.OC	保通食品	940

B.10
标准二公司创新能力综合排名

排名	股票代码	股票名称	综合指数
1	831560.OC	盈建科	6
2	832800.OC	赛特斯	10
3	834802.OC	宝贝格子	18
4	833175.OC	浩瀚深度	19
5	430152.OC	思银股份	21
6	833768.OC	上海寰创	25
7	430082.OC	博雅科技	26
8	430080.OC	尚水股份	28
9	830819.OC	致生联发	38
10	430353.OC	百傲科技	40
11	831101.OC	奥维云网	42
12	830948.OC	捷昌驱动	43
13	430162.OC	聚利科技	45
14	832432.OC	科列技术	47
15	430591.OC	明德生物	53
16	430092.OC	金刚游戏	55
17	430617.OC	欧迅体育	60
18	831428.OC	数据堂	65
19	832705.OC	达瑞生物	66
20	430140.OC	新眼光	67
21	430341.OC	呈创科技	73
22	430251.OC	光电高斯	74
23	430421.OC	华之邦	75
24	832781.OC	伟乐科技	80
25	831306.OC	丽明股份	90
26	834195.OC	华清飞扬	100
27	833029.OC	鹏信科技	102
28	430178.OC	白虹软件	103
29	430237.OC	大汉三通	104

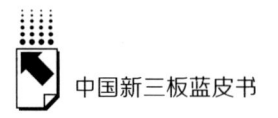

续表

排名	股票代码	股票名称	综合指数
30	831751.OC	虎符智能	105
31	430169.OC	融智通	108
32	831330.OC	普适导航	115
33	832633.OC	伏泰科技	116
34	832665.OC	德安环保	119
35	833174.OC	沃德传动	121
36	833854.OC	远望信息	128
37	430486.OC	普金科技	135
38	430356.OC	雷腾软件	136
39	834197.OC	浦公检测	137
40	430148.OC	科能腾达	140
41	430258.OC	易同科技	144
42	832367.OC	慧图科技	145
43	430552.OC	亚成微	147
44	430374.OC	英富森	148
45	832950.OC	益盟股份	149
46	430305.OC	维珍创意	150
47	832865.OC	天膜科技	152
48	832135.OC	云宏信息	154
49	430177.OC	点点客	161
50	831979.OC	林格贝	164
51	430011.OC	指南针	168
52	831194.OC	派拉软件	170
53	833913.OC	坤鼎集团	171
54	831117.OC	维恩贝特	175
55	831395.OC	智通建设	178
56	834154.OC	建为历保	182
57	430182.OC	全网数商	184
58	430375.OC	星立方	185
59	430351.OC	爱科凯能	189
60	831126.OC	元鼎科技	193
61	430437.OC	食安科技	196
62	430085.OC	新锐英诚	199
63	831331.OC	华奥科技	201
64	832859.OC	晨越建管	205

续表

排名	股票代码	股票名称	综合指数
65	831276.OC	松科快换	206
66	430077.OC	道隆软件	207
67	430272.OC	光伏宝	208
68	831311.OC	博安智能	209
69	832003.OC	同信通信	212
70	834603.OC	中清能	213
71	830771.OC	华灿电讯	217
72	833684.OC	联赢激光	218
73	430362.OC	东电创新	219
74	833777.OC	棠棣信息	220
75	830972.OC	道一信息	225
76	430083.OC	中科联众	226
77	832989.OC	鑫博技术	227
78	835348.OC	明朝万达	228
79	834534.OC	曼恒数字	230
80	430243.OC	铜牛信息	234
81	830799.OC	艾融软件	236
82	830938.OC	可恩口腔	238
83	430128.OC	广厦网络	244
84	831427.OC	信通电子	247
85	834368.OC	华新能源	248
86	833568.OC	华谊创星	250
87	833451.OC	璧合科技	251
88	831813.OC	广新信息	254
89	835990.OC	随锐科技	255
90	833147.OC	华江环保	258
91	832970.OC	东海证券	259
92	430247.OC	金日创	260
93	830827.OC	世优电气	262
94	832774.OC	森泰环保	271
95	833436.OC	奥杰股份	276
96	831484.OC	久盛生态	278
97	831743.OC	立高科技	279
98	430355.OC	沃特能源	282
99	835274.OC	同是科技	283

续表

排名	股票代码	股票名称	综合指数
100	835054.OC	微点生物	284
101	831421.OC	天富电气	285
102	831315.OC	安畅网络	287
103	832570.OC	蓝海科技	289
104	430492.OC	老来寿	292
105	430367.OC	力码科	295
106	831169.OC	百特莱德	296
107	430230.OC	银都传媒	297
108	834785.OC	云畅游戏	298
109	831540.OC	京源环保	300
110	834952.OC	中联环保	303
111	834218.OC	和创科技	304
112	831802.OC	智华信	307
113	430252.OC	联宇技术	308
114	831072.OC	瑞聚股份	310
115	430090.OC	同辉信息	314
116	833158.OC	马上游	316
117	430469.OC	必控科技	318
118	834698.OC	国舜股份	319
119	833413.OC	宾肯股份	322
120	831317.OC	海典软件	326
121	833653.OC	凯东源	327
122	834791.OC	飞企互联	330
123	830862.OC	丰海科技	331
124	832995.OC	杰创智能	332
125	430298.OC	淘礼网	334
126	430430.OC	普滤得	335
127	835206.OC	达人环保	336
128	430373.OC	捷安高科	337
129	834634.OC	中科盛创	341
130	831706.OC	领航科技	343
131	833035.OC	大唐融合	344
132	831049.OC	赛莱拉	345
133	832026.OC	海龙核科	346
134	831129.OC	领信股份	347

续表

排名	股票代码	股票名称	综合指数
135	834484.OC	博拉网络	348
136	430755.OC	华曦达	349
137	830821.OC	雪郎生物	350
138	833416.OC	掌上纵横	351
139	834021.OC	流金岁月	352
140	832282.OC	智途科技	353
141	831697.OC	海优新材	357
142	430270.OC	易点天下	359
143	834034.OC	元道通信	360
144	832471.OC	美邦科技	362
145	831718.OC	青鸟软通	363
146	831499.OC	立元通信	364
147	836391.OC	工大科雅	365
148	834156.OC	有米科技	369
149	830903.OC	复展科技	370
150	830964.OC	润农节水	371
151	834984.OC	网库股份	374
152	834817.OC	爱知网络	376
153	832465.OC	众益科技	377
154	836493.OC	和信瑞通	380
155	831787.OC	高和智能	381
156	835955.OC	易流科技	384
157	831496.OC	华燕房盟	385
158	430457.OC	三网科技	386
159	430244.OC	颂大教育	387
160	430488.OC	东创科技	388
161	831501.OC	远方动力	391
162	835032.OC	正益移动	394
163	430322.OC	智合新天	396
164	830999.OC	银橙传媒	397
165	831257.OC	赛德盛	401
166	833296.OC	三希科技	402
167	831885.OC	鱼鳞图	404
168	833504.OC	骐俊股份	406
169	834297.OC	数智源	407

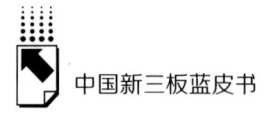

续表

排名	股票代码	股票名称	综合指数
170	832380.OC	鲁冀股份	409
171	833677.OC	芯能科技	414
172	832047.OC	联洋新材	417
173	834707.OC	爱迪科技	420
174	833144.OC	毅康股份	421
175	831244.OC	星展测控	422
176	832444.OC	蓝海骆驼	423
177	833755.OC	扬德环境	424
178	830960.OC	微步信息	427
179	831533.OC	绩优股份	428
180	831114.OC	易销科技	429
181	831975.OC	温迪数字	430
182	430165.OC	光宝联合	432
183	832854.OC	紫光新能	433
184	834428.OC	蓝孚高能	434
185	430075.OC	中讯四方	435
186	832513.OC	汇群中药	437
187	833018.OC	海清源	438
188	832074.OC	慧景科技	439
189	832086.OC	现在支付	441
190	430472.OC	安泰得	442
191	834863.OC	佳顺智能	443
192	835747.OC	朴道水汇	447
193	832979.OC	弘天生物	449
194	833840.OC	永安期货	451
195	833868.OC	南京证券	452
196	834425.OC	新赛点	453
197	430261.OC	易维科技	463
198	831964.OC	储翰科技	465
199	832212.OC	卓尔智联	466
200	832075.OC	东方水利	468
201	430455.OC	德联科技	469
202	831385.OC	大地和	470
203	834673.OC	泰宝医疗	471
204	832817.OC	身临其境	472

续表

排名	股票代码	股票名称	综合指数
205	430764.OC	美诺福	475
206	836435.OC	知我科技	476
207	834451.OC	奔凯安全	480
208	831916.OC	商中在线	481
209	832620.OC	中安股份	482
210	834179.OC	赛科星	485
211	834567.OC	华多科技	486
212	834374.OC	博瑞彤芸	488
213	834110.OC	灵信视觉	489
214	430515.OC	麟龙股份	490
215	834641.OC	中广影视	492
216	834656.OC	勃达微波	493
217	831557.OC	中呼科技	494
218	835217.OC	汉唐环保	495
219	831277.OC	钢钢网	496
220	831011.OC	三友创美	498
221	833616.OC	金锂科技	499
222	836053.OC	友宝在线	500
223	834160.OC	永联科技	501
224	831486.OC	索尔科技	505
225	833784.OC	美福润	506
226	834845.OC	华腾教育	508
227	832201.OC	无人机	509
228	834177.OC	华贸广通	511
229	832519.OC	中通电气	514
230	831681.OC	智洋电气	515
231	832708.OC	三力制药	516
232	831727.OC	中钢网	518
233	832973.OC	思亮信息	519
234	831850.OC	分豆教育	524
235	832171.OC	志晟信息	525
236	833041.OC	网信安全	526
237	831161.OC	伊菲股份	527
238	831892.OC	新玻电力	529
239	831742.OC	纽米科技	531

续表

排名	股票代码	股票名称	综合指数
240	831010.OC	天佳科技	532
241	833797.OC	思明科技	537
242	833223.OC	杰尔斯	538
243	830922.OC	裕荣光电	539
244	833294.OC	亿邦股份	541
245	833660.OC	腾瑞明	542
246	831931.OC	云能威士	543
247	430350.OC	万德智新	545
248	430222.OC	璟泓科技	546
249	835505.OC	光音网络	548
250	832974.OC	鲜美种苗	549
251	834961.OC	东和环保	550
252	831607.OC	邦鑫勘测	551
253	831728.OC	阿尼股份	554
254	430754.OC	波智高远	559
255	430358.OC	基美影业	560
256	833066.OC	亿联科技	561
257	834336.OC	欧耐尔	562
258	834029.OC	中筑天佑	565
259	836263.OC	中航泰达	567
260	832283.OC	天丰电源	569
261	832881.OC	源达股份	572
262	834206.OC	傲基电商	573
263	834136.OC	仙果广告	576
264	834851.OC	威能电源	577
265	832317.OC	观典防务	580
266	830855.OC	盈谷股份	581
267	833435.OC	国润新材	582
268	831594.OC	赛力克	583
269	831776.OC	中云创	584
270	830841.OC	长牛股份	585
271	835184.OC	国源科技	586
272	833559.OC	亚太天能	588
273	831355.OC	地源科技	593
274	833024.OC	欣智恒	594

续表

排名	股票代码	股票名称	综合指数
275	832896.OC	道有道	595
276	430236.OC	美兰股份	598
277	834803.OC	鑫昌龙	599
278	834564.OC	光慧科技	600
279	831386.OC	风华环保	603
280	833027.OC	阳光金服	604
281	833398.OC	奥翔科技	606
282	833030.OC	立方控股	607
283	835860.OC	斯特龙	608
284	430578.OC	差旅天下	610
285	832281.OC	和氏技术	611
286	832138.OC	中衡股份	612
287	831142.OC	易讯通	615
288	834023.OC	金投金融	616
289	831713.OC	天源环保	617
290	833659.OC	浩丰股份	618
291	832499.OC	天海流体	620
292	832571.OC	点击网络	623
293	835718.OC	凌脉网络	624
294	834805.OC	淘粉吧	628
295	831093.OC	鑫航科技	631
296	830944.OC	景尚旅业	632
297	833538.OC	中旭石化	634
298	430569.OC	安尔发	635
299	832414.OC	精湛光电	636
300	833308.OC	德威股份	637
301	834825.OC	瑞阳科技	638
302	832646.OC	讯众股份	639
303	832883.OC	德润能源	640
304	832927.OC	顶峰影业	643
305	833857.OC	时光科技	644
306	831204.OC	汇通控股	647
307	834586.OC	中鼎联合	648
308	831918.OC	天立泰	649
309	832243.OC	力合节能	650

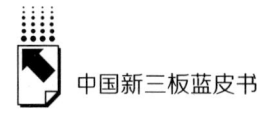

续表

排名	股票代码	股票名称	综合指数
310	835419.OC	哟哈股份	652
311	430665.OC	高衡力	653
312	832453.OC	恒福股份	654
313	836298.OC	上达电子	655
314	833508.OC	精工股份	657
315	833370.OC	运鹏股份	659
316	834358.OC	体育之窗	660
317	831930.OC	和君商学	661
318	831431.OC	东南光电	662
319	430752.OC	索泰能源	663
320	834444.OC	中驰股份	664
321	833743.OC	东邦御厨	665
322	833968.OC	资源环保	668
323	832404.OC	兴邦光电	669
324	430346.OC	哇棒传媒	670
325	833389.OC	金钱猫	671
326	835574.OC	鸿鑫互联	672
327	832449.OC	恒宝通	673
328	832638.OC	瓦力科技	674
329	430412.OC	晓沃环保	677
330	831119.OC	蓝钻生物	679
331	831478.OC	天际数字	680
332	833120.OC	瑞铁股份	681
333	831686.OC	正大环保	683
334	835560.OC	羿珩科技	685
335	834186.OC	健隆生物	687
336	832304.OC	纽威科技	689
337	831908.OC	古麒羽绒	690
338	833994.OC	翰博高新	694
339	835675.OC	蓝色方略	695
340	833682.OC	福特科	696
341	831692.OC	杰科股份	697
342	833856.OC	宝润兴业	698
343	830816.OC	卡特股份	699
344	832172.OC	倍通检测	704

排名	股票代码	股票名称	综合指数
345	831810.OC	本益新材	705
346	833827.OC	浩腾科技	708
347	831562.OC	山水环境	709
348	834717.OC	天天美尚	711
349	430743.OC	尚思传媒	712
350	832757.OC	景安网络	713
351	833302.OC	羌山农牧	716
352	833382.OC	长江绿海	719
353	832439.OC	马可正嘉	720
354	835654.OC	万源生态	721
355	833290.OC	瑞必达	724
356	834549.OC	天工股份	726
357	834069.OC	金通科技	728
358	832850.OC	大泽电极	731
359	835099.OC	开心麻花	733
360	834013.OC	利和兴	734
361	832579.OC	同兴股份	736
362	832540.OC	康沃动力	738
363	834092.OC	惠和股份	742
364	833901.OC	壮元海	743
365	834355.OC	华麒通信	748
366	831543.OC	松炀资源	750
367	833238.OC	森维园林	752
368	832387.OC	大众口腔	753
369	835003.OC	龙腾影视	755
370	835710.OC	仕净环保	757
371	831603.OC	金润和	758
372	833466.OC	盛盈汇	759
373	832645.OC	高德信	760
374	835536.OC	正通电子	762
375	831858.OC	海誉科技	764
376	430217.OC	掌纵文化	765
377	832567.OC	伟志股份	766
378	830835.OC	南源电力	767
379	835580.OC	诚烨股份	768

续表

排名	股票代码	股票名称	综合指数
380	835063.OC	旺翔传媒	769
381	832477.OC	航凯电力	770
382	831491.OC	佳音王	771
383	835033.OC	精晶药业	772
384	831903.OC	汇川科技	777
385	832359.OC	益森科技	778
386	832213.OC	双森股份	779
387	832718.OC	玖隆再生	780
388	835464.OC	易尊网络	781
389	430405.OC	星火环境	782
390	833800.OC	泰安科技	783
391	835229.OC	日久光电	784
392	830851.OC	骏华农牧	786
393	833690.OC	礼多多	787
394	833292.OC	泰然科技	788
395	833300.OC	利树股份	789
396	832694.OC	维冠机电	790
397	831943.OC	西格码	791
398	832320.OC	大富装饰	792
399	832486.OC	久美股份	794
400	831566.OC	盛世大联	796
401	832332.OC	巨鹏食品	797
402	835610.OC	汇生通	800
403	830894.OC	紫竹桩基	802
404	835343.OC	艾美森	803
405	832641.OC	天蓝地绿	804
406	832558.OC	爽口源	805
407	834501.OC	万杰智能	806
408	832308.OC	旺盛园林	807
409	834101.OC	择尚科技	809
410	832910.OC	伊赛牛肉	812
411	831367.OC	红山河	814
412	831614.OC	合富新材	815
413	831972.OC	北泰实业	816
414	831453.OC	远泉股份	817

续表

排名	股票代码	股票名称	综合指数
415	430730.OC	先大药业	818
416	835491.OC	手乐电商	820
417	834509.OC	凯迪威	821
418	832220.OC	海德尔	822
419	832893.OC	宏源农牧	823
420	832918.OC	鼎讯股份	824
421	834680.OC	海天众意	827
422	830783.OC	广源精密	828
423	833048.OC	米米乐	829
424	833788.OC	品尚汇	832
425	832555.OC	金宇农牧	834
426	831383.OC	楼市通网	836
427	831609.OC	壹加壹	837
428	830993.OC	壹玖壹玖	839
429	832747.OC	吉诺股份	840
430	835109.OC	鑫益嘉	842
431	833105.OC	华通科技	843
432	835220.OC	银禧光电	844
433	832860.OC	海龙精密	845
434	834720.OC	闽瑞环保	846
435	832689.OC	德尔能	848
436	430544.OC	闽保股份	849
437	835205.OC	梵雅文化	850
438	834729.OC	朗朗教育	851
439	836617.OC	软岛科技	852
440	831445.OC	龙泰竹业	853
441	833216.OC	海涛股份	854
442	831997.OC	海斯迪	858
443	835092.OC	钢银电商	862
444	831672.OC	莲池医院	863
445	832094.OC	金昌蓝宇	864
446	834084.OC	聚能鼎力	865
447	834653.OC	汉宇钟表	866
448	835248.OC	越洋科技	867
449	836686.OC	超能国际	868

续表

排名	股票代码	股票名称	综合指数
450	831890.OC	中润油	869
451	834122.OC	云端网络	871
452	834498.OC	易简集团	872
453	833851.OC	景云祥	875
454	832127.OC	谊熙加	876
455	831267.OC	法福来	877
456	833810.OC	睿博光电	878
457	833409.OC	泉源堂	879
458	836149.OC	旭杰科技	880
459	831177.OC	深冷能源	881
460	834616.OC	京博物流	882
461	832946.OC	白茶股份	883
462	834093.OC	妈妈网	884
463	833344.OC	巨网科技	885
464	835038.OC	广生行	887
465	835259.OC	瀚翔生物	888
466	834790.OC	城发集塑	889
467	834761.OC	锦聚成	892
468	835219.OC	新世洋	893
469	833892.OC	艺能传媒	894
470	833305.OC	万仕隆	895
471	835959.OC	好看传媒	897
472	831900.OC	海航冷链	898
473	831954.OC	协昌科技	899
474	831090.OC	锡成新材	902
475	834448.OC	遥望网络	903
476	833039.OC	昶昱黄金	904
477	833912.OC	宜诺股份	905
478	832151.OC	听牧肉牛	906
479	832851.OC	天杭生物	907
480	835538.OC	额尔敦	908
481	833038.OC	欧开股份	909
482	832588.OC	葫芦堡	910
483	832482.OC	菁茂农业	911
484	831493.OC	赛特传媒	913

续表

排名	股票代码	股票名称	综合指数
485	835452.OC	元一传媒	914
486	834669.OC	美易家	915
487	835125.OC	商络电子	918
488	832329.OC	吉成园林	920
489	832412.OC	同益物流	921
490	832221.OC	聚元食品	922
491	831764.OC	拓美传媒	923
492	833390.OC	国德医疗	924
493	430505.OC	上陵牧业	925
494	831666.OC	亿丰洁净	927
495	833623.OC	胜高股份	928
496	831397.OC	康泽药业	929
497	834478.OC	东星医疗	930
498	833278.OC	北旺农牧	931
499	834070.OC	盛全物业	932
500	834438.OC	良晋电商	934
501	832057.OC	雅安茶厂	936
502	835212.OC	多想互动	937
503	833503.OC	花嫁丽舍	938
504	834192.OC	中钜铖	939
505	835296.OC	澳菲利	941
506	831792.OC	海思堡	942
507	834511.OC	凯歌电子	943
508	833476.OC	点动股份	944
509	833515.OC	禾美农业	945
510	832902.OC	画龙点睛	946
511	833553.OC	天立坤鑫	948
512	834226.OC	彩虹光	949

B.11
标准三公司创新能力综合排名

排名	股票代码	股票名称	综合指数
1	834793.OC	华强方特	1
2	830881.OC	圣泉集团	3
3	430618.OC	凯立德	4
4	430021.OC	海鑫科金	5
5	430051.OC	九恒星	7
6	830815.OC	蓝山科技	8
7	831688.OC	山大地纬	9
8	830845.OC	芯邦科技	14
9	830931.OC	仁会生物	15
10	831628.OC	西部超导	16
11	430620.OC	益善生物	22
12	830933.OC	纳晶科技	23
13	430074.OC	德鑫物联	24
14	832149.OC	利尔达	34
15	430037.OC	联飞翔	35
16	830866.OC	凌志软件	37
17	830819.OC	致生联发	38
18	430062.OC	中科国信	39
19	430353.OC	百傲科技	40
20	831327.OC	飞翼股份	46
21	833819.OC	颖泰生物	50
22	430245.OC	奥特美克	51
23	830978.OC	先临三维	52
24	430176.OC	中教股份	58
25	430229.OC	绿岸网络	61
26	430318.OC	四维传媒	63
27	430140.OC	新眼光	67
28	430208.OC	优炫软件	68
29	430141.OC	久日新材	71

续表

排名	股票代码	股票名称	综合指数
30	832898.OC	天地壹号	79
31	831265.OC	宏源药业	81
32	831710.OC	昊方机电	87
33	831120.OC	达海智能	89
34	430512.OC	芯朋微	94
35	832136.OC	蓝天园林	95
36	832397.OC	恒神股份	96
37	831405.OC	赞普科技	97
38	430071.OC	首都在线	98
39	832422.OC	福昕软件	106
40	430139.OC	华岭股份	110
41	430675.OC	天跃科技	111
42	831601.OC	威科姆	117
43	831378.OC	富耐克	123
44	833545.OC	千年设计	125
45	430678.OC	蓝波绿建	129
46	430088.OC	七维航测	130
47	430330.OC	捷世智通	133
48	831565.OC	润成科技	134
49	430376.OC	东亚装饰	142
50	831988.OC	乐普四方	146
51	832950.OC	益盟股份	149
52	430305.OC	维珍创意	150
53	430223.OC	亿童文教	157
54	832602.OC	泰通科技	159
55	430177.OC	点点客	161
56	830849.OC	平原智能	162
57	430253.OC	兴竹信息	163
58	831544.OC	北超伺服	166
59	831583.OC	未来宽带	172
60	430545.OC	星科智能	174
61	831117.OC	维恩贝特	175
62	830818.OC	巨峰股份	176
63	830879.OC	基康仪器	177
64	430462.OC	树业环保	181

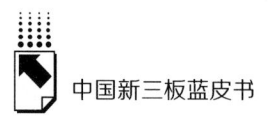

续表

排名	股票代码	股票名称	综合指数
65	831284.OC	迈科智能	183
66	831274.OC	瑞可达	200
67	430523.OC	泰谷生物	202
68	430263.OC	蓝天环保	203
69	831190.OC	第六元素	216
70	833684.OC	联赢激光	218
71	430225.OC	伊禾农品	222
72	833266.OC	生物谷	224
73	831242.OC	特辰科技	229
74	430607.OC	大树智能	231
75	831186.OC	金鸿药业	232
76	830955.OC	大盛微电	235
77	831208.OC	洁昊环保	237
78	831733.OC	宏图物流	240
79	834909.OC	汉氏联合	245
80	430596.OC	新达通	252
81	832041.OC	中兴通科	257
82	831187.OC	创尔生物	266
83	831429.OC	创力股份	267
84	430742.OC	光维通信	269
85	832090.OC	时代装饰	272
86	832768.OC	爱可生	273
87	832325.OC	捷尚股份	280
88	831450.OC	金宏气体	281
89	834611.OC	老肯医疗	286
90	831287.OC	启奥科技	291
91	430432.OC	方林科技	312
92	430338.OC	银音科技	321
93	430130.OC	卡联科技	324
94	430211.OC	丰电科技	325
95	430335.OC	华韩整形	329
96	831009.OC	合锐赛尔	333
97	831083.OC	东润环能	338
98	831049.OC	赛莱拉	345
99	832026.OC	海龙核科	346

续表

排名	股票代码	股票名称	综合指数
100	430609.OC	中磁视讯	354
101	832023.OC	田野股份	355
102	831866.OC	蔚林股份	358
103	830964.OC	润农节水	371
104	831496.OC	华燕房盟	385
105	430244.OC	颂大教育	387
106	430097.OC	赛德丽	392
107	830999.OC	银橙传媒	397
108	833954.OC	飞天经纬	399
109	830828.OC	万绿生物	408
110	430518.OC	嘉达早教	416
111	832491.OC	奥迪威	418
112	831790.OC	凯德科技	436
113	831207.OC	南方制药	455
114	831529.OC	能龙教育	462
115	833132.OC	企源科技	483
116	832063.OC	鸿辉光通	484
117	830837.OC	古城香业	487
118	430515.OC	麟龙股份	490
119	430120.OC	金润科技	491
120	833529.OC	视纪印象	502
121	832585.OC	精英科技	513
122	831850.OC	分豆教育	524
123	832218.OC	德长环保	530
124	430174.OC	沃捷传媒	533
125	831222.OC	金龙腾	534
126	831662.OC	快乐沃克	535
127	430222.OC	璟泓科技	546
128	831873.OC	环宇建工	553
129	831314.OC	深科达	555
130	832563.OC	帮豪种业	557
131	430358.OC	基美影业	560
132	833586.OC	雷诺尔	563
133	832283.OC	天丰电源	569
134	430323.OC	天阶生物	574

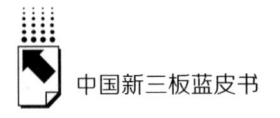

续表

排名	股票代码	股票名称	综合指数
135	831173.OC	泰恩康	575
136	832317.OC	观典防务	580
137	830855.OC	盈谷股份	581
138	831396.OC	许继智能	587
139	833263.OC	大承医疗	591
140	832896.OC	道有道	595
141	831687.OC	亨达股份	597
142	430159.OC	创世生态	614
143	831713.OC	天源环保	617
144	831940.OC	网高科技	619
145	831248.OC	瑞德设计	621
146	832571.OC	点击网络	623
147	830809.OC	安达科技	625
148	834805.OC	淘粉吧	628
149	830944.OC	景尚旅业	632
150	832960.OC	望变电气	642
151	430383.OC	红豆杉	658
152	430346.OC	哇棒传媒	670
153	833658.OC	铁血科技	676
154	430759.OC	凯路仕	678
155	831999.OC	仟亿达	692
156	831950.OC	亚太能源	701
157	834948.OC	晨泰科技	703
158	831562.OC	山水环境	709
159	831377.OC	有友食品	714
160	830830.OC	新昶虹	723
161	833290.OC	瑞必达	724
162	430366.OC	金天地	747
163	833532.OC	福慧达	773
164	832514.OC	华旺股份	793
165	832910.OC	伊赛牛肉	812
166	832220.OC	海德尔	822
167	832698.OC	青雨传媒	825
168	833788.OC	品尚汇	832
169	833014.OC	中标集团	833

续表

排名	股票代码	股票名称	综合指数
170	831417.OC	峻岭能源	838
171	832650.OC	奔腾集团	841
172	833766.OC	龙福环能	847
173	831015.OC	小白龙	856
174	831890.OC	中润油	869
175	834054.OC	游戏多	874
176	833344.OC	巨网科技	885
177	833627.OC	多尔克司	886
178	835359.OC	百通能源	890
179	831900.OC	海航冷链	898
180	831439.OC	中喜生态	912
181	430505.OC	上陵牧业	925
182	830916.OC	公准股份	926
183	831397.OC	康泽药业	929
184	832786.OC	骑士乳业	935
185	833362.OC	海通发展	947

B.12
制造业挂牌公司创新能力排名

排名	股票代码	股票名称	综合指数
1	830881.OC	圣泉集团	3
2	830815.OC	蓝山科技	8
3	832159.OC	合全药业	12
4	830931.OC	仁会生物	15
5	831628.OC	西部超导	16
6	835185.OC	贝特瑞	20
7	830933.OC	纳晶科技	23
8	833768.OC	上海寰创	25
9	430082.OC	博雅科技	26
10	832246.OC	润天智	29
11	430707.OC	欧神诺	30
12	830838.OC	新产业	31
13	430483.OC	森鹰窗业	32
14	833047.OC	天堰科技	33
15	832149.OC	利尔达	34
16	430037.OC	联飞翔	35
17	430353.OC	百傲科技	40
18	831175.OC	派诺科技	41
19	830948.OC	捷昌驱动	43
20	430162.OC	聚利科技	45
21	831327.OC	飞翼股份	46
22	832432.OC	科列技术	47
23	430198.OC	微创光电	48
24	833990.OC	迈得医疗	49
25	833819.OC	颖泰生物	50
26	430591.OC	明德生物	53
27	430084.OC	星和众工	54
28	832580.OC	中绿环保	56
29	834736.OC	康铭盛	64

续表

排名	股票代码	股票名称	综合指数
30	832705.OC	达瑞生物	66
31	430140.OC	新眼光	67
32	834261.OC	一诺威	69
33	831852.OC	东研科技	70
34	430141.OC	久日新材	71
35	831961.OC	创远仪器	72
36	430421.OC	华之邦	75
37	833761.OC	科顺防水	77
38	430532.OC	北鼎晶辉	78
39	832898.OC	天地壹号	79
40	831265.OC	宏源药业	81
41	834175.OC	冠盛集团	84
42	831344.OC	中际联合	86
43	831710.OC	昊方机电	87
44	831392.OC	天迈科技	88
45	831171.OC	海纳生物	92
46	832397.OC	恒神股份	96
47	831184.OC	强盛股份	101
48	831751.OC	虎符智能	105
49	830968.OC	华电电气	107
50	430139.OC	华岭股份	110
51	430675.OC	天跃科技	111
52	831839.OC	广达新网	113
53	834839.OC	之江生物	114
54	831330.OC	普适导航	115
55	833295.OC	国佳新材	118
56	831507.OC	博广热能	120
57	833174.OC	沃德传动	121
58	430005.OC	原子高科	122
59	831378.OC	富耐克	123
60	430088.OC	七维航测	130
61	830885.OC	波斯科技	131
62	831088.OC	华恒生物	132
63	430330.OC	捷世智通	133
64	831565.OC	润成科技	134

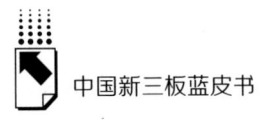

续表

排名	股票代码	股票名称	综合指数
65	430552.OC	亚成微	147
66	832388.OC	龙磁科技	151
67	832865.OC	天膜科技	152
68	832154.OC	文灿股份	156
69	832602.OC	泰通科技	159
70	831275.OC	睿力物流	160
71	830849.OC	平原智能	162
72	831979.OC	林格贝	164
73	831544.OC	北超伺服	166
74	830793.OC	阿拉丁	167
75	833957.OC	威丝曼	169
76	831583.OC	未来宽带	172
77	833249.OC	浙江国祥	173
78	430545.OC	星科智能	174
79	830818.OC	巨峰股份	176
80	830879.OC	基康仪器	177
81	833231.OC	天准科技	180
82	430462.OC	树业环保	181
83	831284.OC	迈科智能	183
84	831215.OC	新天药业	187
85	831550.OC	成大生物	188
86	430351.OC	爱科凯能	189
87	831195.OC	三祥科技	191
88	832821.OC	金丹科技	195
89	430539.OC	扬子地板	197
90	831325.OC	迈奇化学	198
91	831274.OC	瑞可达	200
92	430523.OC	泰谷生物	202
93	831503.OC	广安生物	204
94	831276.OC	松科快换	206
95	831202.OC	摩德娜	214
96	430422.OC	永继电气	215
97	831190.OC	第六元素	216
98	830771.OC	华灿电讯	217
99	833684.OC	联赢激光	218

续表

排名	股票代码	股票名称	综合指数
100	833266.OC	生物谷	224
101	832989.OC	鑫博技术	227
102	430607.OC	大树智能	231
103	831186.OC	金鸿药业	232
104	830955.OC	大盛微电	235
105	831208.OC	洁昊环保	237
106	430622.OC	顺达智能	241
107	834980.OC	宁波水表	243
108	430680.OC	联兴科技	246
109	831427.OC	信通电子	247
110	430596.OC	新达通	252
111	832802.OC	保丽洁	253
112	833138.OC	长江材料	256
113	430247.OC	金日创	260
114	430460.OC	太湖股份	261
115	830827.OC	世优电气	262
116	834102.OC	电联股份	263
117	832502.OC	圆融科技	264
118	831187.OC	创尔生物	266
119	831057.OC	多普泰	268
120	832774.OC	森泰环保	271
121	834859.OC	新锐股份	274
122	831701.OC	万龙电气	275
123	831484.OC	久盛生态	278
124	831743.OC	立高科技	279
125	831450.OC	金宏气体	281
126	835054.OC	微点生物	284
127	831421.OC	天富电气	285
128	834611.OC	老肯医疗	286
129	430369.OC	威门药业	288
130	430492.OC	老来寿	292
131	830912.OC	科汇电自	293
132	832681.OC	宇邦新材	294
133	430367.OC	力码科	295
134	831169.OC	百特莱德	296

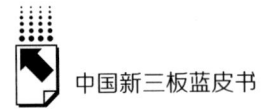

续表

排名	股票代码	股票名称	综合指数
135	834044.OC	富泰和	299
136	831540.OC	京源环保	300
137	831878.OC	先锋科技	305
138	831019.OC	博硕光电	309
139	834270.OC	远大特材	311
140	430432.OC	方林科技	312
141	430014.OC	恒业世纪	313
142	832362.OC	佩蒂股份	315
143	430469.OC	必控科技	318
144	833638.OC	贝斯达	320
145	833413.OC	宾肯股份	322
146	832651.OC	天罡股份	323
147	830862.OC	丰海科技	331
148	831009.OC	合锐赛尔	333
149	430430.OC	普滤得	335
150	830822.OC	海容冷链	339
151	834634.OC	中科盛创	341
152	831213.OC	博汇股份	342
153	831706.OC	领航科技	343
154	832026.OC	海龙核科	346
155	430755.OC	华曦达	349
156	830821.OC	雪郎生物	350
157	832023.OC	田野股份	355
158	831697.OC	海优新材	357
159	831866.OC	蔚林股份	358
160	831499.OC	立元通信	364
161	430485.OC	旭建新材	367
162	834682.OC	球冠电缆	368
163	830903.OC	复展科技	370
164	830964.OC	润农节水	371
165	832861.OC	奇致激光	373
166	832465.OC	众益科技	377
167	831067.OC	根力多	378
168	832089.OC	禾昌聚合	379
169	836493.OC	和信瑞通	380

续表

排名	股票代码	股票名称	综合指数
170	831787.OC	高和智能	381
171	832276.OC	翔宇药业	382
172	830904.OC	博思特	390
173	831501.OC	远方动力	391
174	430097.OC	赛德丽	392
175	832080.OC	七色珠光	393
176	832938.OC	国林环保	398
177	834541.OC	创显科教	400
178	430226.OC	奥凯立	403
179	430555.OC	英派瑞	405
180	833504.OC	骐俊股份	406
181	832380.OC	鲁冀股份	409
182	833081.OC	顺博合金	411
183	430418.OC	苏轴股份	413
184	833677.OC	芯能科技	414
185	832899.OC	景津环保	415
186	832047.OC	联洋新材	417
187	832491.OC	奥迪威	418
188	832027.OC	智衡减振	419
189	833144.OC	毅康股份	421
190	831244.OC	星展测控	422
191	835298.OC	宇球电子	425
192	832766.OC	沃格光电	431
193	834428.OC	蓝孚高能	434
194	430075.OC	中讯四方	435
195	831790.OC	凯德科技	436
196	832513.OC	汇群中药	437
197	833018.OC	海清源	438
198	832074.OC	慧景科技	439
199	834863.OC	佳顺智能	443
200	833656.OC	确成硅化	444
201	835747.OC	朴道水汇	447
202	834520.OC	万佳安	448
203	834041.OC	上海恒业	450
204	831207.OC	南方制药	455

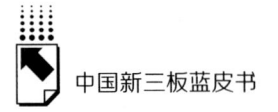

续表

排名	股票代码	股票名称	综合指数
205	833624.OC	维和药业	457
206	834393.OC	爱柯迪	459
207	834742.OC	麦克韦尔	461
208	831964.OC	储翰科技	465
209	832212.OC	卓尔智联	466
210	835009.OC	金力永磁	467
211	832075.OC	东方水利	468
212	831385.OC	大地和	470
213	834673.OC	泰宝医疗	471
214	831372.OC	宝成股份	473
215	834352.OC	贵太太	474
216	833695.OC	富士莱	477
217	834451.OC	奔凯安全	480
218	832063.OC	鸿辉光通	484
219	830837.OC	古城香业	487
220	834110.OC	灵信视觉	489
221	834656.OC	勃达微波	493
222	831530.OC	才府玻璃	497
223	831011.OC	三友创美	498
224	833616.OC	金锂科技	499
225	834160.OC	永联科技	501
226	832223.OC	配天智造	503
227	832996.OC	民生科技	504
228	831486.OC	索尔科技	505
229	831906.OC	舜宇模具	507
230	832201.OC	无人机	509
231	832799.OC	陆海石油	510
232	430260.OC	布雷尔利	512
233	832519.OC	中通电气	514
234	831681.OC	智洋电气	515
235	832708.OC	三力制药	516
236	834666.OC	桑尼能源	520
237	430372.OC	泰达新材	521
238	830925.OC	鄂信钻石	523
239	831161.OC	伊菲股份	527

续表

排名	股票代码	股票名称	综合指数
240	832978.OC	开特股份	528
241	831892.OC	新玻电力	529
242	831742.OC	纽米科技	531
243	833797.OC	思明科技	537
244	830922.OC	裕荣光电	539
245	833294.OC	亿邦股份	541
246	831931.OC	云能威士	543
247	834028.OC	品胜股份	544
248	430222.OC	璟泓科技	546
249	833799.OC	嘉禾生物	547
250	834961.OC	东和环保	550
251	831314.OC	深科达	555
252	835265.OC	同禹药包	556
253	834117.OC	山东绿霸	558
254	834336.OC	欧耐尔	562
255	833586.OC	雷诺尔	563
256	831437.OC	天劲股份	564
257	832735.OC	德源药业	568
258	832283.OC	天丰电源	569
259	834109.OC	德御坊	570
260	832834.OC	林江股份	571
261	832881.OC	源达股份	572
262	430323.OC	天阶生物	574
263	834851.OC	威能电源	577
264	830855.OC	盈谷股份	581
265	833435.OC	国润新材	582
266	831594.OC	赛力克	583
267	831776.OC	中云创	584
268	830841.OC	长牛股份	585
269	833559.OC	亚太天能	588
270	430396.OC	亿汇达	589
271	833379.OC	源和药业	590
272	831687.OC	亨达股份	597
273	430236.OC	美兰股份	598
274	834803.OC	鑫昌龙	599

续表

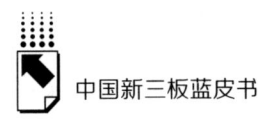

排名	股票代码	股票名称	综合指数
275	831053.OC	美佳新材	602
276	831386.OC	风华环保	603
277	833398.OC	奥翔科技	606
278	833884.OC	博高信息	609
279	832281.OC	和氏技术	611
280	832803.OC	皓月股份	613
281	833659.OC	浩丰股份	618
282	832499.OC	天海流体	620
283	830809.OC	安达科技	625
284	832604.OC	中源欧佳	626
285	832257.OC	正和药业	627
286	832840.OC	亚世光电	629
287	833017.OC	力诺特玻	630
288	831093.OC	鑫航科技	631
289	832120.OC	永辉化工	633
290	833538.OC	中旭石化	634
291	832414.OC	精湛光电	636
292	833308.OC	德威股份	637
293	834825.OC	瑞阳科技	638
294	833186.OC	宏远电器	641
295	832960.OC	望变电气	642
296	832287.OC	金凯光电	645
297	831204.OC	汇通控股	647
298	832243.OC	力合节能	650
299	834384.OC	秋实农业	651
300	430665.OC	高衡力	653
301	832453.OC	恒福股份	654
302	836298.OC	上达电子	655
303	831737.OC	地浦科技	656
304	833508.OC	精工股份	657
305	831930.OC	和君商学	661
306	831431.OC	东南光电	662
307	430752.OC	索泰能源	663
308	833914.OC	远航合金	666
309	834683.OC	爹地宝贝	667

续表

排名	股票代码	股票名称	综合指数
310	832404.OC	兴邦光电	669
311	833389.OC	金钱猫	671
312	832449.OC	恒宝通	673
313	832559.OC	熊猫乳业	675
314	430759.OC	凯路仕	678
315	831119.OC	蓝钻生物	679
316	833120.OC	瑞铁股份	681
317	830988.OC	兴和股份	682
318	831686.OC	正大环保	683
319	832265.OC	芍花堂	684
320	835560.OC	羿珩科技	685
321	834186.OC	健隆生物	687
322	834475.OC	三友科技	688
323	832304.OC	纽威科技	689
324	831908.OC	古麒羽绒	690
325	832278.OC	鹿得医疗	691
326	833874.OC	泰祥股份	693
327	833994.OC	翰博高新	694
328	833682.OC	福特科	696
329	831692.OC	杰科股份	697
330	830816.OC	卡特股份	699
331	832188.OC	科安达	700
332	831950.OC	亚太能源	701
333	833131.OC	久盛电气	702
334	834948.OC	晨泰科技	703
335	831810.OC	本益新材	705
336	832873.OC	孕婴童	706
337	834580.OC	天线宝宝	707
338	831621.OC	中镁控股	710
339	831377.OC	有友食品	714
340	430496.OC	大正医疗	715
341	834020.OC	东霖食品	722
342	830830.OC	新昶虹	723
343	833290.OC	瑞必达	724
344	430718.OC	合肥高科	725

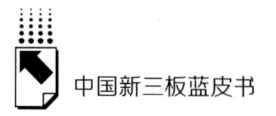

续表

排名	股票代码	股票名称	综合指数
345	834549.OC	天工股份	726
346	834739.OC	冠为科技	727
347	833498.OC	鑫灏源	729
348	832850.OC	大泽电极	731
349	834086.OC	德泓国际	732
350	834013.OC	利和兴	734
351	832814.OC	昌耀新材	735
352	832540.OC	康沃动力	738
353	832958.OC	艾芬达	739
354	430721.OC	瑞杰科技	744
355	831294.OC	中德科技	746
356	831543.OC	松炀资源	750
357	834506.OC	雷蒙德	754
358	831000.OC	吉芬设计	756
359	831603.OC	金润和	758
360	835197.OC	日兴生物	761
361	835536.OC	正通电子	762
362	832477.OC	航凯电力	770
363	831491.OC	佳音王	771
364	835033.OC	精晶药业	772
365	832763.OC	中天科盛	774
366	833423.OC	穗晶光电	775
367	831564.OC	欧伏电气	776
368	832359.OC	益森科技	778
369	832213.OC	双森股份	779
370	832718.OC	玖隆再生	780
371	833800.OC	泰安科技	783
372	835229.OC	日久光电	784
373	833292.OC	泰然科技	788
374	833300.OC	利树股份	789
375	832694.OC	维冠机电	790
376	832514.OC	华旺股份	793
377	832486.OC	久美股份	794
378	832332.OC	巨鹏食品	797
379	831036.OC	裕国股份	798

续表

排名	股票代码	股票名称	综合指数
380	835343.OC	艾美森	803
381	832558.OC	爽口源	805
382	834501.OC	万杰智能	806
383	833293.OC	速达股份	808
384	832452.OC	兴华股份	810
385	831178.OC	科马材料	811
386	832910.OC	伊赛牛肉	812
387	833310.OC	仁新科技	813
388	831367.OC	红山河	814
389	831614.OC	合富新材	815
390	834509.OC	凯迪威	821
391	830783.OC	广源精密	828
392	835109.OC	鑫益嘉	842
393	835220.OC	银禧光电	844
394	832860.OC	海龙精密	845
395	834720.OC	闽瑞环保	846
396	833766.OC	龙福环能	847
397	832689.OC	德尔能	848
398	831445.OC	龙泰竹业	853
399	831955.OC	海益宝	855
400	831015.OC	小白龙	856
401	831997.OC	海斯迪	858
402	832094.OC	金昌蓝宇	864
403	835248.OC	越洋科技	867
404	831890.OC	中润油	869
405	430445.OC	仙宜岱	870
406	831267.OC	法福来	877
407	833810.OC	睿博光电	878
408	831177.OC	深冷能源	881
409	832946.OC	白茶股份	883
410	834790.OC	城发集塑	889
411	833305.OC	万仕隆	895
412	831954.OC	协昌科技	899
413	833722.OC	巨科新材	900
414	835320.OC	诺斯贝尔	901

续表

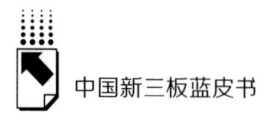

排名	股票代码	股票名称	综合指数
415	833912.OC	宜诺股份	905
416	832151.OC	听牧肉牛	906
417	832851.OC	天杭生物	907
418	835538.OC	额尔敦	908
419	832588.OC	葫芦堡	910
420	832221.OC	聚元食品	922
421	830916.OC	公准股份	926
422	831666.OC	亿丰洁净	927
423	833278.OC	北旺农牧	931
424	832057.OC	雅安茶厂	936
425	831651.OC	保通食品	940
426	835296.OC	澳菲利	941
427	831792.OC	海思堡	942
428	834511.OC	凯歌电子	943
429	834226.OC	彩虹光	949

B.13
信息技术业挂牌公司创新能力排名

排名	股票代码	股票名称	综合指数
1	430002.OC	中科软	2
2	430618.OC	凯立德	4
3	430021.OC	海鑫科金	5
4	831560.OC	盈建科	6
5	430051.OC	九恒星	7
6	831688.OC	山大地纬	9
7	832800.OC	赛特斯	10
8	830845.OC	芯邦科技	14
9	831402.OC	帝联科技	17
10	834802.OC	宝贝格子	18
11	833175.OC	浩瀚深度	19
12	430152.OC	思银股份	21
13	430074.OC	德鑫物联	24
14	430080.OC	尚水股份	28
15	830866.OC	凌志软件	37
16	830819.OC	致生联发	38
17	430062.OC	中科国信	39
18	831101.OC	奥维云网	42
19	430245.OC	奥特美克	51
20	830978.OC	先临三维	52
21	430092.OC	金刚游戏	55
22	430176.OC	中教股份	58
23	430229.OC	绿岸网络	61
24	831428.OC	数据堂	65
25	430208.OC	优炫软件	68
26	430341.OC	呈创科技	73
27	430251.OC	光电高斯	74
28	832781.OC	伟乐科技	80
29	835713.OC	天阳科技	82

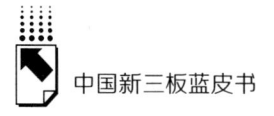

续表

排名	股票代码	股票名称	综合指数
30	834255.OC	上讯信息	83
31	831306.OC	丽明股份	90
32	831196.OC	恒扬数据	91
33	831608.OC	易建科技	93
34	430512.OC	芯朋微	94
35	831405.OC	赞普科技	97
36	430071.OC	首都在线	98
37	834195.OC	华清飞扬	100
38	833029.OC	鹏信科技	102
39	430178.OC	白虹软件	103
40	430237.OC	大汉三通	104
41	832422.OC	福昕软件	106
42	430169.OC	融智通	108
43	832296.OC	天维尔	112
44	832633.OC	伏泰科技	116
45	831601.OC	威科姆	117
46	833633.OC	联众智慧	124
47	834055.OC	百事通	127
48	833854.OC	远望信息	128
49	430486.OC	普金科技	135
50	430356.OC	雷腾软件	136
51	833629.OC	合力亿捷	138
52	831030.OC	卓华信息	139
53	430148.OC	科能腾达	140
54	833414.OC	凡拓创意	141
55	833694.OC	新道科技	143
56	430258.OC	易同科技	144
57	832367.OC	慧图科技	145
58	430374.OC	英富森	148
59	832950.OC	益盟股份	149
60	430305.OC	维珍创意	150
61	834507.OC	元年科技	153
62	832135.OC	云宏信息	154
63	834880.OC	泰华智慧	155
64	430177.OC	点点客	161

续表

排名	股票代码	股票名称	综合指数
65	430253.OC	兴竹信息	163
66	834832.OC	络捷斯特	165
67	430011.OC	指南针	168
68	831194.OC	派拉软件	170
69	831117.OC	维恩贝特	175
70	430467.OC	深圳行健	179
71	430182.OC	全网数商	184
72	430375.OC	星立方	185
73	833534.OC	神玥软件	190
74	831126.OC	元鼎科技	193
75	831698.OC	工大软件	194
76	430085.OC	新锐英诚	199
77	430077.OC	道隆软件	207
78	831311.OC	博安智能	209
79	831198.OC	博华科技	210
80	832003.OC	同信通信	212
81	430362.OC	东电创新	219
82	833777.OC	棠棣信息	220
83	832953.OC	创识科技	223
84	830972.OC	道一信息	225
85	430083.OC	中科联众	226
86	835348.OC	明朝万达	228
87	834534.OC	曼恒数字	230
88	430325.OC	精英智通	233
89	430243.OC	铜牛信息	234
90	830799.OC	艾融软件	236
91	430458.OC	陆海科技	239
92	430128.OC	广厦网络	244
93	834728.OC	中盈安信	249
94	833568.OC	华谊创星	250
95	831813.OC	广新信息	254
96	835990.OC	随锐科技	255
97	832041.OC	中兴通科	257
98	833322.OC	广通软件	265
99	831429.OC	创力股份	267

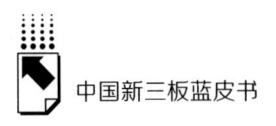

续表

排名	股票代码	股票名称	综合指数
100	834924.OC	悦游网络	270
101	832768.OC	爱可生	273
102	832325.OC	捷尚股份	280
103	835274.OC	同是科技	283
104	831315.OC	安畅网络	287
105	832570.OC	蓝海科技	289
106	831287.OC	启奥科技	291
107	834785.OC	云畅游戏	298
108	832340.OC	国联股份	301
109	834218.OC	和创科技	304
110	831802.OC	智华信	307
111	430252.OC	联宇技术	308
112	831072.OC	瑞聚股份	310
113	430090.OC	同辉信息	314
114	833158.OC	马上游	316
115	834698.OC	国舜股份	319
116	430338.OC	银音科技	321
117	430130.OC	卡联科技	324
118	831317.OC	海典软件	326
119	834791.OC	飞企互联	330
120	832995.OC	杰创智能	332
121	430298.OC	淘礼网	334
122	430373.OC	捷安高科	337
123	831083.OC	东润环能	338
124	833035.OC	大唐融合	344
125	831129.OC	领信股份	347
126	834484.OC	博拉网络	348
127	833416.OC	掌上纵横	351
128	834021.OC	流金岁月	352
129	832282.OC	智途科技	353
130	430609.OC	中磁视讯	354
131	834385.OC	力港网络	356
132	430270.OC	易点天下	359
133	834034.OC	元道通信	360
134	831718.OC	青鸟软通	363

续表

排名	股票代码	股票名称	综合指数
135	832853.OC	电旗股份	366
136	834156.OC	有米科技	369
137	834984.OC	网库股份	374
138	834817.OC	爱知网络	376
139	834841.OC	远传技术	383
140	835955.OC	易流科技	384
141	831496.OC	华燕房盟	385
142	430457.OC	三网科技	386
143	430244.OC	颂大教育	387
144	430488.OC	东创科技	388
145	430408.OC	帝信科技	389
146	835032.OC	正益移动	394
147	830999.OC	银橙传媒	397
148	833954.OC	飞天经纬	399
149	833296.OC	三希科技	402
150	831885.OC	鱼鳞图	404
151	834297.OC	数智源	407
152	834376.OC	冠新软件	410
153	834707.OC	爱迪科技	420
154	830960.OC	微步信息	427
155	831114.OC	易销科技	429
156	430165.OC	光宝联合	432
157	832773.OC	寰烁股份	440
158	832086.OC	现在支付	441
159	430472.OC	安泰得	442
160	832028.OC	汇元科技	445
161	834968.OC	玄武科技	460
162	831529.OC	能龙教育	462
163	430261.OC	易维科技	463
164	430455.OC	德联科技	469
165	832817.OC	身临其境	472
166	831916.OC	商中在线	481
167	832620.OC	中安股份	482
168	834567.OC	华多科技	486
169	834374.OC	博瑞彤芸	488

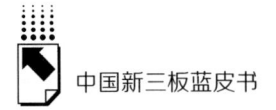

续表

排名	股票代码	股票名称	综合指数
170	430515.OC	麟龙股份	490
171	430120.OC	金润科技	491
172	831557.OC	中呼科技	494
173	831277.OC	钢钢网	496
174	833529.OC	视纪印象	502
175	834845.OC	华腾教育	508
176	832585.OC	精英科技	513
177	831063.OC	安泰股份	517
178	831727.OC	中钢网	518
179	832973.OC	思亮信息	519
180	831850.OC	分豆教育	524
181	832171.OC	志晟信息	525
182	430350.OC	万德智新	545
183	835505.OC	光音网络	548
184	835508.OC	殷图网联	552
185	833066.OC	亿联科技	561
186	834136.OC	仙果广告	576
187	835184.OC	国源科技	586
188	831396.OC	许继智能	587
189	833024.OC	欣智恒	594
190	832896.OC	道有道	595
191	833030.OC	立方控股	607
192	831142.OC	易讯通	615
193	831940.OC	网高科技	619
194	832571.OC	点击网络	623
195	835718.OC	凌脉网络	624
196	834805.OC	淘粉吧	628
197	430569.OC	安尔发	635
198	832646.OC	讯众股份	639
199	833857.OC	时光科技	644
200	831185.OC	众智软件	646
201	831918.OC	天立泰	649
202	835574.OC	鸿鑫互联	672
203	832638.OC	瓦力科技	674
204	833658.OC	铁血科技	676

续表

排名	股票代码	股票名称	综合指数
205	831478.OC	天际数字	680
206	833856.OC	宝润兴业	698
207	833827.OC	浩腾科技	708
208	832757.OC	景安网络	713
209	834069.OC	金通科技	728
210	832579.OC	同兴股份	736
211	834355.OC	华麒通信	748
212	834996.OC	众至诚	749
213	832645.OC	高德信	760
214	831858.OC	海誉科技	764
215	835063.OC	旺翔传媒	769
216	831903.OC	汇川科技	777
217	835464.OC	易尊网络	781
218	833690.OC	礼多多	787
219	835610.OC	汇生通	800
220	835491.OC	手乐电商	820
221	832918.OC	鼎讯股份	824
222	833048.OC	米米乐	829
223	836086.OC	桑锐电子	830
224	831383.OC	楼市通网	836
225	430544.OC	闽保股份	849
226	836617.OC	软岛科技	852
227	835092.OC	钢银电商	862
228	834084.OC	聚能鼎力	865
229	834122.OC	云端网络	871
230	834498.OC	易简集团	872
231	834054.OC	游戏多	874
232	833851.OC	景云祥	875
233	834093.OC	妈妈网	884
234	833344.OC	巨网科技	885
235	834448.OC	遥望网络	903
236	831493.OC	赛特传媒	913
237	833476.OC	点动股份	944

附录

Appendices

B.14
附录一
2016年新三板资产重组情况明细

公司名称	转让方式	所属行业	公司名称	转让方式	所属行业
凯欣股份	对外投资	食品制造业	中寰股份	协议转让	仪器仪表制造业
天合牧科	对外投资	畜牧业	苏河汇	协议转让	其他金融业
中泓在线	对外投资	软件和信息技术服务业	五八汽车	协议转让	商务服务业
万佳科技	对外投资	软件和信息技术服务业	太湖股份	协议转让	化学原料及化学制品制造业
弘益热能	对外投资	电力、热力生产和供应业	东立科技	协议转让	生态保护和环境治理业
紫翔生物	对外投资	批发业	建科集团	协议转让	专业技术服务业
科立工业	对外投资	通用设备制造业	九星娱乐	协议转让	互联网和相关服务
中科华联	对外投资	专用设备制造业	顺博合金	协议转让	有色金属冶炼和压延加工业
全通构杞	对外投资	农副食品加工业	北教传媒	协议转让	新闻和出版业
厚藤文化	对外投资	商务服务业	综桓能源	协议转让	燃气生产和供应业

续表

公司名称	转让方式	所属行业	公司名称	转让方式	所属行业
绿泽园林	对外投资	土木工程建筑业	信中利	协议转让	其他金融业
慧居科技	对外投资	电力、热力生产和供应业	中嘉实业	协议转让	通用设备制造业
中集国际	对外投资	装卸搬运和运输代理业	科盾科技	协议转让	计算机、通信和其他电子设备制造业
金昇能源	对外投资	批发业	大禹电气	协议转让	电气机械和器材制造业
华浩科技	对外投资	软件和信息技术服务业	嘉岩供应	协议转让	批发业
元璋精工	对外投资	金属制品业	天信投资	协议转让	资本市场服务
安华生物	对外投资	化学原料及化学制品制造业	瑞兴医药	协议转让	批发业
昇和新材	对外投资	橡胶和塑料制品业	蓝天园林	协议转让	土木工程建筑业
东方信达	对外投资	软件和信息技术服务业	三宝云母	协议转让	非金属矿物制品业
延庆环保	对外投资	生态保护和环境治理业	福乐维	协议转让	农副食品加工业
金锂科技	对外投资	电气机械和器材制造业	决胜股份	协议转让	互联网和相关服务
英内物联	对外投资	计算机、通信和其他电子设备制造业	百合网	协议转让	互联网和相关服务
绿洁科技	对外投资	仪器仪表制造业	厚学网	协议转让	互联网和相关服务
神州能源	对外投资	燃气生产和供应业	捷报文化	协议转让	商务服务业
明德生物	对外投资	医药制造业	凯迪网络	协议转让	互联网和相关服务
联创云科	对外投资	互联网和相关服务	施美药业	协议转让	医药制造业
上海未来	对外投资	生态保护和环境治理业	点击网络	协议转让	互联网和相关服务
四象智能	对外投资	计算机、通信和其他电子设备制造业	长城华冠	协议转让	专业技术服务业
鼎润投资	对外投资	货币金融服务	一览网络	协议转让	互联网和相关服务
时代铝箔	对外投资	金属制品业	安奇汽车	协议转让	零售业
博易股份	对外投资	软件和信息技术服务业	天地壹号	协议转让	酒、饮料和精制茶制造业
奇华智慧	对外投资	软件和信息技术服务业	华天发展	协议转让	仪器仪表制造业
德维股份	对外投资	通用设备制造业	丹海生态	协议转让	生态保护和环境治理业

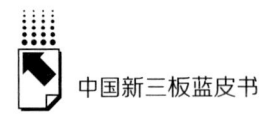

续表

公司名称	转让方式	所属行业	公司名称	转让方式	所属行业
德维股份	对外投资	通用设备制造业	盛景网联	协议转让	商务服务业
辰午节能	股权拍卖	专业技术服务业	马上游	协议转让	互联网和相关服务
爱普医疗	股权拍卖	专用设备制造业	光阳游乐	协议转让	文教、工美、体育和娱乐用品制造业
三景科技	股权拍卖	计算机、通信和其他电子设备制造业	腾晖科技	协议转让	软件和信息技术服务业
爱特科技	股权拍卖	电气机械和器材制造业	绿创声学	协议转让	生态保护和环境治理业
康泰环保	股权拍卖	专用设备制造业	华腾教育	协议转让	软件和信息技术服务业
达仁资管	股权拍卖	其他金融业	伊悦尼	协议转让	汽车制造业
森萱医药	股权拍卖	化学原料及化学制品制造业	康帅股份	协议转让	通用设备制造业
百合网	增资	互联网和相关服务	光辉互动	协议转让	互联网和相关服务
亿邦股份	增资	计算机、通信和其他电子设备制造业	爱美互动	协议转让	互联网和相关服务
迈动医疗	增资	批发业	纳科诺尔	协议转让	通用设备制造业
明朝万达	增资	软件和信息技术服务业	网高科技	协议转让	电信、广播电视和卫星传输服务
宣燃股份	增资	燃气生产和供应业	新比克斯	协议转让	批发业
北亚时代	增资	软件和信息技术服务业	红山河	协议转让	食品制造业
慧云股份	增资	软件和信息技术服务业	九鼎集团	协议转让	其他金融业
乐克科技	增资	非金属矿物制品业	万兴隆	协议转让	废弃资源综合利用业
中广影视	增资	广播、电视、电影和影视录音制作业	天际数字	协议转让	软件和信息技术服务业
妈妈网	增资	互联网和相关服务	倍乐股份	协议转让	教育
之江生物	增资	医药制造业	莱特光电	协议转让	批发业
新创股份	增资	专业技术服务业	凤云科技	协议转让	软件和信息技术服务业
山禾金缘	增资	专业技术服务业	美世创投	协议转让	其他金融业
南方制药	增资	医药制造业	美世创投	协议转让	其他金融业
冠新软件	发行股份购买	软件和信息技术服务业	山水股份	协议转让	商务服务业

续表

公司名称	转让方式	所属行业	公司名称	转让方式	所属行业
欧开股份	发行股份购买	建筑装饰和其他建筑业	天地壹号	协议转让	酒、饮料和精制茶制造业
瓦力科技	发行股份购买	互联网和相关服务	万事达	协议转让	建筑装饰和其他建筑业
礼多多	发行股份购买	互联网和相关服务	海步医药	协议转让	研究和试验发展
敦华石油	发行股份购买	开采辅助活动	大娱号	协议转让	软件和信息技术服务业
博电电气	发行股份购买	电气机械和器材制造业	根力多	协议转让	化学原料及化学制品制造业
贝尔机械	发行股份购买	有色金属冶炼和压延加工业	光影侠	协议转让	文化艺术业
新伟科技	发行股份购买	商务服务业	信达智能	协议转让	通用设备制造业
英雄互娱	发行股份购买	互联网和相关服务	德卡科技	协议转让	计算机、通信和其他电子设备制造业
九恒星	发行股份购买	软件和信息技术服务业	凯利云股	协议转让	商务服务业
华诚生物	发行股份购买	医药制造业	瑞杰科技	协议转让	橡胶和塑料制品业
安集协康	发行股份购买	医药制造业	新锐英诚	协议转让	软件和信息技术服务业
金山地质	发行股份购买	专业技术服务业	都市鼎点	协议转让	专用设备制造业
万企达	发行股份购买	批发业	傲基电商	协议转让	零售业
澳凯富汇	发行股份购买	软件和信息技术服务业	宏达小贷	协议转让	货币金融服务
颖泰生物	发行股份购买	化学原料及化学制品制造业	体育之窗	协议转让	体育
圣才教育	发行股份购买	互联网和相关服务	三川能源	协议转让	开采辅助活动
新翔科技	发行股份购买	软件和信息技术服务业	新昶虹	协议转让	电气机械和器材制造业
博雅科技	发行股份购买	计算机、通信和其他电子设备制造业	中创	协议转让	商务服务业
纳美新材	发行股份购买	化学原料及化学制品制造业	六合峰	协议转让	建筑安装业
金利股份	发行股份购买	废弃资源综合利用业	森井防爆	协议转让	电气机械和器材制造业
蓝山科技	发行股份购买	计算机、通信和其他电子设备制造业	中设智控	协议转让	软件和信息技术服务业
紫晶股份	发行股份购买	建筑装饰和其他建筑业	墨麟股份	协议转让	软件和信息技术服务业

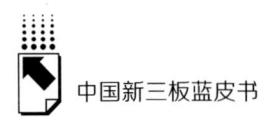

续表

公司名称	转让方式	所属行业	公司名称	转让方式	所属行业
中设智控	发行股份购买	软件和信息技术服务业	墨麟股份	协议转让	软件和信息技术服务业
星立方	发行股份购买	软件和信息技术服务业	墨麟股份	协议转让	软件和信息技术服务业
真灼科技	发行股份购买	软件和信息技术服务业	明利股份	协议转让	仓储业
千叶药包	发行股份购买	医药制造业	谊通股份	协议转让	商务服务业
三合盛	发行股份购买	专业技术服务业	哇棒传媒	协议转让	软件和信息技术服务业
万联网络	发行股份购买	软件和信息技术服务业	协力仪控	协议转让	仪器仪表制造业
卡姆医疗	发行股份购买	专用设备制造业	熵能新材	协议转让	化学原料及化学制品制造业
首都在线	发行股份购买	电信、广播电视和卫星传输服务	帮豪种业	协议转让	农业
文达通	发行股份购买	计算机、通信和其他电子设备制造业	华辰净化	协议转让	专用设备制造业
欧萨咨询	发行股份购买	专业技术服务业	金投金融	协议转让	商务服务业
倚天股份	发行股份购买	非金属矿物制品业	亿汇达	协议转让	电气机械和器材制造业
起航股份	发行股份购买	其他服务业	凯尔达	协议转让	通用设备制造业
忠信新材	发行股份购买	非金属矿物制品业	星汉股份	协议转让	计算机、通信和其他电子设备制造业
利驰租赁	发行股份购买	租赁业	宏微科技	协议转让	电气机械和器材制造业
特耐股份	发行股份购买	非金属矿物制品业	康复得	协议转让	研究和试验发展
佳和电气	发行股份购买	仪器仪表制造业	点米科技	协议转让	商务服务业
青木高新	发行股份购买	化学原料及化学制品制造业	大禹电气	协议转让	电气机械和器材制造业
大族能源	发行股份购买	电气机械和器材制造业	建研咨询	协议转让	专业技术服务业
波智高远	发行股份购买	零售业	祥云股份	协议转让	化学原料及化学制品制造业
炜田新材	发行股份购买	橡胶和塑料制品业	创想科技	协议转让	金属制品业
老来寿	发行股份购买	食品制造业	亚泽股份	协议转让	商务服务业
中晶股份	发行股份购买	化学原料及化学制品制造业	派华传媒	协议转让	广播、电视、电影和影视录音制作业
美基食品	发行股份购买	食品制造业	苏河汇	协议转让	其他金融业

续表

公司名称	转让方式	所属行业	公司名称	转让方式	所属行业
平原智能	发行股份购买	专用设备制造业	三瑞农科	协议转让	农业
卓华信息	发行股份购买	软件和信息技术服务业	万达股份	协议转让	汽车制造业
天佳科技	发行股份购买	仪器仪表制造业	志成股份	协议转让	专业技术服务业
兴渝股份	发行股份购买	化学原料及化学制品制造业	万都云雅	协议转让	汽车制造业
平安力合	发行股份购买	计算机、通信和其他电子设备制造业	安皓瑞	协议转让	化学原料及化学制品制造业
掌纵文化	发行股份购买	软件和信息技术服务业	振威展览	协议转让	商务服务业
聚宝网络	发行股份购买	商务服务业	仁新科技	协议转让	废弃资源综合利用业
康莱体育	发行股份购买	文教、工美、体育和娱乐用品制造业	安阳机床	协议转让	通用设备制造业
ST亚锦	发行股份购买	电气机械和器材制造业	慧网通达	协议转让	软件和信息技术服务业
龙福环能	发行股份购买	废弃资源综合利用业	天成包装	协议转让	橡胶和塑料制品业
中汇影视	发行股份购买	广播、电视、电影和影视录音制作业	美之高	协议转让	家具制造业
点米科技	发行股份购买	商务服务业	智高文创	协议转让	文教、工美、体育和娱乐用品制造业
爱丽莎	发行股份购买	建筑装饰和其他建筑业	路通路桥	协议转让	土木工程建筑业
网波股份	发行股份购买	软件和信息技术服务业	森瑞新材	协议转让	橡胶和塑料制品业
天维尔	发行股份购买	软件和信息技术服务业	新翔科技	协议转让	软件和信息技术服务业
天晟股份	发行股份购买	非金属矿物制品业	华夏显示	协议转让	计算机、通信和其他电子设备制造业
达嘉维康	发行股份购买	零售业	通领科技	协议转让	汽车制造业
广安车联	发行股份购买	软件和信息技术服务业	弘大能源	协议转让	石油和天然气开采业
圆融科技	发行股份购买	计算机、通信和其他电子设备制造业	华灿电讯	协议转让	计算机、通信和其他电子设备制造业
全维技术	发行股份购买	软件和信息技术服务业	新创股份	协议转让	专业技术服务业
汇智光华	发行股份购买	零售业	同禹药包	协议转让	医药制造业
圣迪乐村	发行股份购买	畜牧业	华诚生物	协议转让	医药制造业

续表

公司名称	转让方式	所属行业	公司名称	转让方式	所属行业
天翔昌运	发行股份购买	计算机、通信和其他电子设备制造业	兆久成	协议转让	软件和信息技术服务业
欧美城	发行股份购买	零售业	心动网络	协议转让	互联网和相关服务
新安传媒	发行股份购买	广播、电视、电影和影视录音制作业	浩祯股份	协议转让	批发业
锐风行	发行股份购买	广播、电视、电影和影视录音制作业	博凡动力	协议转让	通用设备制造业
汇森能源	发行股份购买	专用设备制造业	智房科技	协议转让	建筑装饰和其他建筑业
美特林科	发行股份购买	有色金属冶炼和压延加工业	智房科技	协议转让	建筑装饰和其他建筑业
上海众幸	发行股份购买	专用设备制造业	绿洁科技	协议转让	仪器仪表制造业
骑士乳业	发行股份购买	畜牧业	易二零	协议转让	商务服务业
康能生物	发行股份购买	农副食品加工业	江苏铁发	协议转让	铁路运输业
兴海绿化	发行股份购买	建筑装饰和其他建筑业	共同管业	协议转让	金属制品业
欣影科技	发行股份购买	电气机械和器材制造业	安瑞升	协议转让	燃气生产和供应业
润港林业	发行股份购买	木材加工及木、竹、藤、棕、草制品业	配天智造	协议转让	通用设备制造业
品尚汇	发行股份购买	零售业	华灿电讯	协议转让	计算机、通信和其他电子设备制造业
九如环境	发行股份购买	专用设备制造业	跨境翼	协议转让	互联网和相关服务
泉源堂	发行股份购买	零售业	金科信息	协议转让	软件和信息技术服务业
天海流体	发行股份购买	通用设备制造业	金刚文化	协议转让	文教、工美、体育和娱乐用品制造业
高新凯特	发行股份购买	通用设备制造业	嘉网股份	协议转让	互联网和相关服务
豪特装备	发行股份购买	金属制品业	延安医药	协议转让	医药制造业
汇知康	发行股份购买	专用设备制造业	东联教育	协议转让	广播、电视、电影和影视录音制作业
多尔克司	发行股份购买	畜牧业	怡钛积	协议转让	计算机、通信和其他电子设备制造业

附录一　2016年新三板资产重组情况明细

续表

公司名称	转让方式	所属行业	公司名称	转让方式	所属行业
海川能源	发行股份购买	专业技术服务业	自在传媒	协议转让	商务服务业
经纬科技	发行股份购买	汽车制造业	东光股份	协议转让	房地产业
博鹏发	发行股份购买	计算机、通信和其他电子设备制造业	多元世纪	协议转让	软件和信息技术服务业
普华科技	发行股份购买	软件和信息技术服务业	尚诚同力	协议转让	商务服务业
昊方机电	发行股份购买	汽车制造业	成远爆破	协议转让	建筑装饰和其他建筑业
国联质检	发行股份购买	专业技术服务业	易名科技	协议转让	互联网和相关服务
老来寿	发行股份购买	食品制造业	路博石英	协议转让	非金属矿物制品业
汇智光华	发行股份购买	零售业	奥特维	协议转让	专用设备制造业
老来寿	发行股份购买	食品制造业	上扬股份	协议转让	木材加工及木、竹、藤、棕、草制品业
金刚游戏	发行股份购买	软件和信息技术服务业	航天凯天	协议转让	生态保护和环境治理业
跃飞新材	发行股份购买	汽车制造业	宜诺股份	协议转让	橡胶和塑料制品业
骏华农牧	发行股份购买	畜牧业	清大紫育	协议转让	教育
灵豹药业	发行股份购买	医药制造业	亿民照明	协议转让	电气机械和器材制造业
赛特斯	发行股份购买	软件和信息技术服务业	通锦精密	协议转让	通用设备制造业
伊菲股份	发行股份购买	非金属矿物制品业	塔人网络	协议转让	互联网和相关服务
玉成精机	发行股份购买	通用设备制造业	堃琦鑫华	协议转让	化学原料及化学制品制造业
华新能源	发行股份购买	专业技术服务业	港力环保	协议转让	生态保护和环境治理业
赛科星	发行股份购买	畜牧业	金杉粮油	协议转让	农副食品加工业
三力新材	发行股份购买	化学原料及化学制品制造业	心动网络	协议转让	互联网和相关服务
科特新材	发行股份购买	计算机、通信和其他电子设备制造业	三上新材	协议转让	批发业
上达电子	发行股份购买	计算机、通信和其他电子设备制造业	东联教育	协议转让	广播、电视、电影和影视录音制作业

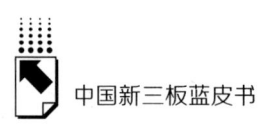

续表

公司名称	转让方式	所属行业	公司名称	转让方式	所属行业
易建科技	发行股份购买	软件和信息技术服务业	阳光中科	协议转让	电气机械和器材制造业
沃格光电	发行股份购买	计算机、通信和其他电子设备制造业	佰信蓝图	协议转让	软件和信息技术服务业
华瑞农业	发行股份购买	畜牧业	正则咨询	协议转让	专业技术服务业
英雄互娱	发行股份购买	互联网和相关服务	华通能源	协议转让	燃气生产和供应业
深凯瑞德	发行股份购买	计算机、通信和其他电子设备制造业	绿凯环保	协议转让	生态保护和环境治理业
山水股份	发行股份购买	商务服务业	易普森	协议转让	计算机、通信和其他电子设备制造业
慧图科技	发行股份购买	软件和信息技术服务业	阿李股份	协议转让	专用设备制造业
行知探索	发行股份购买	其他服务业	东义镁	协议转让	有色金属冶炼和压延加工业
建研信息	发行股份购买	软件和信息技术服务业	中锐重科	协议转让	专用设备制造业
川洋家居	协议转让	家具制造业	江苏海天	协议转让	电气机械和器材制造业
东方股份	协议转让	零售业	金居股份	协议转让	房屋建筑业
冠群信息	协议转让	软件和信息技术服务业	高达软件	协议转让	软件和信息技术服务业
华电股份	协议转让	化学原料及化学制品制造业	多麦股份	协议转让	互联网和相关服务
富泰和	协议转让	汽车制造业	高达软件	协议转让	软件和信息技术服务业
那然生命	协议转让	公共设施管理业	斯福泰克	协议转让	软件和信息技术服务业
决胜股份	协议转让	互联网和相关服务	华旺股份	协议转让	造纸及纸制品业
丰海科技	协议转让	计算机、通信和其他电子设备制造业	联洋新材	协议转让	橡胶和塑料制品业
中迅德	协议转让	专业技术服务业	乐威医药	协议转让	医药制造业
苏达汇诚	协议转让	专用设备制造业	领航科技	协议转让	非金属矿物制品业
奥根科技	协议转让	计算机、通信和其他电子设备制造业	蓝天环保	协议转让	电力、热力生产和供应业

续表

公司名称	转让方式	所属行业	公司名称	转让方式	所属行业
先控电气	协议转让	计算机、通信和其他电子设备制造业	美中嘉和	协议转让	卫生
林格贝	协议转让	医药制造业	金宇农牧	协议转让	畜牧业
走客股份	协议转让	商务服务业	新创股份	协议转让	专业技术服务业
康达检测	协议转让	专业技术服务业	一诺威	协议转让	化学原料及化学制品制造业
东岩股份	协议转让	有色金属冶炼和压延加工业	同济医药	协议转让	医药制造业
先临三维	协议转让	软件和信息技术服务业	汇恒环保	协议转让	生态保护和环境治理业
欣威视通	协议转让	软件和信息技术服务业	华博教育	协议转让	软件和信息技术服务业
行动教育	协议转让	教育	金刚文化	协议转让	文教、工美、体育和娱乐用品制造业
蓝天股份	协议转让	专业技术服务业	易简集团	协议转让	软件和信息技术服务业
诚思科技	协议转让	软件和信息技术服务业	智房科技	协议转让	建筑装饰和其他建筑业
企汇网	协议转让	互联网和相关服务	了望股份	协议转让	商务服务业
西科种业	协议转让	农业	天运股份	协议转让	废弃资源综合利用业
星奥股份	协议转让	体育	新锐股份	协议转让	有色金属冶炼和压延加工业
星座魔山	协议转让	广播、电视、电影和影视录音制作业	华安奥特	协议转让	专用设备制造业
伯朗特	协议转让	通用设备制造业	能量传播	协议转让	广播、电视、电影和影视录音制作业

B.15
附录二
新三板做市商退出明细

证券名称	所属分层	退出做市商	退出时间	证券名称	所属分层	退出做市商	退出时间
海容冷链	创新层	招商证券	2015/10/29	利树股份	创新层	东北证券	2016/11/01
有友食品	创新层	招商证券	2015/10/29	北超伺服	创新层	上海证券	2016/11/01
		国信证券	2015/11/23			东北证券	
有友食品	创新层	东方证券	2015/12/07			国海证券	
古城香业	创新层	山西证券	2015/12/11			招商证券	
华灿电讯	创新层	山西证券	2015/12/15			光大证券	
华电电气	创新层	国信证券	2015/12/15			万联证券	
有友食品	创新层	齐鲁证券	2015/12/16	思坦仪器	基础层	中原证券	2016/11/01
波斯科技	创新层	广州证券	2015/12/22			九州证券	
		国信证券				天风证券	
古城香业	创新层	财达证券	2016/01/18			万联证券	
古城香业	创新层	华融证券	2016/01/21			财富证券	
华灿电讯	创新层	国信证券	2016/02/04			长江证券	
捷昌驱动	创新层	兴业证券	2016/03/08	利树股份	创新层	开源证券	2016/11/02
海纳生物	创新层	中投证券	2016/03/14	新绿股份	基础层	招商证券	2016/11/02
阿波罗	基础层	国信证券	2016/03/14	瑞可达	创新层	天风证券	2016/11/03
艾录股份	基础层	东莞证券	2016/03/17			广发证券	
麟龙股份	创新层	中信建投	2016/03/18			东吴证券	
古城香业	创新层	国泰君安	2016/03/18	联动设计	基础层	天风证券	2016/11/04
		东方证券		七星科技	创新层	上海证券	2016/11/04
明德生物	创新层	东方证券	2016/03/23	信达智能	基础层	天风证券	2016/11/04
		天风证券		中窑股份	基础层	天风证券	2016/11/04
阿波罗	基础层	安信证券	2016/03/23	北方园林	基础层	东方证券	2016/11/04
迈奇化学	创新层	山西证券	2016/03/24	永裕竹业	基础层	财富证券	2016/11/04
日懋园林	基础层	国信证券	2016/03/28			方正证券	
华灿电讯	创新层	国泰君安	2016/03/29			兴业证券	
米奥会展	创新层	国金证券	2016/04/11			南京证券	
		东方证券				东方证券	

续表

证券名称	所属分层	退出做市商	退出时间	证券名称	所属分层	退出做市商	退出时间
方林科技	创新层	国泰君安	2016/04/13	现在支付	创新层	东方证券	2016/11/04
英派瑞	创新层	国泰君安	2016/04/13	天丰电源	创新层	东方证券	2016/11/04
凌志软件	创新层	国泰君安	2016/04/13	正和生态	创新层	东方证券	2016/11/04
龙磁科技	创新层	招商证券	2016/04/13	金力永磁	创新层	华融证券	2016/11/04
古城香业	创新层	招商证券	2016/04/14	金力永磁	创新层	中信证券	2016/11/04
凌志软件	创新层	招商证券	2016/04/14	金力永磁	创新层	中金公司	2016/11/04
宏源药业	创新层	招商证券	2016/04/14	金力永磁	创新层	华泰证券	2016/11/04
宏源药业	创新层	国泰君安	2016/04/15	金力永磁	创新层	东兴证券	2016/11/04
有友食品	创新层	东兴证券	2016/04/15	金力永磁	创新层	恒泰证券	2016/11/04
洁昊环保	创新层	国泰君安	2016/04/19	佳瑞高科	基础层	万联证券	2016/11/07
华图教育	创新层	国信证券	2016/04/22	紫贝龙	基础层	山西证券	2016/11/08
华图教育	创新层	兴业证券	2016/04/22	中瀛鑫	基础层	恒泰证券	2016/11/08
华图教育	创新层	东方证券	2016/04/22	佳瑞高科	基础层	山西证券	2016/11/08
迈奇化学	创新层	国都证券	2016/05/05	奥迪威	创新层	国信证券	2016/11/08
方林科技	创新层	南京证券	2016/05/09	根力多	创新层	中泰证券	2016/11/09
威门药业	创新层	国泰君安	2016/05/12	根力多	创新层	光大证券	2016/11/09
捷昌驱动	创新层	金元证券	2016/05/13	巨网科技	创新层	第一创业	2016/11/09
捷昌驱动	创新层	浙商证券	2016/05/13	巨网科技	创新层	长江证券	2016/11/09
方林科技	创新层	国信证券	2016/05/16	巨网科技	创新层	兴业证券	2016/11/09
凌志软件	创新层	中投证券	2016/05/18	巨网科技	创新层	英大证券	2016/11/09
时代装饰	创新层	上海证券	2016/05/19	巨网科技	创新层	首创证券	2016/11/09
润农节水	创新层	山西证券	2016/05/20	巨网科技	创新层	国金证券	2016/11/09
晓鸣农牧	创新层	山西证券	2016/05/20	巨网科技	创新层	江海证券	2016/11/09
圣迪乐村	创新层	中信证券	2016/05/24	巨网科技	创新层	西部证券	2016/11/09
圣迪乐村	创新层	东方证券	2016/05/24	巨网科技	创新层	中投证券	2016/11/09
古城香业	创新层	齐鲁证券	2016/05/26	巨网科技	创新层	中信证券	2016/11/09
凌志软件	创新层	中泰证券	2016/05/26	正帆科技	基础层	广发证券	2016/11/09
古城香业	创新层	上海证券	2016/05/27	正帆科技	基础层	九州证券	2016/11/09
海纳生物	创新层	上海证券	2016/05/27	恒达新材	基础层	九州证券	2016/11/09
海纳生物	创新层	开源证券	2016/06/02	恒达新材	基础层	华安证券	2016/11/09
英派瑞	创新层	万联证券	2016/06/06	恒达新材	基础层	方正证券	2016/11/09
英派瑞	创新层	开源证券	2016/06/06	七星科技	创新层	世纪证券	2016/11/10

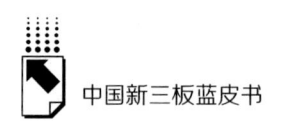

续表

证券名称	所属分层	退出做市商	退出时间	证券名称	所属分层	退出做市商	退出时间
洁昊环保	创新层	东兴证券	2016/06/06	维恩贝特	创新层	东北证券	2016/11/11
英派瑞	创新层	世纪证券	2016/06/08			广发证券	
曙光电缆	基础层	国信证券	2016/06/08			国信证券	
英派瑞	创新层	华安证券	2016/06/13			光大证券	
凌志软件	创新层	万联证券	2016/06/13			广州证券	
秦森园林	创新层	中银国际	2016/06/14			上海证券	
		申万宏源		金达莱	基础层	东兴证券	2016/11/15
		光大证券		金大股份	基础层	东方证券	2016/11/15
		华安证券		德业变频	基础层	东兴证券	2016/11/15
		国盛证券		华龙巨水	基础层	财通证券	2016/11/15
		南京证券				方正证券	
		中泰证券				九州证券	
扬子地板	创新层	上海证券	2016/06/15	联动设计	基础层	兴业证券	2016/11/18
		申万宏源		北鼎晶辉	创新层	申万宏源	2016/11/18
		海通证券		罗曼股份	基础层	华安证券	2016/11/18
日懋园林	基础层	平安证券	2016/06/20			兴业证券	
		齐鲁证券		融信租赁	基础层	恒泰证券	2016/11/18
洁昊环保	创新层	金元证券	2016/06/20	蔚林股份	创新层	东莞证券	2016/11/18
英派瑞	创新层	东方证券	2016/06/22	田野股份	创新层	开源证券	2016/11/18
洁昊环保	创新层	东方证券	2016/06/22	卫东环保	基础层	中投证券	2016/11/18
威门药业	创新层	九州证券	2016/06/24	穗晶光电	创新层	国海证券	2016/11/18
英派瑞	创新层	广州证券	2016/06/24	绿网天下	基础层	海通证券	2016/11/21
洁昊环保	创新层	广州证券	2016/06/24	兴宏泰	基础层	海通证券	2016/11/21
金宏气体	创新层	招商证券	2016/06/24	翰博高新	创新层	海通证券	2016/11/21
		东吴证券		德泓国际	创新层	光大证券	2016/11/21
		国泰君安				恒泰证券	
		太平洋证券				财达证券	
		山西证券				中山证券	
		上海证券				申万宏源	
		东兴证券				华林证券	
		长江证券				万联证券	
蔚林股份	创新层	山西证券	2016/06/24			方正证券	
福达合金	基础层	国信证券	2016/06/24			东北证券	
		东方证券		北鼎晶辉	创新层	中山证券	2016/11/22
泰达新材	创新层	申万宏源	2016/06/29	新绿股份	基础层	海通证券	2016/11/23

续表

证券名称	所属分层	退出做市商	退出时间	证券名称	所属分层	退出做市商	退出时间
强盛股份	创新层	红塔证券	2016/07/04	海博小贷	基础层	新时代证券	2016/11/24
		万联证券				开源证券	
曙光电缆	基础层	金元证券	2016/07/07			广发证券	
		九州证券				申万宏源	
		广州证券				国信证券	
苏大明世	基础层	东吴证券	2016/07/12			浙商证券	
		山西证券				西部证券	
尊马管件	基础层	东莞证券	2016/07/14	山大地纬	创新层	民生证券	2016/11/24
		山西证券				中信证券	
		招商证券				兴业证券	
盛安资源	基础层	东吴证券	2016/07/14	奥迪威	创新层	上海证券	2016/11/24
		长江证券				恒泰证券	
		国信证券				中泰证券	
		广发证券				红塔证券	
		广州证券				广州证券	
		光大证券				长江证券	
		国泰君安				第一创业	
时代装饰	创新层	中银国际	2016/07/14			恒泰证券	
		天风证券		银丰棉花	基础层	招商证券	2016/11/25
		兴业证券		维泰股份	创新层	信达证券	2016/11/25
		平安证券		新绿股份	基础层	光大证券	2016/11/25
		新时代证券		东方网	基础层	东方证券	2016/11/25
枫盛阳	基础层	国海证券	2016/07/15	北鼎晶辉	创新层	广州证券	2016/11/28
国林环保	创新层	国海证券	2016/07/15	润农节水	创新层	华安证券	2016/11/28
三人行	基础层	申万宏源	2016/07/20	龙蛙农业	基础层	中泰证券	2016/11/28
		齐鲁证券				华创证券	
		西部证券		天迈科技	创新层	国海证券	2016/11/28
		光大证券		田野股份	创新层	华安证券	2016/11/28
中搜网络	基础层	中信证券	2016/07/25	七星科技	创新层	华福证券	2016/11/30
方林科技	创新层	招商证券	2016/07/25	鱼鳞图	创新层	东方证券	2016/11/30
七星科技	创新层	山西证券	2016/07/25	泰通科技	创新层	中银国际	2016/11/30
枫盛阳	基础层	招商证券	2016/07/28			中原证券	
ST春秋	基础层	招商证券	2016/07/28			天风证券	
麟龙股份	创新层	招商证券	2016/08/04			中金公司	
国林环保	创新层	中投证券	2016/08/04			长江证券	
派诺科技	创新层	英大证券	2016/08/05			申万宏源	
瑞可达	创新层	中信建投	2016/08/10			东吴证券	

续表

证券名称	所属分层	退出做市商	退出时间	证券名称	所属分层	退出做市商	退出时间
分豆教育	创新层	东方证券	2016/08/11	有米科技	创新层	东方证券	2016/11/30
枫盛阳	基础层	长江证券	2016/08/12	同成股份	基础层	天风证券	2016/12/01
世纪天源	基础层	渤海证券	2016/08/12	皇品文化	基础层	天风证券	2016/12/01
		世纪证券		阿迪克	基础层	天风证券	2016/12/01
		天风证券		乐普四方	创新层	东兴证券	2016/12/01
枫盛阳	基础层	光大证券	2016/08/19	天大清源	基础层	恒泰证券	2016/12/02
国林环保	创新层	广州证券	2016/08/19	七星科技	创新层	申万宏源	2016/12/02
绿岸网络	创新层	国泰君安	2016/08/22			广州证券	
千年设计	创新层	申万宏源	2016/08/23	华泰集团	基础层	南京证券	2016/12/02
万特电气	基础层	安信证券	2016/08/25	润农节水	创新层	国海证券	2016/12/02
		东莞证券		金大股份	基础层	恒泰证券	2016/12/02
		中原证券		欧力配网	基础层	广州证券	2016/12/02
		国都证券				万联证券	
		华鑫证券				华福证券	
博广热能	创新层	华融证券	2016/08/25	金丹科技	创新层	国金证券	2016/12/02
		广州证券				平安证券	
		广发证券		中天羊业	创新层	信达证券	2016/12/05
		国都证券		中瀛鑫	基础层	兴业证券	2016/12/05
分豆教育	创新层	民生证券	2016/08/25	凌志环保	基础层	东兴证券	2016/12/05
中搜网络	基础层	恒泰证券	2016/08/26	田野股份	创新层	东兴证券	2016/12/05
泰达新材	创新层	华安证券	2016/08/26	中天羊业	创新层	中国银河证券	2016/12/06
分豆教育	创新层	开源证券	2016/08/26	广建装饰	基础层	招商证券	2016/12/06
科曼股份	基础层	国信证券	2016/08/29	蔚林股份	创新层	中国银河证券	2016/12/06
		光大证券		利隆媒体	创新层	中信建投	2016/12/07
春晖智控	基础层	安信证券	2016/08/29			天风证券	
		中原证券				东吴证券	
		国金证券				东方财富	
		首创证券				东方证券	
		方正证券				九州证券	
欧神诺	创新层申	万宏源	2016/08/31			德邦证券	
		长江证券		中天羊业	创新层	华龙证券	2016/12/08
		国金证券		兰亭科技	基础层	海通证券	2016/12/08
		中原证券		汇智光华	基础层	海通证券	2016/12/08
		兴业证券		田野股份	创新层	中航证券	2016/12/08
		方正证券		天创环境	基础层	长城证券	2016/12/08
		光大证券				华福证券	
		中泰证券				浙商证券	

附录二 新三板做市商退出明细

续表

证券名称	所属分层	退出做市商	退出时间	证券名称	所属分层	退出做市商	退出时间
瑞可达	创新层	中原证券	2016/08/31	凡拓创意	创新层	国泰君安	2016/12/08
国林环保	创新层	安信证券	2016/08/31			中山证券	
兴荣高科	基础层	华鑫证券	2016/09/01			中泰证券	
德安环保	创新层	华融证券	2016/09/01			九州证券	
		广州证券				中原证券	
		首创证券				首创证券	
		联讯证券		安软科技	基础层	海通证券	2016/12/08
九恒星	创新层	太平洋证券	2016/09/02	安泰股份	创新层	海通证券	2016/12/09
分豆教育	创新层	光大证券	2016/09/02			申万宏源	
中搜网络	基础层	东方证券	2016/09/05			天风证券	
分豆教育	创新层	九州证券	2016/09/05			国元证券	
浩森科技	基础层	国元证券	2016/09/05			华泰证券	
		招商证券				兴业证券	
		西部证券		森达电气	基础层	华福证券	2016/12/09
科顺防水	创新层	中泰证券	2016/09/05			世纪证券	
泰达新材	创新层	万联证券	2016/09/07			兴业证券	
瑞可达	创新层	万联证券	2016/09/07			中航证券	
中搜网络	基础层	中信建投	2016/09/09			中原证券	
麟龙股份	创新层	中泰证券	2016/09/09			万联证券	
宏源药业	创新层	东莞证券	2016/09/09	田野股份	创新层	广州证券	2016/12/09
科顺防水	创新层	国元证券	2016/09/14	瑞风协同	基础层	东方证券	2016/12/09
		华融证券		帮豪种业	创新层	中国银河证券	2016/12/12
		方正证券		保丽洁	创新层	招商证券	2016/12/12
		东莞证券		信中利	基础层	日信证券	2016/12/12
		九州证券				恒泰证券	
		华安证券				申万宏源	
瑞可达	创新层	国泰君安	2016/09/19	彩讯科技	基础层	中泰证券	2016/12/13
千年设计	创新层	广州证券	2016/09/20	德联科技	创新层	中泰证券	2016/12/13
麟龙股份	创新层	华福证券	2016/09/21	银丰棉花	基础层	万联证券	2016/12/13
华力兴	基础层	中山证券	2016/09/21	翰博高新	创新层	国信证券	2016/12/13
		华创证券		三强股份	基础层	中原证券	2016/12/14
		英大证券		田野股份	创新层	国海证券	2016/12/14
		招商证券		康泰股份	基础层	国海证券	2016/12/14
		国海证券		中搜网络	基础层	安信证券	2016/12/15

369

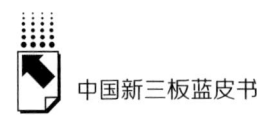

续表

证券名称	所属分层	退出做市商	退出时间	证券名称	所属分层	退出做市商	退出时间
国林环保	创新层	华福证券	2016/09/21	北鼎晶辉	创新层	中信证券	2016/12/15
淳中科技	基础层	华安证券	2016/09/21			光大证券	
华夏未来	基础层	金元证券	2016/09/22			联讯证券	
		世纪证券		中瀛鑫	基础层	安信证券	2016/12/15
		申万宏源		三强股份	基础层	东吴证券	2016/12/15
北超伺服	创新层	国信证券	2016/09/23	卫东环保	基础层	安信证券	2016/12/15
淳中科技	基础层	金元证券	2016/09/23	微创光电	创新层	金元证券	2016/12/16
九恒星	创新层	东兴证券	2016/09/26			华鑫证券	
公准股份	创新层	东兴证券	2016/09/26	盛世大联	创新层	兴业证券	2016/12/16
		九州证券				中信证券	
新疆银丰	基础层	宏源证券	2016/09/26			兴业证券	
		中泰证券				开源证券	
微网信通	基础层	东兴证券	2016/09/26	利扬芯片	基础层	红塔证券	2016/12/16
远大教科	基础层	东方证券	2016/09/28			联讯证券	
卫东环保	基础层	东方证券	2016/09/28			东莞证券	
福建国航	基础层	东方证券	2016/09/28			中山证券	
		西部证券		康泽药业	创新层	国信证券	2016/12/19
		太平洋证券		广电计量	创新层	东方证券	2016/12/20
九五智驾	基础层	天风证券	2016/09/29	杰尔斯	创新层	中投证券	2016/12/20
		第一创业		三强股份	基础层	国信证券	2016/12/21
		新时代证券		裕国股份	创新层	九州证券	2016/12/22
		华龙证券		康泽药业	创新层	中信建投	2016/12/22
中搜网络	基础层	国信证券	2016/09/30	易点科技	基础层	中投证券	2016/12/22
枫盛阳	基础层	恒泰证券	2016/09/30	福达合金	基础层	招商证券	2016/12/22
方林科技	创新层	国海证券	2016/09/30	翰博高新	创新层	中投证券	2016/12/22
华艺园林	创新层	国海证券	2016/09/30			浙商证券	
根力多	创新层	金元证券	2016/09/30			东兴证券	
金丹科技	创新层	世纪证券	2016/09/30	华旺股份	创新层	中信证券	2016/12/23
利树股份	创新层	国海证券	2016/09/30			平安证券	
千年设计	创新层	国海证券	2016/09/30			西部证券	
巴兰仕	基础层	中原证券	2016/10/11			联讯证券	
		申万宏源				广发证券	
鑫庄农贷	基础层	天风证券	2016/10/11			兴业证券	
根力多	创新层	兴业证券	2016/10/11	绿岸网络	创新层	上海证券	2016/12/26
昌信农贷	基础层	天风证券	2016/10/11			天风证券	
金丹科技	创新层	申万宏源	2016/10/11			东吴证券	
		兴业证券				西部证券	
绿岸网络	创新层	国信证券	2016/10/12	中天羊业	创新层	申万宏源	2016/12/26
枫盛阳	基础层	东海证券	2016/10/12			东吴证券	
麟龙股份	创新层	申万宏源	2016/10/12			山西证券	

续表

证券名称	所属分层	退出做市商	退出时间	证券名称	所属分层	退出做市商	退出时间
晓鸣农牧	创新层	上海证券	2016/10/12	蔚林股份	创新层	申万宏源	2016/12/26
天迈科技	创新层	中泰证券	2016/10/12			中原证券	
山大地纬	创新层	九州证券	2016/10/12			九州证券	
田野股份	创新层	中泰证券	2016/10/12	德长环保	创新层	德邦证券	2016/12/26
千年设计	创新层	招商证券	2016/10/12			财通证券	
彩讯科技	基础层	天风证券	2016/10/13			太平洋证券	
东芯通信	基础层	天风证券	2016/10/13			九州证券	
恒瑞能源	基础层	天风证券	2016/10/13			第一创业	
同信通信	创新层	太平洋证券	2016/10/14	阿拉科技	基础层	中山证券	2016/12/26
		华融证券				财通证券	
		天风证券				联讯证券	
		东方证券				东方证券	
金丹科技	创新层	华融证券	2016/10/14	施美药业	基础层	英大证券	2016/12/26
麟龙股份	创新层	东莞证券	2016/10/18			开源证券	
晓鸣农牧	创新层	东莞证券	2016/10/19			海通证券	
		海通证券				申万宏源	
		安信证券				万联证券	
		申万宏源		中海阳	基础层	东莞证券	2016/12/27
惠尔明	基础层	国盛证券	2016/10/19	均信担保	基础层	东莞证券	2016/12/27
		开源证券		华盛控股	基础层	东莞证券	2016/12/27
		太平洋证券		德马科技	基础层	信达证券	2016/12/27
		广州证券		鑫庄农贷	基础层	东莞证券	2016/12/27
		浙商证券		中搜网络	基础层	东北证券	2016/12/28
		联讯证券		润农节水	创新层	中信证券	2016/12/28
金丹科技	创新层	中投证券	2016/10/19			国泰君安	
海鑫科金	创新层	东方证券	2016/10/20			上海证券	
枫盛阳	基础层	广州证券	2016/10/20			天风证券	
兴宏泰	基础层	东方证券	2016/10/20			中山证券	
融信租赁	基础层	东方证券	2016/10/20			兴业证券	
路维光电	基础层	民生证券	2016/10/21			华融证券	
		九州证券				广州证券	
方林科技	创新层	中原证券	2016/10/24			招商证券	
		兴业证券				东吴证券	
		东吴证券		中瀛鑫	基础层	华泰证券	2016/12/28
		长江证券		北方园林	基础层	广发证券	2016/12/28
		中信证券				九州证券	
		光大证券				渤海证券	
卫东环保	基础层	兴业证券	2016/10/24			万和证券	

371

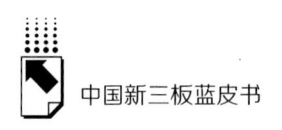

续表

证券名称	所属分层	退出做市商	退出时间	证券名称	所属分层	退出做市商	退出时间
田野股份	创新层	国泰君安	2016/10/25	卫东环保	基础层	东北证券	2016/12/28
卫东环保	基础层	国泰君安	2016/10/25	穗晶光电	创新层	中山证券	2016/12/28
金丹科技	创新层	首创证券	2016/10/25			联讯证券	
枫盛阳	基础层	国泰君安	2016/10/26			广发证券	
泰谷生物	创新层	国泰君安	2016/10/26			东吴证券	
罗曼股份	基础层	方正证券	2016/10/26	威能电源	创新层	第一创业	2016/12/28
		齐鲁证券				东兴证券	
博硕光电	创新层	中泰证券	2016/10/26	艾融软件	创新层	国信证券	2016/12/29
达海智能	创新层	中泰证券	2016/10/26			光大证券	
瑞可达	创新层	光大证券	2016/10/26			兴业证券	
鸿辉光通	创新层	国海证券	2016/10/26			中信证券	
佳瑞高科	基础层	中投证券	2016/10/26	翰博高新	创新层	招商证券	2016/12/29
千年设计	创新层	中投证券	2016/10/26	鸿辉光通	创新层	中山证券	2016/12/30
麟龙股份	创新层	中投证券	2016/10/27			中泰证券	
罗曼股份	基础层	爱建证券	2016/10/27			光大证券	
凯雪冷链	基础层	安信证券	2016/10/27			申万宏源	
		中原证券				广州证券	
		南京证券				广发证券	
		财达证券				万联证券	
		长江证券				西部证券	
蓝海股份	基础层	海通证券	2016/10/27	苏州园林	创新层	华融证券	2016/12/30
		山西证券				申万宏源	
蓝海科技	创新层	东方证券	2016/10/27	利洁生物	基础层	国泰君安	2016/12/30
		东兴证券		晨泰科技	创新层	中信证券	2016/12/30
		兴业证券				中投证券	
		中信证券				兴业证券	
利树股份	创新层	中投证券	2016/10/27			国联证券	
淳中科技	基础层	信达证券	2016/10/27			东兴证券	
		南京证券				浙商证券	
		山西证券				西部证券	
中瀛鑫	基础层	中信证券	2016/10/31			渤海证券	
安泰股份	创新层	华安证券	2016/10/31			长江证券	
分豆教育	创新层	中泰证券	2016/11/01	日久光电	创新层	申万宏源	2016/12/30
		东吴证券				中信证券	

B.16
附录三
2016年新三板市场政策法规汇总

政策法规名称	颁布时间	颁布机构	核心要点
《挂牌公司信息披露及会计业务问答》1-2	2016年1月26日	全国中小企业股份转让系统有限责任公司	针对信息披露和会计业务相关问题进行解答
《全国中小企业股份转让系统主办券商执业质量评价办法(试行)》	2016年1月29日	全国中小企业股份转让系统有限责任公司	从4月1日起正式实施,对主办券商进行执业质量评价,每个月发布执业质量评价报告,对负面行为进行记录
"关于《中华人民共和国国民经济和社会发展第十三个五年规划纲要》修改情况的说明"	2016年3月15日	中国证券监督管理委员会	删除第27页"设立战略性新兴产业板"
《挂牌公司并购重组业务问答(一)》	2016年3月15日	全国中小企业股份转让系统有限责任公司	根据《非上市公众公司收购管理办法》和《非上市公众公司重大资产重组管理办法》的有关规定,针对挂牌公司并购重组业务涉及本问答内容的问题进行解答
《全国中小企业股份转让系统转让意向平台管理规定(试行)》	2016年3月17日	全国中小企业股份转让系统有限责任公司	为交易用户提供意向信息的修改、发布、查询服务,更好地满足投资者的转让需求,降低转让意向信息的搜寻成本
《全国中小企业股份转让系统主办券商内核工作指引(试行)》(征求意见稿)	2016年4月6日	全国中小企业股份转让系统有限责任公司	为进一步规范主办券商推荐业务,明确主办券商内核职责,指导主办券商做好推荐业务内核工作,征求意见
《全国中小企业股份转让系统自律监管措施和纪律处分实施办法(试行)》	2016年4月29日	全国中小企业股份转让系统有限责任公司	自发布日起实行,自律监管和纪律处分的实施对象分别为申请挂牌公司、挂牌公司及其董事、监事、高级管理人员、股东、实际控制人,以及主办券商、会计师事务所、律师事务所、其他证券服务机构及其相关人员、投资者等股转系统市场参与人。针对每一类股转系统市场参与人发生违反股转系统业务规则的行为,都制定了相应的纪律处分实施办法

续表

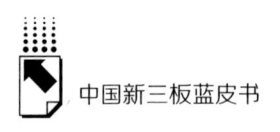

政策法规名称	颁布时间	颁布机构	核心要点
《关于金融类企业挂牌融资有关事项的通知》	2016年5月27日	全国中小企业股份转让系统有限责任公司	明确了金融类企业在新三板挂牌融资的监管政策。在现有标准上新增8个条件以及挂牌后更高的信息披露要求,提高了私募机构在新三板的准入门槛。针对目前已经挂牌但不符合新增挂牌条件的私募机构,限期1年内进行整改,未按期整改或整改后仍不符合要求的,将予以摘牌
《全国中小企业股份转让系统挂牌公司分层管理办法(试行)》	2016年5月27日	全国中小企业股份转让系统有限责任公司	设置挂牌公司治理情况、营业收入、市值指标等三套标准,符合其一者进入创新层。列出创新层的维持标准,于每年5月最后一个交易周的首个转让日调整挂牌公司所属层级。基础层的挂牌公司,符合创新层条件的,调整进入创新层;不符合创新层维持条件的挂牌公司,调整进入基础层
《全国中小企业股份转让系统主办券商内核工作指引(试行)》	2016年6月8日	全国中小企业股份转让系统有限责任公司	规范主办券商推荐业务,明确主办券商内核职责及工作要求,全面提高主办券商推荐业务及内核工作质量
《关于大力推进大众创业万众创新若干政策措施的意见》	2016年6月11日	国务院	搞活金融市场,实现便捷融资,大力支持创新创业,提出新三板为重要的资本交易平台
《挂牌公司并购重组业务问答(二)》	2016年6月16日	全国中小企业股份转让系统有限责任公司	根据《非上市公众公司重大资产重组管理办法》的有关规定,为规范挂牌公司并购重组行为,保护投资者合法权益,明确市场预期,挂牌公司并购重组业务涉及本问答内容的,一律按问答执行
《挂牌公司股票发行常见问题解答(三)——募集资金管理、认购协议中特殊条款、特殊类型挂牌公司融资》	2016年8月8日	全国中小企业股份转让系统有限责任公司	规范挂牌公司募资管理及融资行为。首次将对赌监管写入规则
《降低实体经济企业成本工作方案》	2016年8月8日	国务院	完善证券交易所市场股权融资功能,规范全国中小企业股份转让系统("新三板")发展,规范发展区域性股权市场和私募股权投资基金

续表

政策法规名称	颁布时间	颁布机构	核心要点
《全国中小企业股份转让系统机构业务问答（二）——关于私募投资基金登记备案有关问题的解答》	2016年9月2日	全国中小企业股份转让系统有限责任公司	明确私募投资基金管理人及私募基金登记和备案不作为企业挂牌融资和重组环节的前置条件，但作为承诺事项予以持续关注
全国中小企业股份转让系统机构业务问答（二）——关于私募投资基金登记备案有关问题的解答	2016年9月2日	全国中小企业股份转让系统有限责任公司	针对机构业务问题进行解答
《全国中小企业股份转让系统公开转让说明书信息披露指引（试行）》1~6号	2016年9月5日	全国中小企业股份转让系统有限责任公司	落实关于"一行三会"监管企业差异化信息披露的要求，明确证券公司、私募基金管理机构、期货公司、保险公司及保险中介、商业银行及非银行支付机构《公开转让说明书》信息披露要求
《全国中小企业股份转让系统挂牌公司董事会秘书任职及资格管理办法（试行）》	2016年9月8日	全国中小企业股份转让系统有限责任公司	包括适用范围、挂牌公司董秘须履行的义务、董秘资格管理及培训考试、董秘任职的禁止性规定等。进入创新层的挂牌公司须设立董事会秘书，董秘须在规定时间内取得资格证书
《全国中小企业股份转让系统挂牌业务问答——关于挂牌条件适用若干问题的解答（二）》	2016年9月9日	全国中小企业股份转让系统有限责任公司	推出挂牌准入负面清单管理，对挂牌企业的信息披露、企业资金占用、主办券商等中介机构的执业、投资者门槛的准入等问题做出相应解答
《中国证监会关于发挥资本市场作用服务国家脱贫攻坚战略的意见》	2016年9月9日	证监会	要集聚证监会系统和资本市场主体的合力服务国家脱贫攻坚战略，支持贫困地区企业利用多层次资本市场融资，支持和鼓励上市公司、证券基金期货经营机构履行扶贫社会责任，切实加强贫困地区投资者保护。对贫困地区企业首次公开发行股票、新三板挂牌、发行债券、并购重组等开辟绿色通道

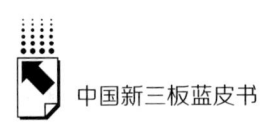

续表

政策法规名称	颁布时间	颁布机构	核心要点
《北京加强全国科技创新中心建设总体方案》	2016年9月11日	国务院	支持"新三板"、区域性股权市场发展,大力推动优先股、资产证券化、私募债等产品创新
《私募机构全国股转系统做市业务试点专业评审方案》	2016年9月14日	全国中小企业股份转让系统有限责任公司	标志着私募机构做市业务试点工作正式启动
《国务院关于促进创业投资持续健康发展的若干意见》	2016年9月20日	国务院	完善新三板交易机制,改善市场流动性。新三板市场作为中国多层次资本市场的重要组成部分,在创业投资市场当中将成为不可或缺的重要角色
《全国中小企业股份转让系统挂牌业务问答——关于内核工作指引实施若干问题的解答》	2016年9月30日	全国中小企业股份转让系统有限责任公司	明确主办券商内核职责及工作要求,提高主办券商执业质量和挂牌公司信息披露质量。对券商新三板内核机构设置、内核人员组成、内核程序等核心问题做出详细明确的规定
《关于积极稳妥降低企业杠杆率的意见》	2016年10月10日	国务院	加快完善全国中小企业股份转让系统,研究全国中小企业股份转让系统挂牌公司转板创业板的相关制度
《全国中小企业股份转让系统挂牌公司股票终止挂牌实施细则》(征求意见稿)	2016年10月21日	全国中小企业股份转让系统有限责任公司	规定了主动终止摘牌和强制终止挂牌的条件标准、程序及监管。对于未能披露定期报告、信息披露不可信、持续经营能力存疑等11种强制摘牌的情况做了详尽解释
《"十三五"国家战略性新兴产业发展规划》	2016年12月19日	国务院	支持符合条件的战略性新兴产业上市或挂牌融资,推进新三板转板试点,建立全国股份转让系统与区域性股权市场合作对接机制
《证监会发布公告要求资本市场有关主体实施新审计报告相关准则》	2016年12月20日	证监会	根据《中国注册会计师审计准则第1504号——在审计报告中沟通关键审计事项》等7项准则(以下称新审计报告相关准则)的要求,资本市场相关主体的财务报表审计业务需执行新审计报告相关准则。新三板上市公司财务报表审计业务,应于2018年1月1日起执行新审计报告相关准则

续表

政策法规名称	颁布时间	颁布机构	核心要点
《"十三五"促进民族地区和人口较少民族发展规划》	2016年12月24日	国务院	积极支持民族地区符合条件的企业在沪深交易所上市或在"新三板"挂牌并融资,支持符合条件的民族地区上市、挂牌公司通过并购重组做优做强,促进民族地区上市、挂牌公司健康发展。继续暂免征收西藏、新疆、内蒙古、宁夏、广西等自治区"新三板"挂牌公司的挂牌费用,实行专人对接、专人审核制度,做到即报即审、即审即挂
《关于对失信主体实施联合惩戒措施的监管问答》	2016年12月30日	全国中小企业股份转让系统有限责任公司	依据《国务院关于建立完善守信联合激励和失信联合惩戒制度加快推进社会诚信建设的指导意见》等文件要求,股转系统对失信联合惩戒对象实施惩戒措施,限制其在股转系统挂牌、融资

社会科学文献出版社　　**皮书系列**

❖ 皮书起源 ❖

"皮书"起源于十七、十八世纪的英国,主要指官方或社会组织正式发表的重要文件或报告,多以"白皮书"命名。在中国,"皮书"这一概念被社会广泛接受,并被成功运作、发展成为一种全新的出版形态,则源于中国社会科学院社会科学文献出版社。

❖ 皮书定义 ❖

皮书是对中国与世界发展状况和热点问题进行年度监测,以专业的角度、专家的视野和实证研究方法,针对某一领域或区域现状与发展态势展开分析和预测,具备原创性、实证性、专业性、连续性、前沿性、时效性等特点的公开出版物,由一系列权威研究报告组成。

❖ 皮书作者 ❖

皮书系列的作者以中国社会科学院、著名高校、地方社会科学院的研究人员为主,多为国内一流研究机构的权威专家学者,他们的看法和观点代表了学界对中国与世界的现实和未来最高水平的解读与分析。

❖ 皮书荣誉 ❖

皮书系列已成为社会科学文献出版社的著名图书品牌和中国社会科学院的知名学术品牌。2016年,皮书系列正式列入"十三五"国家重点出版规划项目;2012~2016年,重点皮书列入中国社会科学院承担的国家哲学社会科学创新工程项目;2017年,55种院外皮书使用"中国社会科学院创新工程学术出版项目"标识。

中国皮书网

发布皮书研创资讯，传播皮书精彩内容
引领皮书出版潮流，打造皮书服务平台

栏目设置

关于皮书：何谓皮书、皮书分类、皮书大事记、皮书荣誉、
　　　　　皮书出版第一人、皮书编辑部
最新资讯：通知公告、新闻动态、媒体聚焦、网站专题、视频直播、下载专区
皮书研创：皮书规范、皮书选题、皮书出版、皮书研究、研创团队
皮书评奖评价：指标体系、皮书评价、皮书评奖
互动专区：皮书说、皮书智库、皮书微博、数据库微博

所获荣誉

2008年、2011年，中国皮书网均在全国新闻出版业网站荣誉评选中获得"最具商业价值网站"称号；

2012年，获得"出版业网站百强"称号。

网库合一

2014年，中国皮书网与皮书数据库端口合一，实现资源共享。更多详情请登录www.pishu.cn。

权威报告·热点资讯·特色资源

皮书数据库
ANNUAL REPORT(YEARBOOK) DATABASE

当代中国与世界发展高端智库平台

所获荣誉

- 2016年，入选"国家'十三五'电子出版物出版规划骨干工程"
- 2015年，荣获"搜索中国正能量 点赞2015""创新中国科技创新奖"
- 2013年，荣获"中国出版政府奖·网络出版物奖"提名奖
- 连续多年荣获中国数字出版博览会"数字出版·优秀品牌"奖

成为会员

通过网址www.pishu.com.cn或使用手机扫描二维码进入皮书数据库网站，进行手机号码验证或邮箱验证即可成为皮书数据库会员（建议通过手机号码快速验证注册）。

会员福利

- 使用手机号码首次注册会员可直接获得100元体验金，不需充值即可购买和查看数据库内容（仅限使用手机号码快速注册）。
- 已注册用户购书后可免费获赠100元皮书数据库充值卡。刮开充值卡涂层获取充值密码，登录并进入"会员中心"—"在线充值"—"充值卡充值"，充值成功后即可购买和查看数据库内容。

卡号：162736871868
密码：

数据库服务热线：400-008-6695
数据库服务QQ：2475522410
数据库服务邮箱：database@ssap.cn
图书销售热线：010-59367070/7028
图书服务QQ：1265056568
图书服务邮箱：duzhe@ssap.cn

子库介绍
Sub-Database Introduction

中国经济发展数据库

涵盖宏观经济、农业经济、工业经济、产业经济、财政金融、交通旅游、商业贸易、劳动经济、企业经济、房地产经济、城市经济、区域经济等领域，为用户实时了解经济运行态势、把握经济发展规律、洞察经济形势、做出经济决策提供参考和依据。

中国社会发展数据库

全面整合国内外有关中国社会发展的统计数据、深度分析报告、专家解读和热点资讯构建而成的专业学术数据库。涉及宗教、社会、人口、政治、外交、法律、文化、教育、体育、文学艺术、医药卫生、资源环境等多个领域。

中国行业发展数据库

以中国国民经济行业分类为依据，跟踪分析国民经济各行业市场运行状况和政策导向，提供行业发展最前沿的资讯，为用户投资、从业及各种经济决策提供理论基础和实践指导。内容涵盖农业，能源与矿产业，交通运输业，制造业，金融业，房地产业，租赁和商务服务业，科学研究，环境和公共设施管理，居民服务业，教育，卫生和社会保障，文化、体育和娱乐业等100余个行业。

中国区域发展数据库

对特定区域内的经济、社会、文化、法治、资源环境等领域的现状与发展情况进行分析和预测。涵盖中部、西部、东北、西北等地区，长三角、珠三角、黄三角、京津冀、环渤海、合肥经济圈、长株潭城市群、关中—天水经济区、海峡经济区等区域经济体和城市圈，北京、上海、浙江、河南、陕西等34个省份及中国台湾地区。

中国文化传媒数据库

包括文化事业、文化产业、宗教、群众文化、图书馆事业、博物馆事业、档案事业、语言文字、文学、历史地理、新闻传播、广播电视、出版事业、艺术、电影、娱乐等多个子库。

世界经济与国际关系数据库

以皮书系列中涉及世界经济与国际关系的研究成果为基础，全面整合国内外有关世界经济与国际关系的统计数据、深度分析报告、专家解读和热点资讯构建而成的专业学术数据库。包括世界经济、国际政治、世界文化与科技、全球性问题、国际组织与国际法、区域研究等多个子库。

法律声明

"皮书系列"(含蓝皮书、绿皮书、黄皮书)之品牌由社会科学文献出版社最早使用并持续至今,现已被中国图书市场所熟知。"皮书系列"的 LOGO( )与"经济蓝皮书""社会蓝皮书"均已在中华人民共和国国家工商行政管理总局商标局登记注册。"皮书系列"图书的注册商标专用权及封面设计、版式设计的著作权均为社会科学文献出版社所有。未经社会科学文献出版社书面授权许可,任何使用与"皮书系列"图书注册商标、封面设计、版式设计相同或者近似的文字、图形或其组合的行为均系侵权行为。

经作者授权,本书的专有出版权及信息网络传播权为社会科学文献出版社享有。未经社会科学文献出版社书面授权许可,任何就本书内容的复制、发行或以数字形式进行网络传播的行为均系侵权行为。

社会科学文献出版社将通过法律途径追究上述侵权行为的法律责任,维护自身合法权益。

欢迎社会各界人士对侵犯社会科学文献出版社上述权利的侵权行为进行举报。电话:010-59367121,电子邮箱:fawubu@ssap.cn。

社会科学文献出版社

社长致辞

2017年正值皮书品牌专业化二十周年之际，世界每天都在发生着让人眼花缭乱的变化，而唯一不变的，是面向未来无数的可能性。作为个体，如何获取专业信息以备不时之需？作为行政主体或企事业主体，如何提高决策的科学性让这个世界变得更好而不是更糟？原创、实证、专业、前沿、及时、持续，这是1997年"皮书系列"品牌创立的初衷。

1997～2017，从最初一个出版社的学术产品名称到媒体和公众使用频率极高的热点词语，从专业术语到大众话语，从官方文件到独特的出版型态，作为重要的智库成果，"皮书"始终致力于成为海量信息时代的信息过滤器，成为经济社会发展的记录仪，成为政策制定、评估、调整的智力源，社会科学研究的资料集成库。"皮书"的概念不断延展，"皮书"的种类更加丰富，"皮书"的功能日渐完善。

1997～2017，皮书及皮书数据库已成为中国新型智库建设不可或缺的抓手与平台，成为政府、企业和各类社会组织决策的利器，成为人文社科研究最基本的资料库，成为世界系统完整及时认知当代中国的窗口和通道！"皮书"所具有的凝聚力正在形成一种无形的力量，吸引着社会各界关注中国的发展，参与中国的发展。

二十年的"皮书"正值青春，愿每一位皮书人付出的年华与智慧不辜负这个时代！

社会科学文献出版社社长
中国社会学会秘书长

2016年11月

社会科学文献出版社简介

社会科学文献出版社成立于1985年,是直属于中国社会科学院的人文社会科学学术出版机构。成立以来,社科文献出版社依托于中国社会科学院和国内外人文社会科学界丰厚的学术出版和专家学者资源,始终坚持"创社科经典,出传世文献"的出版理念、"权威、前沿、原创"的产品定位以及学术成果和智库成果出版的专业化、数字化、国际化、市场化的经营道路。

社科文献出版社是中国新闻出版业转型与文化体制改革的先行者。积极探索文化体制改革的先进方向和现代企业经营决策机制,社科文献出版社先后荣获"全国文化体制改革工作先进单位"、中国出版政府奖·先进出版单位奖、中国社会科学院先进集体、全国科普工作先进集体等荣誉称号。多人次荣获"第十届韬奋出版奖""全国新闻出版行业领军人才""数字出版先进人物""北京市新闻出版广电行业领军人才"等称号。

社科文献出版社是中国人文社会科学学术出版的大社名社,也是以皮书为代表的智库成果出版的专业强社。年出版图书2000余种,其中皮书350余种,出版新书字数5.5亿字,承印与发行中国社科院院属期刊72种,先后创立了皮书系列、列国志、中国史话、社科文献学术译库、社科文献学术文库、甲骨文书系等一大批既有学术影响又有市场价值的品牌,确立了在社会学、近代史、苏东问题研究等专业学科及领域出版的领先地位。图书多次荣获中国出版政府奖、"三个一百"原创图书出版工程、"五个'一'工程奖"、"大众喜爱的50种图书"等奖项,在中央国家机关"强素质·做表率"读书活动中,入选图书品种数位居各大出版社之首。

社科文献出版社是中国学术出版规范与标准的倡议者与制定者,代表全国50多家出版社发起实施学术著作出版规范的倡议,承担学术著作规范国家标准的起草工作,率先编撰完成《皮书手册》对皮书品牌进行规范化管理,并在此基础上推出中国版芝加哥手册——《SSAP学术出版手册》。

社科文献出版社是中国数字出版的引领者,拥有皮书数据库、列国志数据库、"一带一路"数据库、减贫数据库、集刊数据库等4大产品线11个数据库产品,机构用户达1300余家,海外用户百余家,荣获"数字出版转型示范单位""新闻出版标准化先进单位""专业数字内容资源知识服务模式试点企业标准化示范单位"等称号。

社科文献出版社是中国学术出版走出去的践行者。社科文献出版社海外图书出版与学术合作业务遍及全球40余个国家和地区并于2016年成立俄罗斯分社,累计输出图书500余种,涉及近20个语种,累计获得国家社科基金中华学术外译项目资助76种、"丝路书香工程"项目资助60种、中国图书对外推广计划项目资助71种以及经典中国国际出版工程资助28种,被商务部认定为"2015-2016年度国家文化出口重点企业"。

如今,社科文献出版社拥有固定资产3.6亿元,年收入近3亿元,设置了七大出版分社、六大专业部门,成立了皮书研究院和博士后科研工作站,培养了一支近400人的高素质与高效率的编辑、出版、营销和国际推广队伍,为未来成为学术出版的大社、名社、强社,成为文化体制改革与文化企业转型发展的排头兵奠定了坚实的基础。

经 济 类

经济类皮书涵盖宏观经济、城市经济、大区域经济，提供权威、前沿的分析与预测

经济蓝皮书
2017年中国经济形势分析与预测

李扬 / 主编　2017年1月出版　定价：89.00元

◆ 本书为总理基金项目，由著名经济学家李扬领衔，联合中国社会科学院等数十家科研机构、国家部委和高等院校的专家共同撰写，系统分析了2016年的中国经济形势并预测2017年中国经济运行情况。

中国省域竞争力蓝皮书
中国省域经济综合竞争力发展报告（2015～2016）

李建平 / 李闽榕　高燕京 / 主编　2017年5月出版　定价：198.00元

◆ 本书融多学科的理论为一体，深入追踪研究了省域经济发展与中国国家竞争力的内在关系，为提升中国省域经济综合竞争力提供有价值的决策依据。

城市蓝皮书
中国城市发展报告 No.10

潘家华　单菁菁 / 主编　2017年9月出版　估价：89.00元

◆ 本书是由中国社会科学院城市发展与环境研究中心编著的，多角度、全方位地立体展示了中国城市的发展状况，并对中国城市的未来发展提出了许多建议。该书有强烈的时代感，对中国城市发展实践有重要的参考价值。

人口与劳动绿皮书

中国人口与劳动问题报告 No.18

蔡昉　张车伟/主编　2017年10月出版　估价：89.00元

◆ 本书为中国社会科学院人口与劳动经济研究所主编的年度报告，对当前中国人口与劳动形势做了比较全面和系统的深入讨论，为研究中国人口与劳动问题提供了一个专业性的视角。

世界经济黄皮书

2017年世界经济形势分析与预测

张宇燕/主编　2017年1月出版　定价：89.00元

◆ 本书由中国社会科学院世界经济与政治研究所的研究团队撰写，2016年世界经济增速进一步放缓，就业增长放慢。世界经济面临许多重大挑战同时，地缘政治风险、难民危机、大国政治周期、恐怖主义等问题也仍然在影响世界经济的稳定与发展。预计2017年按PPP计算的世界GDP增长率约为3.0%。

国际城市蓝皮书

国际城市发展报告（2017）

屠启宇/主编　2017年2月出版　定价：79.00元

◆ 本书作者以上海社会科学院从事国际城市研究的学者团队为核心，汇集同济大学、华东师范大学、复旦大学、上海交通大学、南京大学、浙江大学相关城市研究专业学者。立足动态跟踪介绍国际城市发展时间中，最新出现的重大战略、重大理念、重大项目、重大报告和最佳案例。

金融蓝皮书

中国金融发展报告（2017）

王国刚/主编　2017年2月出版　定价：79.00元

◆ 本书由中国社会科学院金融研究所组织编写，概括和分析了2016年中国金融发展和运行中的各方面情况，研讨和评论了2016年发生的主要金融事件，有利于读者了解掌握2016年中国的金融状况，把握2017年中国金融的走势。

农村绿皮书
中国农村经济形势分析与预测（2016~2017）

魏后凯　杜志雄　黄秉信 / 主编　2017年4月出版　估价：89.00元

◆ 本书描述了2016年中国农业农村经济发展的一些主要指标和变化，并对2017年中国农业农村经济形势的一些展望和预测，提出相应的政策建议。

西部蓝皮书
中国西部发展报告（2017）

徐璋勇 / 主编　2017年7月出版　估价：89.00元

◆ 本书由西北大学中国西部经济发展研究中心主编，汇集了源自西部本土以及国内研究西部问题的权威专家的第一手资料，对国家实施西部大开发战略进行年度动态跟踪，并对2017年西部经济、社会发展态势进行预测和展望。

经济蓝皮书·夏季号
中国经济增长报告（2016~2017）

李扬 / 主编　2017年9月出版　估价：98.00元

◆ 中国经济增长报告主要探讨2016~2017年中国经济增长问题，以专业视角解读中国经济增长，力求将其打造成一个研究中国经济增长、服务宏微观各级决策的周期性、权威性读物。

就业蓝皮书
2017年中国本科生就业报告

麦可思研究院 / 编著　2017年6月出版　估价：98.00元

◆ 本书基于大量的数据和调研，内容翔实，调查独到，分析到位，用数据说话，对中国大学生就业及学校专业设置起到了很好的建言献策作用。

皮书系列 重点推荐　社会政法类

社会政法类

社会政法类皮书聚焦社会发展领域的热点、难点问题，提供权威、原创的资讯与视点

社会蓝皮书
2017年中国社会形势分析与预测
李培林　陈光金　张翼/主编　2016年12月出版　定价：89.00元

◆ 本书由中国社会科学院社会学研究所组织研究机构专家、高校学者和政府研究人员撰写，聚焦当下社会热点，对2016年中国社会发展的各个方面内容进行了权威解读，同时对2017年社会形势发展趋势进行了预测。

法治蓝皮书
中国法治发展报告No.15（2017）
李林　田禾/主编　2017年3月出版　定价：118.00元

◆ 本年度法治蓝皮书回顾总结了2016年度中国法治发展取得的成就和存在的不足，对中国政府、司法、检务透明度进行了跟踪调研，并对2017年中国法治发展形势进行了预测和展望。

社会体制蓝皮书
中国社会体制改革报告No.5（2017）
龚维斌/主编　2017年3月出版　定价：89.00元

◆ 本书由国家行政学院社会治理研究中心和北京师范大学中国社会管理研究院共同组织编写，主要对2016年社会体制改革情况进行回顾和总结，对2017年的改革走向进行分析，提出相关政策建议。

社会政法类　皮书系列 重点推荐

社会心态蓝皮书
中国社会心态研究报告（2017）

王俊秀　杨宜音/主编　2017年12月出版　估价：89.00元

◆ 本书是中国社会科学院社会学研究所社会心理研究中心"社会心态蓝皮书课题组"的年度研究成果，运用社会心理学、社会学、经济学、传播学等多种学科的方法进行了调查和研究，对于目前中国社会心态状况有较广泛和深入的揭示。

生态城市绿皮书
中国生态城市建设发展报告（2017）

刘举科　孙伟平　胡文臻/主编　2017年7月出版　估价：118.00元

◆ 报告以绿色发展、循环经济、低碳生活、民生宜居为理念，以更新民众观念、提供决策咨询、指导工程实践、引领绿色发展为宗旨，试图探索一条具有中国特色的城市生态文明建设新路。

城市生活质量蓝皮书
中国城市生活质量报告（2017）

中国经济实验研究院/主编　2017年7月出版　估价：89.00元

◆ 本书对全国35个城市居民的生活质量主观满意度进行了电话调查，同时对35个城市居民的客观生活质量指数进行了计算，为中国城市居民生活质量的提升，提出了针对性的政策建议。

公共服务蓝皮书
中国城市基本公共服务力评价（2017）

钟君　刘志昌　吴正昊/主编　2017年12月出版　估价：89.00元

◆ 中国社会科学院经济与社会建设研究室与华图政信调查组成联合课题组，从2010年开始对基本公共服务力进行研究，研创了基本公共服务力评价指标体系，为政府考核公共服务与社会管理工作提供了理论工具。

皮书系列 重点推荐　行业报告类

行业报告类

行业报告类皮书立足重点行业、新兴行业领域，提供及时、前瞻的数据与信息

企业社会责任蓝皮书
中国企业社会责任研究报告（2017）

黄群慧　钟宏武　张蒽　翟利峰 / 著　　2017年10月出版　　估价：89.00元

◆ 本书剖析了中国企业社会责任在2016~2017年度的最新发展特征，详细解读了省域国有企业在社会责任方面的阶段性特征，生动呈现了国内外优秀企业的社会责任实践。对了解中国企业社会责任履行现状、未来发展，以及推动社会责任建设有重要的参考价值。

新能源汽车蓝皮书
中国新能源汽车产业发展报告（2017）

中国汽车技术研究中心　日产（中国）投资有限公司
东风汽车有限公司 / 编著　　2017年7月出版　　估价：98.00元

◆ 本书对中国2016年新能源汽车产业发展进行了全面系统的分析，并介绍了国外的发展经验。有助于相关机构、行业和社会公众等了解中国新能源汽车产业发展的最新动态，为政府部门出台新能源汽车产业相关政策法规、企业制定相关战略规划，提供必要的借鉴和参考。

杜仲产业绿皮书
中国杜仲橡胶资源与产业发展报告（2016~2017）

杜红岩　胡文臻　俞锐 / 主编　　2017年4月出版　　估价：85.00元

◆ 本书对2016年杜仲产业的发展情况、研究团队在杜仲研究方面取得的重要成果、部分地区杜仲产业发展的具体情况、杜仲新标准的制定情况等进行了较为详细的分析与介绍，使广大关心杜仲产业发展的读者能够及时跟踪产业最新进展。

企业蓝皮书
中国企业绿色发展报告 No.2（2017）

李红玉　朱光辉 / 主编　　2017年8月出版　　估价：89.00元

◆ 本书深入分析中国企业能源消费、资源利用、绿色金融、绿色产品、绿色管理、信息化、绿色发展政策及绿色文化方面的现状，并对目前存在的问题进行研究，剖析因果，谋划对策，为企业绿色发展提供借鉴，为中国生态文明建设提供支撑。

中国上市公司蓝皮书
中国上市公司发展报告（2017）

张平　王宏淼 / 主编　　2017年10月出版　　估价：98.00元

◆ 本书由中国社会科学院上市公司研究中心组织编写的，着力于全面、真实、客观反映当前中国上市公司财务状况和价值评估的综合性年度报告。本书详尽分析了2016年中国上市公司情况，特别是现实中暴露出的制度性、基础性问题，并对资本市场改革进行了探讨。

资产管理蓝皮书
中国资产管理行业发展报告（2017）

智信资产管理研究院 / 编著　　2017年6月出版　　估价：89.00元

◆ 中国资产管理行业刚刚兴起，未来将成为中国金融市场最有看点的行业。本书主要分析了2016年度资产管理行业的发展情况，同时对资产管理行业的未来发展做出科学的预测。

体育蓝皮书
中国体育产业发展报告（2017）

阮伟　钟秉枢 / 主编　　2017年12月出版　　估价：89.00元

◆ 本书运用多种研究方法，在体育竞赛业、体育用品业、体育场馆业、体育传媒业等传统产业研究的基础上，并对2016年体育领域内的各种热点事件进行研究和梳理，进一步拓宽了研究的广度、提升了研究的高度、挖掘了研究的深度。

国际问题类

国际问题类皮书关注全球重点国家与地区，
提供全面、独特的解读与研究

美国蓝皮书
美国研究报告（2017）

郑秉文　黄平 / 主编　2017年6月出版　估价：89.00元

◆ 本书是由中国社会科学院美国研究所主持完成的研究成果，它回顾了美国2016年的经济、政治形势与外交战略，对2017年以来美国内政外交发生的重大事件及重要政策进行了较为全面的回顾和梳理。

日本蓝皮书
日本研究报告（2017）

杨伯江 / 主编　2017年5月出版　估价：89.00元

◆ 本书对2016年日本的政治、经济、社会、外交等方面的发展情况做了系统介绍，对日本的热点及焦点问题进行了总结和分析，并在此基础上对该国2017年的发展前景做出预测。

亚太蓝皮书
亚太地区发展报告（2017）

李向阳 / 主编　2017年4月出版　估价：89.00元

◆ 本书是中国社会科学院亚太与全球战略研究院的集体研究成果。2017年的"亚太蓝皮书"继续关注中国周边环境的变化。该书盘点了2016年亚太地区的焦点和热点问题，为深入了解2016年及未来中国与周边环境的复杂形势提供了重要参考。

国别与地区类 皮书系列 重点推荐

德国蓝皮书

德国发展报告（2017）

郑春荣 / 主编　2017 年 6 月出版　估价：89.00 元

◆ 本报告由同济大学德国研究所组织编撰，由该领域的专家学者对德国的政治、经济、社会文化、外交等方面的形势发展情况，进行全面的阐述与分析。

日本经济蓝皮书

日本经济与中日经贸关系研究报告（2017）

张季风 / 编著　2017 年 5 月出版　估价：89.00 元

◆ 本书系统、详细地介绍了 2016 年日本经济以及中日经贸关系发展情况，在进行了大量数据分析的基础上，对 2017 年日本经济以及中日经贸关系的大致发展趋势进行了分析与预测。

俄罗斯黄皮书

俄罗斯发展报告（2017）

李永全 / 编著　2017 年 7 月出版　估价：89.00 元

◆ 本书系统介绍了 2016 年俄罗斯经济政治情况，并对 2016 年该地区发生的焦点、热点问题进行了分析与回顾；在此基础上，对该地区 2017 年的发展前景进行了预测。

非洲黄皮书

非洲发展报告 No.19（2016～2017）

张宏明 / 主编　2017 年 8 月出版　估价：89.00 元

◆ 本书是由中国社会科学院西亚非洲研究所组织编撰的非洲形势年度报告，比较全面、系统地分析了 2016 年非洲政治形势和热点问题，探讨了非洲经济形势和市场走向，剖析了大国对非洲关系的新动向；此外，还介绍了国内非洲研究的新成果。

皮书系列重点推荐　地方发展类

地方发展类

地方发展类皮书关注中国各省份、经济区域，提供科学、多元的预判与资政信息

北京蓝皮书
北京公共服务发展报告（2016~2017）

施昌奎 / 主编　2017年3月出版　定价：79.00元

◆ 本书是由北京市政府职能部门的领导、首都著名高校的教授、知名研究机构的专家共同完成的关于北京市公共服务发展与创新的研究成果。

河南蓝皮书
河南经济发展报告（2017）

张占仓　完世伟 / 主编　2017年4月出版　估价：89.00元

◆ 本书以国内外经济发展环境和走向为背景，主要分析当前河南经济形势，预测未来发展趋势，全面反映河南经济发展的最新动态、热点和问题，为地方经济发展和领导决策提供参考。

广州蓝皮书
2017年中国广州经济形势分析与预测

庾建设　陈浩钿　谢博能 / 主编　2017年7月出版　估价：85.00元

◆ 本书由广州大学与广州市委政策研究室、广州市统计局联合主编，汇集了广州科研团体、高等院校和政府部门诸多经济问题研究专家、学者和实际部门工作者的最新研究成果，是关于广州经济运行情况和相关专题分析、预测的重要参考资料。

皮书系列重点推荐 文化传媒类

文 化 传 媒 类

文化传媒类皮书透视文化领域、文化产业，探索文化大繁荣、大发展的路径

新媒体蓝皮书

中国新媒体发展报告 No.8（2017）

唐绪军 / 主编　2017 年 6 月出版　估价：89.00 元

◆ 本书是由中国社会科学院新闻与传播研究所组织编写的关于新媒体发展的最新年度报告，旨在全面分析中国新媒体的发展现状，解读新媒体的发展趋势，探析新媒体的深刻影响。

移动互联网蓝皮书

中国移动互联网发展报告（2017）

官建文 / 主编　2017 年 6 月出版　估价：89.00 元

◆ 本书着眼于对 2016 年度中国移动互联网的发展情况做深入解析，对未来发展趋势进行预测，力求从不同视角、不同层面全面剖析中国移动互联网发展的现状、年度突破及热点趋势等。

传媒蓝皮书

中国传媒产业发展报告（2017）

崔保国 / 主编　2017 年 5 月出版　估价：98.00 元

◆ "传媒蓝皮书"连续十多年跟踪观察和系统研究中国传媒产业发展。本报告在对传媒产业总体以及各细分行业发展状况与趋势进行深入分析基础上，对年度发展热点进行跟踪，剖析新技术引领下的商业模式，对传媒各领域发展趋势、内体经营、传媒投资进行解析，为中国传媒产业正在发生的变革提供前瞻行参考。

经济类

"三农"互联网金融蓝皮书
中国"三农"互联网金融发展报告（2017）
著(编)者：李勇坚 王弢　2017年8月出版／估价：98.00元
PSN B-2016-561-1/1

G20国家创新竞争力黄皮书
二十国集团（G20）国家创新竞争力发展报告（2016~2017）
著(编)者：李建平 李闽榕 赵新力　周天勇
2017年8月出版／估价：158.00元
PSN Y-2011-229-1/1

产业蓝皮书
中国产业竞争力报告（2017）No.7
著(编)者：张其仔　2017年12月出版／估价：98.00元
PSN B-2010-175-1/1

城市创新蓝皮书
中国城市创新报告（2017）
著(编)者：周天勇 旷建伟　2017年11月出版／估价：89.00元
PSN B-2013-340-1/1

城市蓝皮书
中国城市发展报告 No.10
著(编)者：潘家华 单菁菁　2017年9月出版／估价：89.00元
PSN B-2007-091-1/1

城乡一体化蓝皮书
中国城乡一体化发展报告（2016~2017）
著(编)者：汝信 付崇兰　2017年7月出版／估价：85.00元
PSN B-2011-226-1/2

城镇化蓝皮书
中国新型城镇化健康发展报告（2017）
著(编)者：张占斌　2017年8月出版／估价：89.00元
PSN B-2014-396-1/1

创新蓝皮书
创新型国家建设报告（2016~2017）
著(编)者：詹正茂　2017年12月出版／估价：89.00元
PSN B-2009-140-1/1

创业蓝皮书
中国创业发展报告（2016~2017）
著(编)者：黄群慧 赵卫星 钟宏武等
2017年11月出版／估价：89.00元
PSN B-2016-578-1/1

低碳发展蓝皮书
中国低碳发展报告（2016~2017）
著(编)者：齐晔 张希良　2017年3月出版／估价：98.00元
PSN B-2011-223-1/1

低碳经济蓝皮书
中国低碳经济发展报告（2017）
著(编)者：薛进军 赵忠秀　2017年6月出版／估价：85.00元
PSN B-2011-194-1/1

东北蓝皮书
中国东北地区发展报告（2017）
著(编)者：姜晓秋　2017年2月出版／定价：79.00元
PSN B-2006-067-1/1

发展与改革蓝皮书
中国经济发展和体制改革报告No.8
著(编)者：邹东涛 王再文　2017年4月出版／估价：98.00元
PSN B-2008-122-1/1

工业化蓝皮书
中国工业化进程报告（2017）
著(编)者：黄群慧　2017年12月出版／估价：158.00元
PSN B-2007-095-1/1

管理蓝皮书
中国管理发展报告（2017）
著(编)者：张晓东　2017年10月出版／估价：98.00元
PSN B-2014-416-1/1

国际城市蓝皮书
国际城市发展报告（2017）
著(编)者：屠启宇　2017年2月出版／定价：79.00元
PSN B-2012-260-1/1

国家创新蓝皮书
中国创新发展报告（2017）
著(编)者：陈劲　2017年12月出版／估价：89.00元
PSN B-2014-370-1/1

金融蓝皮书
中国金融发展报告（2017）
著(编)者：王国刚　2017年2月出版／定价：79.00元
PSN B-2004-031-1/6

京津冀金融蓝皮书
京津冀金融发展报告（2017）
著(编)者：王爱俭 李向前
2017年4月出版／估价：89.00元
PSN B-2016-528-1/1

京津冀蓝皮书
京津冀发展报告（2017）
著(编)者：文魁 祝尔娟　2017年4月出版／估价：89.00元
PSN B-2012-262-1/1

经济蓝皮书
2017年中国经济形势分析与预测
著(编)者：李扬　2017年1月出版／定价：89.00元
PSN B-1996-001-1/1

经济蓝皮书·春季号
2017年中国经济前景分析
著(编)者：李扬　2017年6月出版／估价：89.00元
PSN B-1999-008-1/1

经济蓝皮书·夏季号
中国经济增长报告（2016~2017）
著(编)者：李扬　2017年9月出版／估价：98.00元
PSN B-2010-176-1/1

经济信息绿皮书
中国与世界经济发展报告（2017）
著(编)者：杜平　2017年12月出版／定价：89.00元
PSN G-2003-023-1/1

就业蓝皮书
2017年中国本科生就业报告
著(编)者：麦可思研究院　2017年6月出版／估价：98.00元
PSN B-2009-146-1/2

经济类 | **皮书系列 2017全品种**

就业蓝皮书
2017年中国高职高专生就业报告
著（编）者：麦可思研究院　2017年6月出版／估价：98.00元
PSN B-2015-472-2/2

科普能力蓝皮书
中国科普能力评价报告（2017）
著（编）者：李富　强李群　2017年8月出版／估价：89.00元
PSN B-2016-556-1/1

临空经济蓝皮书
中国临空经济发展报告（2017）
著（编）者：连玉明　2017年9月出版／估价：89.00元
PSN B-2014-421-1/1

农村绿皮书
中国农村经济形势分析与预测（2016~2017）
著（编）者：魏后凯　杜志雄　黄秉信
2017年4月出版／估价：89.00元
PSN G-1998-003-1/1

农业应对气候变化蓝皮书
气候变化对中国农业影响评估报告 No.3
著（编）者：矫梅燕　2017年8月出版／估价：98.00元
PSN B-2014-413-1/1

气候变化绿皮书
应对气候变化报告（2017）
著（编）者：王伟光　郑国光　2017年6月出版／估价：89.00元
PSN G-2009-144-1/1

区域蓝皮书
中国区域经济发展报告（2016~2017）
著（编）者：赵弘　2017年6月出版／估价：89.00元
PSN B-2004-034-1/1

全球环境竞争力绿皮书
全球环境竞争力报告（2017）
著（编）者：李建平　李闽榕　王金南
2017年12月出版／估价：198.00元
PSN G-2013-363-1/1

人口与劳动绿皮书
中国人口与劳动问题报告 No.18
著（编）者：蔡昉　张车伟　2017年11月出版／估价：89.00元
PSN G-2000-012-1/1

商务中心区蓝皮书
中国商务中心区发展报告 No.3（2016）
著（编）者：李国红　单菁菁　2017年4月出版／估价：89.00元
PSN B-2015-444-1/1

世界经济黄皮书
2017年世界经济形势分析与预测
著（编）者：张宇燕　2017年1月出版／定价：89.00元
PSN Y-1999-006-1/1

世界旅游城市绿皮书
世界旅游城市发展报告（2017）
著（编）者：宋宇　2017年4月出版／估价：128.00元
PSN G-2014-400-1/1

土地市场蓝皮书
中国农村土地市场发展报告（2016~2017）
著（编）者：李光荣　2017年4月出版／估价：89.00元
PSN B-2016-527-1/1

西北蓝皮书
中国西北发展报告（2017）
著（编）者：高建龙　2017年4月出版／估价：89.00元
PSN B-2012-261-1/1

西部蓝皮书
中国西部发展报告（2017）
著（编）者：徐璋勇　2017年7月出版／估价：89.00元
PSN B-2005-039-1/1

新型城镇化蓝皮书
新型城镇化发展报告（2017）
著（编）者：李伟　宋敏　沈体雁　2017年4月出版／估价：98.00元
PSN B-2014-431-1/1

新兴经济体蓝皮书
金砖国家发展报告（2017）
著（编）者：林跃勤　周文　2017年12月出版／估价：89.00元
PSN B-2011-195-1/1

长三角蓝皮书
2017年新常态下深化一体化的长三角
著（编）者：王庆五　2017年12月出版／估价：88.00元
PSN B-2005-038-1/1

中部竞争力蓝皮书
中国中部经济社会竞争力报告（2017）
著（编）者：教育部人文社会科学重点研究基地
　　　　　南昌大学中国中部经济社会发展研究中心
2017年12月出版／估价：89.00元
PSN B-2012-276-1/1

中部蓝皮书
中国中部地区发展报告（2017）
著（编）者：宋亚平　2017年12月出版／估价：88.00元
PSN B-2007-089-1/1

中国省域竞争力蓝皮书
中国省域经济综合竞争力发展报告（2017）
著（编）者：李建平　李闽榕　高燕京
2017年2月出版／定价：198.00元
PSN B-2007-088-1/1

中三角蓝皮书
长江中游城市群发展报告（2017）
著（编）者：秦尊文　2017年9月出版／估价：89.00元
PSN B-2014-417-1/1

中小城市绿皮书
中国中小城市发展报告（2017）
著（编）者：中国城市经济学会中小城市经济发展委员会
　　　　　中国城镇化促进会中小城市发展委员会
　　　　　《中国中小城市发展报告》编纂委员会
　　　　　中小城市发展战略研究院
2017年11月出版／估价：128.00元
PSN G-2010-161-1/1

中原蓝皮书
中原经济区发展报告（2017）
著（编）者：李英杰　2017年6月出版／估价：88.00元
PSN B-2011-192-1/1

自贸区蓝皮书
中国自贸区发展报告（2017）
著（编）者：王力　2017年7月出版／估价：89.00元
PSN B-2016-559-1/1

社会政法类

北京蓝皮书
中国社区发展报告(2017)
著(编)者：于燕燕　2017年4月出版／估价：89.00元
PSN B-2007-083-5/8

殡葬绿皮书
中国殡葬事业发展报告(2017)
著(编)者：李伯森　2017年4月出版／估价：158.00元
PSN G-2010-180-1/1

城市管理蓝皮书
中国城市管理报告(2016~2017)
著(编)者：刘林　刘承水　2017年5月出版／估价：158.00元
PSN B-2013-336-1/1

城市生活质量蓝皮书
中国城市生活质量报告(2017)
著(编)者：中国经济实验研究院
2018年7月出版／估价：89.00元
PSN B-2013-326-1/1

城市政府能力蓝皮书
中国城市政府公共服务能力评估报告(2017)
著(编)者：何艳玲　2017年4月出版／估价：89.00元
PSN B-2013-338-1/1

慈善蓝皮书
中国慈善发展报告(2017)
著(编)者：杨团　2017年6月出版／估价：89.00元
PSN B-2009-142-1/1

党建蓝皮书
党的建设研究报告No.2(2017)
著(编)者：崔建民　陈东平　2017年4月出版／估价：89.00元
PSN B-2016-524-1/1

地方法治蓝皮书
中国地方法治发展报告No.3(2017)
著(编)者：李林　田禾　2017年4月出版／估价：108.00元
PSN B-2015-442-1/1

法治蓝皮书
中国法治发展报告No.15(2017)
著(编)者：李林　田禾　2017年3月出版／定价：118.00元
PSN B-2004-027-1/1

法治政府蓝皮书
中国法治政府发展报告(2017)
著(编)者：中国政法大学法治政府研究院
2017年4月出版／估价：98.00元
PSN B-2015-502-1/2

法治政府蓝皮书
中国法治政府评估报告(2017)
著(编)者：中国政法大学法治政府研究院
2017年11月出版／估价：98.00元
PSN B-2016-577-2/2

法治蓝皮书
中国法院信息化发展报告No.1(2017)
著(编)者：李林　田禾　2017年2月出版／定价：108.00元
PSN B-2017-604-3/3

反腐倡廉蓝皮书
中国反腐倡廉建设报告No.7
著(编)者：张英伟　2017年12月出版／估价：89.00元
PSN B-2012-259-1/1

非传统安全蓝皮书
中国非传统安全研究报告(2016~2017)
著(编)者：余潇枫　魏志江　2017年6月出版／估价：89.00元
PSN B-2012-273-1/1

妇女发展蓝皮书
中国妇女发展报告No.7
著(编)者：王金玲　2017年9月出版／估价：148.00元
PSN B-2006-069-1/1

妇女教育蓝皮书
中国妇女教育发展报告No.4
著(编)者：张李玺　2017年10月出版／估价：78.00元
PSN B-2008-121-1/1

妇女绿皮书
中国性别平等与妇女发展报告(2017)
著(编)者：谭琳　2017年12月出版／估价：99.00元
PSN G-2006-073-1/1

公共服务蓝皮书
中国城市基本公共服务力评价(2017)
著(编)者：钟君　刘志昌　吴正杲　2017年12月出版／估价：89.00元
PSN B-2011-214-1/1

公民科学素质蓝皮书
中国公民科学素质报告(2016~2017)
著(编)者：李群　陈雄　马宗文
2017年4月出版／估价：89.00元
PSN B-2014-379-1/1

公共关系蓝皮书
中国公共关系发展报告(2017)
著(编)者：柳斌杰　2017年11月出版／估价：89.00元
PSN B-2016-580-1/1

公益蓝皮书
中国公益慈善发展报告(2017)
著(编)者：朱健刚　2018年4月出版／估价：118.00元
PSN B-2012-283-1/1

国际人才蓝皮书
中国国际移民报告(2017)
著(编)者：王辉耀　2017年4月出版／估价：89.00元
PSN B-2012-304-3/4

国际人才蓝皮书
中国留学发展报告(2017)No.5
著(编)者：王辉耀　苗绿　2017年10月出版／估价：89.00元
PSN B-2012-244-2/4

海洋社会蓝皮书
中国海洋社会发展报告(2017)
著(编)者：崔凤　宋宁而　2017年7月出版／估价：89.00元
PSN B-2015-478-1/1

皮书系列 2017全品种 — 社会政法类

行政改革蓝皮书
中国行政体制改革报告（2017）No.6
著（编）者：魏礼群　2017年5月出版 / 估价：98.00元
PSN B-2011-231-1/1

华侨华人蓝皮书
华侨华人研究报告（2017）
著（编）者：贾益民　2017年12月出版 / 估价：128.00元
PSN B-2011-204-1/1

环境竞争力绿皮书
中国省域环境竞争力发展报告（2017）
著（编）者：李建平　李闽榕　王金南
2017年11月出版 / 估价：198.00元
PSN G-2010-165-1/1

环境绿皮书
中国环境发展报告（2017）
著（编）者：刘鉴强　2017年4月出版 / 估价：89.00元
PSN G-2006-048-1/1

基金会蓝皮书
中国基金会发展报告（2016~2017）
著（编）者：中国基金会发展报告课题组
2017年4月出版 / 估价：85.00元
PSN B-2013-368-1/1

基金会绿皮书
中国基金会发展独立研究报告（2017）
著（编）者：基金会中心网　中央民族大学基金会研究中心
2017年6月出版 / 估价：88.00元
PSN G-2011-213-1/1

基金会透明度蓝皮书
中国基金会透明度发展研究报告（2017）
著（编）者：基金会中心网　清华大学廉政与治理研究中心
2017年12月出版 / 估价：89.00元
PSN B-2015-509-1/1

家庭蓝皮书
中国"创建幸福家庭活动"评估报告（2017）
国务院发展研究中心"创建幸福家庭活动评估"课题组著
2017年8月出版 / 估价：89.00元
PSN B-2015-508-1/1

健康城市蓝皮书
中国健康城市建设研究报告（2017）
著（编）者：王鸿春　解树江　盛继洪
2017年9月出版 / 估价：89.00元
PSN B-2016-565-2/2

教师蓝皮书
中国中小学教师发展报告（2017）
著（编）者：曾晓东　鱼霞　2017年6月出版 / 估价：89.00元
PSN B-2012-289-1/1

教育蓝皮书
中国教育发展报告（2017）
著（编）者：杨东平　2017年4月出版 / 估价：89.00元
PSN B-2006-047-1/1

科普蓝皮书
中国基层科普发展报告（2016~2017）
著（编）者：赵立　新陈玲　2017年9月出版 / 估价：89.00元
PSN B-2016-569-3/3

科普蓝皮书
中国科普基础设施发展报告（2017）
著（编）者：任福君　2017年6月出版 / 估价：89.00元
PSN B-2010-174-1/3

科普蓝皮书
中国科普人才发展报告（2017）
著（编）者：郑念　任嵘嵘　2017年4月出版 / 估价：98.00元
PSN B-2015-512-2/3

科学教育蓝皮书
中国科学教育发展报告（2017）
著（编）者：罗晖　王康友　2017年10月出版 / 估价：89.00元
PSN B-2015-487-1/1

劳动保障蓝皮书
中国劳动保障发展报告（2017）
著（编）者：刘燕斌　2017年9月出版 / 估价：188.00元
PSN B-2014-415-1/1

老龄蓝皮书
中国老年宜居环境发展报告（2017）
著（编）者：党俊武　刘燕珉　2017年4月出版 / 估价：89.00元
PSN B-2013-320-1/1

连片特困区蓝皮书
中国连片特困区发展报告（2017）
著（编）者：游俊　冷志明　丁建军
2017年4月出版 / 估价：98.00元
PSN B-2013-321-1/1

流动儿童蓝皮书
中国流动儿童教育发展报告（2016）
著（编）者：杨东平　2017年1月出版 / 定价：79.00元
PSN B-2017-600-1/1

民调蓝皮书
中国民生调查报告（2017）
著（编）者：谢耘耕　2017年12月出版 / 估价：98.00元
PSN B-2014-398-1/1

民族发展蓝皮书
中国民族发展报告（2017）
著（编）者：郝时远　王延中　王希恩
2017年4月出版 / 估价：98.00元
PSN B-2006-070-1/1

女性生活蓝皮书
中国女性生活状况报告 No.11（2017）
著（编）者：韩湘景　2017年10月出版 / 估价：98.00元
PSN B-2006-071-1/1

汽车社会蓝皮书
中国汽车社会发展报告（2017）
著（编）者：王俊秀　2017年12月出版 / 估价：89.00元
PSN B-2011-224-1/1

皮书系列 2017全品种

社会政法类

青年蓝皮书
中国青年发展报告(2017)No.3
著(编)者：廉思 等　2017年4月出版 / 估价：89.00元
PSN B-2013-333-1/1

青少年蓝皮书
中国未成年人互联网运用报告(2017)
著(编)者：李文革 沈洁 季为民
2017年11月出版 / 估价：89.00元
PSN B-2010-165-1/1

青少年体育蓝皮书
中国青少年体育发展报告(2017)
著(编)者：郭建军 杨桦　2017年9月出版 / 估价：89.00元
PSN B-2015-482-1/1

群众体育蓝皮书
中国群众体育发展报告(2017)
著(编)者：刘国永 杨桦　2017年12月出版 / 估价：89.00元
PSN B-2016-519-2/3

人权蓝皮书
中国人权事业发展报告 No.7(2017)
著(编)者：李君如　2017年9月出版 / 估价：98.00元
PSN B-2011-215-1/1

社会保障绿皮书
中国社会保障发展报告(2017)No.8
著(编)者：王延中　2017年1月出版 / 估价：98.00元
PSN G-2001-014-1/1

社会风险评估蓝皮书
风险评估与危机预警评估报告(2017)
著(编)者：唐钧　2017年8月出版 / 估价：85.00元
PSN B-2016-521-1/1

社会管理蓝皮书
中国社会管理创新报告 No.5
著(编)者：连玉明　2017年11月出版 / 估价：89.00元
PSN B-2012-300-1/1

社会蓝皮书
2017年中国社会形势分析与预测
著(编)者：李培林 陈光金 张翼
2016年12月出版 / 定价：89.00元
PSN B-1998-002-1/1

社会体制蓝皮书
中国社会体制改革报告No.5(2017)
著(编)者：龚维斌　2017年3月出版 / 定价：89.00元
PSN B-2013-330-1/1

社会心态蓝皮书
中国社会心态研究报告(2017)
著(编)者：王俊秀 杨宜音　2017年12月出版 / 估价：89.00元
PSN B-2011-199-1/1

社会组织蓝皮书
中国社会组织发展报告(2016~2017)
著(编)者：黄晓勇　2017年1月出版 / 定价：89.00元
PSN B-2008-118-1/2

社会组织蓝皮书
中国社会组织评估发展报告(2017)
著(编)者：徐家良 廖鸿　2017年12月出版 / 估价：89.00元
PSN B-2013-366-1/1

生态城市绿皮书
中国生态城市建设发展报告(2017)
著(编)者：刘举科 孙伟平 胡文臻
2017年9月出版 / 估价：118.00元
PSN G-2012-269-1/1

生态文明绿皮书
中国省域生态文明建设评价报告(ECI 2017)
著(编)者：严耕　2017年12月出版 / 估价：98.00元
PSN G-2010-170-1/1

土地整治蓝皮书
中国土地整治发展研究报告 No.4
著(编)者：国土资源部土地整治中心
2017年7月出版 / 估价：89.00元
PSN B-2014-401-1/1

土地政策蓝皮书
中国土地政策研究报告(2017)
著(编)者：高延利 李宪文
2017年12月出版 / 定价：89.00元
PSN B-2015-506-1/1

医改蓝皮书
中国医药卫生体制改革报告(2017)
著(编)者：文学国 房志武　2017年11月出版 / 估价：98.00元
PSN B-2014-432-1/1

医疗卫生绿皮书
中国医疗卫生发展报告 No.7(2017)
著(编)者：申宝忠 韩玉珍　2017年4月出版 / 估价：85.00元
PSN G-2004-033-1/1

应急管理蓝皮书
中国应急管理报告(2017)
著(编)者：宋英华　2017年9月出版 / 估价：98.00元
PSN B-2016-563-1/1

政治参与蓝皮书
中国政治参与报告(2017)
著(编)者：房宁　2017年9月出版 / 估价：118.00元
PSN B-2011-200-1/1

宗教蓝皮书
中国宗教报告(2016)
著(编)者：邱永辉　2017年4月出版 / 估价：89.00元
PSN B-2008-117-1/1

行业报告类

SUV蓝皮书
中国SUV市场发展报告（2016~2017）
著（编）者：靳军　2017年9月出版 / 估价：89.00元
PSN B-2016-572-1/1

保健蓝皮书
中国保健服务产业发展报告 No.2
著（编）者：中国保健协会 中共中央党校
2017年7月出版 / 估价：198.00元
PSN B-2012-272-3/3

保健蓝皮书
中国保健食品产业发展报告 No.2
著（编）者：中国保健协会
　　　　　中国社会科学院食品药品产业发展与监管研究中心
2017年7月出版 / 估价：198.00元
PSN B-2012-271-2/3

保健蓝皮书
中国保健用品产业发展报告 No.2
著（编）者：中国保健协会
　　　　　国务院国有资产监督管理委员会研究中心
2017年4月出版 / 估价：198.00元
PSN B-2012-270-1/3

保险蓝皮书
中国保险业竞争力报告（2017）
著（编）者：项俊波　2017年12月出版 / 估价：99.00元
PSN B-2013-311-1/1

冰雪蓝皮书
中国滑雪产业发展报告（2017）
著（编）者：孙承华 伍斌 魏庆华 张鸿俊
2017年8月出版 / 估价：89.00元
PSN B-2016-560-1/1

彩票蓝皮书
中国彩票发展报告（2017）
著（编）者：益彩基金　2017年4月出版 / 估价：98.00元
PSN B-2015-462-1/1

餐饮产业蓝皮书
中国餐饮产业发展报告（2017）
著（编）者：邢颖　2017年6月出版 / 估价：98.00元
PSN B-2009-151-1/1

测绘地理信息蓝皮书
新常态下的测绘地理信息研究报告（2017）
著（编）者：库热西·买合苏提
2017年12月出版 / 估价：118.00元
PSN B-2009-145-1/1

茶业蓝皮书
中国茶产业发展报告（2017）
著（编）者：杨江帆 李闽榕　2017年10月出版 / 估价：88.00元
PSN B-2010-164-1/1

产权市场蓝皮书
中国产权市场发展报告（2016~2017）
著（编）者：曹和平　2017年5月出版 / 估价：89.00元
PSN B-2009-147-1/1

产业安全蓝皮书
中国出版传媒产业安全报告（2016~2017）
著（编）者：北京印刷学院文化产业安全研究院
2017年4月出版 / 估价：89.00元
PSN B-2014-384-13/14

产业安全蓝皮书
中国文化产业安全报告（2017）
著（编）者：北京印刷学院文化产业安全研究院
2017年12月出版 / 估价：89.00元
PSN B-2014-378-12/14

产业安全蓝皮书
中国新媒体产业安全报告（2017）
著（编）者：北京印刷学院文化产业安全研究院
2017年12月出版 / 估价：89.00元
PSN B-2015-500-14/14

城投蓝皮书
中国城投行业发展报告（2017）
著（编）者：王展艳 丁伯康　2017年11月出版 / 估价：300.00元
PSN B-2016-514-1/1

电子政务蓝皮书
中国电子政务发展报告（2016~2017）
著（编）者：李季 杜平　2017年7月出版 / 估价：89.00元
PSN B-2003-022-1/1

杜仲产业绿皮书
中国杜仲橡胶资源与产业发展报告（2016~2017）
著（编）者：杜红岩 胡文臻 俞锐
2017年4月出版 / 估价：85.00元
PSN G-2013-350-1/1

房地产蓝皮书
中国房地产发展报告 No.14（2017）
著（编）者：李春华 王业强　2017年5月出版 / 估价：89.00元
PSN B-2004-028-1/1

服务外包蓝皮书
中国服务外包产业发展报告（2017）
著（编）者：王晓红 刘德军
2017年6月出版 / 估价：89.00元
PSN B-2013-331-2/2

服务外包蓝皮书
中国服务外包竞争力报告（2017）
著（编）者：王力 刘春生 黄育华
2017年11月出版 / 估价：85.00元
PSN B-2011-216-1/2

工业和信息化蓝皮书
世界网络安全发展报告（2016~2017）
著（编）者：洪京一　2017年4月出版 / 估价：89.00元
PSN B-2015-452-5/5

工业和信息化蓝皮书
世界信息化发展报告（2016~2017）
著（编）者：洪京一　2017年4月出版 / 估价：89.00元
PSN B-2015-451-4/5

皮书系列 2017全品种
行业报告类

工业和信息化蓝皮书
世界信息技术产业发展报告（2016~2017）
著（编）者：洪京一　2017年4月出版　估价：89.00元
PSN B-2015-449-2/5

工业和信息化蓝皮书
移动互联网产业发展报告（2016~2017）
著（编）者：洪京一　2017年4月出版　估价：89.00元
PSN B-2015-448-1/5

工业和信息化蓝皮书
战略性新兴产业发展报告（2016~2017）
著（编）者：洪京一　2017年4月出版　估价：89.00元
PSN B-2015-450-3/5

工业设计蓝皮书
中国工业设计发展报告（2017）
著（编）者：王晓红　于炜　张立群
2017年9月出版　估价：138.00元
PSN B-2014-420-1/1

黄金市场蓝皮书
中国商业银行黄金业务发展报告（2016~2017）
著（编）者：平安银行　2017年4月出版　估价：98.00元
PSN B-2016-525-1/1

互联网金融蓝皮书
中国互联网金融发展报告（2017）
著（编）者：李东荣　2017年9月出版　估价：128.00元
PSN B-2014-374-1/1

互联网医疗蓝皮书
中国互联网医疗发展报告（2017）
著（编）者：宫晓东　2017年9月出版　估价：89.00元
PSN B-2016-568-1/1

会展蓝皮书
中外会展业动态评估年度报告（2017）
著（编）者：张敏　2017年4月出版　估价：88.00元
PSN B-2013-327-1/1

金融监管蓝皮书
中国金融监管报告（2017）
著（编）者：胡滨　2017年6月出版　估价：89.00元
PSN B-2012-281-1/1

金融蓝皮书
中国金融中心发展报告（2017）
著（编）者：王力　黄育华　2017年11月出版　估价：85.00元
PSN B-2011-186-6/6

建筑装饰蓝皮书
中国建筑装饰行业发展报告（2017）
著（编）者：刘晓一　葛道顺　2017年7月出版　估价：198.00元
PSN B-2016-554-1/1

客车蓝皮书
中国客车产业发展报告（2016~2017）
著（编）者：姚蔚　2017年10月出版　估价：85.00元
PSN B-2013-361-1/1

旅游安全蓝皮书
中国旅游安全报告（2017）
著（编）者：郑向敏　谢朝武　2017年5月出版　估价：128.00元
PSN B-2012-280-1/1

旅游绿皮书
2016~2017年中国旅游发展分析与预测
著（编）者：宋瑞　2017年2月出版　定价：89.00元
PSN G-2002-018-1/1

煤炭蓝皮书
中国煤炭工业发展报告（2017）
著（编）者：岳福斌　2017年12月出版　估价：85.00元
PSN B-2008-123-1/1

民营企业社会责任蓝皮书
中国民营企业社会责任报告（2017）
著（编）者：中华全国工商业联合会
2017年12月出版　估价：89.00元
PSN B-2015-510-1/1

民营医院蓝皮书
中国民营医院发展报告（2017）
著（编）者：庄一强　2017年10月出版　估价：85.00元
PSN B-2012-299-1/1

闽商蓝皮书
闽商发展报告（2017）
著（编）者：李闽榕　王日根　林琛
2017年12月出版　估价：89.00元
PSN B-2012-298-1/1

能源蓝皮书
中国能源发展报告（2017）
著（编）者：崔民选　王军生　陈义和
2017年10月出版　估价：98.00元
PSN B-2006-049-1/1

农产品流通蓝皮书
中国农产品流通产业发展报告（2017）
著（编）者：贾敬敦　张东科　张玉玺　张鹏毅　周伟
2017年4月出版　估价：89.00元
PSN B-2012-288-1/1

企业公益蓝皮书
中国企业公益研究报告（2017）
著（编）者：钟宏武　汪杰　顾一　黄晓娟 等
2017年12月出版　估价：89.00元
PSN B-2015-501-1/1

企业国际化蓝皮书
中国企业国际化报告（2017）
著（编）者：王辉耀　2017年11月出版　估价：98.00元
PSN B-2014-427-1/1

企业蓝皮书
中国企业绿色发展报告No.2（2017）
著（编）者：李红玉　朱光辉　2017年8月出版　估价：89.00元
PSN B-2015-481-2/2

企业社会责任蓝皮书
中国企业社会责任研究报告（2017）
著（编）者：黄群慧　钟宏武　张蒽　翟利峰
2017年11月出版　估价：89.00元
PSN B-2009-149-1/1

企业社会责任蓝皮书
中资企业海外社会责任研究报告（2016~2017）
著（编）者：钟宏武　叶柳红　张蒽
2017年1月出版　定价：79.00元
PSN B-2017-603-2/2

行业报告类

皮书系列 2017全品种

汽车安全蓝皮书
中国汽车安全发展报告（2017）
著(编)者：中国汽车技术研究中心
2017年7月出版 / 估价：89.00元
PSN B-2014-385-1/1

汽车电子商务蓝皮书
中国汽车电子商务发展报告（2017）
著(编)者：中华全国工商业联合会汽车经销商商会
　　　　　北京易观智库网络科技有限公司
2017年10月出版 / 估价：128.00元
PSN B-2015-485-1/1

汽车工业蓝皮书
中国汽车工业发展年度报告（2017）
著(编)者：中国汽车工业协会 中国汽车技术研究中心
　　　　　丰田汽车（中国）投资有限公司
2017年4月出版 / 估价：128.00元
PSN B-2015-463-1/2

汽车工业蓝皮书
中国汽车零部件产业发展报告（2017）
著(编)者：中国汽车工业协会 中国汽车工程研究院
2017年10月出版 / 估价：98.00元
PSN B-2016-515-2/2

汽车蓝皮书
中国汽车产业发展报告（2017）
著(编)者：国务院发展研究中心产业经济研究部
　　　　　中国汽车工程学会 大众汽车集团（中国）
2017年8月出版 / 估价：98.00元
PSN B-2008-124-1/1

人力资源蓝皮书
中国人力资源发展报告（2017）
著(编)者：余兴安　2017年11月出版 / 估价：89.00元
PSN B-2012-287-1/1

融资租赁蓝皮书
中国融资租赁业发展报告（2016~2017）
著(编)者：李光荣 王力　2017年8月出版 / 估价：89.00元
PSN B-2015-443-1/1

商会蓝皮书
中国商会发展报告No.5（2017）
著(编)者：王钦敏　2017年7月出版 / 估价：89.00元
PSN B-2008-125-1/1

输血服务蓝皮书
中国输血行业发展报告（2017）
著(编)者：朱永明 耿鸿武　2016年8月出版 / 估价：89.00元
PSN B-2016-583-1/1

社会责任管理蓝皮书
中国上市公司社会责任能力成熟度报告（2017）No.2
著(编)者：肖红军 王晓光 李伟阳
2017年12月出版 / 估价：98.00元
PSN B-2015-507-2/2

社会责任管理蓝皮书
中国企业公众透明度报告(2017)No.3
著(编)者：黄速建 熊梦 王晓光 肖红军
2017年4月出版 / 估价：98.00元
PSN B-2015-440-1/2

食品药品蓝皮书
食品药品安全与监管政策研究报告（2016~2017）
著(编)者：唐民皓　2017年6月出版 / 估价：89.00元
PSN B-2009-129-1/1

世界能源蓝皮书
世界能源发展报告（2017）
著(编)者：黄晓勇　2017年6月出版 / 估价：99.00元
PSN B-2013-349-1/1

水利风景区蓝皮书
中国水利风景区发展报告（2017）
著(编)者：谢婵才 兰思仁　2017年5月出版 / 估价：89.00元
PSN B-2015-480-1/1

碳市场蓝皮书
中国碳市场报告（2017）
著(编)者：定金彪　2017年11月出版 / 估价：89.00元
PSN B-2014-430-1/1

体育蓝皮书
中国体育产业发展报告（2017）
著(编)者：阮伟 钟秉枢　2017年12月出版 / 估价：89.00元
PSN B-2010-179-1/4

网络空间安全蓝皮书
中国网络空间安全发展报告（2017）
著(编)者：惠志斌 唐涛　2017年4月出版 / 估价：89.00元
PSN B-2015-466-1/1

西部金融蓝皮书
中国西部金融发展报告（2017）
著(编)者：李忠民　2017年8月出版 / 估价：85.00元
PSN B-2010-160-1/1

协会商会蓝皮书
中国行业协会商会发展报告（2017）
著(编)者：景朝阳 李勇　2017年4月出版 / 估价：99.00元
PSN B-2015-461-1/1

新能源汽车蓝皮书
中国新能源汽车产业发展报告（2017）
著(编)者：中国汽车技术研究中心
　　　　　日产（中国）投资有限公司 东风汽车有限公司
2017年7月出版 / 估价：98.00元
PSN B-2013-347-1/1

新三板蓝皮书
中国新三板市场发展报告（2017）
著(编)者：王力　2017年6月出版 / 估价：89.00元
PSN B-2016-534-1/1

信托市场蓝皮书
中国信托业市场报告（2016~2017）
著(编)者：用益信托研究院
2017年1月出版 / 定价：198.00元
PSN B-2014-371-1/1

信息化蓝皮书
中国信息化形势分析与预测（2016~2017）
著(编)者：周宏仁　2017年8月出版 / 估价：98.00元
PSN B-2010-168-1/1

皮书系列 2017全品种 — 行业报告类

信用蓝皮书
中国信用发展报告（2017）
著(编)者：章政 田侃　2017年4月出版／估价：99.00元
PSN B-2013-328-1/1

休闲绿皮书
2017年中国休闲发展报告
著(编)者：宋瑞　2017年10月出版／估价：89.00元
PSN G-2010-158-1/1

休闲体育蓝皮书
中国休闲体育发展报告（2016~2017）
著(编)者：李相如 钟炳枢　2017年10月出版／估价：89.00元
PSN G-2016-516-1/1

养老金融蓝皮书
中国养老金融发展报告（2017）
著(编)者：董克用 姚余栋
2017年8月出版／估价：89.00元
PSN B-2016-584-1/1

药品流通蓝皮书
中国药品流通行业发展报告（2017）
著(编)者：佘鲁林 温再兴　2017年8月出版／估价：158.00元
PSN B-2014-429-1/1

医院蓝皮书
中国医院竞争力报告（2017）
著(编)者：庄一强 曾益新　2017年3月出版／定价：108.00元
PSN B-2016-529-1/1

邮轮绿皮书
中国邮轮产业发展报告（2017）
著(编)者：汪泓　2017年10月出版／估价：89.00元
PSN G-2014-419-1/1

智能养老蓝皮书
中国智能养老产业发展报告（2017）
著(编)者：朱勇　2017年10月出版／估价：89.00元
PSN B-2015-488-1/1

债券市场蓝皮书
中国债券市场发展报告（2016~2017）
著(编)者：杨农　2017年10月出版／估价：89.00元
PSN B-2016-573-1/1

中国节能汽车蓝皮书
中国节能汽车发展报告（2016~2017）
著(编)者：中国汽车工程研究院股份有限公司
2017年9月出版／估价：98.00元
PSN B-2016-566-1/1

中国上市公司蓝皮书
中国上市公司发展报告（2017）
著(编)者：张平 王宏淼
2017年10月出版／估价：98.00元
PSN B-2014-414-1/1

中国陶瓷产业蓝皮书
中国陶瓷产业发展报告（2017）
著(编)者：左和平 黄速建　2017年10月出版／估价：98.00元
PSN B-2016-574-1/1

中国总部经济蓝皮书
中国总部经济发展报告（2016~2017）
著(编)者：赵弘　2017年9月出版／估价：89.00元
PSN B-2005-036-1/1

中医文化蓝皮书
中国中医药文化传播发展报告（2017）
著(编)者：毛嘉陵　2017年7月出版／估价：89.00元
PSN B-2015-468-1/1

装备制造业蓝皮书
中国装备制造业发展报告（2017）
著(编)者：徐东华　2017年12月出版／估价：148.00元
PSN B-2015-505-1/1

资本市场蓝皮书
中国场外交易市场发展报告（2016~2017）
著(编)者：高峦　2017年4月出版／估价：89.00元
PSN B-2009-153-1/1

资产管理蓝皮书
中国资产管理行业发展报告（2017）
著(编)者：智信资产管理研究院
2017年6月出版／估价：89.00元
PSN B-2014-407-2/2

文化传媒类

传媒竞争力蓝皮书
中国传媒国际竞争力研究报告（2017）
著（编）者：李本乾 刘强
2017年11月出版 / 估价：148.00元
PSN B-2013-356-1/1

传媒蓝皮书
中国传媒产业发展报告（2017）
著（编）者：崔保国　2017年5月出版 / 估价：98.00元
PSN B-2005-035-1/1

传媒投资蓝皮书
中国传媒投资发展报告（2017）
著（编）者：张向东 谭云明
2017年6月出版 / 估价：128.00元
PSN B-2015-474-1/1

动漫蓝皮书
中国动漫产业发展报告（2017）
著（编）者：卢斌 郑玉明 牛兴侦
2017年9月出版 / 估价：89.00元
PSN B-2011-198-1/1

非物质文化遗产蓝皮书
中国非物质文化遗产发展报告（2017）
著（编）者：陈平　2017年5月出版 / 估价：98.00元
PSN B-2015-469-1/1

广电蓝皮书
中国广播电影电视发展报告（2017）
著（编）者：国家新闻出版广电总局发展研究中心
2017年7月出版 / 估价：98.00元
PSN B-2006-072-1/1

广告主蓝皮书
中国广告主营销传播趋势报告 No.9
著（编）者：黄升民 杜国清 邵华冬 等
2017年10月出版 / 估价：148.00元
PSN B-2005-041-1/1

国际传播蓝皮书
中国国际传播发展报告（2017）
著（编）者：胡正荣 李继东 姬德强
2017年11月出版 / 估价：89.00元
PSN B-2014-408-1/1

国家形象蓝皮书
中国国家形象传播报告（2016）
著（编）者：张昆　2017年3月出版 / 定价：98.00元
PSN B-2017-605-1/1

纪录片蓝皮书
中国纪录片发展报告（2017）
著（编）者：何苏六　2017年9月出版 / 估价：89.00元
PSN B-2011-222-1/1

科学传播蓝皮书
中国科学传播报告（2017）
著（编）者：詹正茂　2017年7月出版 / 估价：89.00元
PSN B-2008-120-1/1

两岸创意经济蓝皮书
两岸创意经济研究报告（2017）
著（编）者：罗昌智 林咏能
2017年10月出版 / 估价：98.00元
PSN B-2014-437-1/1

媒介与女性蓝皮书
中国媒介与女性发展报告(2016~2017)
著（编）者：刘利群　2017年9月出版 / 估价：118.00元
PSN B-2013-345-1/1

媒体融合蓝皮书
中国媒体融合发展报告（2017）
著（编）者：梅宁华 宋建武　2017年7月出版 / 估价：89.00元
PSN B-2015-479-1/1

全球传媒蓝皮书
全球传媒发展报告（2017）
著（编）者：胡正荣 李继东 唐晓芬
2017年11月出版 / 估价：89.00元
PSN B-2012-237-1/1

少数民族非遗蓝皮书
中国少数民族非物质文化遗产发展报告（2017）
著（编）者：肖远平（彝）柴立（满）
2017年8月出版 / 估价：98.00元
PSN B-2015-467-1/1

视听新媒体蓝皮书
中国视听新媒体发展报告（2017）
著（编）者：国家新闻出版广电总局发展研究中心
2017年7月出版 / 估价：98.00元
PSN B-2011-184-1/1

文化创新蓝皮书
中国文化创新报告（2017）No.7
著（编）者：于平 傅才武　2017年7月出版 / 估价：98.00元
PSN B-2009-143-1/1

文化建设蓝皮书
中国文化发展报告（2016~2017）
著（编）者：江畅 孙伟平 戴茂堂
2017年6月出版 / 估价：116.00元
PSN B-2014-392-1/1

文化科技蓝皮书
文化科技创新发展报告（2017）
著（编）者：于平 李凤亮　2017年11月出版 / 估价：89.00元
PSN B-2013-342-1/1

文化蓝皮书
中国公共文化服务发展报告（2017）
著（编）者：刘新成 张永新 张旭
2017年12月出版 / 估价：98.00元
PSN B-2007-093-2/10

文化蓝皮书
中国公共文化投入增长测评报告（2017）
著（编）者：王亚南　2017年2月出版 / 定价：79.00元
PSN B-2014-435-10/10

皮书系列 2017全品种

文化传媒类·地方发展类

文化蓝皮书
中国少数民族文化发展报告（2016~2017）
著(编)者：武翠英 张晓明 任乌晶
2017年9月出版 / 估价：89.00元
PSN B-2013-369-9/10

文化蓝皮书
中国文化产业发展报告（2016~2017）
著(编)者：张晓明 王家新 章建刚
2017年4月出版 / 估价：89.00元
PSN B-2002-019-1/10

文化蓝皮书
中国文化产业供需协调检测报告（2017）
著(编)者：王亚南 2017年2月出版 / 定价：79.00元
PSN B-2013-323-8/10

文化蓝皮书
中国文化消费需求景气评价报告（2017）
著(编)者：王亚南 2017年2月出版 / 定价：79.00元
PSN B-2011-236-4/10

文化品牌蓝皮书
中国文化品牌发展报告（2017）
著(编)者：欧阳友权 2017年5月出版 / 估价：98.00元
PSN B-2012-277-1/1

文化遗产蓝皮书
中国文化遗产事业发展报告（2017）
著(编)者：苏杨 张颖岚 王宇飞
2017年8月出版 / 估价：98.00元
PSN B-2008-119-1/1

文学蓝皮书
中国文情报告（2016~2017）
著(编)者：白烨 2017年5月出版 / 估价：49.00元
PSN B-2011-221-1/1

新媒体蓝皮书
中国新媒体发展报告No.8（2017）
著(编)者：唐绪军 2017年6月出版 / 估价：89.00元
PSN B-2010-169-1/1

新媒体社会责任蓝皮书
中国新媒体社会责任研究报告（2017）
著(编)者：钟瑛 2017年11月出版 / 估价：89.00元
PSN B-2014-423-1/1

移动互联网蓝皮书
中国移动互联网发展报告（2017）
著(编)者：官建文 2017年6月出版 / 估价：89.00元
PSN B-2012-282-1/1

舆情蓝皮书
中国社会舆情与危机管理报告（2017）
著(编)者：谢耘耕 2017年9月出版 / 估价：128.00元
PSN B-2011-235-1/1

影视蓝皮书
中国影视产业发展报告（2017）
著(编)者：司若 2017年4月出版 / 估价：138.00元
PSN B-2016-530-1/1

地方发展类

安徽经济蓝皮书
合芜蚌国家自主创新综合示范区研究报告（2016~2017）
著(编)者：黄家海 王开玉 蔡宪
2017年7月出版 / 估价：89.00元
PSN B-2014-383-1/1

安徽蓝皮书
安徽社会发展报告（2017）
著(编)者：程桦 2017年4月出版 / 估价：89.00元
PSN B-2013-325-1/1

澳门蓝皮书
澳门经济社会发展报告（2016~2017）
著(编)者：吴志良 郝雨凡 2017年6月出版 / 估价：98.00元
PSN B-2009-138-1/1

北京蓝皮书
北京公共服务发展报告（2016~2017）
著(编)者：施昌奎 2017年3月出版 / 定价：79.00元
PSN B-2008-103-7/8

北京蓝皮书
北京经济发展报告（2016~2017）
著(编)者：杨松 2017年6月出版 / 估价：89.00元
PSN B-2006-054-2/8

北京蓝皮书
北京社会发展报告（2016~2017）
著(编)者：李伟东 2017年6月出版 / 估价：89.00元
PSN B-2006-055-3/8

北京蓝皮书
北京社会治理发展报告（2016~2017）
著(编)者：殷星辰 2017年5月出版 / 估价：89.00元
PSN B-2014-391-8/8

北京蓝皮书
北京文化发展报告（2016~2017）
著(编)者：李建盛 2017年4月出版 / 估价：89.00元
PSN B-2007-082-4/8

北京律师绿皮书
北京律师发展报告No.3（2017）
著(编)者：王隽 2017年7月出版 / 估价：88.00元
PSN G-2012-301-1/1

北京旅游蓝皮书
北京旅游发展报告（2017）
著(编)者：北京旅游学会 2017年4月出版 / 估价：88.00元
PSN B-2011-217-1/1

地方发展类 皮书系列 2017全品种

北京人才蓝皮书
北京人才发展报告（2017）
著（编）者：于淼　2017年12月出版 / 估价：128.00元
PSN B-2011-201-1/1

北京社会心态蓝皮书
北京社会心态分析报告（2016～2017）
著（编）者：北京社会心理研究所
2017年8月出版 / 估价：89.00元
PSN B-2014-422-1/1

北京社会组织管理蓝皮书
北京社会组织发展与管理（2016～2017）
著（编）者：黄江松　2017年4月出版 / 估价：88.00元
PSN B-2015-446-1/1

北京体育蓝皮书
北京体育产业发展报告（2016～2017）
著（编）者：钟秉枢　陈杰　杨铁黎
2017年9月出版 / 估价：89.00元
PSN B-2015-475-1/1

北京养老产业蓝皮书
北京养老产业发展报告（2017）
著（编）者：周明明　冯áng良　2017年8月出版 / 估价：89.00元
PSN B-2015-465-1/1

滨海金融蓝皮书
滨海新区金融发展报告（2017）
著（编）者：王爱俭　张锐钢　2017年12月出版 / 估价：89.00元
PSN B-2014-424-1/1

城乡一体化蓝皮书
中国城乡一体化发展报告·北京卷（2016～2017）
著（编）者：张宝秀　黄序　2017年5月出版 / 估价：89.00元
PSN B-2012-258-2/2

创意城市蓝皮书
北京文化创意产业发展报告（2017）
著（编）者：张京成　王国华　2017年10月出版 / 估价：89.00元
PSN B-2012-263-1/7

创意城市蓝皮书
天津文化创意产业发展报告（2016～2017）
著（编）者：谢思全　2017年6月出版 / 估价：89.00元
PSN B-2016-537-7/7

创意城市蓝皮书
武汉文化创意产业发展报告（2017）
著（编）者：黄永林　陈汉桥　2017年9月出版 / 估价：99.00元
PSN B-2013-354-4/7

创意上海蓝皮书
上海文化创意产业发展报告（2016～2017）
著（编）者：王慧敏　王兴全　2017年8月出版 / 估价：89.00元
PSN B-2016-562-1/1

福建妇女发展蓝皮书
福建省妇女发展报告（2017）
著（编）者：刘群英　2017年11月出版 / 估价：88.00元
PSN B-2011-220-1/1

福建自贸区蓝皮书
中国（福建）自由贸易实验区发展报告（2016～2017）
著（编）者：黄茂兴　2017年4月出版 / 估价：108.00元
PSN B-2017-532-1/1

甘肃蓝皮书
甘肃经济发展分析与预测（2017）
著（编）者：安文华　罗哲　2017年1月出版 / 定价：79.00元
PSN B-2013-312-1/6

甘肃蓝皮书
甘肃社会发展分析与预测（2017）
著（编）者：安文华　包晓霞　谢增虎
2017年1月出版 / 定价：79.00元
PSN B-2013-313-2/6

甘肃蓝皮书
甘肃文化发展分析与预测（2017）
著（编）者：王俊莲　周小华　2017年1月出版 / 定价：79.00元
PSN B-2013-314-3/6

甘肃蓝皮书
甘肃县域和农村发展报告（2017）
著（编）者：朱智文　包东红　王建兵
2017年1月出版 / 定价：79.00元
PSN B-2013-316-5/6

甘肃蓝皮书
甘肃舆情分析与预测（2017）
著（编）者：陈双梅　张谦元　2017年1月出版 / 定价：79.00元
PSN B-2013-315-4/6

甘肃蓝皮书
甘肃商贸流通发展报告（2017）
著（编）者：张应华　王福生　王晓芳
2017年1月出版 / 定价：79.00元
PSN B-2016-523-6/6

广东蓝皮书
广东全面深化改革发展报告（2017）
著（编）者：周林生　涂成林　2017年12月出版 / 估价：89.00元
PSN B-2015-504-3/3

广东蓝皮书
广东社会工作发展报告（2017）
著（编）者：罗观翠　2017年6月出版 / 估价：89.00元
PSN B-2014-402-2/3

广东外经贸蓝皮书
广东对外经济贸易发展研究报告（2016~2017）
著（编）者：陈万灵　2017年8月出版 / 估价：98.00元
PSN B-2012-286-1/1

广西北部湾经济区蓝皮书
广西北部湾经济区开放开发报告（2017）
著（编）者：广西北部湾经济区规划建设管理委员会办公室
　　　　　广西社会科学院　广西北部湾发展研究院
2017年4月出版 / 估价：89.00元
PSN B-2010-181-1/1

巩义蓝皮书
巩义经济社会发展报告（2017）
著（编）者：丁同民　朱军　2017年4月出版 / 估价：58.00元
PSN B-2016-533-1/1

广州蓝皮书
2017年中国广州经济形势分析与预测
著（编）者：庾建设　陈浩钿　谢博能
2017年7月出版 / 估价：85.00元
PSN B-2011-185-9/14

25

皮书系列 2017全品种 — 地方发展类

广州蓝皮书
2017年中国广州社会形势分析与预测
著(编)者：张强 陈怡霓 杨秦　2017年6月出版 / 估价：85.00元
PSN B-2008-110-5/14

广州蓝皮书
广州城市国际化发展报告（2017）
著(编)者：朱名宏　2017年8月出版 / 估价：79.00元
PSN B-2012-246-11/14

广州蓝皮书
广州创新型城市发展报告（2017）
著(编)者：尹涛　2017年7月出版 / 估价：79.00元
PSN B-2012-247-12/14

广州蓝皮书
广州经济发展报告（2017）
著(编)者：朱名宏　2017年7月出版 / 估价：79.00元
PSN B-2005-040-1/14

广州蓝皮书
广州农村发展报告（2017）
著(编)者：朱名宏　2017年8月出版 / 估价：79.00元
PSN B-2010-167-8/14

广州蓝皮书
广州汽车产业发展报告（2017）
著(编)者：杨再高 冯兴亚　2017年7月出版 / 估价：79.00元
PSN B-2006-066-3/14

广州蓝皮书
广州青年发展报告（2016~2017）
著(编)者：徐柳 张强　2017年9月出版 / 估价：79.00元
PSN B-2013-352-13/14

广州蓝皮书
广州商贸业发展报告（2017）
著(编)者：李江涛 肖振宇 荀振英
2017年7月出版 / 估价：79.00元
PSN B-2012-245-10/14

广州蓝皮书
广州社会保障发展报告（2017）
著(编)者：蔡国萱　2017年8月出版 / 估价：79.00元
PSN B-2014-425-14/14

广州蓝皮书
广州文化创意产业发展报告（2017）
著(编)者：徐咏虹　2017年7月出版 / 估价：79.00元
PSN B-2008-111-6/14

广州蓝皮书
中国广州城市建设与管理发展报告（2017）
著(编)者：董皞 陈小钢 李江涛
2017年7月出版 / 估价：85.00元
PSN B-2007-087-4/14

广州蓝皮书
中国广州科技创新发展报告（2017）
著(编)者：邹采荣 马正勇 陈爽
2017年7月出版 / 估价：79.00元
PSN B-2006-065-2/14

广州蓝皮书
中国广州文化发展报告（2017）
著(编)者：徐俊忠 陆志强 顾涧清
2017年7月出版 / 估价：79.00元
PSN B-2009-134-7/14

贵阳蓝皮书
贵阳城市创新发展报告No.2（白云篇）
著(编)者：连玉明　2017年10月出版 / 估价：89.00元
PSN B-2015-491-3/10

贵阳蓝皮书
贵阳城市创新发展报告No.2（观山湖篇）
著(编)者：连玉明　2017年10月出版 / 估价：89.00元
PSN B-2011-235-1/1

贵阳蓝皮书
贵阳城市创新发展报告No.2（花溪篇）
著(编)者：连玉明　2017年10月出版 / 估价：89.00元
PSN B-2015-490-2/10

贵阳蓝皮书
贵阳城市创新发展报告No.2（开阳篇）
著(编)者：连玉明　2017年10月出版 / 估价：89.00元
PSN B-2015-492-4/10

贵阳蓝皮书
贵阳城市创新发展报告No.2（南明篇）
著(编)者：连玉明　2017年10月出版 / 估价：89.00元
PSN B-2015-496-8/10

贵阳蓝皮书
贵阳城市创新发展报告No.2（清镇篇）
著(编)者：连玉明　2017年10月出版 / 估价：89.00元
PSN B-2015-489-1/10

贵阳蓝皮书
贵阳城市创新发展报告No.2（乌当篇）
著(编)者：连玉明　2017年10月出版 / 估价：89.00元
PSN B-2015-495-7/10

贵阳蓝皮书
贵阳城市创新发展报告No.2（息烽篇）
著(编)者：连玉明　2017年10月出版 / 估价：89.00元
PSN B-2015-493-5/10

贵阳蓝皮书
贵阳城市创新发展报告No.2（修文篇）
著(编)者：连玉明　2017年10月出版 / 估价：89.00元
PSN B-2015-494-6/10

贵阳蓝皮书
贵阳城市创新发展报告No.2（云岩篇）
著(编)者：连玉明　2017年10月出版 / 估价：89.00元
PSN B-2015-498-10/10

贵州房地产蓝皮书
贵州房地产发展报告No.4（2017）
著(编)者：武廷方　2017年7月出版 / 估价：89.00元
PSN B-2014-426-1/1

贵州蓝皮书
贵州册亨经济社会发展报告(2017)
著(编)者：黄德林　2017年3月出版 / 估价：89.00元
PSN B-2016-526-8/9

地方发展类 | **皮书系列 2017全品种**

贵州蓝皮书
贵安新区发展报告（2016~2017）
著(编)者：马长青 吴大华　2017年6月出版 / 估价：89.00元
PSN B-2015-459-4/9

贵州蓝皮书
贵州法治发展报告（2017）
著(编)者：吴大华　2017年5月出版 / 估价：89.00元
PSN B-2012-254-2/9

贵州蓝皮书
贵州国有企业社会责任发展报告（2016~2017）
著(编)者：郭丽 周航 万强
2017年12月出版 / 估价：89.00元
PSN B-2015-511-6/9

贵州蓝皮书
贵州民航业发展报告（2017）
著(编)者：申振东 吴大华　2017年10月出版 / 估价：89.00元
PSN B-2015-471-5/9

贵州蓝皮书
贵州民营经济发展报告（2017）
著(编)者：杨静 吴大华　2017年4月出版 / 估价：89.00元
PSN B-2016-531-9/9

贵州蓝皮书
贵州人才发展报告（2017）
著(编)者：于杰 吴大华　2017年9月出版 / 估价：89.00元
PSN B-2014-382-3/9

贵州蓝皮书
贵州社会发展报告（2017）
著(编)者：王兴骥　2017年6月出版 / 估价：89.00元
PSN B-2010-166-1/9

贵州蓝皮书
贵州国家级开放创新平台发展报告（2017）
著(编)者：申晓庆 吴大华 李泓
2017年6月出版 / 估价：89.00元
PSN B-2016-518-1/9

海淀蓝皮书
海淀区文化和科技融合发展报告（2017）
著(编)者：陈名杰 孟景伟　2017年5月出版 / 估价：85.00元
PSN B-2013-329-1/1

杭州都市圈蓝皮书
杭州都市圈发展报告（2017）
著(编)者：沈翔 戚建国　2017年5月出版 / 估价：128.00元
PSN B-2012-302-1/1

杭州蓝皮书
杭州妇女发展报告（2017）
著(编)者：魏颖　2017年6月出版 / 估价：89.00元
PSN B-2014-403-1/1

河北经济蓝皮书
河北省经济发展报告（2017）
著(编)者：马树强 金浩 张贵
2017年4月出版 / 估价：89.00元
PSN B-2014-380-1/1

河北蓝皮书
河北经济社会发展报告（2017）
著(编)者：郭金平　2017年1月出版 / 定价：79.00元
PSN B-2014-372-1/2

河北蓝皮书
京津冀协同发展报告（2017）
著(编)者：陈路　2017年1月出版 / 定价：79.00元
PSN B-2017-601-2/2

河北食品药品安全蓝皮书
河北食品药品安全研究报告（2017）
著(编)者：丁锦霞　2017年6月出版 / 估价：89.00元
PSN B-2015-473-1/1

河南经济蓝皮书
2017年河南经济形势分析与预测
著(编)者：王世炎　2017年3月出版 / 定价：79.00元
PSN B-2007-086-1/1

河南蓝皮书
2017年河南社会形势分析与预测
著(编)者：刘道兴 牛苏林　2017年4月出版 / 估价89.00元
PSN B-2005-043-1/8

河南蓝皮书
河南城市发展报告（2017）
著(编)者：张占仓 王建国　2017年5月出版 / 估价：89.00元
PSN B-2009-131-3/8

河南蓝皮书
河南法治发展报告（2017）
著(编)者：丁同民 张林海　2017年5月出版 / 估价：89.00元
PSN B-2014-376-6/8

河南蓝皮书
河南工业发展报告（2017）
著(编)者：张占仓 丁同民　2017年5月出版 / 估价：89.00元
PSN B-2013-317-5/8

河南蓝皮书
河南金融发展报告（2017）
著(编)者：河南省社会科学院
2017年6月出版 / 估价：89.00元
PSN B-2014-390-7/8

河南蓝皮书
河南经济发展报告（2017）
著(编)者：张占仓 完世伟　2017年4月出版 / 估价：89.00元
PSN B-2010-157-4/8

河南蓝皮书
河南农业农村发展报告（2017）
著(编)者：吴海峰　2017年4月出版 / 估价：89.00元
PSN B-2015-445-8/8

河南蓝皮书
河南文化发展报告（2017）
著(编)者：卫绍生　2017年4月出版 / 估价：88.00元
PSN B-2008-106-2/8

河南商务蓝皮书
河南商务发展报告（2017）
著(编)者：焦锦淼 穆荣国　2017年6月出版 / 估价：88.00元
PSN B-2014-399-1/1

黑龙江蓝皮书
黑龙江经济发展报告（2017）
著(编)者：朱宇　2017年1月出版 / 定价：79.00元
PSN B-2011-190-2/2

皮书系列 重点推荐 　地方发展类

黑龙江蓝皮书
黑龙江社会发展报告（2017）
著（编）者：谢宝禄　2017年1月出版 / 定价：79.00元
PSN B-2011-189-1/2

湖北文化蓝皮书
湖北文化发展报告（2017）
著（编）者：吴成国　2017年10月出版 / 估价：95.00元
PSN B-2016-567-1/1

湖南城市蓝皮书
区域城市群整合
著（编）者：童中贤　韩未名
2017年12月出版 / 估价：89.00元
PSN B-2006-064-1/1

湖南蓝皮书
2017年湖南产业发展报告
著（编）者：梁志峰　2017年5月出版 / 估价：128.00元
PSN B-2011-207-2/8

湖南蓝皮书
2017年湖南电子政务发展报告
著（编）者：梁志峰　2017年5月出版 / 估价：128.00元
PSN B-2014-394-6/8

湖南蓝皮书
2017年湖南经济展望
著（编）者：梁志峰　2017年5月出版 / 估价：128.00元
PSN B-2011-206-1/8

湖南蓝皮书
2017年湖南两型社会与生态文明发展报告
著（编）者：梁志峰　2017年5月出版 / 估价：128.00元
PSN B-2011-208-3/8

湖南蓝皮书
2017年湖南社会发展报告
著（编）者：梁志峰　2017年5月出版 / 估价：128.00元
PSN B-2014-393-5/8

湖南蓝皮书
2017年湖南县域经济社会发展报告
著（编）者：梁志峰　2017年5月出版 / 估价：128.00元
PSN B-2014-395-7/8

湖南蓝皮书
湖南城乡一体化发展报告（2017）
著（编）者：陈文胜　王文强　陆福兴　邝奕轩
2017年6月出版 / 估价：89.00元
PSN B-2015-477-8/8

湖南县域绿皮书
湖南县域发展报告No.3
著（编）者：袁准　周小毛　黎仁寅
2017年3月出版 / 估价：79.00元
PSN G-2012-274-1/1

沪港蓝皮书
沪港发展报告（2017）
著（编）者：尤安山　2017年9月出版 / 估价：89.00元
PSN B-2013-362-1/1

吉林蓝皮书
2017年吉林经济社会形势分析与预测
著（编）者：邵汉明　2016年12月出版 / 定价：79.00元
PSN B-2013-319-1/1

吉林省城市竞争力蓝皮书
吉林省城市竞争力报告（2016~2017）
著（编）者：崔岳春　张磊　2016年12月出版 / 定价：79.00元
PSN B-2015-513-1/1

济源蓝皮书
济源经济社会发展报告（2017）
著（编）者：喻新安　2017年4月出版 / 估价：89.00元
PSN B-2014-387-1/1

健康城市蓝皮书
北京健康城市建设研究报告（2017）
著（编）者：王鸿春　2017年8月出版 / 估价：89.00元
PSN B-2015-460-1/2

江苏法治蓝皮书
江苏法治发展报告No.6（2017）
著（编）者：蔡道通　龚廷泰　2017年8月出版 / 估价：98.00元
PSN B-2012-290-1/1

江西蓝皮书
江西经济社会发展报告（2017）
著（编）者：张勇　姜玮　梁勇　2017年10月出版 / 估价：89.00元
PSN B-2015-484-1/2

江西蓝皮书
江西设区市发展报告（2017）
著（编）者：姜玮　梁勇　2017年10月出版 / 估价：79.00元
PSN B-2016-517-2/2

江西文化蓝皮书
江西文化产业发展报告（2017）
著（编）者：张圣才　汪春翔
2017年10月出版 / 估价：128.00元
PSN B-2015-499-1/1

街道蓝皮书
北京街道发展报告No.2（白纸坊篇）
著（编）者：连玉明　2017年8月出版 / 估价：98.00元
PSN B-2016-544-7/15

街道蓝皮书
北京街道发展报告No.2（椿树篇）
著（编）者：连玉明　2017年8月出版 / 估价：98.00元
PSN B-2016-548-11/15

街道蓝皮书
北京街道发展报告No.2（大栅栏篇）
著（编）者：连玉明　2017年8月出版 / 估价：98.00元
PSN B-2016-552-15/15

街道蓝皮书
北京街道发展报告No.2（德胜篇）
著（编）者：连玉明　2017年8月出版 / 估价：98.00元
PSN B-2016-551-14/15

街道蓝皮书
北京街道发展报告No.2（广安门内篇）
著（编）者：连玉明　2017年8月出版 / 估价：98.00元
PSN B-2016-540-3/15

地方发展类 — 皮书系列 重点推荐

街道蓝皮书
北京街道发展报告No.2（广安门外篇）
著(编)者：连玉明　2017年8月出版／估价：98.00元
PSN B-2016-547-10/15

街道蓝皮书
北京街道发展报告No.2（金融街篇）
著(编)者：连玉明　2017年8月出版／估价：98.00元
PSN B-2016-538-1/15

街道蓝皮书
北京街道发展报告No.2（牛街篇）
著(编)者：连玉明　2017年8月出版／估价：98.00元
PSN B-2016-545-8/15

街道蓝皮书
北京街道发展报告No.2（什刹海篇）
著(编)者：连玉明　2017年8月出版／估价：98.00元
PSN B-2016-546-9/15

街道蓝皮书
北京街道发展报告No.2（陶然亭篇）
著(编)者：连玉明　2017年8月出版／估价：98.00元
PSN B-2016-542-5/15

街道蓝皮书
北京街道发展报告No.2（天桥篇）
著(编)者：连玉明　2017年8月出版／估价：98.00元
PSN B-2016-549-12/15

街道蓝皮书
北京街道发展报告No.2（西长安街篇）
著(编)者：连玉明　2017年8月出版／估价：98.00元
PSN B-2016-543-6/15

街道蓝皮书
北京街道发展报告No.2（新街口篇）
著(编)者：连玉明　2017年8月出版／估价：98.00元
PSN B-2016-541-4/15

街道蓝皮书
北京街道发展报告No.2（月坛篇）
著(编)者：连玉明　2017年8月出版／估价：98.00元
PSN B-2016-539-2/15

街道蓝皮书
北京街道发展报告No.2（展览路篇）
著(编)者：连玉明　2017年8月出版／估价：98.00元
PSN B-2016-550-13/15

经济特区蓝皮书
中国经济特区发展报告（2017）
著(编)者：陶一桃　2017年12月出版／估价：98.00元
PSN B-2009-139-1/1

辽宁蓝皮书
2017年辽宁经济社会形势分析与预测
著(编)者：曹晓峰　梁启东
2017年4月出版／估价：79.00元
PSN B-2006-053-1/1

洛阳蓝皮书
洛阳文化发展报告（2017）
著(编)者：刘福兴　陈启明　2017年7月出版／估价：89.00元
PSN B-2015-476-1/1

南京蓝皮书
南京文化发展报告（2017）
著(编)者：徐宁　2017年10月出版／估价：89.00元
PSN B-2014-439-1/1

南宁蓝皮书
南宁法治发展报告（2017）
著(编)者：杨维超　2017年12月出版／估价：79.00元
PSN B-2015-509-1/3

南宁蓝皮书
南宁经济发展报告（2017）
著(编)者：胡建华　2017年9月出版／估价：79.00元
PSN B-2016-570-2/3

南宁蓝皮书
南宁社会发展报告（2017）
著(编)者：胡建华　2017年9月出版／估价：79.00元
PSN B-2016-571-3/3

内蒙古蓝皮书
内蒙古反腐倡廉建设报告 No.2
著(编)者：张志华　无极　2017年12月出版／估价：79.00元
PSN B-2013-365-1/1

浦东新区蓝皮书
上海浦东经济发展报告（2017）
著(编)者：沈开艳　周奇　2017年2月出版／定价：79.00元
PSN B-2011-225-1/1

青海蓝皮书
2017年青海经济社会形势分析与预测
著(编)者：陈玮　2016年12月出版／定价：79.00元
PSN B-2012-275-1/1

人口与健康蓝皮书
深圳人口与健康发展报告（2017）
著(编)者：陆杰华　罗乐宣　苏杨
2017年11月出版／估价：89.00元
PSN B-2011-228-1/1

山东蓝皮书
山东经济形势分析与预测（2017）
著(编)者：李广杰　2017年7月出版／估价：89.00元
PSN B-2014-404-1/4

山东蓝皮书
山东社会形势分析与预测（2017）
著(编)者：张华　唐洲雁　2017年6月出版／估价：89.00元
PSN B-2014-405-2/4

山东蓝皮书
山东文化发展报告（2017）
著(编)者：涂可国　2017年11月出版／估价：98.00元
PSN B-2014-406-3/4

山西蓝皮书
山西资源型经济转型发展报告（2017）
著(编)者：李志强　2017年7月出版／估价：89.00元
PSN B-2011-197-1/1

皮书系列 重点推荐　地方发展类

陕西蓝皮书
陕西经济发展报告（2017）
著(编)者：任宗哲 白宽犁 裴成荣
2017年1月出版 / 定价：69.00元
PSN B-2009-135-1/5

陕西蓝皮书
陕西社会发展报告（2017）
著(编)者：任宗哲 白宽犁 牛昉
2017年1月出版 / 定价：69.00元
PSN B-2009-136-2/5

陕西蓝皮书
陕西文化发展报告（2017）
著(编)者：任宗哲 白宽犁 王长寿
2017年1月出版 / 定价：69.00元
PSN B-2009-137-3/5

上海蓝皮书
上海传媒发展报告（2017）
著(编)者：强荧 焦雨虹　2017年2月出版 / 定价：79.00元
PSN B-2012-295-5/7

上海蓝皮书
上海法治发展报告（2017）
著(编)者：叶青　2017年6月出版 / 估价：89.00元
PSN B-2012-296-6/7

上海蓝皮书
上海经济发展报告（2017）
著(编)者：沈开艳　2017年2月出版 / 定价：79.00元
PSN B-2006-057-1/7

上海蓝皮书
上海社会发展报告（2017）
著(编)者：杨雄 周海旺　2017年2月出版 / 定价：79.00元
PSN B-2006-058-2/7

上海蓝皮书
上海文化发展报告（2017）
著(编)者：荣跃明　2017年2月出版 / 定价：79.00元
PSN B-2006-059-3/7

上海蓝皮书
上海文学发展报告（2017）
著(编)者：陈圣来　2017年6月出版 / 估价：89.00元
PSN B-2012-297-7/7

上海蓝皮书
上海资源环境发展报告（2017）
著(编)者：周冯琦 汤庆合
2017年2月出版 / 定价：79.00元
PSN B-2006-060-4/7

社会建设蓝皮书
2017年北京社会建设分析报告
著(编)者：宋贵伦 冯虹　2017年10月出版 / 估价：89.00元
PSN B-2010-173-1/1

深圳蓝皮书
深圳法治发展报告（2017）
著(编)者：张骁儒　2017年6月出版 / 估价：89.00元
PSN B-2015-470-6/7

深圳蓝皮书
深圳经济发展报告（2017）
著(编)者：张骁儒　2017年7月出版 / 估价：89.00元
PSN B-2008-112-3/7

深圳蓝皮书
深圳劳动关系发展报告（2017）
著(编)者：汤庭芬　2017年6月出版 / 估价：89.00元
PSN B-2007-097-2/7

深圳蓝皮书
深圳社会建设与发展报告（2017）
著(编)者：张骁儒 陈东平　2017年7月出版 / 估价：89.00元
PSN B-2008-113-4/7

深圳蓝皮书
深圳文化发展报告(2017)
著(编)者：张骁儒　2017年7月出版 / 估价：89.00元
PSN B-2016-555-7/7

丝绸之路蓝皮书
丝绸之路经济带发展报告（2017）
著(编)者：任宗哲 白宽犁 谷孟宾
2017年1月出版 / 定价：75.00元
PSN B-2014-410-1/1

法治蓝皮书
四川依法治省年度报告 No.3（2017）
著(编)者：李林 杨天宗 田禾
2017年3月出版 / 定价：118.00元
PSN B-2015-447-1/1

四川蓝皮书
2017年四川经济形势分析与预测
著(编)者：杨钢　2017年1月出版 / 定价：98.00元
PSN B-2007-098-2/7

四川蓝皮书
四川城镇化发展报告（2017）
著(编)者：侯水平 陈炜　2017年4月出版 / 估价：85.00元
PSN B-2015-456-7/7

四川蓝皮书
四川法治发展报告（2017）
著(编)者：郑泰安　2017年4月出版 / 估价：89.00元
PSN B-2015-441-5/7

四川蓝皮书
四川企业社会责任研究报告（2016~2017）
著(编)者：侯水平 盛毅 翟刚
2017年4月出版 / 估价：89.00元
PSN B-2014-386-4/7

四川蓝皮书
四川社会发展报告（2017）
著(编)者：李羚　2017年5月出版 / 估价：89.00元
PSN B-2008-127-3/7

四川蓝皮书
四川生态建设报告（2017）
著(编)者：李晟之　2017年4月出版 / 估价：85.00元
PSN B-2015-455-6/7

皮书系列 重点推荐 · 地方发展类・国际问题类

四川蓝皮书
四川文化产业发展报告（2017）
著(编)者：向宝云 张立伟
2017年4月出版 / 估价：89.00元
PSN B-2006-074-1/7

体育蓝皮书
上海体育产业发展报告（2016~2017）
著(编)者：张林 黄海燕
2017年10月出版 / 估价：89.00元
PSN B-2015-454-4/4

体育蓝皮书
长三角地区体育产业发展报告（2016~2017）
著(编)者：张林 2017年4月出版 / 估价：89.00元
PSN B-2015-453-3/4

天津金融蓝皮书
天津金融发展报告（2017）
著(编)者：王爱俭 孔德昌
2017年12月出版 / 估价：98.00元
PSN B-2014-418-1/1

图们江区域合作蓝皮书
图们江区域合作发展报告（2017）
著(编)者：李铁 2017年6月出版 / 估价：98.00元
PSN B-2015-464-1/1

温州蓝皮书
2017年温州经济社会形势分析与预测
著(编)者：潘忠强 王春光 金浩
2017年4月出版 / 估价：89.00元
PSN B-2008-105-1/1

西咸新区蓝皮书
西咸新区发展报告（2016~2017）
著(编)者：李扬 王军 2017年6月出版 / 估价：89.00元
PSN B-2016-535-1/1

扬州蓝皮书
扬州经济社会发展报告（2017）
著(编)者：丁纯 2017年12月出版 / 估价：98.00元
PSN B-2011-191-1/1

长株潭城市群蓝皮书
长株潭城市群发展报告（2017）
著(编)者：张萍 2017年12月出版 / 估价：89.00元
PSN B-2008-109-1/1

中医文化蓝皮书
北京中医文化传播发展报告（2017）
著(编)者：毛嘉陵 2017年5月出版 / 估价：79.00元
PSN B-2015-468-1/2

珠三角流通蓝皮书
珠三角商圈发展研究报告（2017）
著(编)者：王先庆 林至颖
2017年7月出版 / 估价：98.00元
PSN B-2012-292-1/1

遵义蓝皮书
遵义发展报告（2017）
著(编)者：曾征 龚永育 雍思强
2017年12月出版 / 估价：89.00元
PSN B-2014-433-1/1

国际问题类

"一带一路"跨境通道蓝皮书
"一带一路"跨境通道建设研究报告（2017）
著(编)者：郭业洲 2017年8月出版 / 估价：89.00元
PSN B-2016-558-1/1

"一带一路"蓝皮书
"一带一路"建设发展报告（2017）
著(编)者：孔丹 李永全 2017年7月出版 / 估价：89.00元
PSN B-2016-553-1/1

阿拉伯黄皮书
阿拉伯发展报告（2016~2017）
著(编)者：罗林 2017年11月出版 / 估价：89.00元
PSN Y-2014-381-1/1

北部湾蓝皮书
泛北部湾合作发展报告（2017）
著(编)者：吕余生 2017年12月出版 / 估价：85.00元
PSN B-2008-114-1/1

大湄公河次区域蓝皮书
大湄公河次区域合作发展报告（2017）
著(编)者：刘稚 2017年8月出版 / 估价：89.00元
PSN B-2011-196-1/1

大洋洲蓝皮书
大洋洲发展报告（2017）
著(编)者：喻常森 2017年10月出版 / 估价：89.00元
PSN B-2013-341-1/1

皮书系列 重点推荐 — 国际问题类

德国蓝皮书
德国发展报告（2017）
著(编)者：郑春荣　2017年6月出版 / 估价：89.00元
PSN B-2012-278-1/1

东盟黄皮书
东盟发展报告（2017）
著(编)者：杨晓强　庄国土
2017年4月出版 / 估价：89.00元
PSN Y-2012-303-1/1

东南亚蓝皮书
东南亚地区发展报告（2016~2017）
著(编)者：厦门大学东南亚研究中心　王勤
2017年12月出版 / 估价：89.00元
PSN B-2012-240-1/1

俄罗斯黄皮书
俄罗斯发展报告（2017）
著(编)者：李永全　2017年7月出版 / 估价：89.00元
PSN Y-2006-061-1/1

非洲黄皮书
非洲发展报告 No.19（2016~2017）
著(编)者：张宏明　2017年8月出版 / 估价：89.00元
PSN Y-2012-239-1/1

公共外交蓝皮书
中国公共外交发展报告（2017）
著(编)者：赵启正　雷蔚真
2017年4月出版 / 估价：89.00元
PSN B-2015-457-1/1

国际安全蓝皮书
中国国际安全研究报告(2017)
著(编)者：刘慧　2017年7月出版 / 估价：98.00元
PSN B-2016-522-1/1

国际形势黄皮书
全球政治与安全报告（2017）
著(编)者：张宇燕
2017年1月出版 / 定价：89.00元
PSN Y-2001-016-1/1

韩国蓝皮书
韩国发展报告（2017）
著(编)者：牛林杰　刘宝全
2017年11月出版 / 估价：89.00元
PSN B-2010-155-1/1

加拿大蓝皮书
加拿大发展报告（2017）
著(编)者：仲伟合　2017年9月出版 / 估价：89.00元
PSN B-2014-389-1/1

拉美黄皮书
拉丁美洲和加勒比发展报告（2016~2017）
著(编)者：吴白乙　2017年6月出版 / 估价：89.00元
PSN Y-1999-007-1/1

美国蓝皮书
美国研究报告（2017）
著(编)者：郑秉文　黄平　2017年6月出版 / 估价：89.00元
PSN B-2011-210-1/1

缅甸蓝皮书
缅甸国情报告（2017）
著(编)者：李晨阳　2017年12月出版 / 估价：86.00元
PSN B-2013-343-1/1

欧洲蓝皮书
欧洲发展报告（2016~2017）
著(编)者：黄平　周弘　江时学
2017年6月出版 / 估价：89.00元
PSN B-1999-009-1/1

葡语国家蓝皮书
葡语国家发展报告（2017）
著(编)者：王成安　张敏　2017年12月出版 / 估价：89.00元
PSN B-2015-503-1/2

葡语国家蓝皮书
中国与葡语国家关系发展报告·巴西（2017）
著(编)者：张曙光　2017年8月出版 / 估价：89.00元
PSN B-2016-564-2/2

日本经济蓝皮书
日本经济与中日经贸关系研究报告（2017）
著(编)者：张季风　2017年5月出版 / 估价：89.00元
PSN B-2008-102-1/1

日本蓝皮书
日本研究报告（2017）
著(编)者：杨伯江　2017年5月出版 / 估价：89.00元
PSN B-2002-020-1/1

上海合作组织黄皮书
上海合作组织发展报告（2017）
著(编)者：李进峰　吴宏伟　李少捷
2017年6月出版 / 估价：89.00元
PSN Y-2009-130-1/1

世界创新竞争力黄皮书
世界创新竞争力发展报告（2017）
著(编)者：李闽榕　李建平　赵新力
2017年4月出版 / 估价：148.00元
PSN Y-2013-318-1/1

泰国蓝皮书
泰国研究报告（2017）
著(编)者：庄国土　张禹东
2017年8月出版 / 估价：118.00元
PSN B-2016-557-1/1

土耳其蓝皮书
土耳其发展报告（2017）
著(编)者：郭长刚　刘义　2017年9月出版 / 估价：89.00元
PSN B-2014-412-1/1

亚太蓝皮书
亚太地区发展报告（2017）
著(编)者：李向阳　2017年4月出版 / 估价：89.00元
PSN B-2001-015-1/1

印度蓝皮书
印度国情报告（2017）
著(编)者：吕昭义　2017年12月出版 / 估价：89.00元
PSN B-2012-241-1/1

国际问题类 | **皮书系列 重点推荐**

印度洋地区蓝皮书
印度洋地区发展报告（2017）
著(编)者：汪戎　2017年6月出版 / 估价：89.00元
PSN B-2013-334-1/1

英国蓝皮书
英国发展报告（2016~2017）
著(编)者：王展鹏　2017年11月出版 / 估价：89.00元
PSN B-2015-486-1/1

越南蓝皮书
越南国情报告（2017）
著(编)者：谢林城
2017年12月出版 / 估价：89.00元
PSN B-2006-056-1/1

以色列蓝皮书
以色列发展报告（2017）
著(编)者：张倩红　2017年8月出版 / 估价：89.00元
PSN B-2015-483-1/1

伊朗蓝皮书
伊朗发展报告（2017）
著(编)者：冀开远　2017年10月出版 / 估价：89.00元
PSN B-2016-575-1/1

中东黄皮书
中东发展报告 No.19（2016~2017）
著(编)者：杨光　2017年10月出版 / 估价：89.00元
PSN Y-1998-004-1/1

中亚黄皮书
中亚国家发展报告（2017）
著(编)者：孙力 吴宏伟　2017年7月出版 / 估价：98.00元
PSN Y-2012-238-1/1

　　皮书序列号是社会科学文献出版社专门为识别皮书、管理皮书而设计的编号。皮书序列号是出版皮书的许可证号，是区别皮书与其他图书的重要标志。

　　它由一个前缀和四部分构成。这四部分之间用连字符"-"连接。前缀和这四部分之间空半个汉字（见示例）。

《国际人才蓝皮书：中国留学发展报告》序列号示例

```
                   该品种皮书首次出版年份
  "皮书序列号"英文简称          本书在该丛书名中的排序
           │      │      │
           PSN B-2012-244-2/4
                │              │
           皮书封面颜色    该丛书名包含的皮书品种数
              本书在所有皮书品种中的序列
```

　　从示例中可以看出，《国际人才蓝皮书：中国留学发展报告》的首次出版年份是2012年，是社科文献出版社出版的第244个皮书品种，是"国际人才蓝皮书"系列的第2个品种（共4个品种）。

33

社会科学文献出版社　　　　　　　**皮书系列**

❖ 皮书起源 ❖

"皮书"起源于十七、十八世纪的英国,主要指官方或社会组织正式发表的重要文件或报告,多以"白皮书"命名。在中国,"皮书"这一概念被社会广泛接受,并被成功运作、发展成为一种全新的出版形态,则源于中国社会科学院社会科学文献出版社。

❖ 皮书定义 ❖

皮书是对中国与世界发展状况和热点问题进行年度监测,以专业的角度、专家的视野和实证研究方法,针对某一领域或区域现状与发展态势展开分析和预测,具备原创性、实证性、专业性、连续性、前沿性、时效性等特点的公开出版物,由一系列权威研究报告组成。

❖ 皮书作者 ❖

皮书系列的作者以中国社会科学院、著名高校、地方社会科学院的研究人员为主,多为国内一流研究机构的权威专家学者,他们的看法和观点代表了学界对中国与世界的现实和未来最高水平的解读与分析。

❖ 皮书荣誉 ❖

皮书系列已成为社会科学文献出版社的著名图书品牌和中国社会科学院的知名学术品牌。2016年,皮书系列正式列入"十三五"国家重点出版规划项目;2012~2016年,重点皮书列入中国社会科学院承担的国家哲学社会科学创新工程项目;2017年,55种院外皮书使用"中国社会科学院创新工程学术出版项目"标识。

中国皮书网

www.pishu.cn

发布皮书研创资讯，传播皮书精彩内容
引领皮书出版潮流，打造皮书服务平台

栏目设置

关于皮书：何谓皮书、皮书分类、皮书大事记、皮书荣誉、
皮书出版第一人、皮书编辑部

最新资讯：通知公告、新闻动态、媒体聚焦、网站专题、视频直播、下载专区

皮书研创：皮书规范、皮书选题、皮书出版、皮书研究、研创团队

皮书评奖评价：指标体系、皮书评价、皮书评奖

互动专区：皮书说、皮书智库、皮书微博、数据库微博

所获荣誉

2008年、2011年，中国皮书网均在全国新闻出版业网站荣誉评选中获得"最具商业价值网站"称号；

2012年，获得"出版业网站百强"称号。

网库合一

2014年，中国皮书网与皮书数据库端口合一，实现资源共享。更多详情请登录www.pishu.cn。

权威报告·热点资讯·特色资源

皮书数据库
ANNUAL REPORT(YEARBOOK) DATABASE

当代中国与世界发展高端智库平台

所获荣誉

- 2016年，入选"国家'十三五'电子出版物出版规划骨干工程"
- 2015年，荣获"搜索中国正能量 点赞2015""创新中国科技创新奖"
- 2013年，荣获"中国出版政府奖·网络出版物奖"提名奖
- 连续多年荣获中国数字出版博览会"数字出版·优秀品牌"奖

成为会员

通过网址www.pishu.com.cn或使用手机扫描二维码进入皮书数据库网站，进行手机号码验证或邮箱验证即可成为皮书数据库会员（建议通过手机号码快速验证注册）。

会员福利

- 使用手机号码首次注册会员可直接获得100元体验金，不需充值即可购买和查看数据库内容（仅限使用手机号码快速注册）。
- 已注册用户购书后可免费获赠100元皮书数据库充值卡。刮开充值卡涂层获取充值密码，登录并进入"会员中心"—"在线充值"—"充值卡充值"，充值成功后即可购买和查看数据库内容。

数据库服务热线：400-008-6695　　　　图书销售热线：010-59367070/7028
数据库服务QQ：2475522410　　　　　　图书服务QQ：1265056568
数据库服务邮箱：database@ssap.cn　　　图书服务邮箱：duzhe@ssap.cn